nhão

ovicz

iteto

CB066056

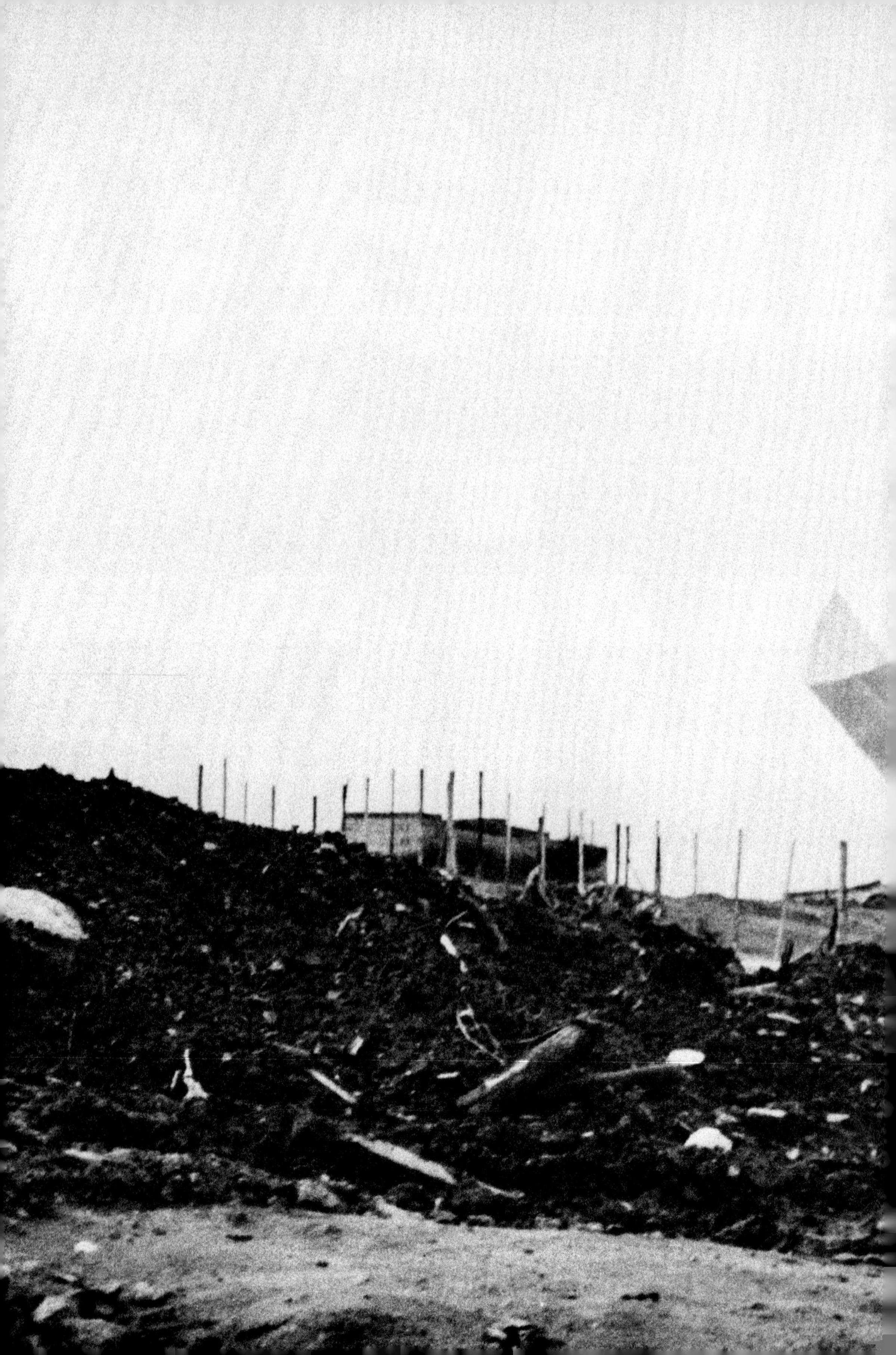

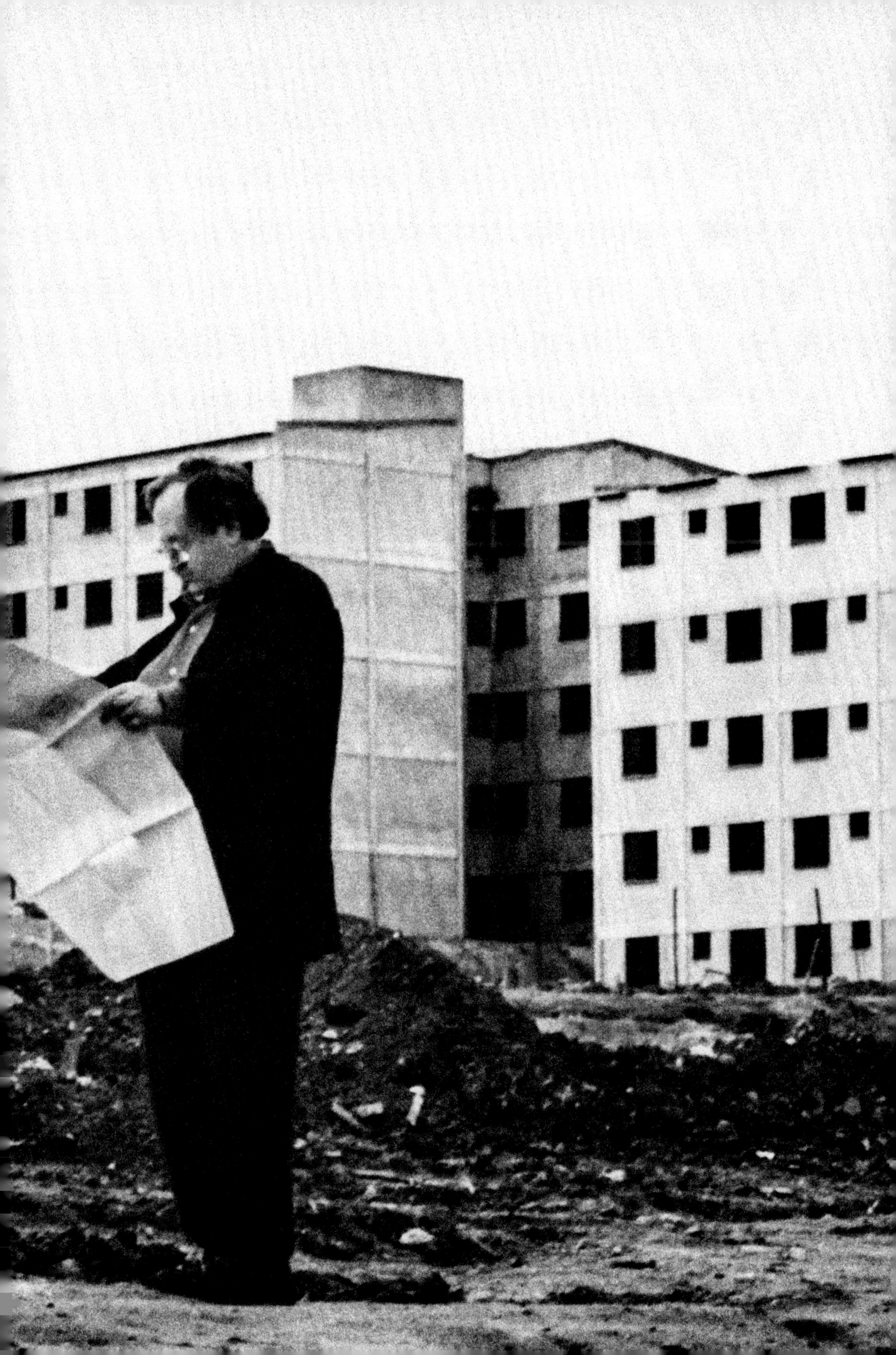

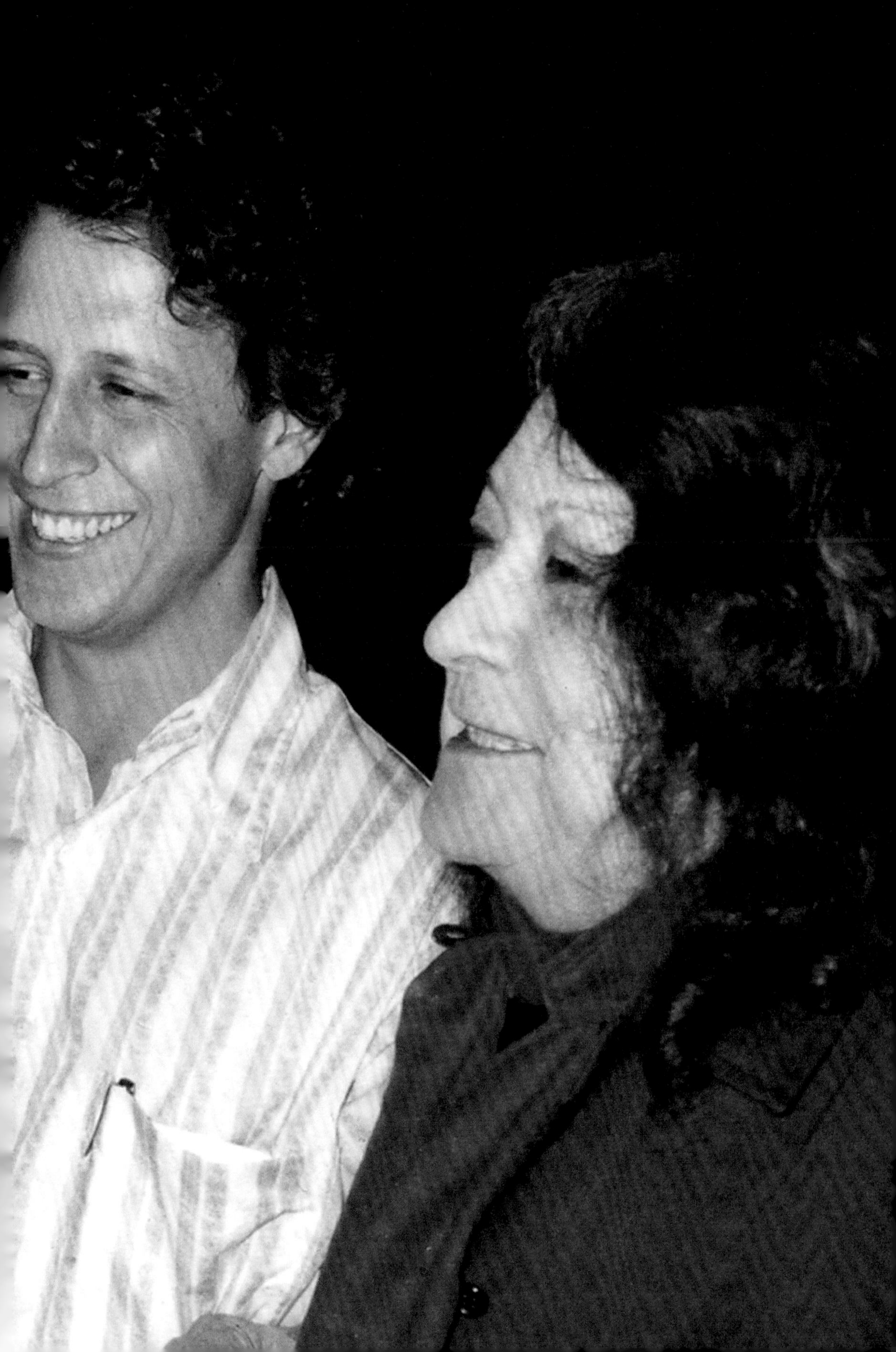

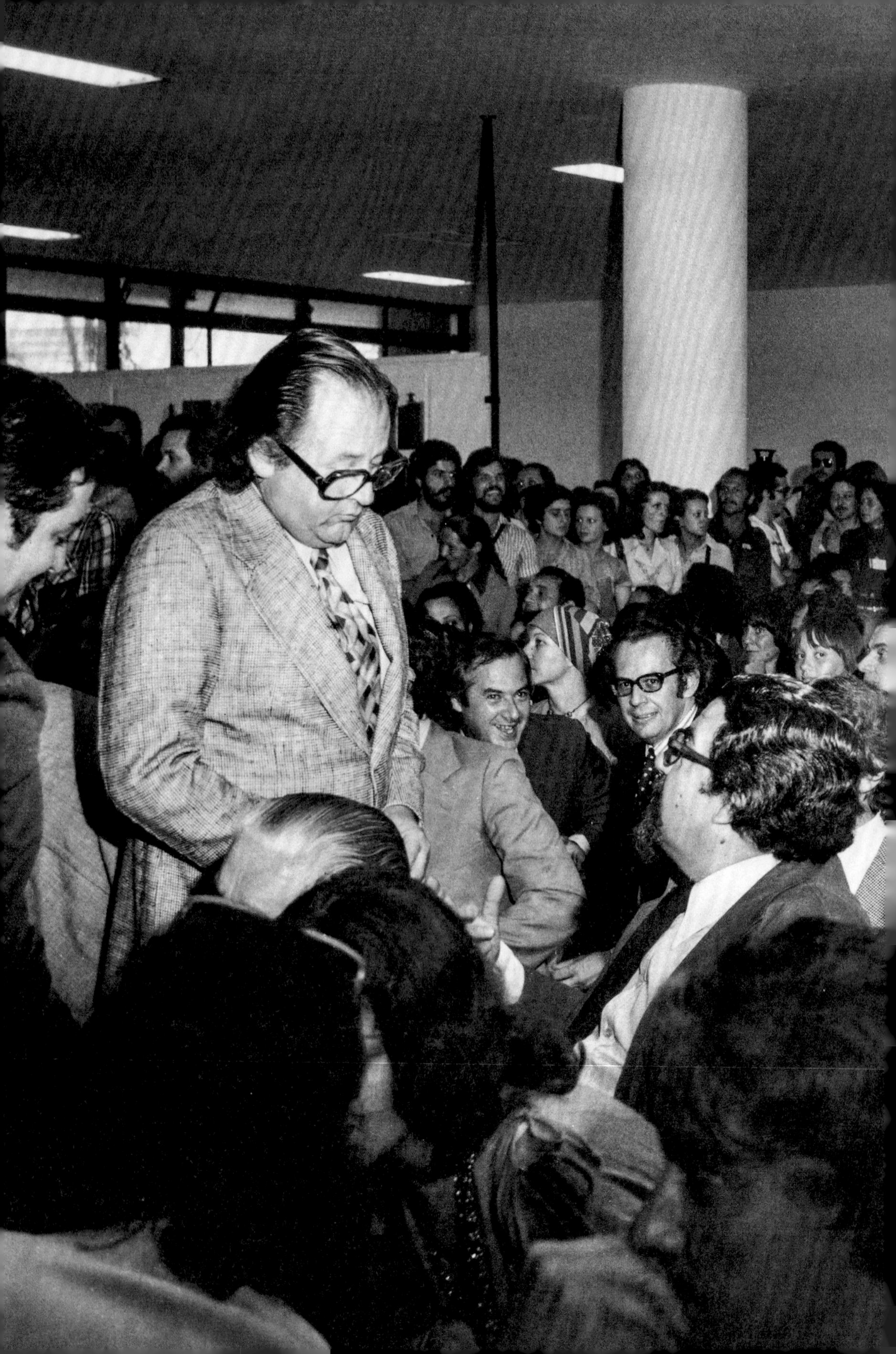

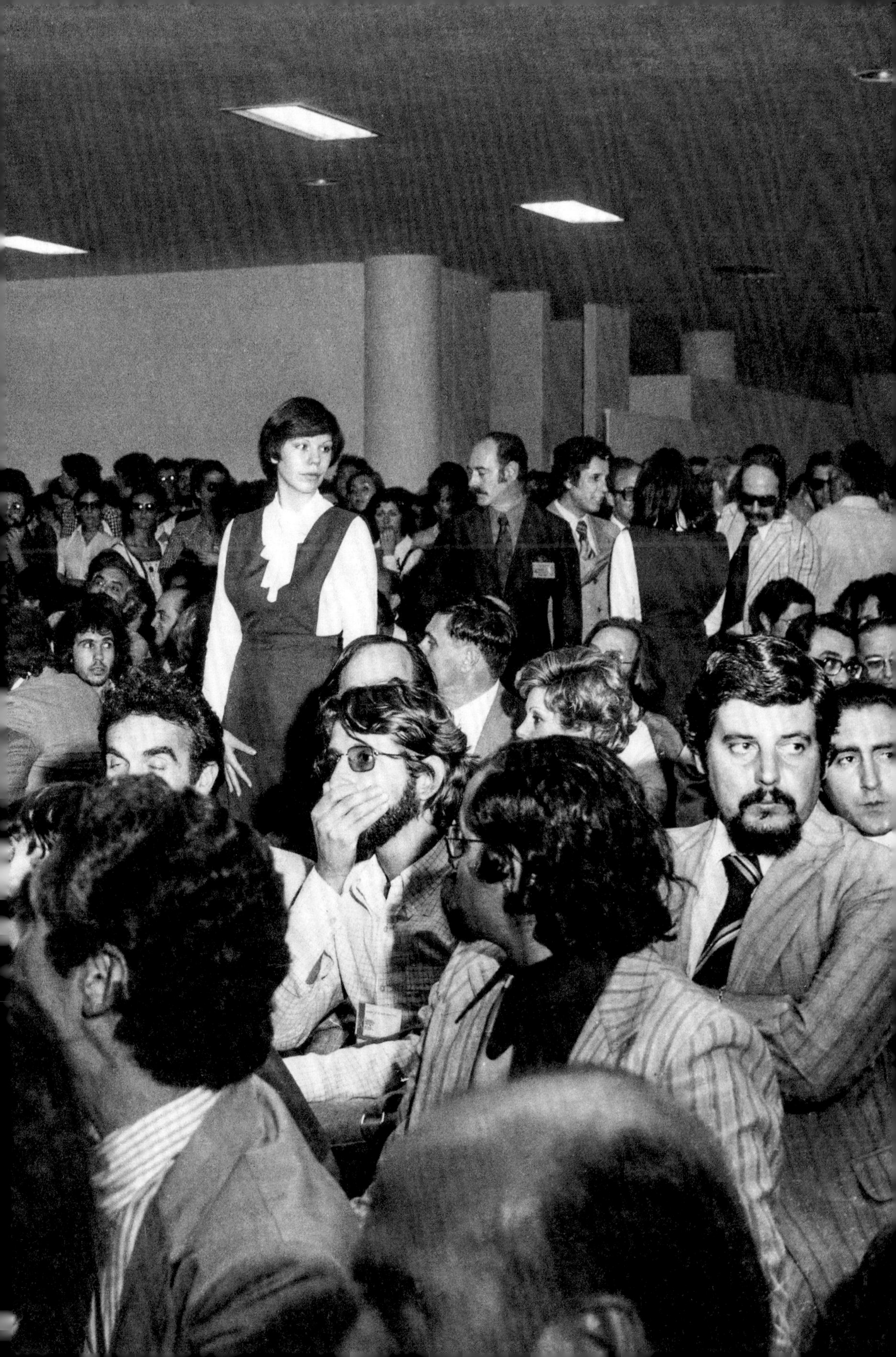

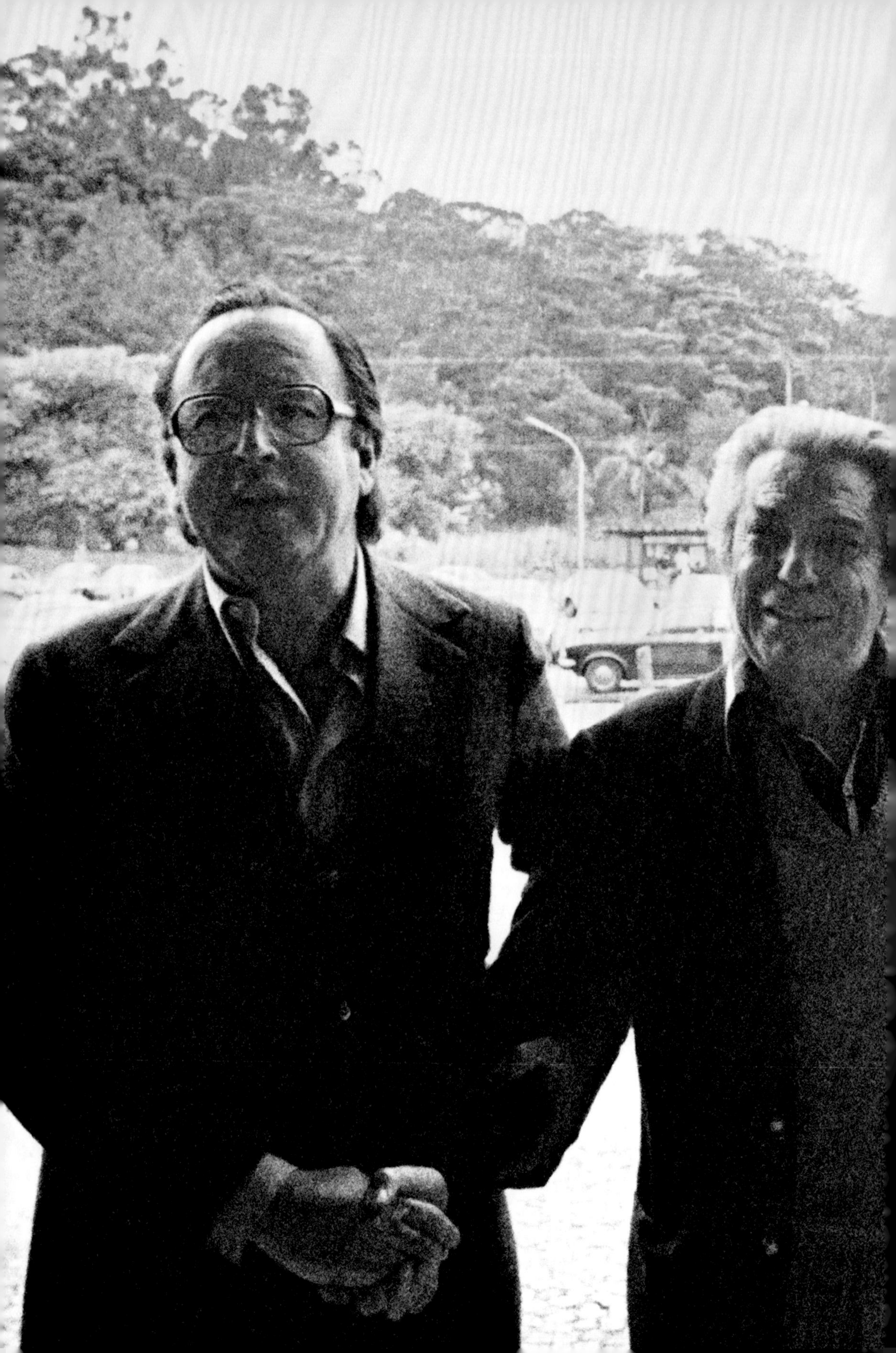

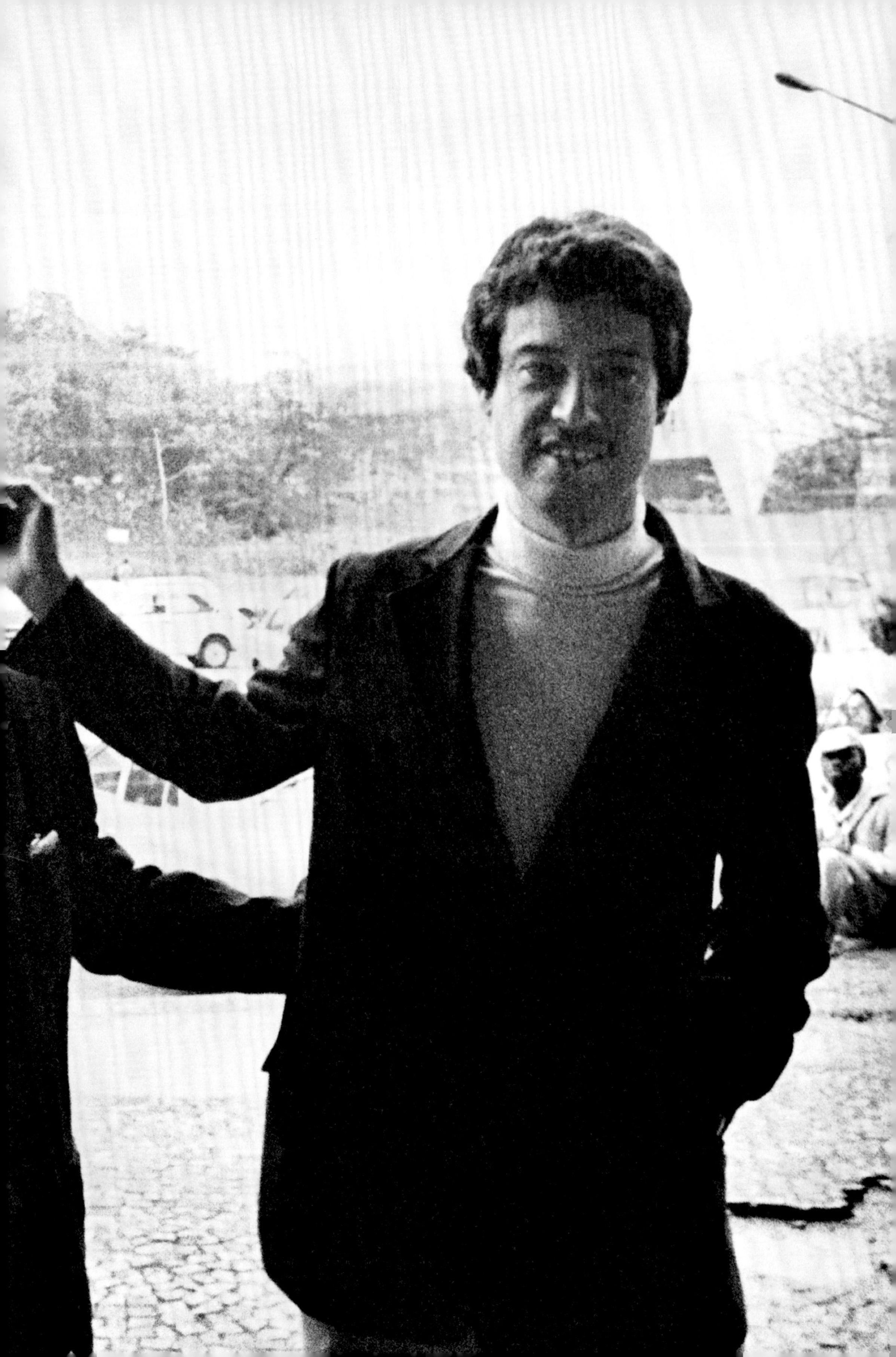

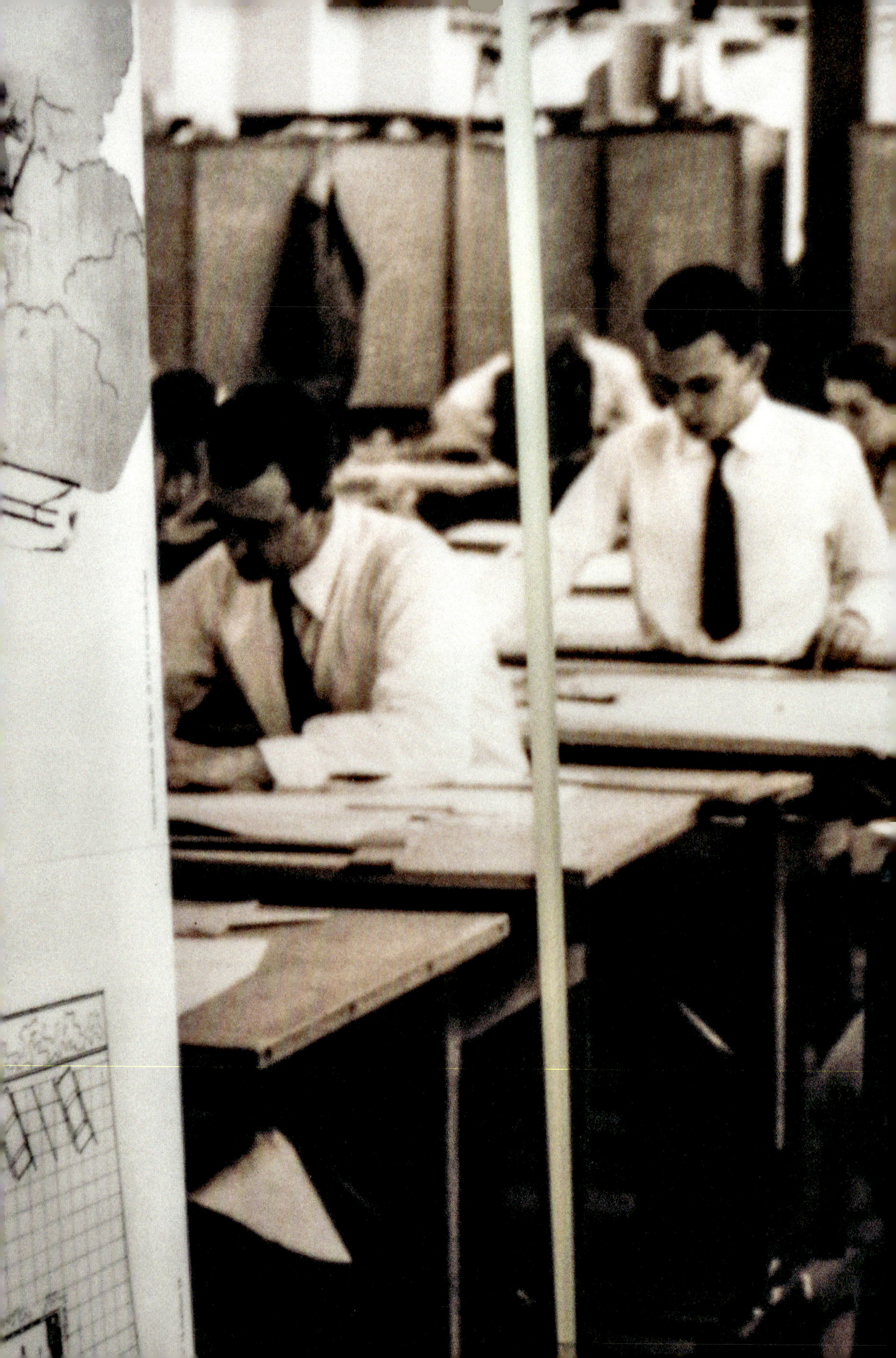

p. 2-3

Abrahão Sanovicz em visita ao terreno do EEPG Parque Piratininga II em Itaquaquecetuba SP

p. 4-5

Abrahão Sanovicz, Marcelo Ferraz e Lina Bo Bardi

p. 6-7

Abrahão Sanovicz durante o IX Congresso Brasileiro de Arquitetos, Fundação Bienal de São Paulo, 25-29 out. 1976

p. 8-9

Abrahão Sanovicz, Vilanova Artigas e Edgar Gonçalves Dente na FAU USP, 1979

p. 10-11

Abrahão identificando a si próprio jovem na foto durante a exposição 5 *Décadas de Arquitetura: uma leitura*, MUBE, 4-29 nov. 1998

p. 12

Residência Abrahão Sanovicz, vista interna, Butantã, São Paulo SP, 1976

p. 16-17

Convite da exposição *Abrahão Sanovicz: projetos, desenhos, gravuras* organizada pelo GFAU, 22 ago./26 set. 1997

aB ARQUITETURA BRASILEIRA

Instituto Lina Bo e P. M. Bardi
Romano Guerra Editora

COORDENAÇÃO GERAL
Abilio Guerra
Renato Anelli
Silvana Romano Santos

Romano Guerra Editora

INSTITUTO LINA BO e P.M. BARDI

parceria de fomento

CAU/SP
Conselho de Arquitetura
e Urbanismo de São Paulo

abrahão sanovicz
arquiteto

HELENA AYOUB SILVA

Romano Guerra Editora
Instituto Lina Bo e P. M. Bardi
São Paulo, 2017

Um conselho profissional a serviço da sociedade
A missão do Conselho de Arquitetura e Urbanismo é orientar, disciplinar e fiscalizar o exercício profissional, conforme parâmetros éticos e atento à adequada formação acadêmica. Resultado de décadas de reivindicação da categoria, o CAU é uma autarquia federal criada pela lei 12.378, de 2010, sendo dotado de personalidade jurídica de direito público. Tem sua sede em Brasília (CAU/BR), com uma representação em cada unidade da federação (CAU/UFs).

Quase metade dos profissionais ativos no País, aproximadamente sessenta mil arquitetos e urbanistas, está radicada em São Paulo, o que amplia o desafio do CAU/SP no trabalho permanente pela regulamentação e aperfeiçoamento da profissão.

A valorização profissional frente às discussões sobre mobilidade e acessibilidade urbanas, atribuições profissionais, campanhas pela habitação social e preservação do patrimônio arquitetônico, sustentabilidade e ética são questões primordiais para o Conselho.

Para isso, o CAU/SP conta com os avanços da tecnologia de informação – que suportam suas ações de fiscalização e a relação direta com os profissionais –, estruturado por sedes regionais de atendimento, distribuídas em dez municípios, além da sede na capital paulista.

O fomento de eventos e publicações relacionadas à Arquitetura e Urbanismo faz parte das iniciativas do nosso Conselho.

Com esta publicação, que aborda a trajetória e obra do arquiteto Abrahão Sanovicz (1933-1999), contribuímos para divulgar um dos expoentes da arquitetura paulista e brasileira. Seu trabalho contempla uma grande contribuição à arquitetura, com uma produção que se identifica com a Escola Paulista no uso do concreto aparente. A grande diversidade da obra demonstra sua rica participação nessa área, com inúmeras obras de qualidade.

Vale a pena ressaltar também sua atuação em outros campos próximos da arquitetura, como o desenho industrial e comunicação visual, bem como o desenho e as artes plásticas, exercitando a ampla gama de conhecimentos e atividades do arquiteto.

Por fim, sua grande contribuição ao ensino de arquitetura e urbanismo no longo período como professor da FAU USP, formando inúmeras gerações e deixando sempre a imagem de um professor dedicado e competente, só serve para reforçar a importância desta publicação.

Sua participação em diretorias do Instituto de Arquitetos do Brasil – no Departamento de São Paulo e na Direção Nacional – são dignas de registro, principalmente pela ênfase na prática profissional inserida como ato de produção cultural.

Assim, o CAU/SP não poderia deixar de participar desta publicação, contribuindo, portanto, para a divulgação de nossa profissão e valorizando o papel dos arquitetos e urbanistas na sociedade e cultura brasileiras.

Conselho de Arquitetura e Urbanismo de São Paulo – CAU/SP
Gilberto Belleza
Arquiteto e urbanista, presidente

Atelier interdep.
A(...)
BIBLIOTECA
expo.
o cuore de Faculdade

PREFÁCIO
Abrahão Sanovicz: arquiteto, design, artista 18
Eduardo de Almeida

INTRODUÇÃO
Duas experiências essenciais 20

CAPÍTULO 1
Arte e design 32
   Arte 33
   Design 73

CAPÍTULO 2
Arquitetura 90
   Aprender 91
   Projetar 107
   Ensinar 166
   Fichas de projetos 185

CONCLUSÃO
Ars longa, vita brevis 250

POSFÁCIO
Abrahão Velvu Sanovicz, o China 256
Edson Elito

REFERÊNCIAS BIBLIOGRÁFICAS 260

LISTA GERAL DE PROJETOS 265

PREFÁCIO
Abrahão Sanovicz: arquiteto, design, artista
Eduardo de Almeida

Finalmente, com a publicação de um livro sobre o trabalho do arquiteto Abrahão Sanovicz, realiza-se um compromisso da área editorial nacional com a arquitetura paulista. Alguns outros arquitetos brasileiros ainda são credores de publicações sobre suas obras, caso de Carlos Milan, atuante em São Paulo, mas um dos mais significativos profissionais que o Brasil já teve. O projeto do resgate da obra desses arquitetos é de uma importância enorme para a discussão do exercício da profissão no Brasil. Nesse conjunto, o trabalho de Abrahão se destaca no panorama cultural brasileiro com muita força.

Em 1997, durante a comemoração do cinquentenário da FAU USP, foi realizado no espaço da faculdade uma exposição memorável dos seus desenhos e projetos. Para essa exibição – realizada por iniciativa dos alunos do grêmio, o GFAU, com apoio da associação dos ex-alunos e diretoria da escola – foi elaborado um catálogo sobre o material exibido para o qual preparei um pequeno texto, um registro, que achei interessante incorporar a este prefácio, já que expressa exatamente minhas saudosas lembranças do amigo e brilhante colega.

> A obra de Abrahão Sanovicz fala de todos nós, colegas da FAU e arquitetos formados nos anos 1950 em São Paulo, embora talvez nenhum outro arquiteto daquela geração tenha manifestado com seus projetos um compromisso tão forte com a cultura brasileira (presença de Mário de Andrade...) e uma disciplina tão rigorosa no exercício do "ato de projetar". Trabalhando e pensando como um arquiteto de nosso tempo, ele questiona seu papel na história, povoando seu universo de referências essenciais: Breuer, Mies, Wright, Terragni, Lúcio (Costa, é lógico), Oscar (mais ainda Reidy e outros "cariocas"), Artigas (respeitosamente) e muito, mas muito Le Corbusier.
>
> E ainda Picasso, as gravuras de Segall, os *Stabile* de Calder.
>
> Completam o quadro suas preocupações com as questões do design (que aprofundou com Nizzoli em Milão) e da comunicação visual (com Buffoni em São Paulo). Alimentando esse universo com sua sensibilidade e seu conhecimento teórico e técnico, Abrahão Sanovicz realiza uma arquitetura forte, coerente, precisa e admirável, não apenas pela sua obstinação em evitar os "efeitos especiais", a grandiloquência, o discurso vazio, mas,

1. SILVA, Helena Aparecida Ayoub. *Abrahão Sanovicz: o projeto como pesquisa*.

principalmente, pelo rigoroso cuidado em trabalhar com o desenho da construção do espaço, elevando-o a nível da verdadeira obra de arte.

Helena Ayoub Silva consegue, com este belo livro baseado em sua tese de doutorado,[1] mostrar e exibir com sabedoria e sensibilidade a qualidade do trabalho desse grande protagonista da arquitetura moderna paulista.

INTRODUÇÃO
Duas experiências essenciais

1. Relativo ao *kibutz* (plural *kibutzim*), comunidade autônoma com base em trabalho agrícola ou agroindustrial, caracterizada por uma organização igualitária e democrática, obtida pela propriedade coletiva dos meios de produção. **2.** Dror significa "pássaro da liberdade" em hebraico. Movimento juvenil sionista e socialista fundado na década de 1910, originário da Polônia.

Abrahão Sanovicz (Santos, 1933 – São Paulo, 1999) foi um autor prolífico. A arquitetura foi sua principal ocupação profissional, mas foi igualmente ativo nas áreas de arte e design. A largueza de interesses do arquiteto é consonante à abertura de seu espírito, em grande parte formatado por sua experiência pessoal nos ambientes artístico e político. Na passagem da adolescência para a juventude, no início dos anos 1950, Sanovicz militou no Dror, organização cultural judaica de orientação política socialista, e frequentou a Escola de Artesanato do Museu de Arte Moderna de São Paulo – MAM, onde desenvolveu sua aptidão para o desenho e para a gravura. São duas experiências essenciais para se entender sua trajetória, marcada pela amplitude de sua visão profissional, que envolvia um enorme gosto pela arte e a defesa irrestrita do papel social do arquiteto.

A divisão do livro em dois capítulos – Arte e design; e Arquitetura – possibilita apresentar com abrangência e profundidade o desempenho de Sanovicz nos três temas de seu interesse. Contudo, antes do livro se enveredar pelas áreas específicas, cabe nessa introdução alguns comentários acerca da formação do arquiteto quando jovem, tendo como base documental duas publicações – o livro de Carla Bassanezi Pinsky sobre a juventude judaica revolucionária, de 2000; e um catálogo sobre a exposição de projetos, desenhos, gravuras de Abrahão Sanovicz ocorrida na FAU USP, em 1997 –, além de fotos, informações e depoimentos de sua estimulante relação familiar.

Abrahão Sanovicz falando durante congresso

Pássaro da liberdade

Em São Paulo, no período que estudava na Escola Técnica, de 1951 a 1953, Abrahão Sanovicz participou de um movimento juvenil, sionista, socialista e kibutziano,[1] o Dror.[2]

O texto não assinado da quarta capa do livro *Pássaros da liberdade* relaciona algum nomes que participaram do movimento: "O que é que têm em comum o maestro Isaac Karabtchevsky, o economista Paul Singer e o jornalista Alberto Dines, a psicanalista Anna Verônica Mautner, a pianista Clara Sverner, o ator Abrão Farc, o sociólogo Gabriel Bolaffi, o psiquiatra Richard Kanner, a joalheira Betty Loeb, o professor Bernardo Kucinski, além de serem cidadãos de destaque em suas áreas de atuação? O fato de terem pertencido, há quase

3. EDITORIAL. Apud PINSKY, Carla Bassanezi. *Pássaros da liberdade: jovens, judeus e revolucionários no Brasil*, quarta capa. **4.** *Wandervogel*, "pássaros errantes" em alemão, foi um movimento juvenil que surgiu no fim do século 19, com preocupações ecológicas, culturais, políticas e econômicas. Sua principal característica era a independência política, ideológica e religiosa, como comentou Falbel. SILVA, Helena Ayoub. Entrevista de Nachman Falbel. **5.** Idem, ibidem. **6.** PINSKY, Carla Bassanezi. Op. cit., p. 9. **7.** FALBEL, Nachman. *Manasche: sua vida e seu tempo*, p. 88-89. A revista judaica *Aonde Vamos?* e o *Jornal Israelita* eram editados no Rio de Janeiro. Cabe notar que o livro é anterior (1996) ao *Pássaros da liberdade* (2000) de Carla Pinsky, por isso a observação de que "A história dos movimentos juvenis no Brasil ainda está por ser escrita". **8.** SILVA, Helena Ayoub. Entrevista de Nachman Falbel (op. cit.).

cinquenta anos, a um grupo de jovens socialistas radicais, o Dror, que negava os valores da sociedade burguesa em que viviam e pretendia socializar o mundo a partir de pequenas unidades agrícolas igualitárias, os *kibutzim*".[3]

Várias experiências e tradições deram conteúdo ideológico ao Dror: os sionistas socialistas europeus, a vida dos primeiros *kibutzim*, os movimentos juvenis e pioneiros no fim do século 19 e início do 20; sobretudo o *Wandervogel*,[4] como destacou o historiador e filósofo Nachman Falbel, amigo pessoal de Abrahão e companheiro deste no movimento juvenil, cuja experiência relatou em entrevista.[5]

Os valores preconizados pelo *Wandervogel* atraíram grandes massas da juventude alemã: o combate ao desmatamento, à destruição das populações aborígines e do habitat selvagem; a crítica às aglomerações urbanas e consequente alienação do homem em relação à natureza; a educação através do trabalho prático; a valorização das atividades esportivas; e alteração nos costumes como não fumar nem beber e uma ética de vestuário (mas sem uniformes). Ao mesmo tempo, promovia valorização da ideia de que esta é a etapa da vida em que se deva experimentar total independência de ideologias ou credos.

Esta foi a matriz desse movimento juvenil que agregou a estes valores a problemática judaica, na medida em que surge o nacionalismo judaico, chamado "movimento sionista".

O Dror originou-se na Polônia, na década de 1910, e adquiriu maior relevância a partir da colonização judaica moderna da Palestina, fruto do entendimento de que a juventude constitui uma etapa de vida em si, independente e com valores próprios.

Relata-nos Carla Bassanezi Pinsky:

> À semelhança de jovens de outros países, que, na segunda metade dos anos [19]40 e por toda a década de 1950, engrossaram as fileiras dos movimentos judaicos, eles fizeram-se herdeiros de uma tradição europeia do início do século que engloba o sionismo socialista, os movimentos juvenis e os ideais pioneiros. Acreditando que o problema da discriminação contra os judeus seria resolvido com a participação destes em atividades produtivas dentro de um estado nacional judaico – Israel –, em colônias coletivas – os *kibutzim* –, os jovens do Dror politizaram-se, questionaram a ordem bur-

guesa e os papéis a eles oferecidos pelo meio em que viviam e prepararam-se para uma nova vida na terra distante, buscando servir de exemplo para a criação de uma sociedade mais justa e igualitária no mundo.[6]

No Brasil, o movimento surgiu em São Paulo, em 1945 – primeiramente com o nome de *Freiheit*, logo passando a ser chamado Dror – e em pouco tempo se espalhou para as comunidades jovens judaicas de outros estados. Como descreve Nachman Falbel:

> Em fins do mesmo ano de 1945, em 29 de dezembro, o *Jornal Israelita*, e no dia 31 a *Aonde Vamos?* publicavam uma nota sobre a fundação da Organização Juvenil Sionista Socialista Freiheit em São Paulo, tradicional movimento juvenil europeu que já existia na Argentina desde 1934, na qual se informava a constituição de uma comissão provisória [...]. O Dror, nome que substituiu o ídiche Freiheit, teria, assim como os demais movimentos, *sniffim* (filiais) em outras capitais do país, tornando-se um catalisador dos anseios da juventude judaica após guerra. A história dos movimentos juvenis no Brasil ainda está por ser escrita, mas ela encerra um dos capítulos mais importantes que a juventude judaico-brasileira desempenhou na disseminação de ideais sociais, não somente no âmbito restrito de sua comunidade, mas na sociedade brasileira como um todo.[7]

Participavam do Dror jovens de sete a vinte anos, organizados por faixas etárias. Adotou-se uma pedagogia apropriada para cada uma destas faixas, de maneira a prepará-los para viverem nas colônias agrícolas de Israel. Se, por um lado, deveriam estar habilitados a viver do próprio trabalho na agricultura, por outro, como a maior parte deles pertenciam a segunda ou terceira geração de emigrantes, deveriam estudar o hebraico, o folclore de seus antepassados e a geografia da Terra de Israel. Para isso os educadores do Dror desenvolviam métodos apropriados: organizavam excursões, acampamentos e seminários, eventos que visavam a formação judaica, ideológica e espiritual dos jovens.

Muitos desses jovens foram viver em Israel. Outros, "pela insistência dos pais ou por acreditarem que sem título universitário não sobreviveriam",[8]

9. DINES, Alberto. Apud PINSKY, Carla Bassanezi. *Pássaros da liberdade: jovens, judeus e revolucionários no Brasil*, quarta capa.
10. As anotações no verso de uma fotografia que registra sua participação em evento de arquitetura dá uma boa medida do engajamento de Abrahão Sanovicz desde jovem no debate público sobre a arquitetura. A foto, como dá a entender a mensagem, foi um presente de colegas de turma do futuro arquiteto por sua participação destacada: "a fotografia custou caro, mas fizemos uma vaca (holandesa) e conseguimos pagá-la, para que você pudesse ter um documento da sua brilhante intervenção no III Encosto, preconizando ensinamentos valiosos". A mensagem dos colegas abre com frase entre aspas, uma espécie de resumo da fala de Sanovicz no debate: "tendo em vista as condições naturais da problemática atual... da conjuntura nacional... é preciso dialogar com a realidade... tudo é um problema de formação de quadros... comunicação visual... pedindo licença ao colega da Bahia... o IAB não é uma sociedade cultural... o trabalho da equipe do Rio Grande do Sul está realmente bom, mas gostaria de mudar 2 ou 3 palavrinhas... ô Saia, a coisa não é bem assim... estudo do objeto..." A foto pertence ao acervo da família Sanovicz. **11.** TOSCANO, Odiléa. Fau Maranhão: formandos de 1958, s./p. **12.** Idem, ibidem, s./p. **13.** Idem, ibidem, s./p.

ficaram no Brasil. Abrahão Sanovicz ficou. Falbel salienta a importância do movimento como o "vírus" da militância e idealismo que se implantou na juventude e acompanhou o amigo por toda a vida. O jornalista Alberto Dines sintetiza esse sentimento com precisão: "foi talvez a passagem mais importante da minha vida. Mais de meio século depois, verifico que os outros têm a mesma sensação. Com Romain Rolland no coração, estávamos convencidos de que o mundo melhor começaria a partir de nós mesmos".[9]

Pode-se atribuir à militância e idealismo juvenis, ao menos em parte, o engajamento de Abrahão Sanovicz em instituições estudantil e de classe ao longo de sua formação acadêmica e exercício da profissão. Suas participações intensas e vigorosas não se reduziram à militância no Grêmio da Faculdade de Arquitetura e Urbanismo da Universidade de São Paulo – GFAU e no Instituto de Arquitetos do Brasil – IAB, mas se manifestaram também no debate público sobre a arquitetura, com presenças marcantes em congressos, exposições, seminários e outros eventos. Sua atuação docente se caracterizou por um envolvimento que transcendia a obrigação contratual, se desdobrando em uma constante preocupação com o aprimoramento de métodos de ensino. Uma pessoa talhada para o diálogo, debate e participação.[10]

Projetos, desenhos, gravuras em exposição

Por iniciativa dos alunos do GFAU, foi realizada na FAU USP a exposição *Abrahão Sanovicz: projetos, desenhos, gravuras*. Foi o primeiro dos eventos comemorativos do cinquentenário dessa Faculdade. Sua realização teve o apoio da Associação dos Ex-Alunos e da diretoria da FAU USP. O pequeno encarte, que faz as vezes de catálogo da exposição, traz textos dos professores Odiléa Toscano e Eduardo de Almeida.

O texto de Eduardo – citado na íntegra pelo autor no prefácio desse livro – relata alguns traços da arte do professor Abrahão, em especial suas afinidades eletivas nas áreas da cultura (Mário de Andrade), arquitetura (Breuer, Mies, Wright, Terragni, Lúcio Costa, Niemeyer, Reidy, Artigas, Le Corbusier), arte (Picasso, Segall, Calder), design (Nizzoli) e comunicação visual (Buffoni). Em seu texto – "FAU Maranhão: formandos de 1958", registrado a seguir –, Odiléa lembra sua convivência com o arquiteto e o contexto de produção de seus desenhos:

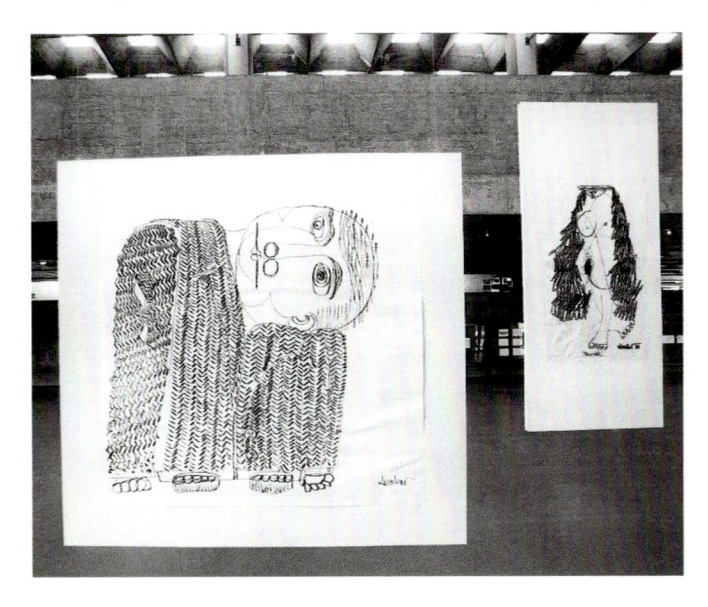

Não éramos apenas uma classe, mas uma família permitida pelo número restrito de alunos.
Todos desenhávamos – que futuros arquitetos devem ser, de alguma forma, desenhistas –, mas alguns de nós trabalhávamos para além das tarefas da escola...
Criamos os "Artistas de Domingo", e a mania de rabiscar já fazia parte de nosso cotidiano.
Abrahão seguiu quase que sistematizando esse saudável hábito e, em consequência, temos aí os "desenhos de reunião", nenhum tempo perdido.
Passando das figuras humanas e nus, dos registros de vegetação, ao desenho do arquiteto inventando espaços e explicando outros, Abrahão imprime sua visão vigorosa e singular dos temas que o preocupam. Seu traço gestual, colorido e livre vai organizando objetos e temas com fluência e generosidade, sem economia.
A despeito da unidade que caracteriza seus desenhos, permitem uma classificação – embora flexível – por temas, escala, maneira de direcionar os gestos e criar tensões e mesmo pela subjetividade de alguns deles.
Escolher desenhos para essa mostra foi tarefa complicada de um tirar e por mais complicado ainda. Os alunos se encarregaram dela. Ajudei pouco. É olhar, decifrar e fruir.[11]

Exposição *Abrahão Sanovicz: projetos, desenhos, gravuras* organizada pelo GFAU, 22 ago./26 set. 1997

Abrahão Sanovicz junto aos alunos na exposição *5 décadas de arquitetura: uma leitura*, MUBE, 4-29 nov. 1998

A escolha feita pelos alunos para o primeiro evento no cinquentenário da FAU USP foi a mais apropriada já que, sem dúvida, identificaram quem tão bem poderia representar a Escola, pela diversidade de sua atuação.

Com efeito, a organização espacial proposta por Abrahão Sanovicz e equipe de alunos foi a que melhor interpretou o espaço – e dele se apropriou – do prédio projetado por João Batista Vilanova Artigas para a Faculdade. Reforçando sua continuidade espacial, criou espaços apropriados para discussões sobre os projetos fixados nas paredes brancas; conformou "salas tradicionais" onde eram expostas as gravuras; fez no Caracol um painel onde desenhou "cenas do dia a dia" e da vida na FAU USP; montou uma parede transparente e sinuosa, no Salão Caramelo, junto à empena do Museu onde estavam, no dizer de Odiléa Toscano, "os desenhos de reunião – nenhum tempo perdido";[12] e, os "desenhos de figuras humanas, nus e registros de vegetação"[13] que, ampliados ao máximo, foram fixados

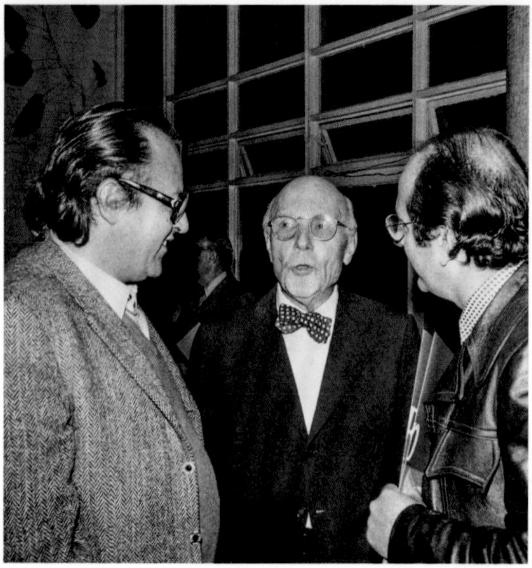

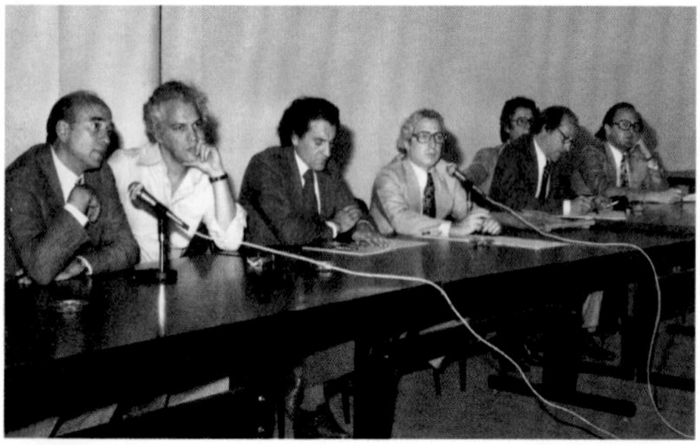

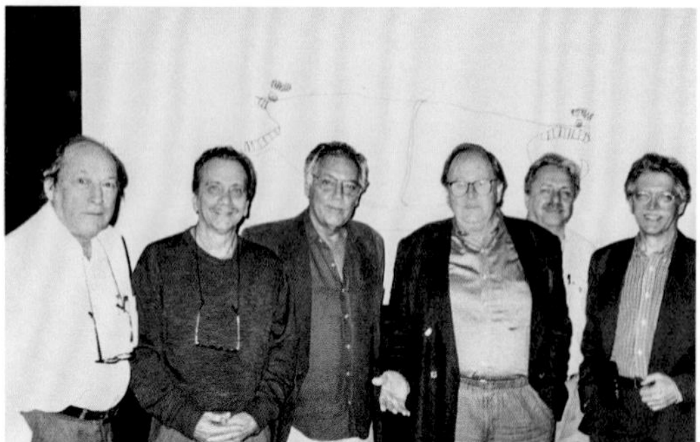

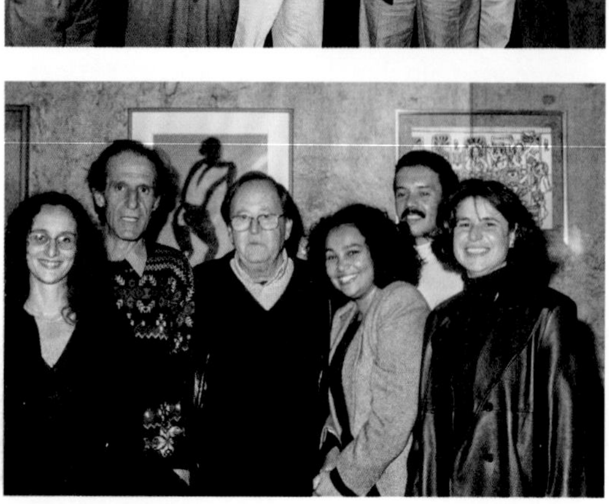

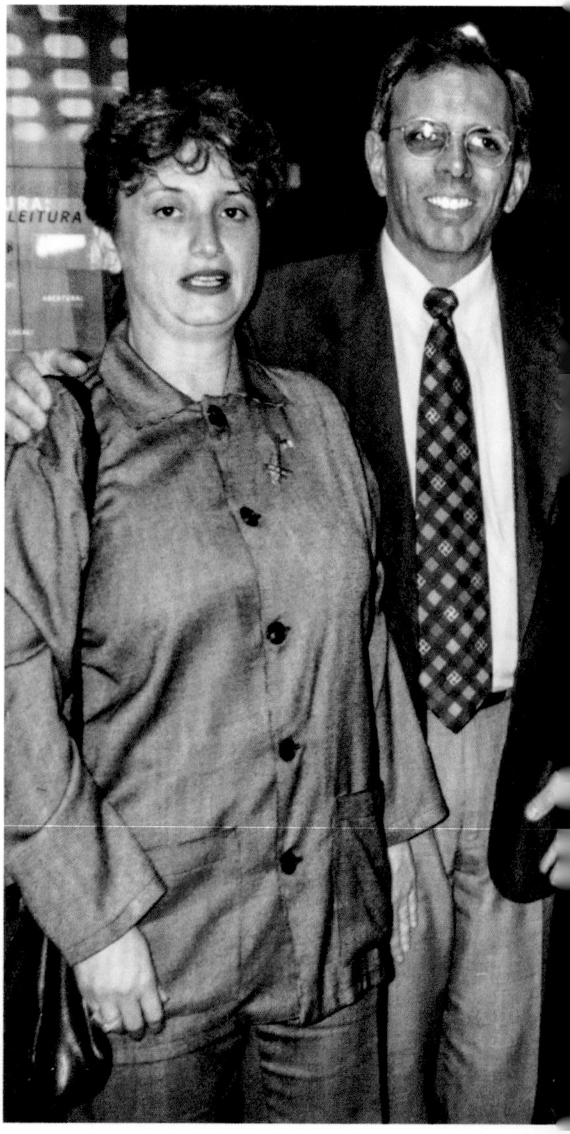
LEITURA

à esquerda

Abrahão Sanovicz, Franz Heep e Siegbert Zanettini na sede do IAB/SP, 1977

Carlos Maximiliano Fayet, Raymundo de Paschoal, Miguel Pereira, Alfredo Serafino Paesani, Jon Maitrejean, Pedro Cury e Abrahão Sanovicz durante o IX Congresso Brasileiro de Arquitetos, Fundação Bienal de São Paulo, 25-29 out. 1976

Jon Maitrejean, Julio Katinsky, Ubirajara Giglioli, Abrahão Sanovicz, Arnaldo Martino e Benedito Lima de Toledo

Paula Santoro, José Antônio Seixas, Abrahão Sanovicz, Claudia Rodriguez Calado, José Fernando Calado e Adriana Rossi

no centro

Helena Ayoub Silva, João Roberto Rodrigues, Abrahão Sanovicz, João Honorio Mello Filho e Rita Vaz

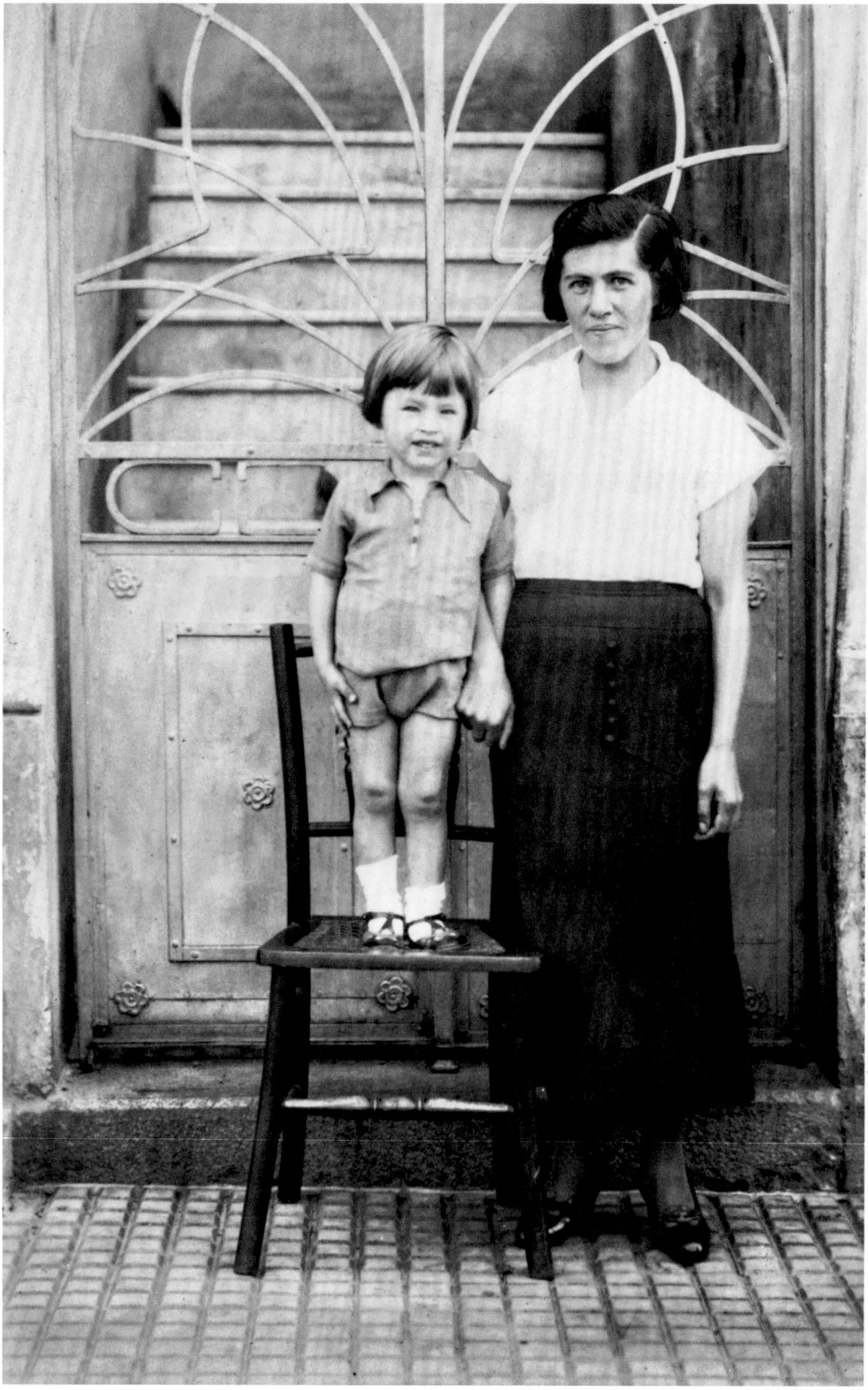

14. TAFURI, Manfredo. Apud BUZZAR, Miguel Antônio. *João Batista Vilanova Artigas: elementos para a compreensão de um caminho da arquitetura brasileira, 1938-1967*, p. 117.

sobre grandes painéis brancos pendurados na grelha da cobertura, dando ao Salão Caramelo uma nova escala.

Com este projeto para uma exposição, a equipe reafirmou as intenções de Vilanova Artigas para a FAU, cuja essência Miguel Antonio Buzzar, em sua dissertação de mestrado sobre a obra de Artigas, empresta de Manfredo Tafuri: "a arquitetura, pela sua própria natureza, permite já aquela tomada de consciência por parte da coletividade, que Brecht exigia ao seu público: uma fruição que consinta o relaxamento e a reflexão por parte das pessoas interessadas na realização cênica. Isto é arquitetura, cidade e teatro épico pretendem todos uma extrema transparência dos processos que conduziam à sua elaboração, para os revelar a quem acompanhe com distanciação as suas narrações".[14]

Aliás, a obra de Abrahão Sanovicz, cobrindo quase quatro décadas de atividade profissional, nos campos da arquitetura, urbanismo, desenho industrial, comunicação visual e artes plásticas, inegavelmente é a expressão do profissional que sempre desejou formar-se na FAU USP.

Formação familiar

A trajetória profissional do arquiteto é permeada por inquietações que remontam sua adolescência.

Abrahão Sanovicz nasceu em Santos em 1933, no bairro de Vila Matias, onde viveu até os dezessete anos.

Enquanto cursava o ginásio, estimulado pela família, frequentou um curso de desenho técnico e trabalhou em um escritório de desenho, onde teve seus primeiros contatos com a arquitetura.

Nesse escritório, era responsável pelas aprovações de projetos. Com isso, era obrigado a ir frequentemente a São Paulo para verificar os processos junto ao departamento de Engenharia Sanitária da Secretaria de Saúde do Estado. Aproveitava as viagens para visitar as exposições de arte e arquitetura que aconteciam no Museu de Arte de São Paulo – Masp.

Em 1950, tendo completado o ginásio, muda-se para São Paulo a fim de frequentar a Escola Técnica Federal, curso de técnico em edificações – equivalente ao antigo científico – com vistas ao vestibular em arquitetura. Acreditava que, cursando a escola técnica, poderia, em suas palavras, "queimar etapas" na faculdade. Quando chega na capital, traz uma bagagem

15. "[Nos anos 19]49 e 50 tinha o que? Tinha a *Módulo* e acho que estava saindo a *Habitat* e eu começava a ver, a tomar conhecimento da existência dos arquitetos [...], então já conhecia a Pampulha do Oscar, as primeiras casas do Artigas, as obras de Santos, as casas do Bratke lá em Santos". GATI, Catharine. *DPCA – Documentação sobre produtores culturais de arquitetura em São Paulo*, fita 2, lado B (mimeo). 2 set. 1987, p. 28. **16.** "na realidade, eu sempre tive essa dúvida [...] se fazia as Artes ou se fazia Arquitetura. No fim acabei me decidindo por Arquitetura [...], entrei na Escola e continuei desenhando, desenho até hoje, [...] mas toda a parte artística eu quase joguei ela inteirinha na Arquitetura". Idem, ibidem, fita 2, lado B (mimeo). 2 set. 1987, p. 26-27.

Abrahão Sanovicz com sua esposa Diva Sanovicz e os filhos Eduardo, Marcelo e Roberto

Família reunida na Residência Sanovicz. Sentados, Vera Pilnik Sanovicz (nora), Marcelo Sanovicz (filho), Bruno Sanovicz (neto), Monica Tinoco Sanovicz (nora), Diva Sanovicz (esposa) com Rodrigo (neto) no colo, Elisabete Saraiva (nora), Abrahão Sanovicz; agachados, Carolina Sanovicz (neta), Fernanda Sanovicz (neta), Roberto Sanovicz (filho), Eduardo Sanovicz (filho) e Mariana Sanovicz (neta)

de formação autodidata, como faz questão de revelar a Catharine Gati, pesquisadora do Centro Cultural São Paulo – CCSP, a quem concedeu uma série de entrevistas entre 1987 e 1988.

Segundo ele, ainda em Santos já conhecia as revistas *Acrópole* e *Habitat*, e também a obra de Oscar Niemeyer, que naquela época – início dos anos 1950 – já havia participado da equipe do Ministério da Educação e Saúde, projetado a Pampulha e o Pavilhão da Feira de Nova York, além de outros projetos. Em Santos tomou contato com a produção moderna que estava sendo construída, como as duas casas de Vilanova Artigas, uma na ilha Porchat e outra na rua Castro Alves – na primeira via uma influência direta na casa que projetou para sua família, uma casa-caixote. Na ilha Porchat, havia também duas casas projetadas por Oswaldo Bratke, também do seu conhecimento.[15] Assim, em sua memória da juventude, Abrahão se via movido pela inquietação e curiosidade, acompanhando com muito interesse as publicações, o que se construía: uma aproximação com a arquitetura que se deu quase naturalmente.

A vivência em ambientes e eventos artísticos que ocorreu nesse período não só foi decisiva na formação do arquiteto Abrahão Sanovicz, como também, ao mesmo tempo, alimentou uma inquietação que o marcou definitivamente, como confessou na referida entrevista ao deixar claro a grande dúvida que persistiu sua vida inteira: entre seguir a vida de artista (ou seja, pintor ou desenhista) ou fazer arquitetura.[16]

31

CAPÍTULO 1
Arte e design

1. "Essa cidade era uma maravilha. Que foi dos anos [19]50 em diante, de 50 até o Centenário, até 54. [...] Tinha [...] três milhões e meio de habitantes [...] era uma época particularmente feliz em São Paulo, a escala da cidade era ótima, já era uma metrópole, já não tinha mais a garoa [...], mas havia um momento cultural muito, muito intenso. [...] Você tinha os museus, os novos museus, [...] o Museu de Arte Moderna, o Museu de Arte de São Paulo, hoje chamados Masp e MAM, [...] você tinha toda uma ebulição artística, a primeira, a segunda, a terceira, a quarta; as primeiras Bienais foram maravilhosas, tinha algumas revistas polêmicas, você tinha a Cinemateca, enfim [...], toda a vida cultural de São Paulo ficava em torno da praça da República". Idem, ibidem, fita 2, lado A (mimeo). 2 set. 1987, p. 17-18. **2.** "Bons artistas. Puxa vida, o que se produziu nessa época, eu acho que foi uma época [...] bastante fértil [...]. E surgiram as novas escolas, polêmicas, o grupo concreto, [...] os tachistas, uma boa parte deles rebatimento das escolas europeias [...]. Mas essa explosão eu acredito que foi preparada. No fundo, a gente vê que foi preparada nos anos de baixo. [...] Quer dizer, você mexe, mexe, mexe, você vai ver que tem dedo de Mário de Andrade". Idem ibidem, fita 2, lado A (mimeo). 2 set. 1987, p. 18. **3.** ALMEIDA, Paulo Mendes de. *De Anita ao Museu*, p. 213. **4.** Idem, ibidem, p. 213.

Arte

O interesse precoce pela arte levou Abrahão Sanovicz a procurar, em 1952, a recém-criada Escola de Artesanato do Museu de Arte Moderna de São Paulo – MAM. Concorreu a uma vaga como bolsista e passou a frequentar o curso à noite. Em suas lembranças da cidade naquela época, presentes na entrevista a Catharine Gati, surge a São Paulo pulsante daquele período. Já metrópole, com seus quase 3,5 milhões de habitantes, mas mantendo uma escala ótima. A garoa havia desaparecido, mas o movimento cultural e artístico era vigoroso, com os novos museus – o Museu de Arte Moderna, o MAM, e o Museu de Arte São Paulo, o Masp –, a primeira Bienal de Arte, a criação da cinemateca, a presença de revistas estimulando polêmicas sobre a arte. A vida cultural girava em torno da praça da República.[1] Muito de arte se produziu no período, novas escolas, o grupo concreto, os tachistas, um evidente rebatimento aqui das discussões e realizações artísticas que aconteciam nas escolas europeias. Tal explosão – segundo Abrahão – tinha sido preparada nos anos anteriores, pois bastava procurar e sempre se encontraria envolvida nessas manifestações, de alguma forma, a figura de Mário de Andrade.[2]

Resgatar o histórico da constituição da Escola de Artesanato é recuperar o ambiente cultural da cidade de São Paulo, salientado nas lembranças de Abrahão, e que remonta à criação do MAM.

Paulo Mendes de Almeida, em *De Anita ao Museu*, apresenta como a pré-história do MAM a Semana de Arte Moderna de 1922, "rebelião no terreno das artes e do pensamento",[3] que encontrou ressonância nacional no campo da literatura: "vozes entusiásticas, de início isoladas, se arregimentavam em grupos, deitando manifestos como era de moda, e lançando jornais e revistas".[4]

Contudo, no campo das artes plásticas, foi somente em São Paulo que se formaram movimentos coletivos organizados, ainda que, no Rio de Janeiro dois importantes acontecimentos devam ser mencionados: a XXXVIII Exposição Geral de Belas Artes, organizada por Lúcio Costa em 1931, conhecida como o Salão Revolucionário ou Salão dos Tenentes, aberta pela primeira vez a artistas de orientação moderna, e a criação, também em 1931, do Núcleo Bernardelli, constituído por jovens artistas que não acei-

Abrahão Sanovicz finalizando uma de suas gravuras

5. Idem, ibidem, p. 42. 6. Idem, ibidem, p. 56.

tavam o tipo de ensinamento ministrado pelos mestres da Escola Nacional de Belas Artes. Tidos como a ala moderada do modernismo, entre eles estavam José Pancetti, Milton Dacosta, Joaquim Tenreiro e Yoshiya Takaoka.

A Sociedade Pró-Arte Moderna

Na capital paulista, um desses movimentos organizados resultou na Sociedade Pró-Arte Moderna – Spam, fundada em fins de 1932, que tinha como programa fundamental estreitar as relações entre artistas e "as pessoas que se interessavam por todas as suas manifestações", no dizer de Almeida.[5] Para tanto, promoveriam exposições, concertos, conferências, reuniões literárias. Instalariam sede social com salão de exposições, sala de leitura e ateliê para os artistas. Um jornal seria criado: *A Vida de Spam*, com direção de Alcântara Machado, Mário de Andrade e Sérgio Milliet.

O quadro dos 39 membros fundadores, compunha-se de representantes de todas as artes, excetuando-se o teatro e o cinema. Eram eles Anita Malfatti, Antônio Gomide, Camargo Guarnieri, Chinita Ullman, Gregori Warchavchik, Guilherme de Almeida, Lasar Segall, Mário de Andrade, Paulo Mendes de Almeida, Paulo Prado, Paulo Rossi Osir, Sérgio Milliet, Victor Brecheret, Tarsila do Amaral, entre outros.

Para obter fundos a fim de cumprir o programa proposto para a Spam, realizou-se um baile carnavalesco, em fevereiro de 1933, nos salões do Trocadero, à rua Conselheiro Crispiniano, denominado *Carnaval na cidade de Spam*. Com projeto e direção de arte de Lasar Segall, houve a colaboração de muitos outros artistas na confecção da decoração e fantasias. A música ficou a cargo do maestro Camargo Guarnieri. O convite, desenhado por Segall, contou com versos de Mário de Andrade.

O baile divulgou o nome da Sociedade, ampliou o quadro social e auferiu renda suficiente para que alugassem metade do quinto andar do Palacete Campinas à praça da República.

Enquanto a sede era reformada, decidiram realizar a Primeira Exposição de Arte Moderna da Spam, aberta ao público em 28 de abril de 1933, apresentando uma centena de obras. O local escolhido para a exposição foi o térreo de um edifício à rua Barão de Itapetininga, onde hoje se encontra a Galeria Guatapará.

Palácio Trocadero, Carnaval na Cidade de Spam, direção de arte de Lasar Segall, 1933

Sobre a exposição, comentou Paulo Mendes de Almeida:

> Pode dizer-se, sem exagero, ter sido a mais importante mostra de arte moderna até então realizada em toda a América do Sul. Ali figuraram, ao lado dos artistas da Spam, peças de grandes pintores e escultores contemporâneos, pertencentes a coleções particulares de São Paulo, notadamente as de D. Olívia Guedes Penteado, Samuel Ribeiro, Paulo Prado, Mário de Andrade e Tarsila do Amaral. Pela primeira vez, com certeza, o grande público via, "em pessoa", um Picasso ou um Léger, um Lipchitz ou um Brancusi. Dos artistas estrangeiros expostos era a seguinte a relação: Lhote, Léger, Picasso, Chirico, Csako, Delaunay, Dufy, Foujita, Gleizes, Juan Gris, Marie Laurencin, Sara Afonso, Vuillard, Pompon, Brancusi, Lipchitz e Le Corbusier. Como se vê, um razoável acervo, em que aparecem alguns dos principais nomes em evidência no momento. Exibir tal coleção ao público, constituiu, naquela altura, empresa quase temerária, pois que a hostilidade, então existente contra a arte moderna, punha em risco autênticas preciosidades.[6]

Em agosto desse mesmo ano inaugurou-se a sede: um grande salão de exposições, concertos e conferências com palco cênico e iluminação apropriada, ateliê – onde eram realizadas sessões com modelo vivo –, biblioteca e sala de leitura, secretaria e bar.

Em fins de 1933, ocorreu mais uma exposição também com grande repercussão; desta vez participaram artistas radicados no Rio de Janeiro: Portinari, Di Cavalcanti, Cardoso Júnior, Guignard, Lechowski, Octávio Pinto, Rothkirk, Sílvia Meyer, Teruz, Zangert e Cecília Meireles.

Todavia, logo a Spam se encontrou em dificuldades financeiras. Um novo baile de carnaval foi realizado, *Uma expedição às selvas da Spamolândia*, desta vez em um rinque de patinação à rua Martinico Prado, de novo sob os cuidados de Lasar Segall, que transformou o espaço numa enorme selva.

A festa restabeleceu as finanças da instituição, mas, poucos meses depois, por desentendimentos entre os diretores, convocou-se uma assembleia no início de 1935, quando foi declarada extinta a Sociedade.

O Clube dos Artistas Modernos

Contemporaneamente à Spam, surgiu o Clube dos Artistas Modernos – CAM, que tinha como figura central o polêmico arquiteto e artista Flávio de Carvalho. Sabendo que as tratativas para a constituição da Spam seriam um pouco demoradas e, porque suspeitava que teria um caráter elitista, ele entendeu ser mais prático fundar o CAM em novembro de 1932.

Concorreu para isso o fato de dividir com Di Cavalcanti, Carlos Prado e Antônio Gomide um imóvel na rua Pedro Lessa n. 2, junto ao viaduto Santa Ifigênia, onde mantinham seus ateliês.

Não se limitou a realizar exposições de artes. Realizou, da mesma forma, exposições de cartazes soviéticos, de desenhos de loucos e de crianças. Organizou concertos de música moderna, de recitais de cantos populares, conferências e palestras.

Em pouco tempo o CAM tornou-se ponto de encontro obrigatório para quem estivesse na cidade ou que tivesse algum interesse pelas artes.

Em novembro de 1933, o Clube instalou no térreo desse imóvel o Teatro de Experiência; com capacidade para 275 espectadores, foi inaugurado com a peça *O bailado do Deus morto,* de autoria de Flávio de Carvalho. Depois da terceira apresentação, o teatro foi fechado pela polícia. Essa intervenção policial gerou protesto de intelectuais, mas sem que houvesse qualquer repercussão. Tal fato causou sérios prejuízos ao CAM, que se extinguiu logo depois.

Cumpre salientar, no entanto, que a Spam e o CAM se completavam, como atestam as palavras de Paulo Mendes de Almeida: "A primeira, um tanto aristocrática, porém mais sólida, mais 'séria', no bom sentido da palavra. O CAM, democrático, largado, mas apresentando, indiscutivelmente, uma vivacidade maior. Um grande e vibrante movimento de arte e de inteligência que dificilmente se repetirá".[7]

O Salão de Maio

Um evento importante para criação do MAM e, consequentemente, para a Escola de Artesanato, foi o Salão de Maio. Idealizado pelos cronistas e críticos de arte Quirino da Silva e Geraldo Ferraz, em 1937, foi criado para exibir a produção dos artistas modernos que não tivessem um espaço próprio de exposição.

Realizado no *grill room* do Hotel Esplanada, em 25 de maio de 1937, o primeiro Salão teve expostas obras de trinta artistas brasileiros ou aqui residentes, destacando-se os que depois vão colaborar com a Escola de Artesanato: Tarsila do Amaral, Nelson Nóbrega e Lívio Abramo.

Acompanhando a mostra, foram realizadas várias conferências como a de Anton Giulio Bragaglia – fundador do teatro experimental italiano – sobre "As tendências modernas da cenografia", e a de Flávio de Carvalho, denominada "O aspecto mórbido e psicológico da arte moderna".

O evento obteve grande êxito e repercussão junto aos meios culturais e artísticos. Com o Salão de Maio, recolocava-se a discussão sobre a arte moderna versus a arte acadêmica, que dominava o mercado.

A segunda edição do Salão aconteceu em 27 de junho de 1938, novamente no Esplanada Hotel. Um catálogo acompanhava a exposição, com textos assinados por Sérgio Milliet, Mário de Andrade, Jorge Amado, Flávio de Carvalho, Lasar Segall e Vittorio Gobbis.

Destaque especial se deveu à presença de artistas ingleses surrealistas e abstratos, como Ceri Richards, Ben Nicholson e Penrose, assim como artistas mexicanos, como o gravador Leopoldo Méndez e o pintor Díaz de León, além de uma expressiva participação nacional.

O terceiro e último Salão, agora realizado na Galeria Itá, contou com a participação de 39 artistas, incluindo pintores, desenhistas, gravadores e arquitetos. Houve também participação estrangeira, como a de Alexander Calder, Alfredo Magnelli e Josef Albers.

Para Mendes de Almeida a representação de artistas estrangeiros nos Salões de Maio antecipava-se às futuras Bienais do Museu de Arte Moderna, "justificando-se sua inclusão, sob esse aspecto também, naquela série de movimentos coletivos de irrecusável e inestimável função pioneira e precursora".[8]

Capa do catálogo do 2º Salão de Maio, 1938, xilogravura de Lívio Abramo

A Família Artística Paulista

Enquanto se idealizava o Salão de Maio, outro importante movimento acontecia na cidade: a Família Artística Paulista – FAP, que contou com a participação de vários artistas, dentre os quais os do Grupo Santa Helena.

O Grupo Santa Helena surgiu da união espontânea de alguns artistas que, inicialmente, tinham seus escritórios ou ateliês no antigo Palacete Santa Helena, que foi demolido no início da década de 1970 para a construção da

9. ANDRADE, Mário de. Essa paulista família, p. 155. **10.** FERRAZ, Geraldo. Família Artística Paulista (verbete). **11.** Para os azulejos do Ministério da Educação e Saúde "a técnica utilizada é a do baixo esmalte ou 'biscoito': a pintura é feita sobre o azulejo não esmaltado. Após o desenho sobre a superfície porosa, que absorve a tinta com extrema rapidez e exige uma elevada exatidão do traço, os azulejos de 15cm x 15cm são armazenados e levados para o trabalho de esmaltagem e queima nas Indústrias Reunidas Francisco Matarazzo". ITAÚ CULTURAL. Osiarte (verbete). *Enciclopédia das artes visuais*. **12.** ANDRADE, Mário. Essa paulista família (op. cit.), p. 155.

estação da Sé do Metrô. Lá o grupo desenvolvia diferentes atividades profissionais, mas se organizaram em função do seu interesse artístico. Criaram ali um ambiente para troca de conhecimentos técnicos, sessões de modelo vivo e organização de excursões aos subúrbios da cidade nos fins de semana, para pintura ao ar livre. Era onde os artistas discutiam sobre a participação em exposições e salões de arte ou sobre a remessa de obras para esses eventos. Foi com as exposições organizadas pela FAP que o Grupo ganhou visibilidade.

A FAP absorveu a contribuição do modernismo, mas não rompeu com a tradição artística. Demonstrava certa reação ao vanguardismo e experimentalismo, característicos de outros grupos artísticos da época, um grande interesse pelo estudo da técnica e pelo aperfeiçoamento do metiê. Esta preocupação com o ofício era estimulada pelas figuras de Paulo Rossi Osir e Vittorio Gobbis que, segundo Mário de Andrade, eram "homens capazes de conversar sobre as diferenças de pinceladas de um Rafael e de um Ticiano e sabendo o que é ligar uma cor à sua vizinha";[9] já para Geraldo Ferraz, um dos idealizadores do Salão de Maio, eram "tradicionalistas, defensores do carcamanismo artístico da Pauliceia, a morrer de amores pelos processos de Giotto e Cimabue".[10]

Por esta época, Paulo Rossi Osir abre uma empresa de azulejaria, a Osiarte, com a finalidade de produzir os azulejos desenhados por Cândido Portinari para o Ministério de Educação e Saúde, e segue recebendo encomendas de arquitetos e artistas, além de produzir alguns padrões criados por ele. Questiona assim os comentários de Geraldo Ferraz: através de sua preocupação com o aprimoramento do metiê e graças ao seu rigor técnico, viabiliza a possibilidade de um novo meio de manifestação artística.[11]

A FAP realiza três exposições: a primeira em novembro de 1937, no Hotel Esplanada, com a participação dos artistas plásticos Aldo Bonadei, Alfredo Volpi, Anita Malfatti, Arnaldo Barbosa, Arthur Krug, Clóvis Graciano, Francisco Rebolo Gonsales, Fulvio Pennacchi, Hugo Adami, Humberto Rosa, Joaquim Figueira, Manuel Martins, Mário Zanini, Paulo Rossi Osir e Waldemar da Costa, entre outros.

Dois anos depois, a segunda exposição teve lugar no Automóvel Clube, na rua Líbero Badaró n. 287, onde estavam expostos, além de nomes já conhecidos da primeira mostra, vários outros que só então aderiam à Família: Cândido Portinari, Alfredo Rullo Rizzotti, Domingos Viegas de

Toledo Piza, Renée Lefèvre, Nelson Nóbrega, Ernesto de Fiori e João Batista Vilanova Artigas.

No ano de 1939, após visita à exposição organizada pela FAP, Mário de Andrade identifica e tenta conceituar pela primeira vez a existência de uma Escola Paulista, caracterizada por seu modernismo moderado. Enfatiza, como elemento de unificação entre os expositores, a preocupação com o apuro técnico, a volta à tradição do fazer pictórico e o interesse pela representação da realidade concreta. Faz também algumas críticas: "Ora, pois o que falta a toda esta paulista família? Falta o estouro, falta o estalo de Vieira, falta a coragem de errar. O verdadeiro estádio de cultura não é propriamente saber, mas saber ignorar em seguida. Toda esta nossa forte e consanguínea Família Paulista já sabe eruditamente pintar, mas ainda não aprendeu a coragem de ultrapassar a sabença e conquistar aquele trágico domínio da expressão pessoal, sem o qual não existe arte. Todos estes artistas já sabem caminhar com firmeza, mas é lastimável que na terra que criou a Vasp, a única empresa nacional de aviação, eles não se arrisquem a voar".[12]

Sobre o artigo de Mário de Andrade, Flávio Motta, no artigo "Textos informes: a Família Artística Paulista", observa:

> Ora, o Mário de Andrade era bem uma expressão de [19]22. É verdade que era renovador ou um "revolucionário metodizado", procurando dar sentido e organização tanto ao mundo das coisas como aos processos de agir no Brasil. Foi muito provavelmente – e isso vale como hipótese de trabalho – pelo mesmo respeito ao trabalho que reconheceu o *novo* na Família Paulista. E esse novo, temos para nós, é um novo tido como uma nova situação para o homem nos processos de transformação. Esse admirável reconhecimento que um poeta erudito faz de um grupo de artistas simples em arte e em origem, nos dá a chave, um outro ângulo de verificação do problema da Família Artística, ao mesmo tempo que restabelece uma tese proposta pelo próprio Mário de Andrade, qual seja, a relação erudito e popular. Aliás, essa tese, especialmente para os arquitetos, é da maior valia. Poderíamos a guisa de exemplo, formulá-la a partir da seguinte consideração:
> 1. Em que medida determinadas formas ou determinadas soluções, ou ainda determinados símbolos são elaborados para responder a um determinado contexto?

Primeiro número da RASM – Revista Anual do Salão de Maio, 1939, capa e páginas com obras de Lasar Segall e Lívio Abramo, publicação dirigida por Flávio de Carvalho

13. MOTTA, Flávio. Textos informes: a Família Artística Paulista, p. 140. **14.** ALMEIDA, Paulo Mendes de. Op. cit., p. 125-126. **15.** Idem, ibidem, p. 186. **16.** GONÇALVES, Lisbeth Rebollo. *Sérgio Milliet, crítico de arte*. São Paulo, p. 77. Trata-se do Departamento de Cultura da Prefeitura do Município de São Paulo.

2. Como esses símbolos, transferidos para outro contexto, ainda mantêm a referência a alguns significados originais?

3. Em que medida, quando esses elementos são usados já sem recorrência aos seus significados originais, mas como simples "matéria prima" – a serviço de uma cultura com sentido novo e fundamento popular?

Aí está portanto, outra ordem de consideração, de preocupação que poderia esclarecer e dinamizar uma análise da "linguagem" das nossas obras de arte, para que não falte a essa "razão analítica em movimento" um sentido histórico. Num certo sentido, com o encontro do erudito com o popular, o que se busca é compreender as direções de uma história já feita e uma por fazer ou se fazendo.[13]

A terceira e última exposição ocorreu em 1940, no Rio de Janeiro, com novas participações que incluíam, entre outros, os nomes de Carlos Scliar, Paulo Sangiuliano, Vicente Mecozzi e Bruno Giorgi. Pouco depois a Família deixava de existir, sobrepujada pelo aparecimento de novos movimentos. Cumpriu sua missão, pois, como escreveu Paulo Mendes de Almeida: "ela inseriu, de maneira definitiva, na lista de nossos melhores artistas, meia dúzia de nomes pelo menos, que servirão para recomendá-la aos exegetas da evolução das artes plásticas no País. Lembrar Volpi, Zanini, Rebolo, Bonadei ou Graciano, aqui mencionados sem preocupações de hierarquia, é lembrar a Família – aquela Paulista Família, em cujo seio se formaram e foram revelados ao mundo da paleta e do pincel".[14]

Neste mesmo período organizou-se um outro importante grupamento de artistas de origem japonesa, com afinidade de interesses com o Grupo Santa Helena. Criaram um espaço de discussão que promovesse o aprimoramento técnico e a divulgação de suas obras. Organizados de 1935 a 1972, com intervalo nas atividades no período da Segunda Guerra Mundial, o Grupo Seibi era integrado originalmente por Hajime Higaki, Shigeto Tanaka, Takahashi, Tamaki, Tomoo Handa e Yoshiya Takaoka, mas logo tiveram a adesão de Tomie Ohtake, Manabu Mabe e Flávio Shiró, entre outros.

Em 1941, Quirino da Silva organizou o 1º Salão de Arte da Feira Nacional de Indústrias, acontecimento inédito, onde, segundo Paulo Mendes de Almeida: "Os homens da produção, os homens da indústria e do comércio, os homens de negócios, em suma, vinham ao encontro dos artistas, propiciando-lhes, dentro de sua organização um lugar para uma parada das artes plásticas".[15]

A exposição foi realizada na sede da Diretoria de Indústria Animal no Parque da Água Branca. Com critérios pouco rigorosos para escolha das obras, apresentou um panorama bastante amplo e representativo dos meios artísticos.

Em 1947 apareceria novo movimento associativo, o chamado Grupo dos 19, que realizaria uma única exposição, com a presença de jovens pintores, entre os quais Aldemir Martins, Antônio Augusto Marx, Lothar Charoux, Flávio Shiró, Jorge Mori, Marcelo Grassmann, Maria Leontina, Mário Gruber, Otávio Araújo, Odetto Guersoni e Luís Sacilotto.

Antes disso, em 1945, foi inaugurada a seção de arte da Biblioteca Municipal, como consequência do projeto para um museu de arte moderna em São Paulo que tinha como idealizadores, desde o final dos anos de 1930, Mário de Andrade e Sérgio Milliet.

Sobre essa proposta, comenta Lisbeth Rebollo Gonçalves:

> A ideia de um Museu de Arte Moderna veiculada por Mário de Andrade e Sérgio Milliet tem, porém, um lado mais amplo: vai além da aglutinação de artistas e aproximação do "público de arte moderna", voltando-se para a comunidade em geral. O objetivo é a formação cultural do público em compasso com a contemporaneidade. Não é "festa", mas uma ação organizada dentro da plataforma modernista de atualizar a inteligência artística brasileira, dentro também de uma orientação política que impregna a intelectualidade paulista voltada para os ideais liberais democráticos, depois da Revolução de 1932. A ideia de criar um Museu de Arte Moderna tem mais a ver com a política cultural que favoreceu o surgimento do Departamento de Cultura. Aliás, tanto Mário como Sérgio pensam o museu ligado ao Departamento. Para Mário, sua forma seria a de um museu popular, de reproduções; para Sérgio, o Museu preserva o sentimento tradicional da instituição que compõe um acervo significativo e propicia ao público o contato com os bens culturais. Mário quer a "desaristocratização da obra-prima", vê o museu popular "com o destino de por as suas coleções ao alcance de qualquer compreensão", através de reproduções. Sérgio quer o modelo tradicional de museu, mas prega a necessidade paralela de uma ação pedagógica.[16]

17. Idem, ibidem, p. 82. 18. ALMEIDA, Paulo Mendes de. Op. cit., p. 205. 19. LOURENÇO, Maria Cecília França. *Museus acolhem o moderno*, p. 103. 20. Idem, ibidem, p. 109. 21. Escritura do Museu de Arte Moderna de São Paulo. Apud NASCIMENTO, Ana Paula. *MAM: museu para a metrópole: a participação dos arquitetos na organização inicial do Museu de Arte Moderna de São Paulo*, p. 249.

O Museu de Arte Moderna

Em 1946, a cidade de São Paulo recebeu do presidente do Museum of Modern Art de Nova York – MOMA, Nelson Rockefeller, a doação de sete obras de arte para a constituição de um museu. Inicialmente, ficam sob a guarda do Instituto de Arquitetos do Brasil – IAB; depois vão para a Biblioteca Municipal, onde, nesse mesmo ano, são expostas ao público.

Amplia-se, então, o empenho para a criação do Museu de Arte Moderna – MAM. São realizadas reuniões no IAB, com a participação de artistas, intelectuais e empresários. Assis Chateaubriand e Francisco Matarazzo Sobrinho são sensibilizados pela campanha.

Na entrevista de Vilanova Artigas à Lisbeth Rebollo Gonçalves está registrado: "Mas, ao que consta, a decisão de acolher o apoio de Matarazzo se dá com o aval americano. Segundo declara o arquiteto Vilanova Artigas, a palavra final que leva ao encaminhamento do processo de criação do Museu de Arte Moderna de São Paulo sob a liderança de Matarazzo surge numa reunião de Nova York, da qual ele participa, quando bolsista nos Estados Unidos. Carleton Sprague Smith é o porta-voz of Rockefeller, falando do seu interesse pela participação daquele empresário no projeto".[17]

Abre-se, assim, o processo para constituição do MAM de São Paulo. Francisco Matarazzo Sobrinho e sua esposa, Yolanda Penteado, começam comprar importantes obras de arte internacionais, visando a criação de um acervo para o Museu.

A 15 de junho de 1948, 68 pessoas comparecem para assinar a ata de constituição do MAM. Na lista predominam os nomes de arquitetos: entre eles, Aldo Calvo, Carlos Cascaldi, Eduardo Kneese de Mello, Galiano Ciampaglia, Gilberto Junqueira Caldas, Giuseppe Severo Giacomini, Gregori Warchavchik, João Batista Vilanova Artigas, Jacob Maurício Ruchti, Léo Ribeiro de Moraes, Luís Saia, Manilo Cosenza, Miguel Forte, Roberto Cerqueira César, Roger Henri Weiler, Rino Levi, Salvador Candia e Virgílio Isola. As palavras de Paulo Mendes de Almeida a esse respeito: "Havia uma razão para isso, dado que, entre as artes plásticas, foi a arquitetura aquela em que as novas tendências e concepções mais cedo conseguiram encontrar acolhida junto ao grande público. Os arquitetos, portanto, sentiam de modo mais concreto, se assim se pode dizer, as vantagens até mesmo materiais de uma arregimentação".[18]

MAM-SP, São Paulo SP, 1948, arquiteto Vilanova Artigas

Maria Cecília França Lourenço, em sua obra *Museus acolhem o moderno*, comenta: "A implantação dos MAMs, após a Segunda Guerra Mundial, colabora para fomentar modificações nas condições culturais e também, coaduna-se com alguns ideais político-econômicos relacionados ao fenômeno da metropolização, industrialização, desenvolvimentismo e alianças com os Estados Unidos. Nesse panorama, São Paulo assume papel ímpar pela concentração de atividades econômicas, em especial na questão industrial, enquadrando-se a abertura do MAM como parte explicitadora de uma imagem que se almeja atingir".[19]

Se a constituição do MAM ocorreu em junho de 1948, suas atividades se iniciaram em março de 1949, com sede à rua 7 de abril n. 230, no prédio dos Diários Associados. Nesse local funcionava, desde 1947, o Museu de Arte São Paulo – Masp. O MAM teve projeto de adaptação do espaço de Vilanova Artigas e modelo museográfico do MOMA de Nova York.

Maria Cecília França Lourenço, acima citada, servindo-se da documentação fotográfica existente nos arquivos do MAM, assim descreve o projeto de Artigas: "Privilegiando a circulação em 'U', bastante despojada se comparada ao modelo dos museus novecentistas, caracterizado pela concentração de peças e horror ao vazio. As obras são dispostas com base em painéis, funcionando como fundo neutro, paralelos às paredes para as pinturas e formas geométricas regulares para esculturas, com cuidado de projetar vitrines inclinadas para fruição adequada de desenhos e gravuras".[20]

Pelos seus estatutos, o Museu tinha os seguintes objetivos:

> a. Adquirir, conservar, exibir e transmitir à posteridade obras de arte moderna do Brasil e do Estrangeiro; b. incentivar o gosto artístico do público, por todas as maneiras que forem julgadas convenientes, no campo da plástica, da música, da literatura, e da arte em geral, oferecendo a seus sócios e membros a possibilidade de se receber gratuitamente ou com descontos, todos os serviços organizados da associação, nas condições estabelecidas pelo Regulamento Interno.[21]

O conselho de administração era composto por Villanova Artigas, Luís Saia, Sérgio Milliet, Antônio Cândido, Almeida Salles, Lourival Gomes Machado e Mário Bandeira, entre outros. A direção artística coube a Leon Dégrand.

22. AMARAL, Aracy. *Arte para quê? A preocupação social na arte brasileira 1930-1970*, p. 237. Ver também: CORDEIRO, Waldemar. Ruptura. *Correio Paulistano*, São Paulo, 11 jan. 1953. Apud: BANDEIRA, João (org.). *Arte concreta paulista: documentos*. **23.** D´HORTA, Vera. *MAM: Museu de Arte Moderna de São Paulo*, p. 31. **24.** Conceitos extraídos a partir da leitura de recortes de jornal da época, acervo do Arquivo Histórico Wanda Svevo da Fundação Bienal de São Paulo.

Dégrand, francês conhecido por difundir a arte abstrata praticada em seu país, organizou a exposição inaugural Do Figurativismo ao Abstracionismo, onde se aprofundava a discussão que começara anos antes, sobre a oposição entre a arte figurativa, tida como retrógrada, e a arte abstrata, considerada a vanguarda das artes plásticas.

Aracy Amaral, em sua obra *Arte para quê?*, assim comenta o evento: "Sintomaticamente, porém essa exposição abre as atividades do museu que trazendo as bienais internacionais para São Paulo, a partir de 1951, seria o mais eficaz veiculador das novas informações internacionalistas, em particular o abstracionismo, que florescia tanto no Rio como em São Paulo, a partir desse estímulo externo, e fazendo surgir na capital paulista, a partir dos anos [19]50, dois grandes grupos: o dos abstracionistas vinculados ao Atelier Abstração, de Samson Flexor, e o dos abstracionistas geométricos, liderados por Waldemar Cordeiro, a partir do manifesto *Ruptura*".[22]

Em 1950, já sob a direção de Lourival Gomes Machado, coube ao MAM organizar a participação brasileira na Bienal de Veneza. Foi, talvez, em função dessa participação que se resolveu a criação de uma Bienal no Brasil.

Em 21 de outubro de 1951, inaugurou-se a primeira Bienal do Museu de Arte Moderna de São Paulo, com 23 países participantes, ocupando o belvedere do Parque Trianon, onde havia um antigo salão de baile. Aproveitando-se da estrutura do salão, Eduardo Kneese de Mello e Luís Saia projetaram um polígono de madeira perfazendo uma área de cinco mil metros quadrados de maneira a poder receber as 1.854 obras expostas.

O êxito da primeira Bienal confirmou a capacidade de realização da equipe do MAM, constituindo-se no mais importante evento artístico no Brasil.

O projeto do MAM apresentava-se com um caráter didático. Isso fazia parte das intenções de estreita identidade com o que Mário de Andrade e Sérgio Milliet propagavam há mais de uma década, ou seja, educar o público, acostumado com os valores estéticos tradicionais, para o novo conceito de arte moderna. Nesse sentido, eram frequentes palestras e conferências, organizadas como atividades paralelas às exposições.

Como menciona Vera d'Horta: "logo é sentida a necessidade de se ensinar, na prática, o que era arte moderna".[23]

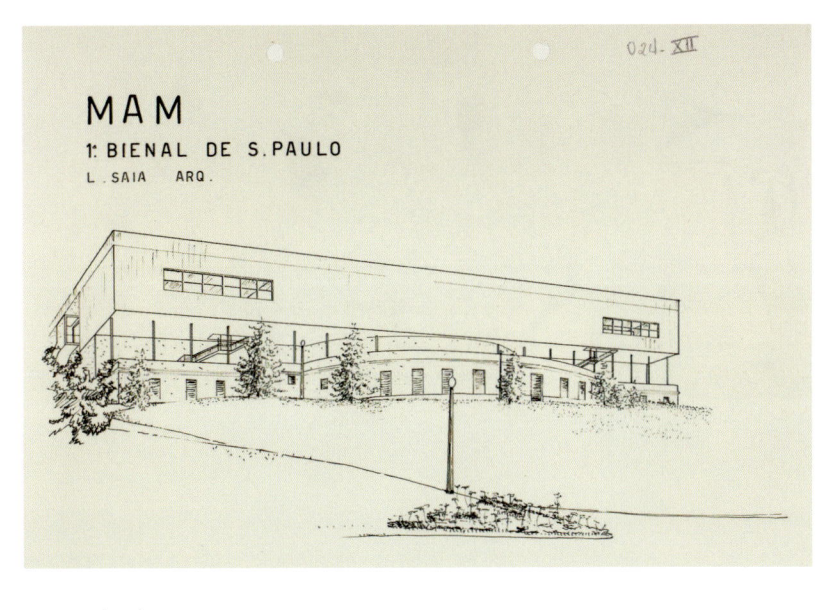

Pavilhão da 1ª Bienal do Museu de Arte Moderna de São Paulo, 1951, arquitetos Luís Saia e Eduardo Kneese de Mello

A Escola de Artesanato

Em julho de 1950, a imprensa paulista divulgava a criação da Escola de Iniciação Artesanal e Artística do MAM. Festejada por muitos intelectuais como a escola que viria substituir a primeira escola de arte moderna de São Paulo, a Escola Livre de Artes Plásticas, criada no Masp por Flávio Motta e Poty (Napoleon Potyguara Lazzarotto). Com vida efêmera, a Escola Livre permaneceu funcionando alguns meses, em 1949.

A proposta da Escola do MAM era a de despertar nos jovens o amor pelo ofício e se constituir como um centro de pesquisa em arte, sem se ligar a princípios rígidos ou doutrinas estéticas exclusivistas.

As informações que seguem foram obtidas pela leitura de artigos e notícias de alguns jornais da época (décadas de 1940 e de 1950). São recortes de jornais que fazem parte do Arquivo Histórico Wanda Svevo da Fundação Bienal de São Paulo, e da coleção de recortes de jornais de Lucia Suane, viúva de Nelson Nóbrega.

Os cursos de artes plásticas tinham como objetivo principal, a aplicação prática e profissional da arte escolhida pelo aluno. Já os cursos artesanais eram mantidos em constante referência com as artes plásticas afins.

Assim, os cursos de desenho e pintura visavam o ensino da pintura mural e decorativa, o curso de cerâmica possibilitava a iniciação à escultura, ou a criação de componentes para a construção civil, como revestimentos e louças. O de artes gráficas se dedicava à gravura e programação visual. Mantinha-se, dessa forma, o ensino do ofício, ao mesmo tempo preservando e estimulando as fontes puras da criação artística.

Havia o entendimento que se fazia urgente a formação de equipes de artistas especializados para que, com o amor ao seu ofício, pudessem ser o contraponto da produção mecânica industrial, conservando nos objetos por eles criados, emoção e sensibilidade.[24] Como método de ensino, o aprendizado direto – de mestre a discípulo, em convivência no ateliê –, o que acentuaria ainda mais a ligação entre o elemento profissional e o artístico.

A previsão inicial era que esta escola iniciasse suas atividades já no segundo semestre de 1950. Porém, somente em 10 de junho de 1952 foi inaugurada a Escola de Artesanato do MAM, à praça Franklin Roosevelt n. 227, sob a direção do pintor Nelson Nóbrega e com um selecionado grupo de

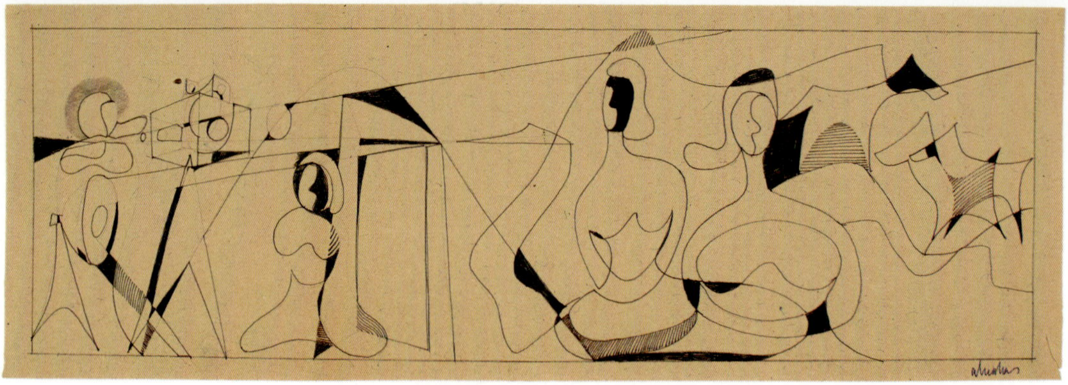

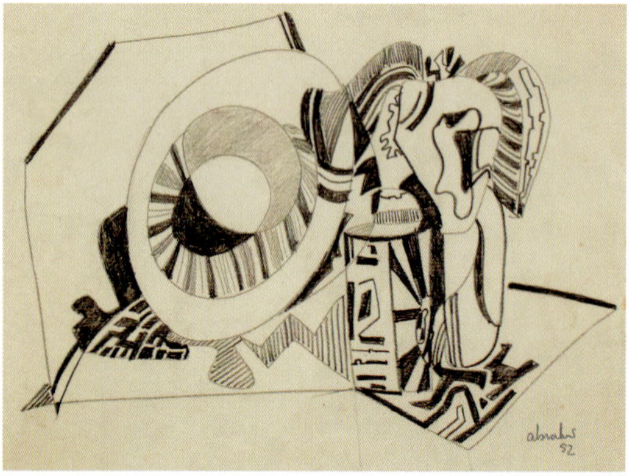

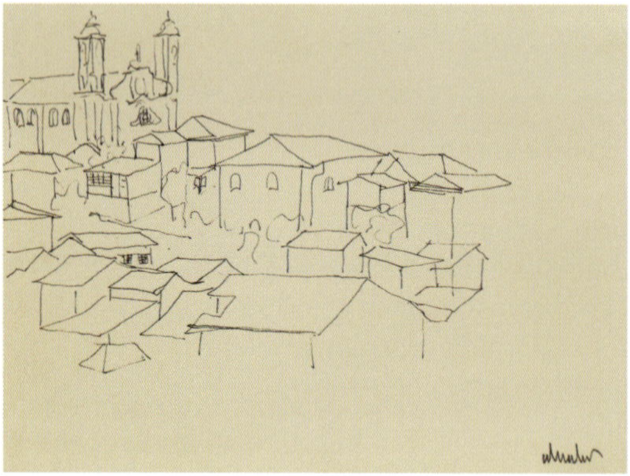

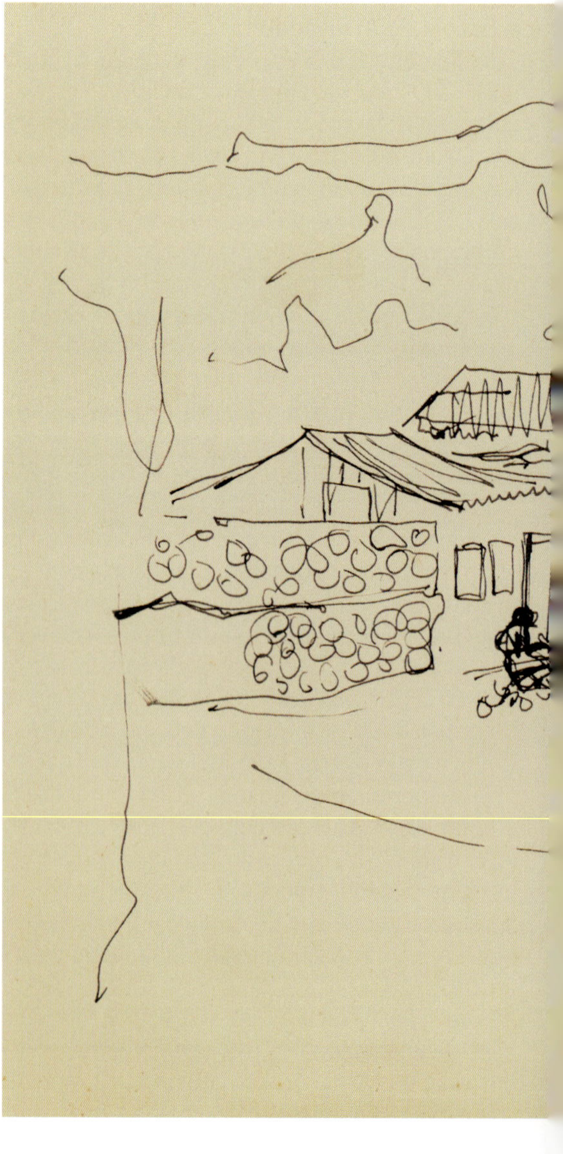

à esquerda

Desenho feito por
Abrahão Sanovicz
durante o período
da Escola de
Artesanato

Desenho feito por
Abrahão Sanovicz
durante o período
da Escola de
Artesanato, 1952

Desenho feito
por Abrahão Sanovicz
durante viagem
por Ouro Preto MG

no centro

Desenho feito
por Abrahão Sanovicz
durante viagem
por Ouro Preto MG

à direita

Capa e interior
do folder e convite
da exposição de
alunos da Escola
de Artesanato do
Museu de Arte
Moderna, jun. 1953

professores: Antônio Gomide, Yllen Kerr, Georges Nasturel, Wolfgang Pfeiffer, Gian Domenico De Marchis e seu assistente Vittorio Sinaglia. Mais tarde vão se juntar ao grupo, ou substituir alguns deles, Helou Motta, Mário Gruber, João Rossi e Lívio Abramo.

Quirino da Silva – em artigo publicado em julho de 1952 –, entusiasmado com a recém-criada escola, exagerando na crítica à industrialização e creditando este seu julgamento aos objetivos da Escola de Artesanato, ou ainda procurando estabelecer um debate com o Instituto de Arte Contemporânea – IAC do Masp, escreveu:

> Com o quase desaparecimento do artífice, veio, é claro, o desamor do homem pela matéria por ele usada.
> A industrialização do trabalho na febricitante ganância de maiores lucros, desintegrou esse mesmo homem da sua verdadeira missão. O material, para ele não mais suscita aquele sincero afeto, aquele amor, mesmo, de que era impregnado todo o objeto por ele feito. Sim, porque esse objeto após longa e carinhosa permanência com o homem, tomava, naturalmente a sua personalidade, o seu feitio, sem com isso perder a sua nobreza de origem. Dava-lhe, antes, em virtude dessa afetuosa convivência entre ambos, uma sedução e compreensão que, ainda hoje – apesar do tempo decorrido – se percebe na superioridade de um e na obediência de outro: o material e o homem se integravam, e se harmonizavam numa deliciosa poesia. Essa obediência do material não era, decerto conseguida pela rapidez das maravilhosas máquinas de hoje, as quais muito embora representem numerosa produção, desrespeitam a integridade da matéria, desvirtuando-lhe, sempre, o destino. Obrigando-a a serviços subalternos, enxovalhando-lhe, enfim, a sua nobreza.
> Mais uma escola que forme um punhado de artífices – como a que já existe no Museu de Arte – vem como o bíblico ramo de oliveira, anunciar que muito em breve teremos artífices capazes de exumar esse amor pelo ofício e pela matéria usada.[25]

Este não era o pensamento dos idealizadores da Escola de Artesanato, tanto que em entrevista para o jornal *Última Hora*, Nelson Nóbrega declarou que a intenção da nova escola era

25. SILVA, Quirino da. Visa a formar artífices a Escola de Artesanato, s.p. 26. MARTINS, Ibiapaba. Menos "whisky" mais trabalho: reage à modorra o "Museu de Arte Moderna de São Paulo", s.p. 27. Cf. Atividades do Museu de Arte Moderna de São Paulo de 1949 a 1954.

"despertar nos jovens o amor pelo ofício artístico e ao mesmo tempo dotá-los de uma sólida base de conhecimentos indispensáveis às suas futuras criações artísticas. É de nosso desejo cooperar com todos os que trabalham pela melhoria do nível de nossos meios artísticos, fazendo ao mesmo tempo, com que se desenvolva o sentido da estreita ligação entre as artes plásticas contemporâneas e as artes aplicadas. Os alunos recebem certificado de conclusão dos cursos após dois anos e já se prevê a instituição de cursos de especialização e cursos livres que serão organizados com o objetivo de difundir o gosto pelas artes".[26]

A Escola teve ajuda financeira da Prefeitura do Município de São Paulo, através do convênio escolar que oferecia 25 bolsas de estudo por ano aos candidatos que aliassem à precária situação econômica, aptidão e aplicação.[27]

A EDA contava com dois cursos básicos: Desenho, ministrado por Antônio Gomide, que contemplava desenho geométrico, decorativo, ilustrativo, à mão livre e de modelo vivo; e, História da Arte, ministrado por Wolfgang Pfeiffer, onde os alunos entrariam em contato com as grandes realizações artísticas da humanidade, a fim de que aprendessem a responsabilidade que lhes cabia na preservação e enriquecimento desse grande acervo espiritual.

Duas oficinas artesanais iniciaram suas atividades: Cerâmica, dirigida por De Marchis, que se dedicava desde os estudos rudimentares da terracota aos trabalhos mais especializados em esmalte e porcelana; e Artes Gráficas, confiada a Yllen Kerr, que deveria desenvolver no aluno o gosto pela gravura em geral, embora dedicando-se mais à litografia, e compreendendo ainda aulas de paginação de livros e jornais, tricromia e ilustração a cores.

A instituição passou por períodos de dificuldade econômica. Em 1958, o MAM muda-se para o Ibirapuera e Francisco Matarazzo propõe que a Escola se mude também. Contudo, alunos e professores insistem em continuar nas instalações originais. Por essas e por outras, no início de 1959, a diretoria do MAM resolve fechar a Escola.

Entre os alunos – e aqui se inclui Abrahão Sanovicz – diversos importantes artistas passaram por lá, como Antônio Henrique Amaral, Dorothy Bastos, Flávio Império, Savério Castellano, entre outros.

Aracy Amaral, em *Arte para quê?*, quando trata da abertura do MAM, remete à matéria de Ibiapaba Martins no *Correio Paulistano* "Duas entrevistas

Pequena tiragem para os amigos

"o tempo perdido"

Em busca do tempo perdido, gravura de Abrahão Sanovicz, 1990

Museu de Arte de São Paulo na Rua 7 de Abril, layout da sala de exposição, São Paulo SP, 1947, arquiteta Lina Bo Bardi. Perspectiva em grafite e pastel oleoso sobre papel cartão, 41cm x 80cm

oportunas", onde o jornalista comenta que para a primeira diretoria empossada "o caráter 'popular' do Museu de Arte Moderna, em contraposição ao elitismo que rodeava o ambiente do Masp, evidencia-se na medida em que 'qualquer pessoa' pode dele se associar 'mediante módica mensalidade' e isso 'sem distinção de classe'".[28]

Essa importante referência desperta o interesse para a reflexão sobre o caráter do Masp e sobre o IAC.

O Museu de Arte São Paulo

Sobre a fundação do Museu de Arte São Paulo Assis Chateaubriand – Masp, escreveu Renata Vieira da Motta: "A fundação do Masp só foi possível pela coincidência histórica de uma ideia e o aparecimento daqueles que a colocariam em prática: o encontro de Assis Chateaubriand com Pietro Maria Bardi e Lina Bo Bardi. Se a ideia de um novo museu de arte não era nova, remontando aos anos 1920 e configurando uma discussão mais ampliada nos anos 1930, o jornalista nordestino, dono dos Diários Associados – o Chatô – seria o primeiro a concretizá-la".[29]

O casal Bardi, vindo da Itália, chegou ao Brasil no segundo semestre de 1946. Logo Assis Chateaubriand convidou Pietro Maria para, junto com o jornalista Frederico Barata, estudar a criação de um museu, que por determinação de Chateaubriand deveria se instalar em São Paulo, à rua 7 de Abril, no edifício dos Diários Associados, de autoria do arquiteto Jacques Pilon.

O Masp foi oficialmente criado em 10 de março de 1947, constituído por uma sociedade civil composta por trinta membros, a maior parte deles pertencentes à "sociedade paulistana": fazendeiros, industriais e banqueiros.

Inaugurado em 2 de outubro de 1947, ocupava metade do segundo andar daquele edifício, com projeto de adaptação do espaço realizado por Lina Bo Bardi.

No que se refere à constituição de seu acervo, o Masp não se alinha com as posições de combate aos museus tradicionais, nem tem no MOMA de Nova York, sua maior referência. O desafio era constituir um acervo o mais significativo de todas as expressões de arte do Brasil e do mundo. Por outro lado, insistia Bardi na ideia de criar um centro cultural atingindo e educando um público ampliado, rejeitando o modelo tradicional dando ênfase aos departamentos não-curatoriais: biblioteca, publicações, exposições itinerantes, educativo.

28. MARTINS, Ibiapaba. Duas entrevistas oportunas. *Correio Paulistano*, 1948. Apud AMARAL, Aracy. Op. cit. p. 237. **29.** MOTTA, Renata Vieira da. *O Masp em exposição: mostras periódicas na 7 de abril*, p. 18. **30.** Idem, ibidem, p. 23. **31.** ACAYABA, Marlene Milan. *Branco & Preto: uma história de design brasileiro nos anos 50*, p. 36.

Em 1950, o Masp passou a ocupar mais três andares, dando margem a uma nova inauguração. A este respeito, as palavras de Renata Motta: "Desfrutando de mais espaço e tendo se estruturado nesses três primeiros anos, as iniciativas do Masp cresceram consideravelmente, incluindo as escolas de desenho industrial (o Instituto de Arte Contemporânea – IAC), propaganda, jardinagem, dança, além dos seminários de cinema".[30]

O Instituto de Arte Contemporânea

O número 3 da revista *Habitat*, de 1951, na matéria "Instituto de Arte Contemporânea" noticiava a criação de uma escola de design no Masp que tinha como objetivo a formação de jovens que se dedicassem à arte industrial.

A congregação do IAC contava com a participação de Alcides da Rocha Miranda, Clara Hartoch, Eduardo Kneese de Mello, E. Hanner, Elizabeth Nobiling, Enrico Bernachi, F. Kosnta, Giancarlo Palanti, Jacob Ruchti, Lasar Segall, Lina Bo Bardi, Pietro Maria Bardi, Oswaldo Bratke, Roberto Burle Marx, Rodolfo Klein, Thomas Farkas, Poty e Flávio Motta. Os dois últimos haviam participado da curta experiência da Escola Livre de Artes Plásticas também no Masp.

As referências do curso vinham da Bauhaus, através da adaptação à nossa realidade dos conteúdos formulados para o Instituto de Design de Chicago em 1937, por Moholy-Nagy e Walter Gropius, que havia idealizado a escola alemã.

Marlene Milan Acayaba, em *Branco & Preto*, esclarece que o objetivo do IAC era que seus alunos "se mostrassem capazes de desenhar objetos, nos quais, o gosto e a racionalidade das formas correspondessem ao progresso e à mentalidade contemporânea. Para tanto, era preciso desenvolver a consciência da função social do desenho industrial, contestando a reprodução fácil e nociva dos estilos superados e o diletantismo decorativo. E, ainda, destacar o sentido da função social que cada projetista, no campo da arte aplicada, deveria ter em relação à vida".[31]

O curso era dividido em duas etapas. Na primeira, o aluno recebia formação básica sobre cultura e conhecimentos técnicos e artísticos.

Para essa etapa do curso, a autora supracitada assim opina: "Essa primeira etapa, semelhante a qualquer curso de arquitetura, visava à formação de desenhistas industriais com a mentalidade de arquitetos. Isso porque o desenhista industrial deveria trabalhar da mesma forma que o arquiteto, pois, embora não projetasse prédios, projetaria rádios, automóveis, geladeiras etc.,

32. Idem, ibidem, p. 38. **33.** Idem, ibidem, p. 39. **34.** AMARAL, Aracy. Op. cit., p. 245. **35.** SANOVICZ, Abrahão. In CARTUM, Marcos. Entrevista de Abrahão Sanovicz, p. 144.

com o mesmo respeito pelos materiais, pela função e pela técnica, como aquele que o arquiteto empregava em seus projetos".[32]

Na segunda etapa, os alunos aplicavam esses conhecimentos na solução de projetos de equipamentos que deveriam ser produzidos industrialmente e projetos de comunicação visual; desenvolviam também experiências com a fotografia, a publicidade e o cinema.

Não se pretendia formar especialistas, mas desenvolver nos alunos a capacidade de resolver qualquer problema técnico ou artístico na área do desenho industrial.

À indústria brasileira não interessava absorver os profissionais formados pelo IAC, comprometidos em criar uma linguagem nacional. "Aos poucos as patentes de produtos internacionais eram adquiridas e desejadas por uma sociedade eternamente sequiosa do que se produzia fora".[33]

Os alunos do IAC procuraram nas artes plásticas e desenho gráfico, outros caminhos, mas ficaram para sempre marcados pelos conteúdos apreendidos no curso, fazendo com que se perceba certa "identidade de princípios" na produção profissional, ainda que muito diversificada, desses antigos alunos. Frequentaram o IAC: Alexandre Wollner, Antônio Maluf, Emilie Chamie, Ludovico Martino, Maurício Nogueira Lima e muitos outros.

Os acontecimentos relatados salientam a efervescência cultural em que se vivia na capital paulistana quando Abrahão Sanovicz mudou-se para a capital paulista, e logo procurou participar desse ambiente; o compromisso de muitos arquitetos na constituição de instituições que transformaram de maneira radical a vida cultural da cidade e do país; e a importante contribuição que tanto MAM, através da Escola de Artesanato, quanto o Masp com o IAC, tiveram na formação de grandes artistas.

Sobre esse momento da cidade, Aracy Amaral comenta: "Vivia-se em São Paulo um período de ebulição cultural, ambiente em que coexistiam vários críticos de arte oriundos da literatura, como Sérgio Milliet, José Geraldo Vieira, Geraldo Ferraz, Luís Martins, da sociologia, como Lourival Gomes Machado, ou ainda do jornalismo e pintura, como Quirino da Silva, ou simplesmente do jornalismo, como Ibiapaba Martins".[34]

Sobre a experiência da Escola de Artesanato e sobre a vida na cidade que o acolhia, declarou Abrahão Sanovicz ao pesquisador do Centro Cultural São Paulo, arquiteto Marcos Cartum:

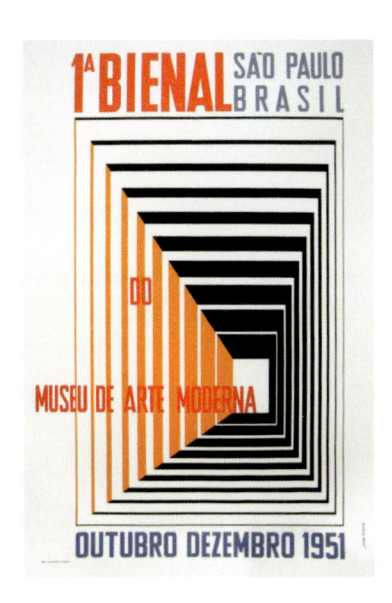

Quando cheguei, estava para acontecer a I Bienal de Arte de São Paulo (as primeiras bienais, por sinal, foram maravilhosas). A I Bienal foi no Trianon, um projeto feito por Luís Saia e Eduardo Kneese de Melo. Nessa época, ainda garoto, já manifestava muito interesse pelas exposições de arte organizadas, por exemplo, pelo Masp (ainda situado na rua 7 de Abril). Então, tive oportunidade de acompanhar exposições, como a de Le Corbusier, Max Bill, Lasar Segall e Portinari. Havia ainda a revista *Habitat*, da Lina Bo Bardi. Nessa época, o Masp criou o Instituto de Arte Contemporânea para a formação de artistas gráficos, um curso que já manifestava a preocupação com o design, mas relacionado com os aspectos bidimensionais. Havia uma equipe de europeus que aqui chegou no pós-guerra, agitando muito esse centro artístico que havia na 7 de Abril. Havia o pessoal da fotografia, estandes, cartazes etc. Veio muita gente para atuar nessas áreas durante as comemorações do IV Centenário da cidade, em [19]54. Era, enfim, um novo mercado que se abria. Nessa época, também, começavam a aparecer algumas galerias de arte moderna. Na praça da República, havia a galeria Domus e o pessoal da loja Ambiente. Eu, enfim, continuava a frequentar o curso de Edificações, quando o Museu de Arte Moderna abriu inscrições para uma nova escola chamada Escola de Artesanato montada na praça Roosevelt, uma iniciativa de Ciccilo Matarazzo. Essa escola tinha um sentido diferente do curso criado pelo Masp, que objetivava, na verdade, formar gráficos (um profissional que seria, por assim dizer, precursor do designer), além de outros cursos, como o de gravura e o de formação de artistas. Eram cursos livres. Já a Escola de Artesanato formava fundamentalmente gravadores e ceramistas. Acabei fazendo um teste para concorrer a uma vaga de bolsista; fui aprovado e comecei a frequentar o curso (à noite). Era uma coisa maravilhosa devido ao ambiente de trabalho, ao contato com os colegas, muitos dos quais viriam a se tornar artistas importantes de São Paulo, além de grandes professores. Citaria, por exemplo, Yllen Kerr, que depois se tornou um excelente fotógrafo no Rio, o Mário Gruber, que já conhecia de Santos e o Lívio Abramo. Havia também os professores de Desenho Artístico: o Antônio Gomide, o Jorge [George, *sic*] Nasturel e o Pfeiffer, que dava aulas de História da Arte.[35]

Cartaz da 1ª Bienal do Museu de Arte Moderna de São Paulo, 1951, projeto gráfico de Antônio Maluf

Gravura de Abrahão
Sanovicz

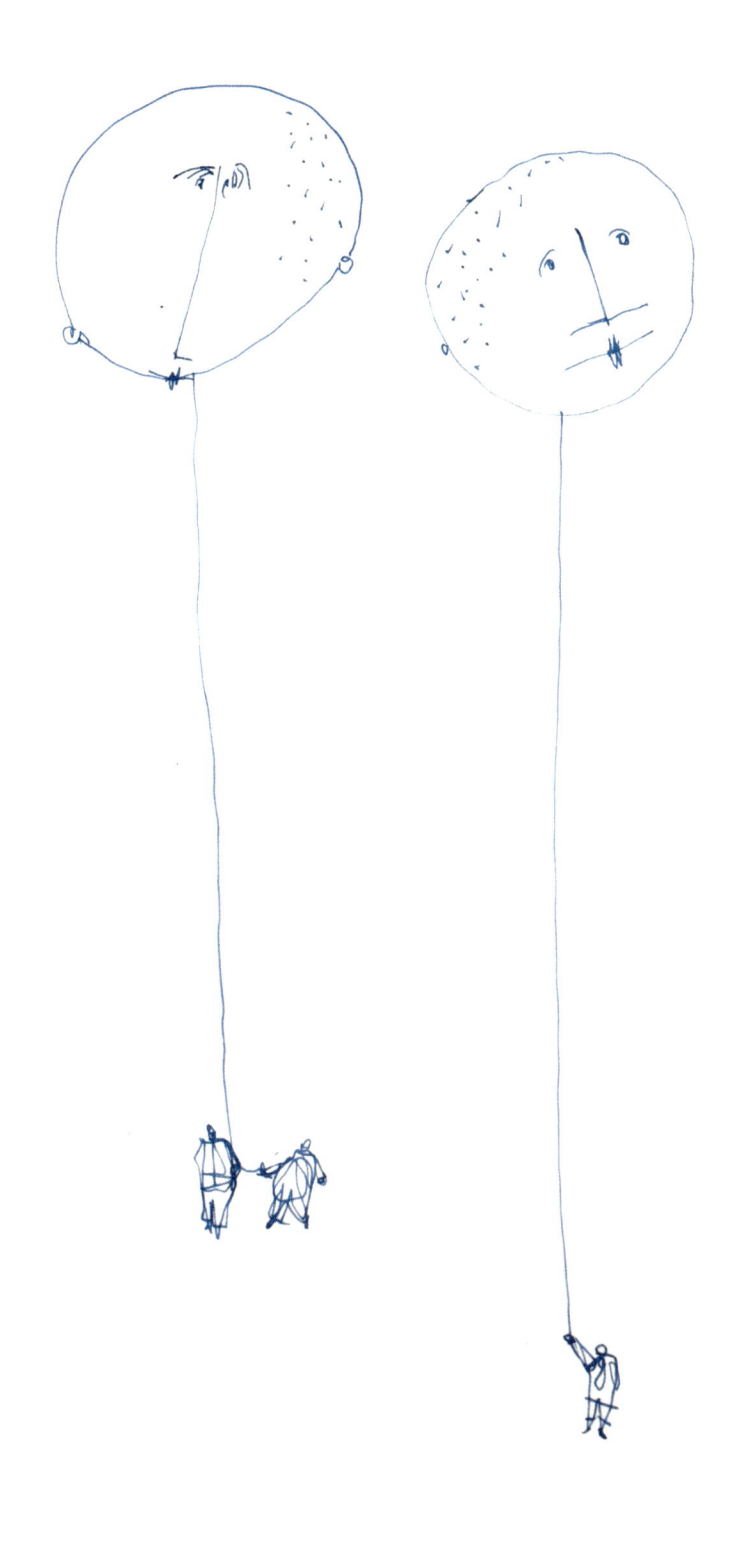

Sem título, Abrahão Sanovicz, jan. 1981

Juventude em flor, Abrahão Sanovicz, 1998

Sem título, Abrahão Sanovicz, 1994

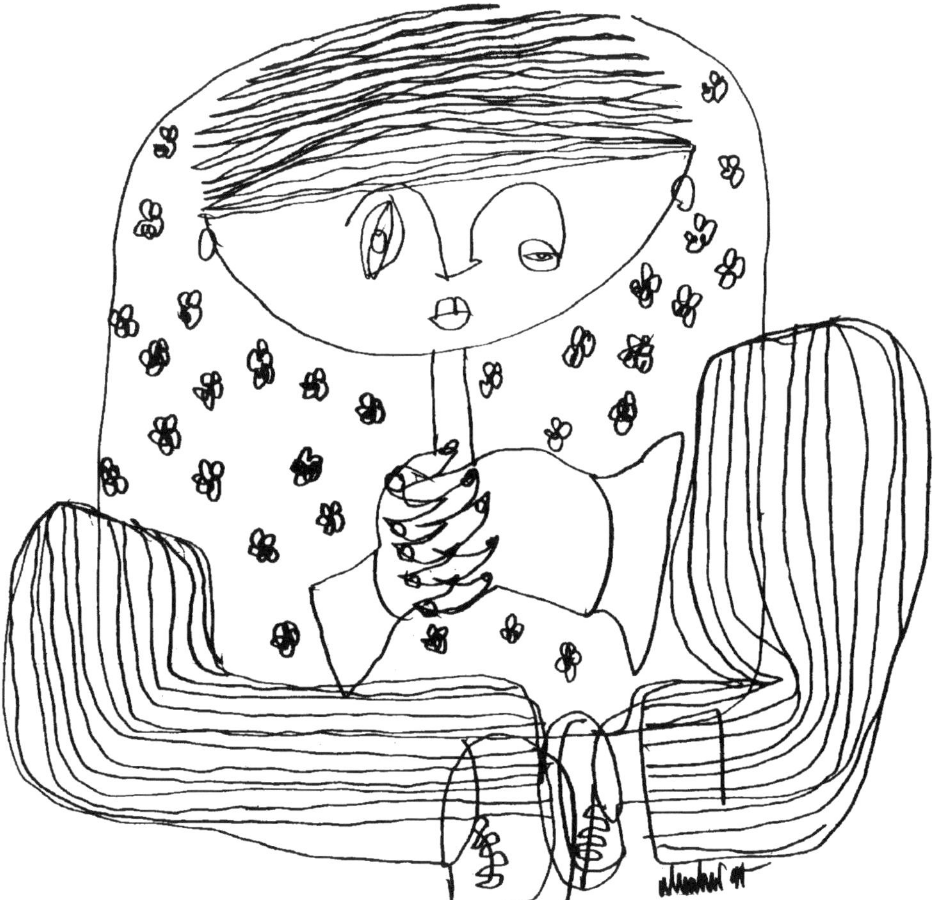

Sem título, Abrahão Sanovicz, 1980

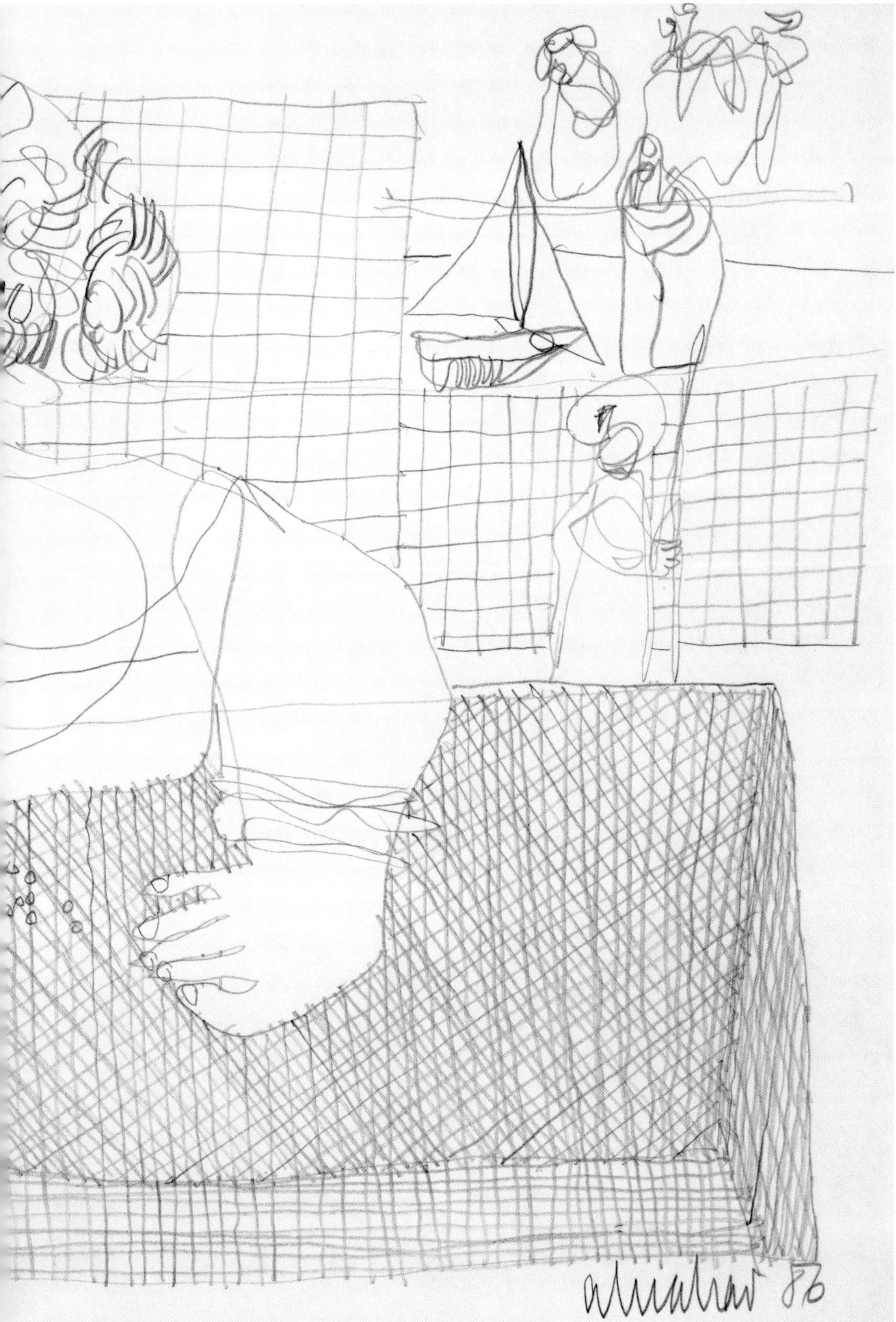

Na reunião do IAB/SP pré COSU, Abrahão Sanovicz, 1970

na reunião do IAB-SP críticas ao Almandrade 96

Da série *Natureza e prioridades de pesquisa em arquitetura e urbanismo*, Abrahão Sanovicz, 29-30 mar. 1990

"Pesquisa em Arquitetura e Urbanismo" 29/30 março 90

Sem título, Abrahão Sanovicz

D'aprés Stanley Hayter, Abrahão Sanovicz, 1993

d'après Stanley Hayter
Minshew 93

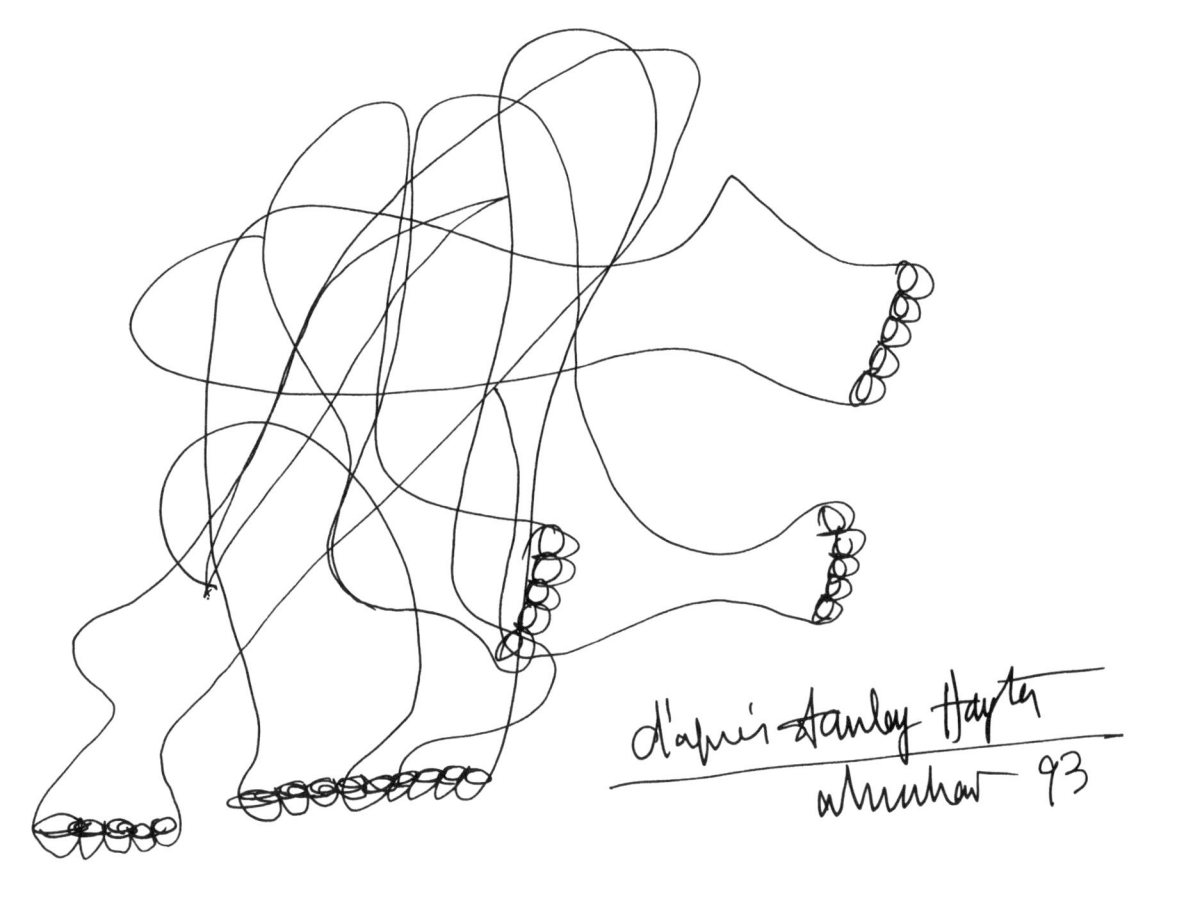

O beijo, Abrahão Sanovicz, 1995

36. Idem, ibidem, p. 146.

Design

Para entender a trajetória de Abrahão, e sua visão de projeto como pesquisa, é importante considerar também sua prática como designer. Duas experiências são de especial importância, o estágio no escritório de Marcello Nizzoli, quando recém-formado, e, anos mais tarde, sua participação no desenho de equipamentos públicos e sinalização para os jardins de São Paulo. Sobre seu interesse pelo desenho industrial, Abrahão declarou para Marcos Cartum:

> essa história de desenhar objeto surgiu na FAU com um grande impacto. Os italianos começaram antes, tiveram a sabedoria de vender esse produto, não só para a Itália mas para o mundo. Eles publicavam insistentemente aquilo que produziam, lutando pela conquista do mercado. Nessa época, nós não entendíamos isso com essa profundidade, porque costumávamos apenas ver as figurinhas nas revistas. Mas atrás dessas figurinhas, atrás desse impacto editorial, havia um grande desejo de conquista mercadológica. E o que mais nos impressionava nisso tudo era o Olivetti Style, que foi marcante na época. Isso foi surgindo naturalmente na escola e, entre os alunos, havia certa preocupação em desenhar o objeto. Era até encantadora a proposta do ponto de vista social. A gente faria um objeto bem estudado, capaz de ser produzido, repetido, e ele ia ser usado indistintamente, vendido nas lojas, e tal. Seria gratificante entrar em uma casa onde se estivesse comendo com talheres que você havia desenhado! Havia um pouco esse sentido romântico que poderia ser melhor conduzido. Ficou só no romantismo, quando poderia haver maior objetividade.[36]

Em 1957, a FAU USP recebeu – com outras três universidades: École Spéciale d'Architecture, Paris, França; Faculdad de Arquitectura y Urbanismo de la Universidad Central da Venezuela; e Waseda University Graduate School of Tokyo – o primeiro Prêmio Ex-Aequo do 3º Concurso Internacional para Escolas de Arquitetura da 4ª Bienal do Museu de Arte Moderna de São Paulo. Abrahão Sanovicz, um dos componentes da equipe da FAU USP, recebeu uma bolsa, oferecida pelo Círcolo Italiano, para estagiar num escritório de design em Milão.

37. BERTONE, Marcelo ("Nuccio"). Apud REGIONE PIEMONTE. *Shape mission: car design in Turin e Piedmont*, p. 7.

O primeiro problema a enfrentar era descobrir um profissional para acolhê-lo em Milão. Decio Bramante Buffoni – artista gráfico nascido em Milão, em 1890, e desde 1955 radicado no Brasil, onde realizou trabalhos de desenho industrial, artes gráficas e muitos murais – indicou a Abrahão o designer Marcello Nizzoli, com quem já tinha trabalhado.

Marcello Nizzoli nasceu na cidade italiana de Boretto em 1887. Frequentou o curso de pintura da escola de Belas Artes de Parma onde se formou pintor, no início do século 20. Graças à sua pesquisa sobre arte abstrata, aproximou-se do movimento racionalista. Dedicou-se, inicialmente, à arte aplicada, desenhando mosaicos, tapeçarias, estamparia para tecidos e projetos de decoração.

No ano de 1923, participou da Mostra Internacional de Arte Decorativa da cidade de Monza, Itália, onde seu trabalho foi reconhecido. Por essa razão, foi trabalhar para as indústrias Campari, Fiat e Montecatini.

Sua trajetória artística e profissional registra ainda a colaboração com muitos arquitetos protagonistas da então nova arquitetura italiana, como, por exemplo, Terragni, Baldessari, Figini e Pollini.

Em 1940 foi convidado para trabalhar no escritório de publicidade da Olivetti como artista gráfico. Em pouco tempo tornou-se um de seus principais desenhistas industriais. São projetos de Nizzoli para Olivetti a calculadora Divisumma 24 (1956) e as máquinas de escrever Lexikon 80 (1946–1948) e Lettera 22 (1949–1950), expostas na coleção permanente de design do MOMA de Nova York.

Além de suas próprias criações, elaborou relevantes projetos de arquitetura com os arquitetos G. M. Olivetti, A. Fiocchi e G. A. Bernasconi.

Devido a seu extraordinário currículo, o título de Doutor Honoris Causa em Arquitetura do Politécnico de Milão lhe é concedido em 1966.

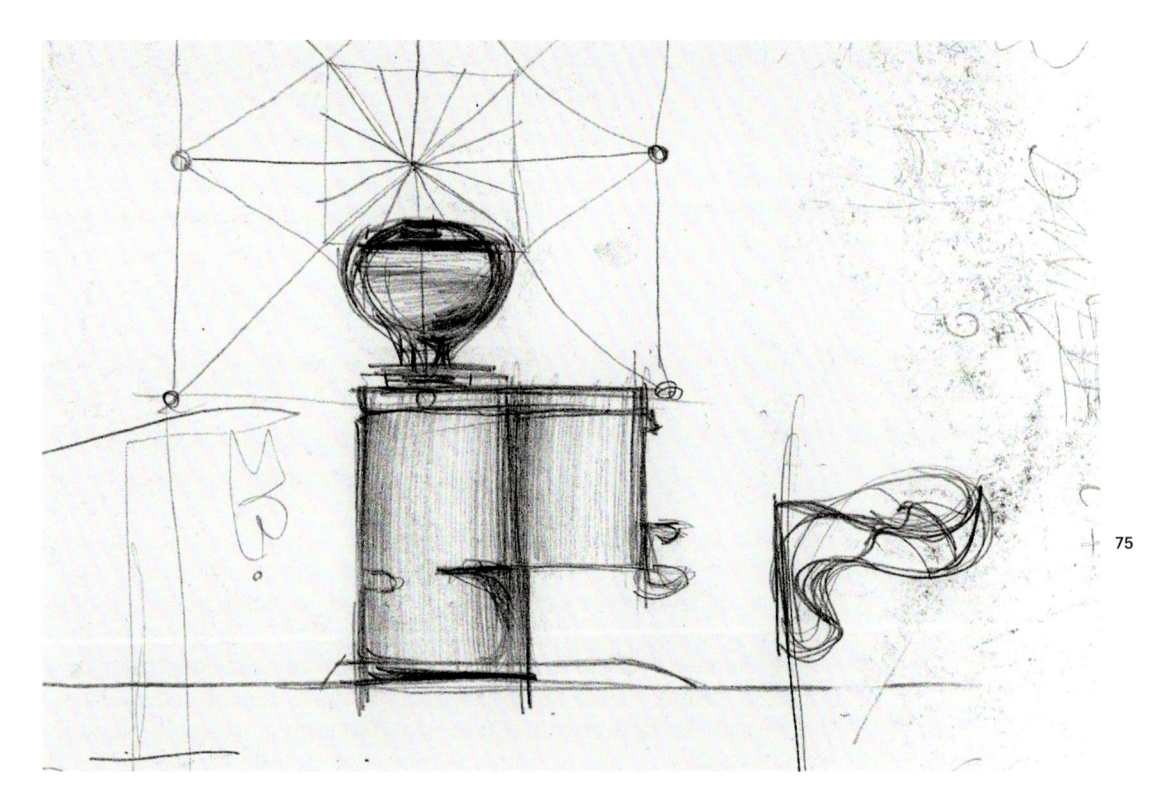

Máquina de café, 1959, design de Abrahão Sanovicz no estúdio de Marcelo Nizzoli

Esse foi um pálido esboço biográfico de Marcello Nizzoli, em cujo escritório Abrahão estagiou por seis meses.

Durante sua permanência na Itália, Abrahão teve oportunidade de estar em contato bem próximo com o trabalho de outros importantes designers italianos como, por exemplo, Gio Ponti, Marco Zonuso, os irmãos Castiglioni, Pininfarina, Marcelo Bertoni – ou "Nuccio" Bertoni, como era conhecido – e Ettore Sottsass. Essa convivência, pode-se presumir, influenciou de modo significativo o pensamento de Abrahão.

Com efeito, Bertone assim expressa a essência do pensamento desses designers: "Todo o empreendimento humano é caracterizado por uma fase inicial de intensa concentração e grande criatividade. É o momento mais delicado e estimulante, é quando se cria a ideia, o projeto. Em seguida vem o desenvolvimento do projeto, os ensaios, a produção, as máquinas, os computadores, os robôs... No início de tudo, há somente o homem com seu pensamento, sua alma e seu profissionalismo, capaz de ter intuições grandes e frágeis, ao mesmo tempo simples e complexas".[37]

Cumpre também registrar que no estágio com Nizzoli, Abrahão participou do projeto de um interfone, uma máquina de café, um distribuidor de gasolina para Agip e algumas marcas para empresas estatais.

Dessa experiência comenta ele próprio: "E é interessante observar a relação do designer com a indústria na Itália. Existe por parte do empresário um interesse, um cuidado especial que vai desde a programação visual, passando pelos logotipos e papéis de carta da indústria, até o produto fabricado por ela. Citaria o exemplo da Olivetti. O Nizzoli trabalhava justamente para a Olivetti, que na época não tinha ainda um escritório próprio de design. Um dia, ele me apresenta a marca da máquina de es-

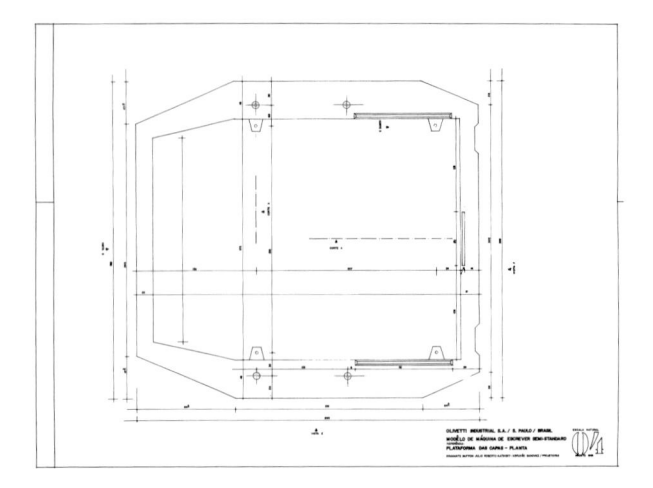

38. SANOVICZ, Abrahão. *Sistematização crítica da obra de arquitetura* (op. cit.), p. 147. **39.** Idem, ibidem, p. 146. **40.** WOLF, José. *A epifania de Abrahão: viver pelo desenho*, p. 159. **41.** DAHER, Luiz Carlos. Sobre o desejo – digo, o desenho – do arquiteto, s.p.

crever Underwood, pedindo para que eu fizesse uma nova marca, porque o presidente da Olivetti embarcaria no dia seguinte para Nova York, onde deveria adquirir 25% das ações da Underwood, e pretendia levar pronta a nova marca".[38]

Abrahão não só observou a maneira respeitosa como a indústria italiana tratava o design, mas também percebia a maneira como a sociedade italiana assimilava seus artistas, e isso, sem dúvida, marcou a partir daí suas manifestações. A esse respeito, na mesma entrevista ele afirma: "você pega os artistas mais interessantes do Renascimento e percebe que isso é uma coisa que eles têm profundamente arraigado, que está no sangue. Para nós, assumir uma postura de artista fica algo difícil, quase esquisito. Para eles, é uma coisa normal; o artista não é diferente dos outros. Aqui, é visto como um ser diferenciado que passa pelo mundo como um iluminado, sempre soltando raios e coisas assim... Enfim, senti um choque muito grande, quando fui à Itália e percebi a diferença de tratamento num contexto social do que é ser um arquiteto e um artista lá, do que é ser um arquiteto e artista aqui. Completamente diferente. Lá, é algo normal, existe um espaço para ele. Quando se trabalha lá fora, sentindo o tipo de encomenda que lhe fazem, o tipo de relacionamento profissional e social que se estabelece, quando você volta, sente um imenso degrau. Sei lá... país novo, capitalismo selvagem, economia predatória, falta de critérios culturais, coisas desse gênero".[39]

Dos projetos desenvolvidos juntamente com Nizzoli, foram localizados alguns croquis e as cópias heliográficas de suas versões finais. O material disponível orientou a apresentação desses preciosos documentos, destacando a importância do esboço no processo de pensar e resolver o projeto.

A experiência italiana de Abrahão foi fundamental para sua futura atuação como designer ao retornar ao Brasil. Segundo José Wolf, "a proposta de Sanovicz era desenvolver um design brasileiro que refletisse nossa arte e tradições. Além de redesenhar a máquina de escrever Studio 44 para a Olivetti do Brasil, em colaboração com o designer italiano Bramante Buffoni e o arquiteto Julio Roberto Katinsky, projetou uma linha de fogões residenciais para a Dako, o ventilador de mesa Aeromar e peças de mobiliário para o escritório da Escriba".[40] Os projetos para Olivetti e Aeromar foram concluídos e muito bem aceitos pelos contratantes, mas, sendo ambas indústrias multinacionais, não conseguiram a aprovação das matrizes para produzi-los. Por outro lado, a linha de móveis para escritório da Escriba foi lançada em 1962, com enorme sucesso.

Uma exposição realizada em 1984 no Museu Lasar Segall – *A linguagem do arquiteto: o croquis* – tratou com muita propriedade o tema do design. Do catálogo dessa exposição extraímos um trecho do texto do arquiteto e professor Luiz Carlos Daher:

> O esboço poderá crescer lenta ou rapidamente, definir-se compacto ou em formas distribuídas. Mas assim que a imagem lançada no papel se torna significativa, parece induzir a um movimento pendular, qualquer coisa de "equilíbrio instável permanente", se a expressão não for pedante ou pseudo-científica. Porque por um lado o esboço multiplica seus contornos: raramente é possível abarcar de imediato a multiplicidade de funções imposta pelo programa de necessidades. Mas por outro lado, o trabalhador da imagem deverá retornar ao esboço inicial para manter a relação dos detalhes com o todo: a satisfação das necessidades contingentes não pode prejudicar a integridade e a percepção primeira da imagem.
>
> O retorno ao esboço aos novos espaços imaginados; e esta modificação por seu turno sugere novos contornos... o processo é inesgotável, enquanto o arquiteto disser: – eis a imagem que importa materializar. [...] Deve haver, certamente, quem descreva melhor esse pensamento arquitetônico, no qual a lógica verbal interfere de forma ainda pouco esclarecida. Quando se observa o esboço vê-se a passagem do indeterminado para o determinado, do desejado pelo cliente para o desejado por ele e pelo arquiteto. Ambos têm papéis representativos na sociedade onde o projeto aparece. Extrapolando, o esboço mostra aquilo que uma sociedade formula no plano afetivo e intelectual; como Fernando Pessoa, o arquiteto pode dizer: "o que está em mim está pensando".[41]

Abrahão participou da exposição supracitada, apresentando os desenhos elaborados para o projeto de um conjunto habitacional em Porto Primavera. Deixou registrado seu pensamento:

> O primeiro risco é sempre fruto da intuição.

Modelo de máquina de escrever semi-standard da Olivetti, planta da plataforma das capas, ago. 1966, projeto de Bramante Buffoni, Julio Roberto Katinsky e Abrahão Sanovicz

Distribuidor de Gasolina AGIP, 1959, design de Abrahão Sanovicz no estúdio de Marcello Nizzoli

Interfone, 1959,
design de Abrahão
Sanovicz no estúdio
de Marcello Nizzoli

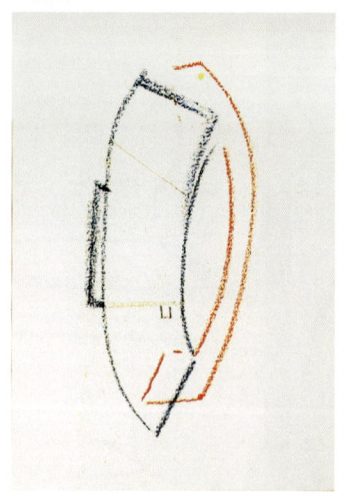

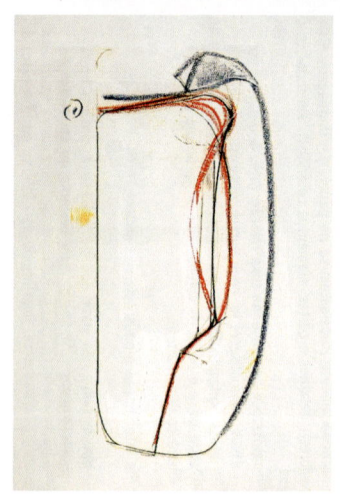

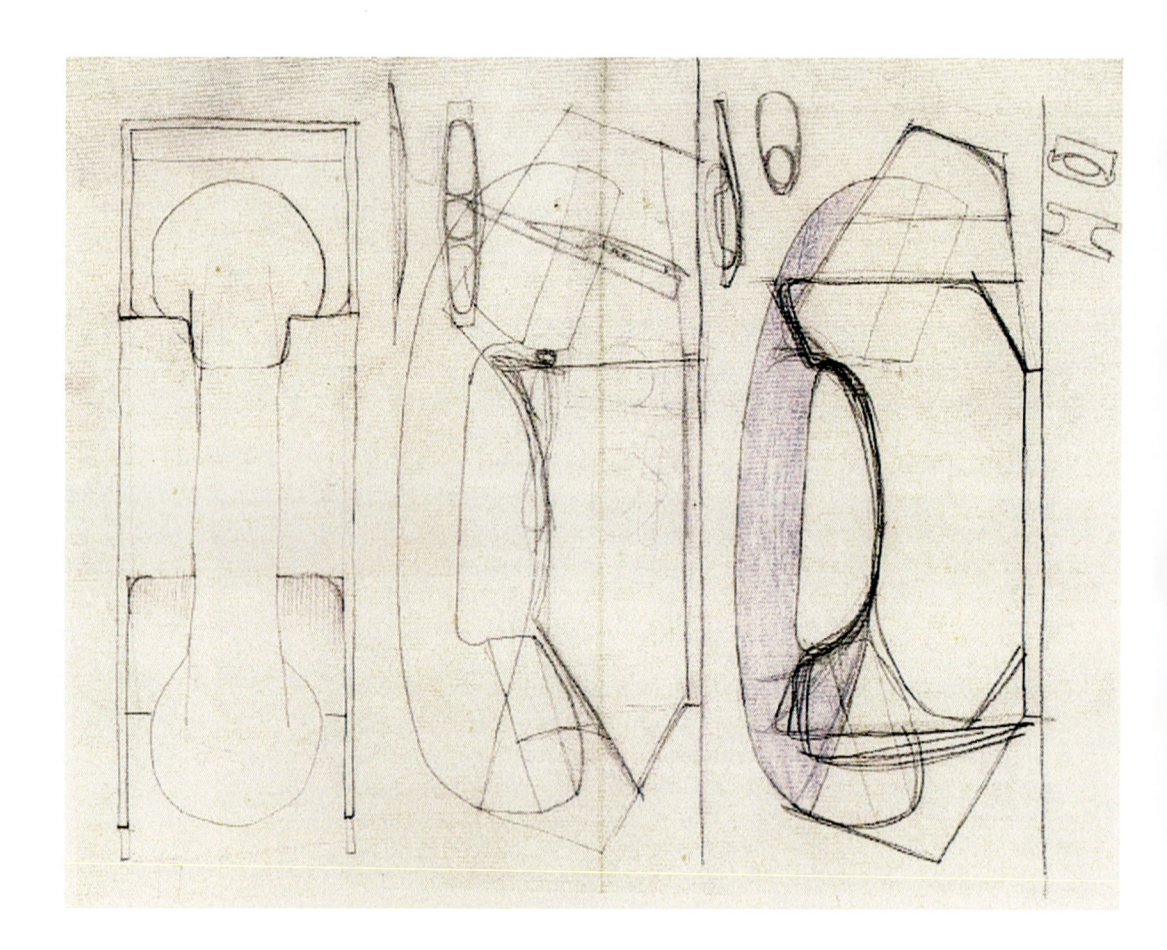

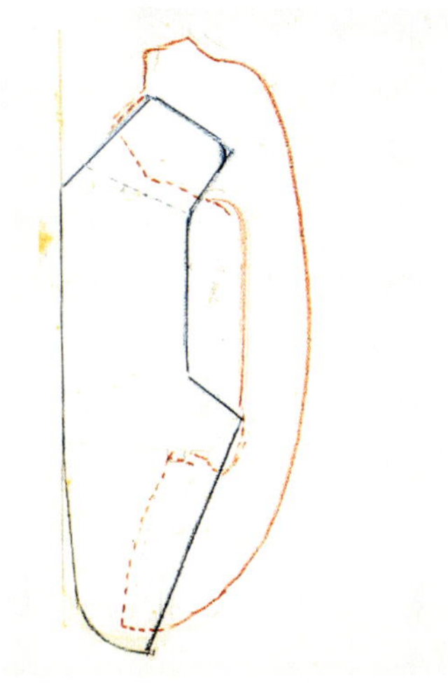

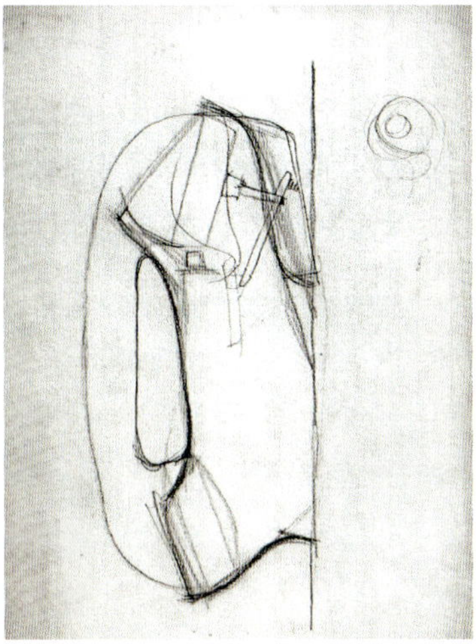

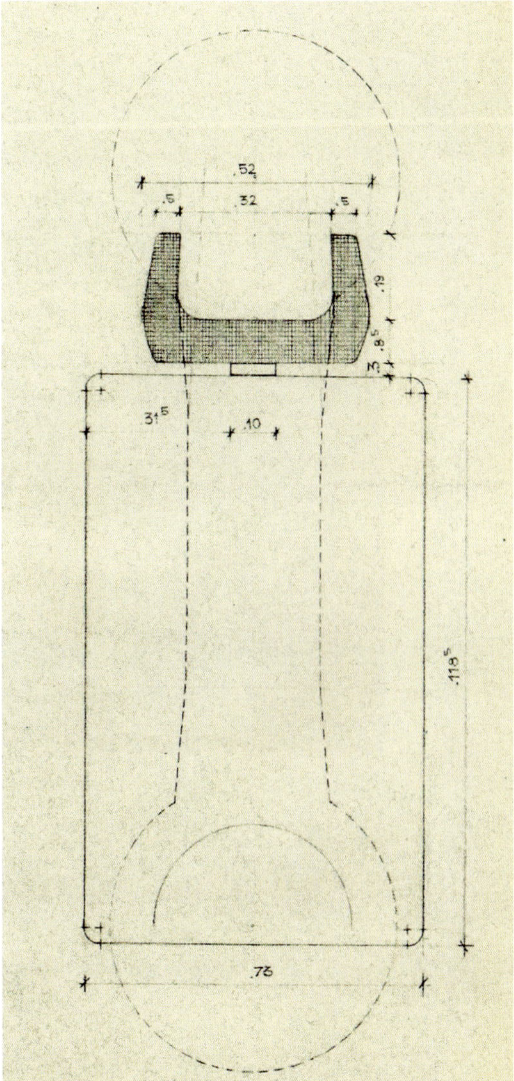
.52
.5
.32
.5
.19
.10
.78

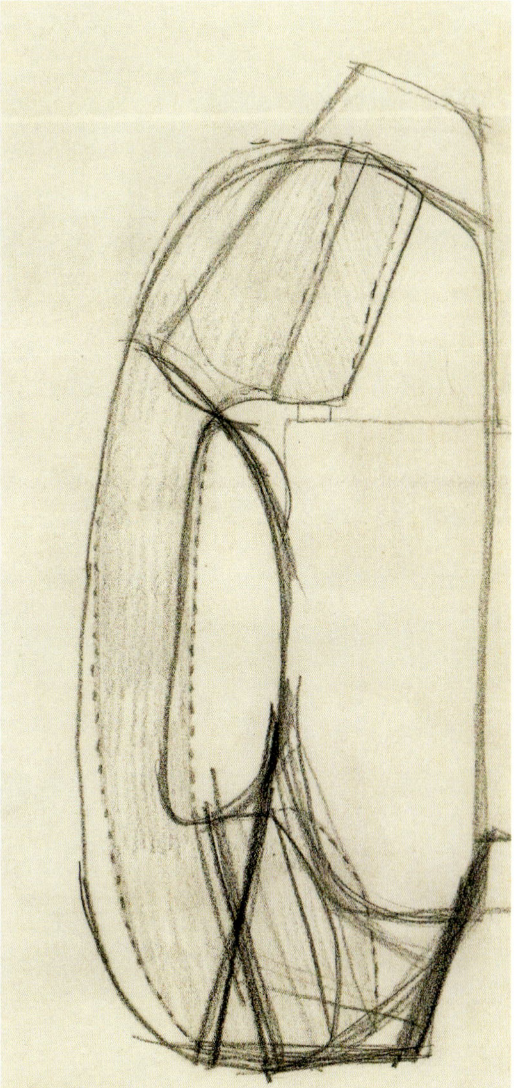

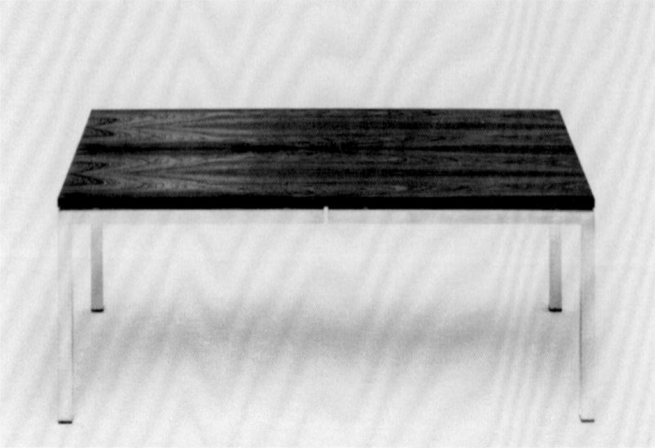
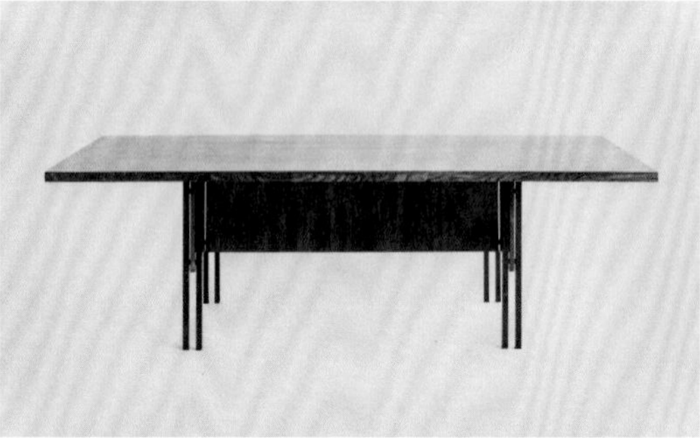
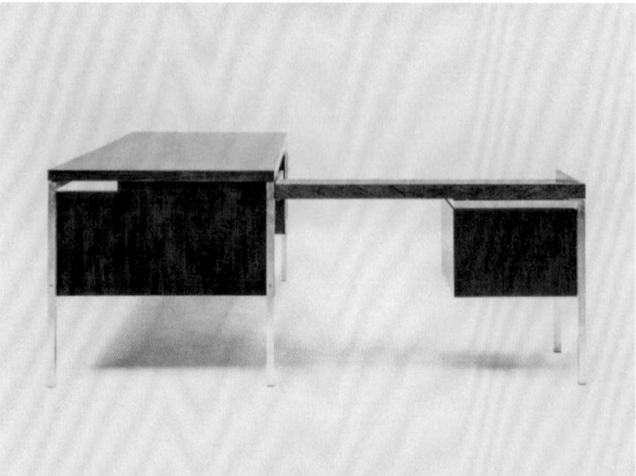
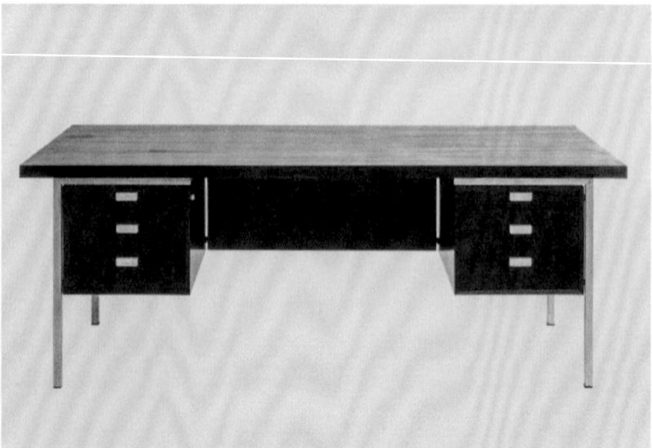

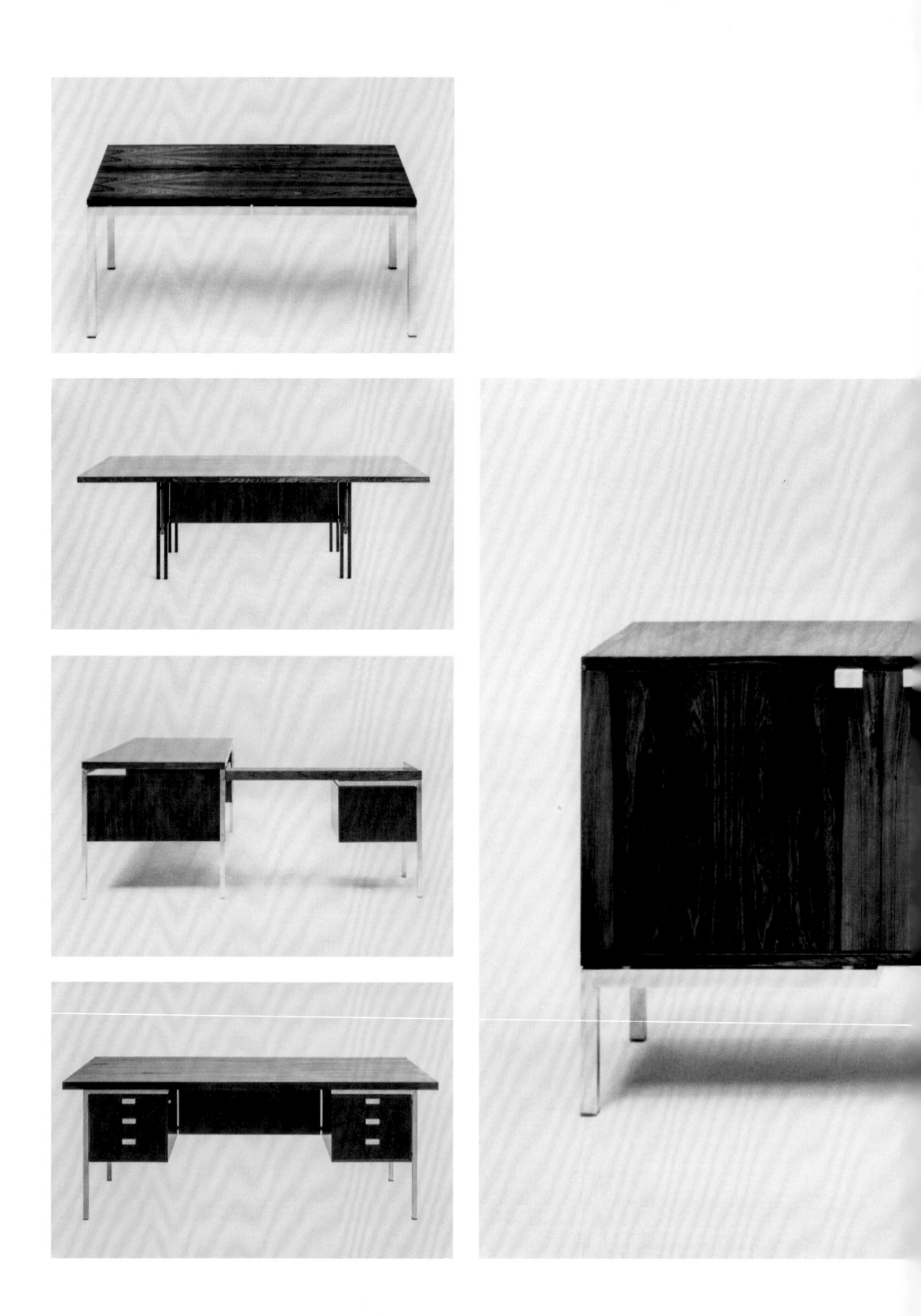

Linha de Mobiliário
Escriba, 1962

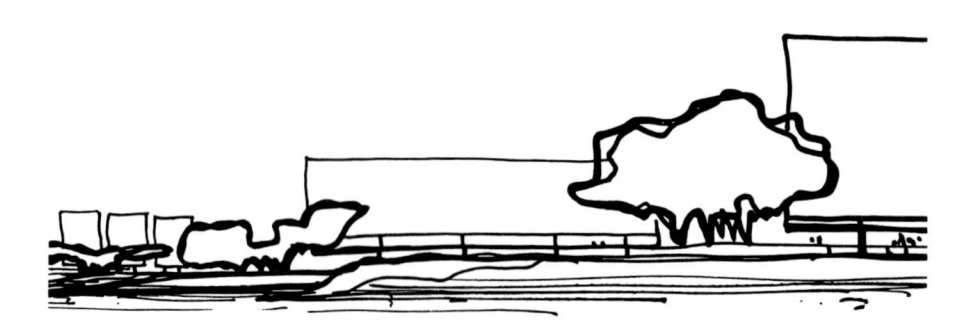

42. SANOVICZ, Abrahão. Texto sem título, s.p. **43.** NEVES, José Maria da Silva; SANOVICZ, Abrahão; LIMA, Luiz Gastão de Castro. Relatório das atividades do terceiro ano. In SEQUÊNCIA DE DESENHO INDUSTRIAL. *Desenho Industrial.* Departamento de Projeto, Publicação 8 (documento interno). São Paulo, FAU USP, 1963, p. 2. **44.** Idem, ibidem, p. 2. **45.** Idem, ibidem, p. 3.

Pode demorar bastante tempo para aparecer. Pode ser rápida gestação.
Projetado este primeiro esboço num papel, me torno observador do que está desenhado.
É menos penoso do que observá-lo dentro de minha cabeça.
Como analista atento, passo a reconhecer o que propus.
Faço perguntas a este tosco croquis.
Quanto mais completas são as respostas mais me convenço da exatidão da proposta.
É um processo de indagações e solução emergentes, até um ponto no qual o projeto adquire vida própria.
Ele como que ordena as soluções necessárias para seu aperfeiçoamento.
A partir de então, sobra tempo para identificar quais projetos e situações anteriores me induziram a determinada solução.
O fato artístico/intuitivo é reconhecido e então explicitado.[42]

Abrahão Sanovicz teve a oportunidade de estudar e desenvolver seu pensamento sobre design ao participar como docente na FAU USP da sequência de Desenho Industrial durante o período de 1962 a 1969, quando ao lado de colegas colaborou na reestruturação de ensino na escola. Sua primeira experiência na nova estrutura está documentada na publicação *Desenho Industrial 1962*, que exprime, em sua introdução, os objetivos da sequência:

D.I. é o estudo do objeto e do seu uso. O raciocínio empregado na solução dos problemas de "Design" não é em absoluto estranho ao arquiteto, mas sim paralelo ao pensamento empregado nos problemas de edificação e planejamento. O arquiteto na sociedade de hoje atua numa gama muito ampla de processos, abrangendo a produção industrial, identificando-se com ela e contendo em si o "Designer".
Este por sua vez, não deve ser confundido com o inventor, mas sim deve ser encarado e preparado como criador cujo espírito de análise e de síntese oriente com segurança as linhas de desenvolvimento do nosso D.I. O resultado dessa intervenção deverá ser um "Design" caracteristicamente brasileiro, ligado nitidamente ao nosso patrimônio artístico popular e erudito.[43]

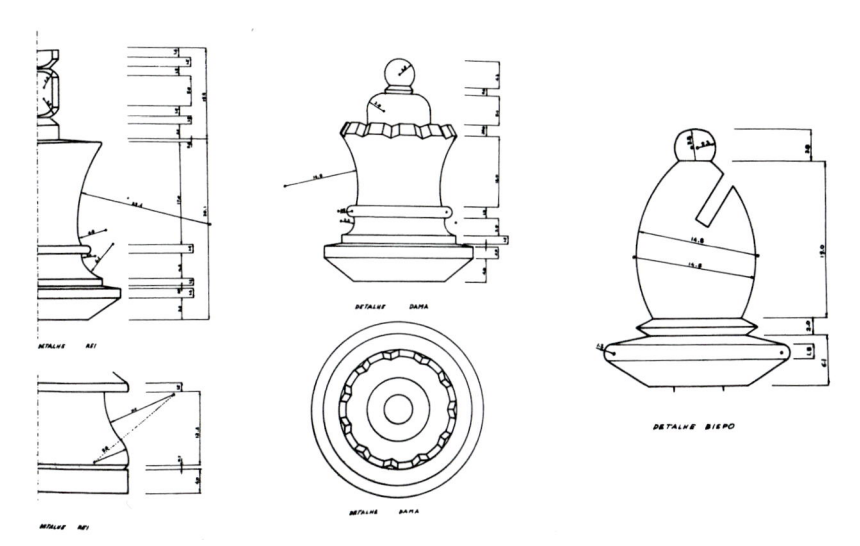

A disciplina do 3º ano, que Abrahão ministrava ao lado de José Maria da Silva Neves e Luiz Gastão de Castro Lima, programou dois temas como trabalho prático para os alunos: jogo de xadrez e isqueiro.

O primeiro consistiu no reestudo de um jogo de xadrez, compreendendo: estudo do relevo de um jogo de xadrez existente; projeto das seis peças (rei, dama, bispo, cavalo, torre e peão); projeto do tabuleiro; projeto do estojo; projeto da embalagem; relevo e desenho do jogo proposto; apresentação visual do trabalho; maquete em tamanho natural e relatório.

Os professores do grupo concluiram sobre o exercício, na publicação acima referida:

> Como resultado final, constatou-se tendência geral de abandono das reminiscências artesanais de dar às peças formas figurativas correspondentes a seus nomes, completamente ultrapassadas pelos modernos conceitos de xadrez posicional deixando de considerá-lo como batalha e sim como jogo de relações.
> Tomaram entre as peças características outras, como as de movimentação, apresentando maior coerência com as novas técnicas de produção.
> Quanto ao aspecto de comunicação visual observa-se a necessidade de maior sedimentação do problema para obtenção de nível qualificado nos próximos exercícios. O resultado geral obtido é mérito dos alunos, cabendo didaticamente aos professores apenas a orientação e a preocupação da continuidade do trabalho.[44]

O segundo trabalho, definido pelos professores como muito simplificado, consistia no projeto de um isqueiro a partir de um mecanismo existente. No caso, o objetivo era "caracterizar a distinção entre 'Design' e invenção mecânica".[45]

Em 1967, a Divisão de Parques e Jardins da Prefeitura do Município de São Paulo convidou as arquitetas Miranda Magnoli e Rosa Kliass para elaborarem projetos de inúmeras praças na cidade.

Para o projeto dos equipamentos, elas convidaram Abrahão Sanovicz, professor da disciplina de Desenho Industrial da FAU USP, alguns anos após ter passado pela experiência de estágio na Itália e ter podido estar em contato com expressivos designers. Na realidade a escolha se justi-

Porto Primavera, desenho de Abrahão Sanovicz na exposição *Sobre o desejo - digo, o desenho - do arquiteto*, 1984, curadoria de Luiz Carlos Daher

Desenho de peças de xadrez, exercício do curso de Desenho Industrial da FAU USP, 1962, professores José Maria da Silva Neves, Abrahão Velvu Sanovicz e Luiz Gastão de Castro Lima

46. COELHO, Isabel Ruas Pereira. *Painéis em mosaico na arquitetura moderna paulista: 1945-1964*, p. 206.

ficava porque era necessário projetar equipamentos que pudessem ser produzidos em escala industrial.

Para o desafio dessa nova empreitada, Abrahão convocou novamente seu companheiro Julio Katinsky e o designer industrial Bramante Buffoni, além do arquiteto Massayoshi Kaminura. Todos conheciam Buffoni desde estudantes, quando o convidaram como júri de um daqueles concursos de iniciativa dos alunos para escolha de um cartaz ou capa de publicação.

A arquiteta Isabel Ruas Pereira Coelho, em sua dissertação de mestrado *Painéis em mosaico na arquitetura moderna paulista: 1945–1964* observa: "Buffoni transita através de múltiplas técnicas, aliando o envolvimento com o lado artesanal da arte à criação plástica mais comprometida, 'brincando' com a descoberta. Sem ser necessariamente um mosaicista, conseguiu algumas das mais importantes experiências em mosaico produzidas em São Paulo no período estudado. O percurso artístico estudado demonstra, afinal, uma livre, experimental, e ao mesmo tempo profunda preocupação técnica".[46]

A Prefeitura cedeu uma área de cerca de duzentos metros quadrados no viveiro de plantas Manequinho Lopes instalado no Parque Ibirapuera, para que as equipes responsáveis pelo projeto de paisagismo e desenho dos equipamentos urbanos trabalhassem. Durante dois anos – de 1967 a 1968 – todas as manhãs Abrahão, Buffoni, Katinsky e Massayoshi reuniam-se nesse local.

Elaboraram quase uma centena de projetos de equipamentos públicos: bancos, postes de iluminação, lixeiras, taças, espelhos d'água, relógios, brinquedos para crianças, além de uma publicação sobre plantas brasileiras, cartazes, elementos de sinalização e muitos outros. Chamavam de *"Design for the Community"*.

Essa epopeia foi assim comentada por Abrahão: "Nem Londres enfrentou um programa assim. [...] foi um trabalho muito interessante porque ele foi feito com materiais simples, de uma forma muito simples de ancorar, de trabalhar, de fácil reposição, de fácil estocagem e que poderia interessar a indústrias, é, instaladas na cidade, não sofisticadas, entendeu? É, como tudo que, digamos, acontece aqui, essas coisas acabam saindo quase nada e ficam na prateleira. Porém, foi, digamos, a nossa reaproximação de trabalho com organismos governamentais, entende? E, naquele instante

Equipamentos públicos e sinalização para os jardins de São Paulo, maquetes, São Paulo SP, 1967, design de Bramante Buffoni, Julio Roberto Katinsky e Abrahão Sanovicz

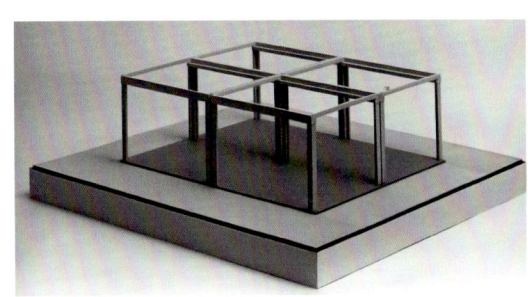

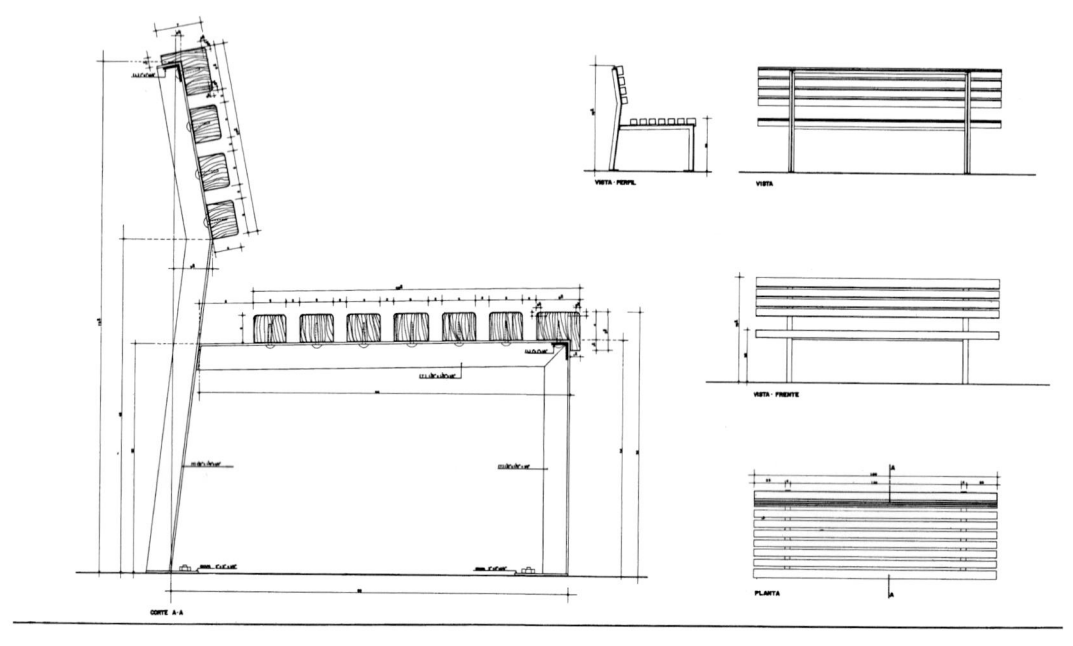

Banco de ferro e madeira para três lugares. Corte, vistas e plantas.

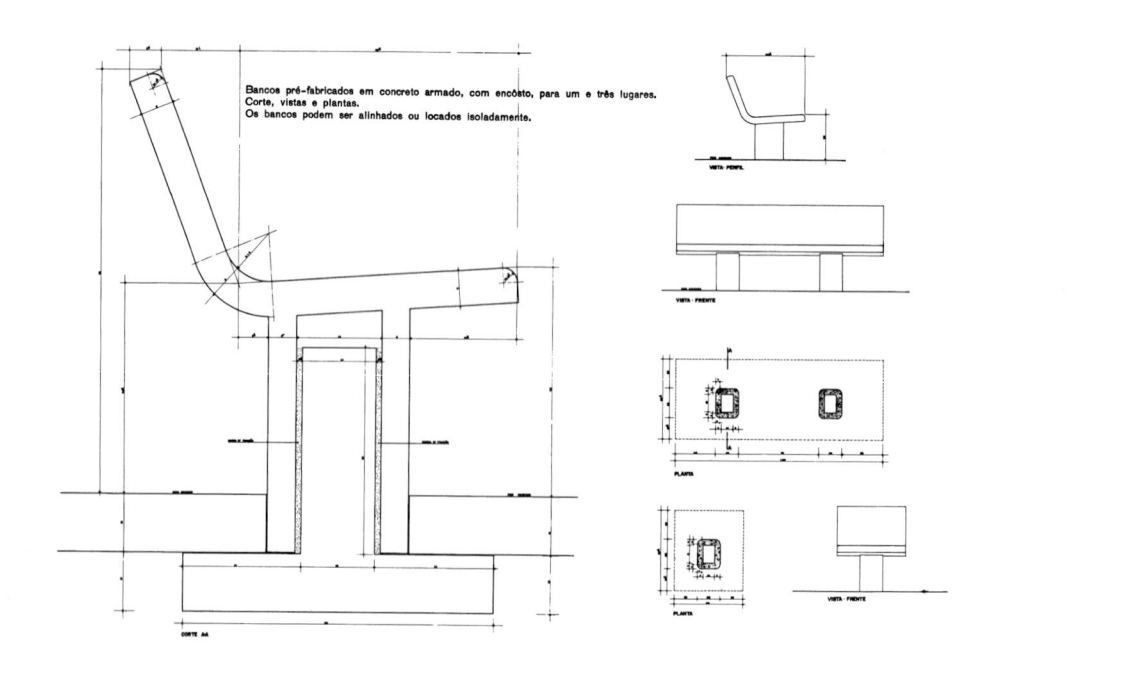

Bancos pré-fabricados em concreto armado, com encôsto, para um e três lugares.
Corte, vistas e plantas.
Os bancos podem ser alinhados ou locados isoladamente.

Equipamentos públicos e sinalização para os jardins de São Paulo, detalhes de mobiliário público, São Paulo SP, 1967, design de Bramante Buffoni, Julio Roberto Katinsky e Abrahão Sanovicz

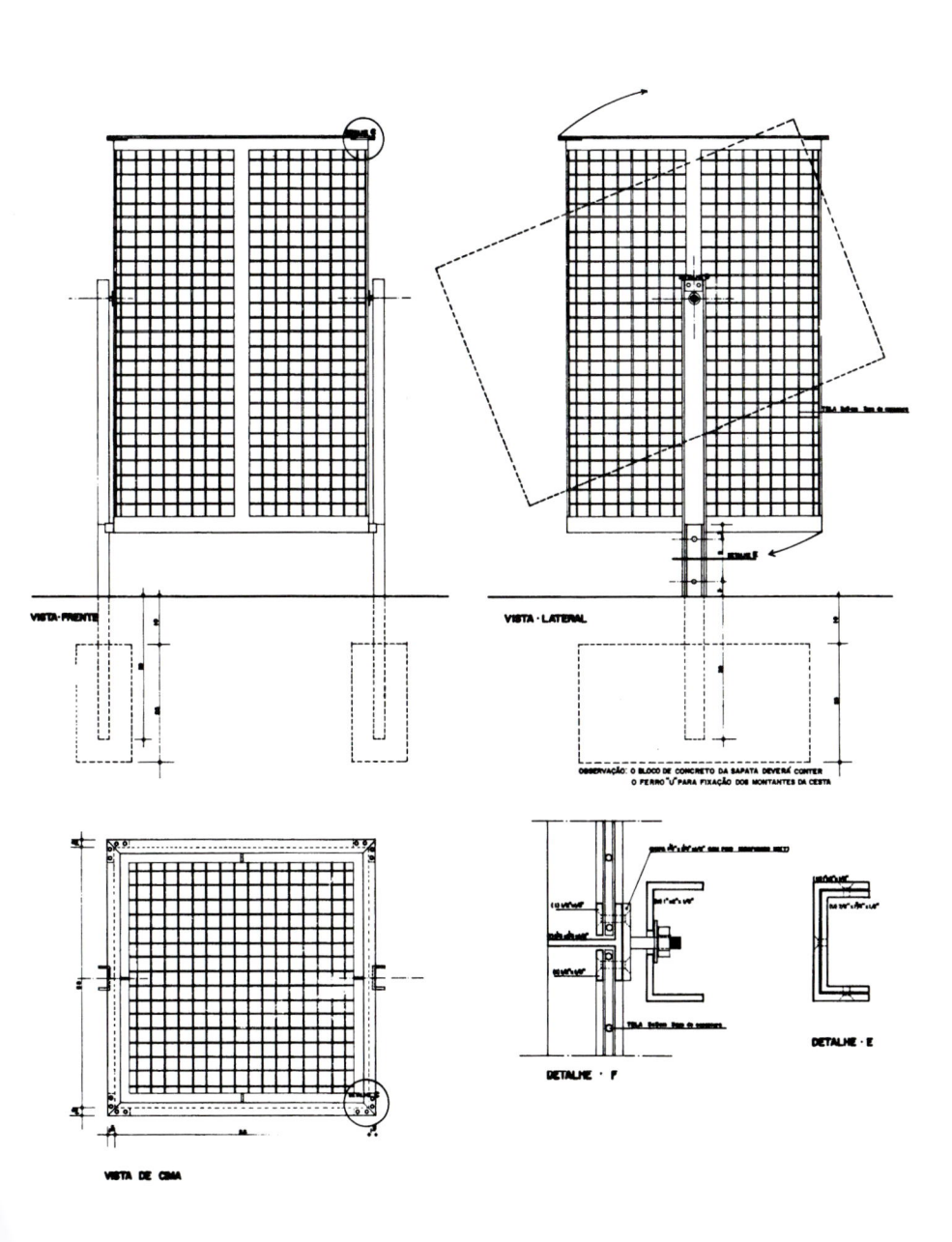

47. GATI, Catharine. *DPCA – Documentação sobre produtores culturais de arquitetura em São Paulo* (op. cit). fita 5, lado B (mimeo), 15 abr. 1988, p. 3.

nós conversamos um pouco sobre isso".[47] E, na sequência do depoimento após a citação, Sanovicz dá a entender que na ocasião ele e companheiros discutiram a validade de se trabalhar para um prefeito nomeado, mas entenderam que a relevância do programa superava esse tipo de relação, afinal as pessoas passam e os trabalhos ficam.

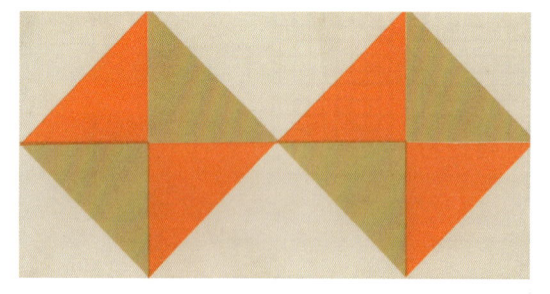

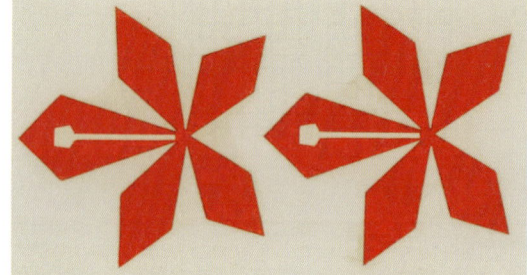

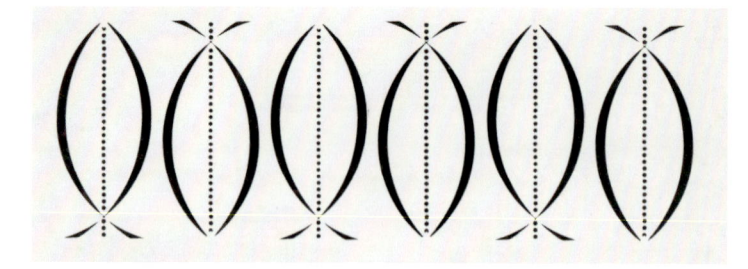

Projetos de
comunicação visual
de Abrahão Sanovicz,
sem data

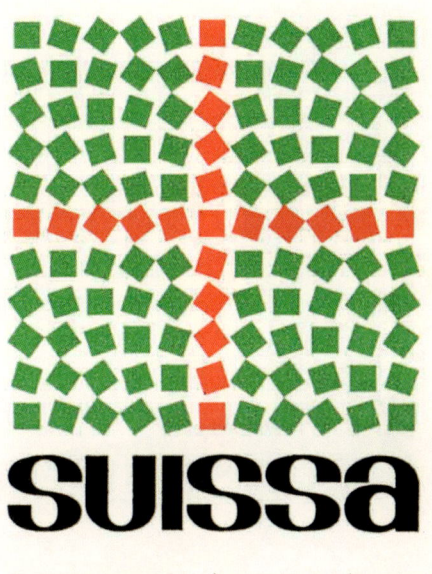

JÓIAS | RELÓGIOS | PRESENTES

suissa

RUA FREI GASPAR 83 | SANTOS SP | 2 5462

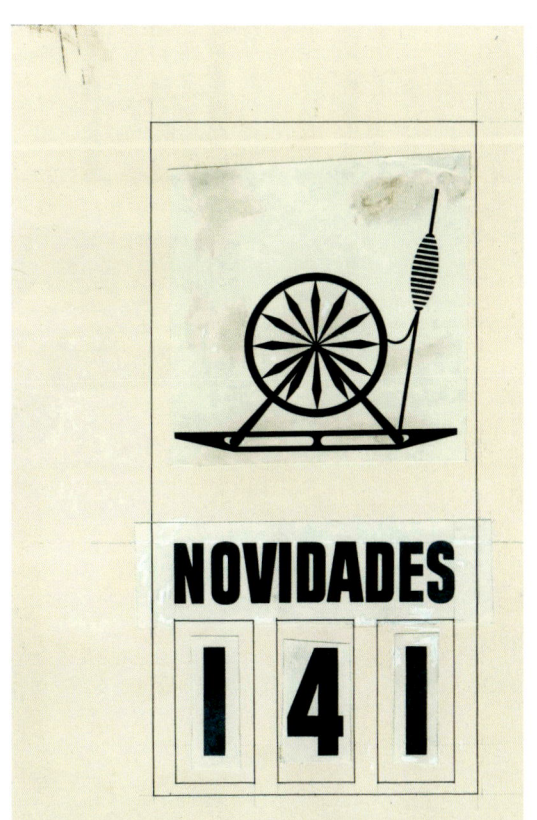

NOVIDADES

1 4 1

CAPÍTULO 2
Arquitetura

1. ARTIGAS, João Batista Vilanova. Contribuição para o relatório sobre ensino de arquitetura UIA-Unesco, p. 133.

Trataremos aqui, para melhor compreensão da importância do estudo da obra de Abrahão Sanovicz, de sua formação na FAU USP e sua vida profissional – dando atenção a alguns projetos, selecionados por sua evidente relevância dentro da obra –, além da sua ampla contribuição à área acadêmica. Esta se deu não apenas como docente, na mesma Faculdade, incluindo a organização de um intercâmbio com o Politécnico de Milão, mas também na conceituação e estruturação de cursos para a Faculdade de Arquitetura e Urbanismo de Santos e para o Instituto de Arquitetura da Universidade de Brasília – que mais tarde serviriam de referência para outros cursos.

Abrahão Sanovicz, Oswaldo Corrêa Gonçalves e Julio Roberto Katinsky na premiação da VI Bienal do Museu de Arte Moderna de São Paulo com o projeto do Centro Cultural e Teatro Municipal de Santos, 1961

Aprender

A Faculdade de Arquitetura e Urbanismo da Universidade de São Paulo foi criada pela Lei n. 104, de 21 de junho de 1948, a partir do curso de arquitetura da Escola Politécnica, ministrado desde 1894 e que formava engenheiros-arquitetos.

A iniciativa resultou de um processo social marcado por debates, manifestações e movimentos, desenvolvido ao longo de várias décadas.

Vilanova Artigas comenta o panorama do ensino da arquitetura no Brasil no século 19 no documento "Contribuição para o relatório sobre o ensino de arquitetura", que encaminhou, em 1974, à Comissão de Ensino Superior da Organização das Nações Unidas para Educação, Ciência e Cultura – Unesco: "Em 1886 já dispúnhamos no Rio de Janeiro de uma Escola Politécnica e da Escola de Belas Artes fundada pela Missão Francesa. Entretanto, não cumpriam o papel que delas se esperava. A Politécnica porque era exatamente teórica e a Belas Artes porque não dispunha de qualquer recurso para a instrução de arquitetos sobre o domínio da natureza com os recursos do conhecimento técnico já existente".[1]

Neste mesmo documento, Artigas cita as preocupações colocadas pelo Instituto Politécnico Brasileiro, entidade criada no Rio de Janeiro em 1862, no ofício que encaminhou ao Governo Imperial: "Dá-se ainda um outro fato que reclama também uma providência do Governo Imperial: é a notável disparidade dos respectivos cursos na Escola Politécnica e na Academia de Belas Artes [...] naquela o curso não é contemplado com a precisa instrução prática, e nesta subsiste a ausência radical e a mais completa

2. Idem, ibidem, p. 133. **3.** Idem, ibidem, p. 134. **4.** Idem, ibidem, p. 134. **5.** MINDLIN, Henrique E. *Arquitetura moderna no Brasil*, p. 26. **6.** SILVA, Helena Ayoub. Entrevista de Julio Roberto Katinsky. **7.** Idem, ibidem.

de certos conhecimentos científicos, atualmente indispensáveis ao engenheiro arquiteto, em consequência da diversidade de elementos, que a arte moderna aplica às construções".[2]

O ofício do Instituto Politécnico Brasileiro não teve qualquer repercussão prática. Até o fim da primeira metade do século 20, os cursos e escolas de arquitetura eram poucos e o número de profissionais era muito pequeno.

Para consolidar seu papel na sociedade brasileira, os poucos arquitetos procuraram reunir forças, apoiando-se nos movimentos de arte moderna que começavam a acontecer no país.

A esse respeito, Artigas ilustra: "Daí o caminho que a arquitetura brasileira teve que aceitar para restabelecer no Brasil o prestígio histórico da arte de projetar, o 'caminho heróico' como já é costume chamá-lo entre nós. Aliaram-se os arquitetos aos movimentos de arte moderna, aos pintores, escultores, aos artistas da palavra".[3]

Assim, os acontecimentos artísticos ocorridos em São Paulo a partir de 1922, aliados à atuação de Lúcio Costa, Gregori Warchavchik e Flávio de Carvalho, publicando manifestos ou escandalizando "o provincianismo da época construindo casas modernas",[4] deram importância à discussão sobre a formação do arquiteto.

Lúcio Costa, nomeado, em 1930, diretor da Escola de Belas Artes, tentou empreender uma reforma radical em seu currículo, convidando novos professores, como Gregori Warchavchik, Leo Putz, Celso Antônio e Alexandre Budeus. Não obteve êxito, e "um incidente em sala de aula deu aos elementos reacionários o pretexto para demitir o jovem diretor em menos de um ano".[5]

Os alunos se organizaram numa greve em defesa das novas ideias artísticas e esboçaram a proposta de criação de uma escola independente.

Os protagonistas destes acontecimentos concorreram para a "descoberta" da arquitetura moderna brasileira.

A arquitetura brasileira estava reconhecida internacionalmente, através da exposição *Brazil Builds* realizada, em 1943, no MOMA de Nova York e do lançamento do livro de Phillip Godwin com mesmo nome. Os arquitetos brasileiros, agora prestigiados, começaram a discutir e planejar a educação e formação dos novos profissionais.

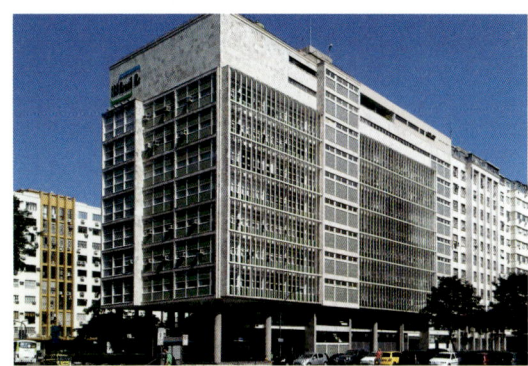

O I Congresso Brasileiro de Arquitetos, organizado pelo departamento de São Paulo do Instituto de Arquitetos do Brasil – IAB/SP, realizado, portanto, em São Paulo, em janeiro de 1945, apontava, em suas conclusões, para a urgente autonomia dos cursos de arquitetura em relação às escolas Politécnica e de Belas Artes.

O ensino da arquitetura deveria ser reformulado de maneira a garantir aos novos arquitetos uma formação compatível com o processo de modernização da sociedade brasileira, absorvendo questões relativas à industrialização e aos novos campos de trabalho que se abririam para esses profissionais.

Neste contexto, o curso de arquitetura da Escola Politécnica da Universidade de São Paulo deu lugar à Faculdade de Arquitetura e Urbanismo.

A história registra como principais protagonistas deste acontecimento o professor Luiz Ignácio Romeiro de Anhaia Mello, fundador da FAU USP, e os irmãos Armando e Sílvio Álvares Penteado, doadores do edifício da rua Maranhão n. 88, para a Universidade de São Paulo. A doação teve o objetivo precípuo de se constituir a Faculdade de Arquitetura.

Julio Roberto Katinsky, aponta como heranças da Politécnica: "A Politécnica queria não um arquiteto em especial, queria formar com a visão do socialismo utópico francês. Quer dizer, o técnico da Politécnica é um servidor do Estado, o servidor é um cidadão, é um técnico-cidadão".[6] E continua: "Queríamos transformar a sociedade brasileira, e isso vinha da Politécnica, não vinha exclusivamente, mas vinha muito da Politécnica. A primeira maneira era contribuir para o avanço tecnológico, esse era o primeiro ponto, tanto que nós acabamos contribuindo mesmo. Por exemplo, se você pegar uma porção de obras, no início da obra do Abrahão, você vai ver que há uma especulação em torno das estruturas. Nós procurávamos sempre dar uma contribuição pessoal".[7]

O currículo da nova escola conservou o programa de ensino técnico que caracterizava o curso da Politécnica, incorporando a formação urbanística, também ministrada naquela escola, e disciplinas da Escola de Belas Artes: plástica, modelagem, arquitetura de interiores, pequenas e grandes composições, entre outras.

Inicialmente a organização da Faculdade previa a existência de dois cursos: o de graduação em arquitetura, com duração de cinco anos e o de graduação em urbanismo, que se daria em dois anos. Este último curso não chegou a ser implantado.

Cassino de Pampulha, Belo Horizonte MG, 1942, arquiteto Oscar Niemeyer

Instituto de Resseguros do Brasil, Rio de Janeiro RJ, 1941, arquitetos Marcelo e Milton Roberto

8. ARTIGAS, João Batista Vilanova. Contribuição para o relatório sobre ensino de arquitetura UIA-Unesco (op. cit.), p. 134. **9.** CARTUM, Marcos. Entrevista de Abrahão Sanovicz (op. cit.), p. 144.

A estrutura do curso de arquitetura seguiu basicamente a mesma de 1948 a 1962:

1º ano: Matemática Superior; Geometria Descritiva e Aplicações; Arquitetura Analítica; Composição de Arquitetura – Pequenas Composições; Normografia; Desenho Artístico; e Plástica.

2º ano: Mecânica Racional; Materiais de Construção; Topografia – Elementos da Astronomia de Posição; Teoria da Arquitetura; Composição de Arquitetura – Pequenas Composições; Desenho Artístico; e Plástica.

3º ano: Resistência dos Materiais e Estabilidade das Construções; Construções Civis – Organização dos Trabalhos e Prática Profissional – Higiene dos Edifícios; Física Aplicada; Mecânica dos Solos – Fundações; Composições de Arquitetura – Grandes Composições; Composição Decorativa; e Plástica.

4º ano: Concreto Simples e Armado; Economia Política; Estatística Aplicada; Organizações Administrativas; Hidráulica – Hidráulica Urbana e Saneamento; Grandes Estruturas; Composições de Arquitetura – Grandes Composições; Composição Decorativa; e Plástica.

5º ano: História da Arte e Estética; Arquitetura no Brasil; Urbanismo; Arquitetura Paisagística; Composições de Arquitetura – Grandes Composições; Composição Decorativa; e Plástica.

Apesar da importância atribuída à criação do curso de arquitetura, o conteúdo programático adotado não alcançou plenamente a expectativa de alguns de seus precursores.

Artigas, demonstrando tal inquietude, assim se expressou: "O currículo composto foi, inevitavelmente, uma somatória de disciplinas. O modelo de arquiteto que pretendíamos não podia ser compreendido. O amadurecimento deste modelo ainda precisava e talvez precise ainda algum esforço".[8]

A graduação de Abrahão Sanovicz (1954-1958)

Abrahão Sanovicz prestou vestibular em 1953. Na entrevista que concedeu a Marcos Cartum, comentou o vestibular:

> Havia 152 candidatos para trinta vagas. Foram aprovados 37 que acabaram sendo absorvidos pela escola. Fiquei em 29º lugar. No vestibular teve uma prova de desenho que consistia no seguinte: um vaso e um plano

Edifício Montreal,
São Paulo SP, 1951,
arquiteto Oscar
Niemeyer

Edifício e Galeria
Califórnia, São
Paulo SP, 1951-55,
arquitetos Oscar
Niemeyer e Carlos
Lemos

Edifício Eiffel,
São Paulo SP, 1953,
arquitetos Oscar
Niemeyer e Carlos
Lemos

para serem desenhados. Com minha formação em desenho e gravura, acabei fazendo alguma coisa que preenchia todo o plano da folha, como um gravador que estivesse gravando a madeira. A minha nota foi 6,5, e eu estranhei, porque achava que poderia obter uma nota melhor. Mas quando fui verificar as provas consideradas melhores, percebi que elas eram as mais simples em termos de solução de desenho. As melhores notas, enfim, foram para candidatos que haviam feito o cursinho da FAU, orientados pelos alunos dessa faculdade. Isso foi em [19]53, mas já se podia notar que havia certa estrutura de encaminhamento numa direção. Há uma diferença muito grande entre o meio em que os orientadores são artistas, pintores e gravadores e o meio em que eles são arquitetos: uma diferença de diretrizes. Na FAU, comecei a tomar contato com outro tipo de pessoas. Era uma escola aristocrática e, assim, entrei em contato com a aristocracia e com todo o tipo de conhecimento de que ela pode lançar mão. A FAU já contava com uma grande biblioteca, e a gente passava a maior parte do tempo nessa biblioteca.[9]

Para matricular-se era necessário apresentar o certificado de conclusão do curso técnico, que deveria ser obtido junto ao Ministério da Educação e Saúde, no Rio de Janeiro. Lá, Abrahão pôde conhecer as obras que tanto admirava no *Brazil Builds*: além do Ministério, visitou a Associação Brasileira de Imprensa e o Instituto de Resseguros do Brasil.

Na entrevista na qual relata o vestibular, Abrahão se refere aos colegas Ludovico Martino e Eduardo de Almeida, que foram os melhores classificados na prova desenho.

Ludovico Martino frequentou o curso do IAC do Masp. Por adotar referências do curso da Bauhaus, o IAC tinha maior identidade com a orientação conceitual da FAU USP do que a Escola de Artesanato. O fato confirma a asserção de Abrahão, sobre a diferença de abordagem feita no meio artístico e no arquitetônico.

Nas palavras de Lúcio Costa:

> se arquitetura é fundamentalmente arte, não o é menos, fundamentalmente, construção. É, pois, a rigor, construção concebida com intenção plástica. Intenção esta que a distingue, precisamente, da simples construção.

10. COSTA, Lúcio. *Sobre arquitetura*, p. 112-113. **11.** Além do Parque do Ibirapuera, Oscar Niemeyer desenvolveu para São Paulo diversos projetos para agentes imobiliários privados – edifícios Copan (1951), Montreal (1954), Califórnia (1955), Triângulo (1955) e Eiffel (1956). Para estes últimos, o arquiteto carioca contou com o apoio técnico e logístico do escritório montado em sociedade com o arquiteto Carlos Lemos, que durou de 1951 a 1957. Durante o período, Niemeyer sempre residiu no Rio de Janeiro. Cf. GUERRA, Abilio. Entrevista de Carlos Lemos. **12.** Celestino Piatti nasceu em 1922 na Suíça, em Wangen, cidade próxima de Zurique, onde frequentou por um ano a School of Arts and Crafts, depois durante quatro anos trabalhou numa gráfica, onde aprofundou seus conhecimentos em artes gráficas. De 1944 a 1948 trabalhou no ateliê de Fritz Bhüler. No inverno de 1948-49 abre seu próprio ateliê em sociedade com sua mulher, a ilustradora Marianne Piatti-Stricker. O trabalho de Celestino Piatti marcou gerações de artistas gráficos. **13.** "a gente com uma necessidade de aprendizado muito grande [...], tudo era uma novidade. [...] Mas, o interessante é que a gente tinha uma atitude participativa muito grande na Escola. Era uma grande família, cento e cinquenta pessoas pode ser uma família [...]. Se havia uma exposição do Volpi no Museu de Arte Moderna, o que é que nós fazíamos? Fazíamos um cartaz com uma ilustração que lembrava o Volpi e colocávamos na Faculdade. Eu me lembro particularmente da do Volpi porque fui eu que fiz o cartaz [...] e inclusive o motivo do cartaz [...] eram as cores do Volpi, cor-de-rosa, azul, [...] era uma das janelas que ele tinha desenhado [...]. Cada um tinha lá suas influências [...], notadamente a gente sofria muito a influência suíça, do Celestino Piatti". GATI, Catharine. *DPCA – Documentação sobre produtores culturais de arquitetura em São Paulo* (op.cit), fita 3, lado A (mimeo), 24 set. 1987, p. 3-4. **14.** CARTUM, Marcos. Op. cit., p. 145.

Ela não atua, porém, essa intenção plástica, de uma forma abstrata, mas condicionada sempre por fatores de natureza variável de tempo e lugar, tais como a época, o meio físico e social, os materiais empregados, a técnica decorrente desses materiais, o programa etc. Pode-se, assim, definir arquitetura como construção concebida com uma determinada intenção plástica, em função de uma determinada época, de um determinado meio, de um determinado material, de uma determinada técnica e de um determinado programa.[10]

No ano de 1954, os calouros, quando começaram a cursar o primeiro ano, encontraram os alunos da Escola ainda muito ressentidos, porque, dois anos antes, tinham saído derrotados na chamada "greve Niemeyer". Oscar Niemeyer, que na época desenvolvia em São Paulo os projetos do Parque do Ibirapuera e de edifícios para a iniciativa privada,[11] havia se candidatado para uma vaga de professor na FAU USP e teve seu nome vetado pelo Conselho Universitário. Os alunos fizeram uma greve que se prolongou por três meses até que a Escola fosse ocupada.

Esse primeiro ano de escola foi bastante conturbado: os professores de projeto só tiveram suas recontratações efetivadas no meio do ano. Não puderam contar com a participação do professor Artigas, que, em 1953, tinha sido obrigado a voltar a dar aulas na Politécnica, retornando à FAU USP somente em 1956. Portanto, no primeiro semestre de 1954, só foram cursadas as cadeiras técnicas.

Iniciado o segundo semestre, morre, em agosto, o presidente Getúlio Vargas. Uma greve geral da Universidade, contra a intenção de se intervir na autonomia universitária, fez com que poucas atividades tivessem acontecido naquele ano.

A partir de 1955 os alunos começaram a se reorganizar em torno do Grêmio da Faculdade de Arquitetura e Urbanismo – GFAU da USP.

O GFAU, fundado no dia 5 de novembro de 1948, preocupado com a formação dos alunos, promovia atividades culturais complementares ao currículo da Escola, como viagens, exposições, mostras de cinema.

Abrahão comenta na entrevista a Catharine Gati o clima intenso vivido pelos cento e cinquenta alunos da escola, onde tudo era novo e a vontade de aprender sem limite. Seguiam com entusiasmo a vida cultural paulista, que ele exemplifica com os cartazes realizados voluntariamente pelos alunos, apenas para divulgar a programação para a comunidade interna. Cada um queria fazer o cartaz mais bonito, gerando uma saudável disputa, onde os alunos se valiam de referências buscadas nos cartazistas poloneses e no artista gráfico suíço Celestino Piatti.[12] Para a exposição do Volpi no Museu de Arte Moderna, Sanovicz realizou uma ilustração que lembrava uma das janelas desenhada pelo artista, onde preponderavam o azul e o cor-de-rosa.[13]

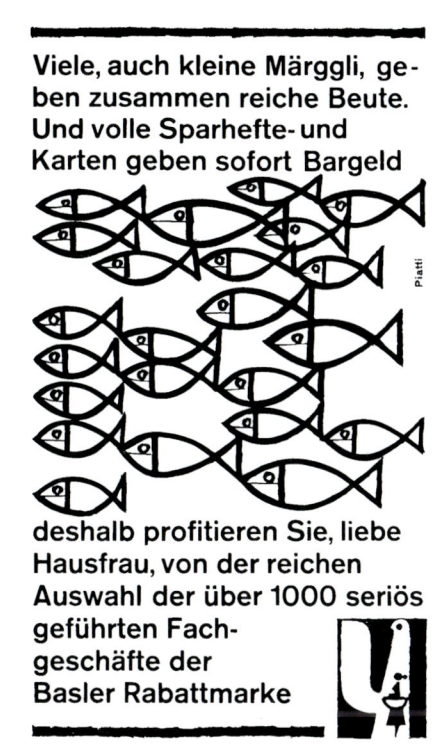

Os estudantes, interessados pelo estudo do folclore, vinculado à cultura brasileira, a partir das ideias lançadas por Mário de Andrade, Lúcio Costa e Luís Saia, criaram o Centro de Estudos Folclóricos – CEF, que mais tarde passou a se denominar Centro de Estudos Brasileiros – CEB. Este organismo influiu, sem dúvida, na constituição e orientação do departamento de História da FAU USP.

O Centro dedicava-se a atividades culturais e artísticas, através de pesquisas, e à documentação da arquitetura tradicional e da arquitetura que se produzia no Brasil naquele momento, assim como a de publicações.

Sobre seu interesse, comentou Abrahão: "Faziam-se pesquisas, a partir das quais comecei a me indagar sobre a arquitetura moderna, querendo entender melhor o processo da arquitetura moderna no Brasil (até hoje a crítica da arquitetura moderna brasileira não é muito clara, como não era muito clara na nossa cabeça naquela época). Queríamos conhecê-la com maior profundidade. Acreditávamos que conhecendo melhor seu processo, isso nos ajudaria a caminhar um pouco mais à frente. Começamos então a fazer pesquisas em arquitetura, tomando a obra de Lúcio Costa como ponto de partida".[14] O arquiteto prossegue:

Logotipo da Associação dos Arquitetos Paisagistas, design de Celestino Piatti

Cartaz para cooperativa, design de Celestino Piatti

15. Idem, ibidem, p. 145. **16.** COSTA, Lúcio. Op. cit., p. 17; 40-41. **17.** "nós tínhamos esse estímulo através [...] das publicações que a biblioteca comprava [...], havia umas revistas [...] *Stile/Industria, L'Architecture D'Aujourd'hui*, a *Casabella*, a *Domus* e a [...] *L'architettura, Cronaca e Storia* do Zevi. [...] Tinha a *Architectural Review*, a *Architectural Record*. [...] Mas tinha uma revista americana que nos impressionava muito, que era a *Arts and Architecture*. [...] As revistas de design e artes gráficas eram a *Ghaphis*, a *Gebrauch Graphik* e a *Stille/Industria* italiana, que era excelente; também recebíamos a *Du*, que era uma revista de arte muitíssimo boa". GATI, Catharine. *DPCA – Documentação sobre produtores culturais de arquitetura em São Paulo* (op.cit), fita 3, lado A (mimeo), 24 set. 1987, p. 5-6. **18.** "essa Escola já tinha essa preocupação com publicações, [...] tinha uma preocupação com a qualidade gráfica desse trabalho, assim, um certo ascetismo [...] do qual eu fui muito influenciado e até hoje é uma das características do meu trabalho [...] a procura do [...] fundamental, [...] colocado de uma forma direta, desenhado de uma forma direta e com a maior economia de meios possíveis – isso era uma característica que já se esboçava [...] na Escola que a gente desenvolveu quando alunos". Idem, ibidem, fita 3, lado A (mimeo), 24 set. 1987, p. 7.

Eu e o Katinsky começamos a fazer o levantamento da obra de Lúcio Costa desde o período neocolonial até o período imediatamente anterior a Brasília (que naquela época ainda não havia sido construída). Também foram com a gente Eduardo de Almeida e Ludovico Martino (por sinal, foram eles os que tiveram as melhores notas na prova de desenho a que me referi acima). Não existia xerox, portanto, tivemos que ir à sede do jornal *A Noite*, no Rio, e ficamos manuscrevendo, copiando tudo o que havia sobre Aleijadinho, texto de Lúcio Costa. Essa série de pesquisas, além do trabalho junto ao Grêmio, nos possibilitou conhecer, tomar contato com todos os grandes arquitetos da época. Fomos até o prédio do Ministério da Educação, onde um senhor alto, magro, que cuidava do Arquivo, nos atendeu. Explicamos que estávamos pesquisando a obra de Lúcio Costa, e ele foi muito atencioso com a gente, fornecendo-nos um vasto material de pesquisa. Esse senhor era simplesmente Carlos Drummond de Andrade.[15]

Nesse período, os alunos acreditavam que para entender a arquitetura que era produzida na época, no Brasil, deveriam buscar suas origens nos anos 1930. Nesse sentido, o texto de Lúcio Costa "Razões da nova arquitetura", de 1930, teve singular importância:

> Na evolução da arquitetura, ou seja, nas transformações sucessivas por que tem passado a sociedade, os períodos de transição se têm feito notar pela incapacidade dos contemporâneos no julgar do vulto e alcance da nova realidade, cuja marcha pretendem, sistematicamente, deter. A cena é, então, invariavelmente, a mesma: gastas as energias que mantinham o equilíbrio anterior, rompida a unidade, uma fase imprecisa e mais ou menos longa sucede, até que, sob a atuação de forças convergentes, a perdida coesão se restitui e o novo equilíbrio se restabelece. [...]
> Filia-se a nova arquitetura, isto sim, nos seus exemplos mais característicos – cuja clareza e objetividade nada têm do misticismo nórdico – às mais puras tradições mediterrâneas, àquela mesma razão dos gregos e latinos, que procurou renascer no *Quatrocentos*, para logo depois afundar sob os artifícios da maquilagem acadêmica – só agora ressurgindo, com imprevisto e renovado vigor. E aqueles que, num futuro talvez não tão remoto como o nosso comodismo de privilegiados deseja, tiverem a ventura

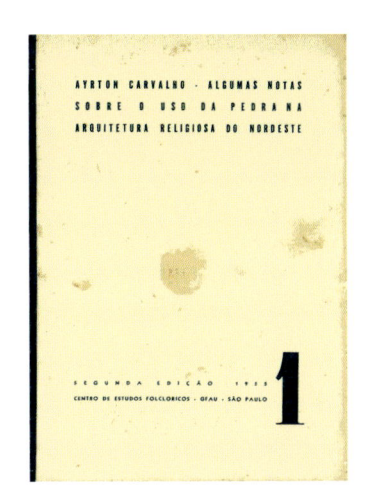

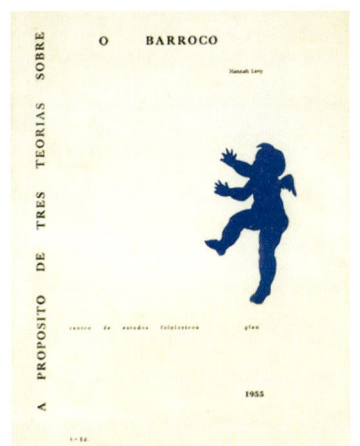

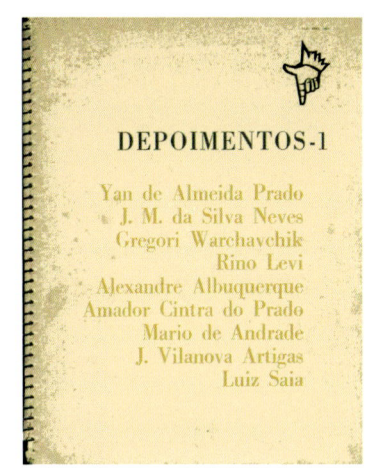

Capas de publicações GFAU, 1955, 1955 e 1960

– ou o tédio – de viver dentro da nova ordem conquistada, estranharão por certo, que se tenha pretendido opor criações de origem idêntica e negar valor plástico a tão claras afirmações de uma verdade comum.
Porque, se as formas variam – o espírito ainda é o mesmo, e permanecem, fundamentais, as mesmas leis.[16]

Entre os alunos que, no período, se envolviam com a produção das publicações, além de Abrahão Sanovicz, estavam Benedito Lima de Toledo, Gustavo Neves da Rocha Filho, João Walter Toscano, João Xavier, Julio Roberto Katinsky e Nestor Goulart Reis Filho.

O cuidado com o projeto gráfico destas publicações era evidente, como comentou Abrahão em sua entrevista a Catherine Gati, tanto na observação da produção gráfica estrangeira, como na realização de projetos gráficos na escola. Segundo ele, a biblioteca da FAU USP sempre foi excelente, o que estimulava os alunos na apreciação das qualidades gráfica e de conteúdo dos periódicos presentes nas prateleiras: *Stile/Industria, L'Architecture D'Aujourd'hui, Casabella, Domus, L'architettura, Cronaca e Storia, Arts and Architecture, Ghaphis, Gebrauch Graphik, Du*, dentre outras.[17] Nessas publicações eram apresentadas obras do nascente design do pós-guerra, o que despertou grande interesse por parte dos alunos da FAU pelo assunto. A preocupação com o desenho gráfico se expressava nas publicações editadas pelo GFAU, no cuidado com a qualidade gráfica, a procura do que era fundamental, essencial, colocado e desenhado de uma forma direta e com a maior economia de meios. Abrahão identificava nessas características presentes no trabalho gráfico dos alunos de sua geração um certo ascetismo presente em sua obra, estabelecendo um vínculo entre sua trajetória e preocupações que iniciaram desde sua formação.[18]

As publicações do CEF – tidas como realização dos estudantes no sentido de complementar as atividade didática – inauguraram uma tradição que vem até hoje, como, por exemplo: a revista *Estudos*; Coleção Depoimentos CEB; *Publicação 1, 2, 3...; Tema; Boletim* do CPEU (Centro de Projetos e Estudos Urbanos); *Desenho; Ou; Caramelo; Cogumelo; Jornal do GFAU; 1:1.000* e muitas outras publicações.

Desta primeira fase, três publicações foram selecionadas de maneira a ilustrar os conteúdos de interesse e a atenção com o projeto gráfico.

19. MONDRIAN, Piet. *O neo-plasticismo: princípio geral da equivalência plástica*. **20.** ANDRADE, Mário de. *Curso de filosofia e história da arte – Anteprojeto do Serviço do Patrimônio Histórico e Artístico Nacional*, p. 18-19 (não numeradas).

A *Publicação 5* do CEF, de 1950, traz em sua primeira parte, "A Ascoral e sua VI Secção", uma série de extratos traduzidos do livro *Manière de Penser L'Urbanisme* de Le Corbusier. Segue-se a reprodução do texto de Artur Ramos, "Conceito de Folclore" e, por fim, apresenta a Carta de Atenas do Congresso Internacional de Arquitetura Moderna – Ciam, de 1933.

A autoria do projeto gráfico não fica explicitada no volume, apenas uma referência à figura da capa que é de Mário Cravo.

O texto "O neo-plasticismo" de Piet Mondrian, originalmente publicado em 1920 e incluído em 1924 na coleção Bauhausbücher, foi reeditado pelo GFAU em 1954, com tradução de Vilma De Katinszky. Dada a relevância do conteúdo, reproduz-se um pequeno trecho:

> Se arte, por um lado, é a expressão plástica de nossa emoção estética, não podemos, por isto, concluir que a arte seja apenas "a expressão estética de nossas sensações subjetivas". Quer a lógica que a arte seja *a expressão plástica de todo o nosso ser*: que seja, pois, a aparição plástica do *não individual*, o que lhe é a oposição absoluta e anuladora e, por outro lado, seja *a expressão direta do universal em nós*, isto é, *a aparição exata do universal fora de nós*.
>
> Assim compreendido, o universal é o que é e *permanece* sempre: o mais ou menos *inconsciente* para nós, em oposição ao mais ou menos *consciente* – o *individual*, que se renova e se repete.
>
> [...]
>
> É possível que na "totalidade do nosso ser" domine o individual ou o universal, ou ainda que o equilíbrio esteja próximo dos dois. É esta última possibilidade que nos permite sermos *universal enquanto indivíduo*: isto é *exteriorizar o inconsciente* conscientemente. É então que vemos e percebemos *universalmente*, pois nos elevamos acima do domínio do mais exterior.[19]

Para a capa, como de costume, foi promovido um concurso entre os estudantes, sendo vencedor o projeto de Ludovico Martino. No projeto, Martino fez uma releitura de trabalhos de Mondrian.

O Centro de Estudos Folclóricos do GFAU publicou, em 1955, uma apostila que traz o *Curso de filosofia e história da arte – Anteprojeto do Serviço do Patrimônio Histórico e Artístico Nacional*, de Mário de Andrade.

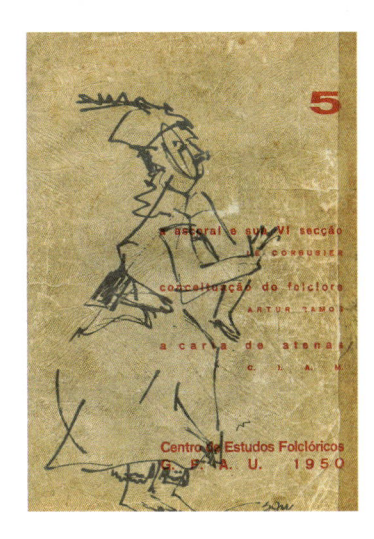

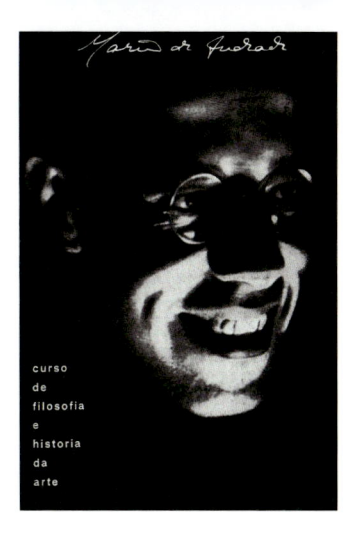

O curso de Filosofia e História da Arte foi, inicialmente, ministrado na Universidade do Distrito Federal, em 1938. Da exposição na aula inaugural sobre "O artista e o artesão" foi extraído o seguinte trecho final:

> Há uma incongruência bem sutil em nosso tempo. Na história das artes estamos num período que muito parece ter pesquisado, e que, no entanto, é dos mais afirmativos, dos mais vaidosos, dos menos humildes diante da obra de arte. Há, por certo, em todos os artistas contemporâneos, uma desesperada, uma desapoderada vontade de acertar. Mas a inflação do individualismo, a inflação da estética experimental, a inflação do psicologismo, desnortearam o verdadeiro objeto da arte. Hoje, o objeto da arte não é mais a obra de arte, mas o artista. E não poderá haver maior engano. Faz-se necessário urgentemente que a arte retorne às suas fontes legítimas. Faz-se imprescindível que adquiramos uma perfeita consciência, direi mais, um perfeito comportamento artístico diante da vida, uma atitude estética disciplinada, apaixonadamente insubversível, livre mas legítima, severa apesar de insubmissa, disciplina de todo o ser, para que alcancemos realmente a arte. Só então o indivíduo retornará ao humano. Porque na arte verdadeira o humano é a fatalidade.[20]

A autoria da capa da publicação é de Abrahão Sanovicz e Julio Roberto Katinsky. As fotografias acrescentadas ao texto, no esforço para tornar mais claro o pensamento do autor, foram escolhidas no acervo da biblioteca da FAU USP, por Katinsky e Paulo Bastos.

Por esta época, a União Nacional de Estudantes – UNE organizou em Petrópolis um encontro sobre a imprensa universitária. Como o GFAU não editava um jornal, reuniram as publicações numa exposição. Com isso os organizadores alteraram as características gerais do encontro; passaram a discutir além dos conteúdos, os meios, formato e forma da imprensa universitária. Veio daí o que se convencionou chamar "estilo GFAU".

Capa de publicação GFAU, 1950, desenho de Mário Cravo

Capa da publicação GFAU, 1955, projeto gráfico de Ludovico Martino

Capa da publicação GFAU, 1955, projeto gráfico de Abrahão Sanovicz e Julio Roberto Katisnky, foto de B.J. Duarte

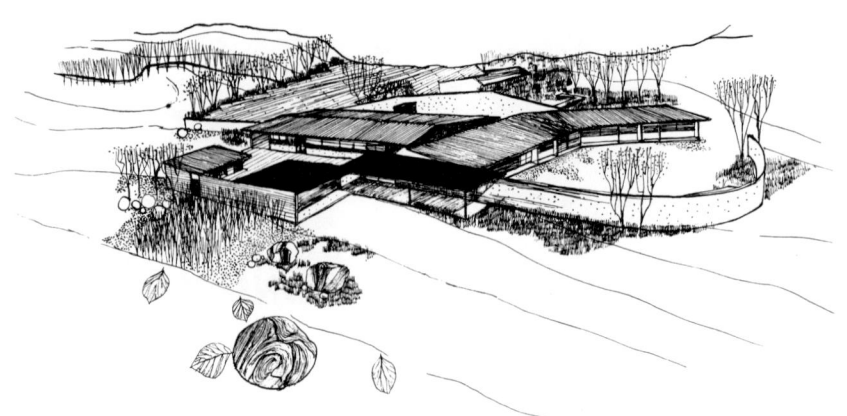

21. "eu acho que o melhor projetinho que eu fiz de residência na Faculdade eu fiz pra cadeira de Técnicas das Construções do Ariosto Mila". GATI, Catharine. *DPCA – Documentação sobre produtores culturais de arquitetura em São Paulo* (op.cit), fita 2, lado B (mimeo), 2 set. 1987, p. 32.

Dois projetos

Dos documentos pesquisados, sobre os projetos que realizou enquanto estudante, Abrahão se refere com mais entusiasmo à Casa que fez no 3º ano; ao projeto para um concurso patrocinado pela União Estadual dos Estudantes – UEE, em 1956, a Colônia de Férias em Campos do Jordão, em equipe com Julio Katinsky, 1º lugar no concurso; ao projeto para um outro concurso, patrocinado pelo GFAU, em 1957, uma Colônia de Férias em Ilhabela, em equipe com João Rodolfo Stroeter, 3º lugar; e, também em 1957, ao Núcleo Residencial para a Refinaria Presidente Bernardes, que representou a FAU USP no Concurso Internacional para Escolas de Arquitetura da 4ª Bienal do Museu de Arte Moderna de São Paulo, realizada naquele mesmo ano.

Infelizmente, foram localizados registros de apenas dois destes projetos, a Casa, que preservou em seu acervo, e o núcleo residencial para a Refinaria Presidente Bernardes, registrado em publicação especial da FAU USP. Segundo relata Abrahão à sua entrevistadora Catherine Gati, o melhor projeto que ele realizou individualmente, como estudante, foi uma residência para a cadeira de Técnicas das Construções, ministrada por Ariosto Mila.[21]

A cátedra de número 9 da FAU USP, sob responsabilidade do professor Ariosto Mila, abrangia técnica das construções, organização dos trabalhos e prática profissional, higiene dos edifícios, noções de mecânica dos solos e fundações; era ministrada em dois anos, 3º e 4º; e abordava todas as etapas do projeto, da avaliação do terreno à elaboração de editais para concorrência e contratos para obra.

O método de ensino estabelecia que a cada módulo teórico, correspondesse um exercício prático.

Analisando o programa da disciplina depreende-se que o objetivo era ao final do 3º ano fornecer ao aluno elementos para execução de um projeto arquitetônico completo. No 4º ano o intuito era capacitar o estudante às questões da prática profissional e organização dos trabalhos.

O projeto de Abrahão foi elaborado para o primeiro módulo da disciplina, planejamento arquitetônico, onde eram discutidos os conteúdos:

- terreno: ocorrências superficiais; aspectos topográficos; natureza do solo; serviços de utilidade pública; aspecto econômico – noções sobre avaliação de terrenos.

- leis e regulamentos: Código Civil – do direito de construir, das águas, do direito de condomínios.
- programa: esquemas funcionais.
- movimento de terra, adaptação das superfícies – abertura de valas, processos de terraplenagem.
- insolação: percurso aparente do sol, diagramas – exigências legais, dispositivos para controle da insolação.

O trabalho prático consistia na elaboração do anteprojeto de uma casa, dados um terreno e um programa de necessidades.

Seu projeto era assim delineado: um jogo de volumes, justapostos em ângulo; linhas que marcam a integração do espaço interno com o externo; um pequeno desnível; o recurso de paredes e muros que desenham os espaços desejados. Os desenhos, belíssimos, fazem registrar a importância da Escola de Artesanato na sua formação.

O outro projeto feito quando ainda estudante, exaltado por Abrahão e registrado em publicação da Faculdade, foi o núcleo residencial para a Refinaria Presidente Bernardes.

O regulamento do 3º Concurso Internacional para Escolas de Arquitetura da 4ª Bienal do Museu de Arte Moderna de São Paulo propunha como tema o projeto para um núcleo residencial para os trabalhadores de um centro industrial, que empregasse de mil a duas mil pessoas. A proposta deveria prever, além da habitação, os serviços de recreação, educação etc. A região onde implantar a proposta seria definida pelos autores, necessariamente no país de onde procedia o trabalho.

A FAU USP, no início contava com duas equipes que, mesmo antes do início do trabalho e por iniciativa de Israel Sancovski, resolveram fundir-se. O grupo ficou assim formado: Abrahão Sanovicz, Heberto Lira, Hélio Penteado, Israel Sancovski, Jaguanhara de Toledo Ramos, Jerônimo Esteves Bonilha, João Rodolfo Stroeter, José Caetano de Mello Filho, Julio Roberto Katinsky e Lucio Grinover.

Procuraram, inicialmente, Luís Saia e Vilanova Artigas como orientadores do trabalho. O primeiro propôs um estudo urbanístico no bairro da Penha; Artigas, um núcleo habitacional para a Refinaria Presidente Bernardes, do Conselho Nacional do Petróleo.

Residência, trabalho para disciplina de Técnicas das Construções no 3º ano da FAU USP, 1957

Estudantes de arquitetura Israel Sancovski, José Caetano de Mello Filho, Julio Roberto Katinsky, Hélio Penteado, Jerônimo Esteves Bonilha (ao fundo), João Rodolfo Stroeter (ao fundo, rindo), Abrahão Sanovicz, Jaguanhara de Toledo Ramos, Heberto Lira e Lucio Grinover, equipe autora do projeto da Refinaria Presidente Bernardes para a Bienal de São Paulo, jardim da FAU Maranhão, 1957

Nessa época, o país vivia um clima de otimismo com seu próprio destino e um sentimento nacionalista em ascensão. Os alunos da FAU USP, sempre engajados às causas progressistas elegeram a Refinaria Presidente Bernardes para implantação do projeto.

Desde o começo, o tema foi encarado como de planejamento, procurando sempre a integração do núcleo proposto ao complexo urbano de Cubatão.

Sendo um projeto de grande envergadura, os aspectos que necessariamente devessem ser desenvolvidos (demografia, clima, solo, processos e materiais de construção) foram tratados minuciosamente, de modo suficiente para subsidiar a proposta até a fase de projeto que se comprometiam apresentar.

No caderno do projeto publicado pela FAU USP, está registrado que a equipe afirmava ser a preocupação fundamental do trabalho discutir: "O processo da expansão gigantesca que o país atravessa, e os múltiplos problemas que enfrenta, devido ao fenômeno da industrialização, os quais ameaçam tornar obsoletas e inoperantes as estruturas tradicionais de nossas cidades".[22]

Justificavam a escolha de Cubatão como local onde o comparecimento das preocupações se daria num intervalo de tempo bastante curto, e a escolha da Refinaria Presidente Bernardes porque, pelo impacto e significado de sua instalação, daria um impulso decisivo na industrialização do município.

A escolha da área onde implantar o núcleo e, de maneira mais ampla, a reflexão para onde Cubatão devesse se expandir, estava limitada a duas possibilidades: de um lado, os morros escarpados da Serra do Mar e de outro, as áreas de mangue. Optaram pela ocupação dos manguezais, resolvidas as questões de recuperação e saneamento.

A proposta de apropriação dos manguezais previa a execução de pôlderes com cota 2,60 metros acima do mar.

O núcleo ficaria numa posição intermediária entre o centro de Cubatão e a zona industrial, ligado a ambos por transporte coletivo, como explicam no texto de apresentação do projeto: "A longa extensão em que se desenvolve a zona industrial exige a existência do transporte coletivo e afasta, desde logo, a possibilidade de localização ao lado de cada indústria, da respectiva vila operária. Por outro lado, a vinculação direta desta à indústria é indesejável, por favorecer o controle e a alienação do trabalhador pela habitação. O operário deve antes ser um cidadão de Cubatão do que o morador de uma determinada vila operária".[23]

22. SANOVICZ, Abrahão. *Núcleo residencial para a Refinaria Presidente Bernardes*, s.p. **23.** Idem, ibidem, s.p.

O núcleo foi situado do lado oeste da via Anchieta, entre o Morro Marzagão e o Morro Piaçaguera, ocupando uma área de 144 hectares. A densidade bruta era de 65 habitantes por hectare (adotando o número de 1,4 habitante por família – número utilizado pela Cosipa na época).

A proposta previa oito unidades de residência, cada uma com treze edifícios de apartamentos, e uma unidade de serviços com jardim de infância, lavanderia, comércio diário, sala de reuniões e, eventualmente, restaurante.

Em cada unidade de residência os edifícios de apartamento foram agrupados em conjuntos de três, quatro ou cinco edifícios, em torno dos quais o terreno é pavimentado e ajardinado, estando previstas áreas para reuniões, descanso, exercícios e jogos. Esses conjuntos eram separados por bosques de eucaliptos que, além de drenar o solo, visavam tornar seu uso mais flexível e contribuir para a melhoria do microclima e para a criação de zonas de sombra. Os bosques eram destinados a passeios e, através deles, passavam os caminhos para pedestres e ciclistas que se dirigiriam ao centro.

A descrição do projeto das unidades de residência deixa evidente tratar-se uma referência às superquadras de Brasília.

O tráfego de veículos era feito por vias principais expressas, que contornam o perímetro do núcleo, fazendo a ligação com a cidade e o setor industrial, e com os outros eventuais núcleos. Das vias principais saíam as vias secundárias de distribuição e coleta, que atingiam o centro, delimitando as unidades de residência. Finalmente, vias de acesso aos conjuntos de edifícios, terminando em *cul-de-sac*, que partiam das vias de distribuição.

A proposta considerava que os moradores do núcleo não teriam automóveis. Aliás, a indústria automobilística brasileira estava, nessa época, ainda ensaiando seus primeiros passos.

A solução previa, para os apartamentos, um edifício com térreo em pilotis mais três pavimentos, assim não seria necessária a instalação de elevadores. A construção seria industrializada, com modulação que pudesse acomodar satisfatoriamente famílias com diferentes números de membros.

O centro comunal reunia as atividades que caracterizam o espaço cívico (referência aos Congressos Internacionais de Arquitetura Moderna – Ciam's) e aquelas que surgem especificamente do aglomerado humano: lojas, mercado, cinema, igreja, biblioteca pública, centro de saúde, edifício de administração, clube náutico, teatro de arena ao ar livre, terminal de ônibus e escola primária.

Refinaria Presidente Bernardes, núcleo residencial, foto da maquete e perspectiva, Cubatão SP, 1957, arquitetos Abrahão Sanovicz, Heberto Lira, Hélio Penteado, Israel Sancovski, Jaguanhara de Toledo Ramos, Jerônimo Esteves Bonilha, João Rodolfo Stroeter, José Caetano de Mello Filho, Julio Roberto Katinsky e Lucio Grinover

O centro comunal foi localizado na península formada por um braço do estuário e se situa no centro do conjunto. A península é cercada em toda a volta, por pôlderes de largura variável, sobre os quais acontecem os passeios para pedestres.

Na proposta, o centro comunal está elevado e é constituído por três pequenas praças em níveis diferentes, interligadas por escadarias. As diversas atividades foram encaradas como igualmente importantes e apenas relações funcionais de aproximação determinaram a localização dos edifícios.

A equipe de estudantes da FAU USP recebeu, com outras três universidades, o já citado primeiro Prêmio Ex-Aequo do 3º Concurso Internacional para Escolas de Arquitetura da 4ª Bienal do Museu de Arte Moderna de São Paulo, em 1957. Foi com este prêmio que Abrahão concorreu à bolsa concedida pelo Circulo Italiano de São Paulo para trabalhar em um escritório de desenho industrial em Milão.

Sobre o projeto, comentou Julio Katinsky em entrevista com a autora do presente estudo:

> Acatamos então a proposta do professor Artigas, e aí algumas teses foram importantes se desenvolver, digamos assim, bem característica do mundo paulista. Primeiro lugar: o conjunto habitacional tinha que ter um Centro Cívico, e quem definiu isso muito bem foi Hélio Duarte: o Centro Cívico tem que ter uma vida cultural e uma vida física, tudo misturado.
> A outra coisa que foi muito importante, e nisso Abrahão deu uma grande contribuição foi a sistematização das fachadas dos edifícios. Foram feitos todos com três andares, além do pilotis, para não ter elevador.
> A gente trabalhou nesse projeto com um entusiasmo louco. Para mim foi muito bom, eu desembaracei muito. Abrahão e eu ficamos responsáveis pelo projeto do clube náutico: todo mundo ficou impressionado, porque em vez de ser um retângulo, como todos os outros, resolvemos com uma articulação de quadrados, ficou muito bonito. E nós já estávamos estudando a obra do Oscar. Bom, é tudo um pouco ingênuo, trabalho de estudante. Outra coisa muito bonita foi a maquete, foi tudo calculado, tão trabalhado: os blocos não foram pintados de branco, foram pintados num leve cor-de-rosa, porque diziam para nós que se fosse cor-de-rosa o contraste seria maior. As árvores são pregos, ficou muito bonito. A maquete foi feita pelos funcionários.[24]

Refinaria Presidente Bernardes, núcleo residencial, perspectivas, Cubatão SP, 1957, arquitetos Abrahão Sanovicz, Heberto Lira, Hélio Penteado, Israel Sancovski, Jaguanhara de Toledo Ramos, Jerônimo Esteves Bonilha, João Rodolfo Stroeter, José Caetano de Mello Filho, Julio Roberto Katinsky e Lucio Grinover

Projetar

O que é o ato de projetar?

É uma atividade tão criadora como qualquer outra atividade humana. Não tem nada de especial nem de excelso e se insere junto com as demais no processo vital, tendo algumas características específicas.

Cada vez que somos solicitados a resolver algum programa e temos de lançar os primeiros esboços no papel, o que fazemos? Procuramos montar algumas relações no cérebro. Para montá-las, contamos com certo estado de pré-consciência do projeto. Elaborado neste estado e por um mecanismo próprio do cérebro, que é comum a todas as pessoas, ele atinge o estado da consciência. Rapidamente, pegamos um papel e um lápis e lançamos um pequeno esboço. Conhecemos bem o gesto simples de uma cruz que define uma cidade e que hoje é uma capital.

É muito difícil sermos observadores daquilo que estamos pensando e que ainda permanece no estado da pré-consciência.

Porém, na medida em que lançamos o esboço no papel, começamos a fazer perguntas para o mesmo, procurando respostas aos problemas propostos. Na medida em que essas respostas atendem aos nossos desejos, paulatinamente temos a certeza daquele nosso primeiro ato intuitivo: se as respostas vierem certas, estamos atingindo nosso objetivo; se as respostas não vierem, ou a pergunta está errada, ou o projeto precisa ser corrigido.

A partir da certeza que aqueles traços interpretam o projeto que nós tínhamos – interpretam um determinado acontecimento social a ser configurado no espaço, ancorado ou não – podemos então ampliar as escalas do projeto e usarmos todas as técnicas que conhecemos.

O ato de projetar (a passagem do estado da pré-consciência para o estado da consciência do projeto) é por demais conhecido.

O projeto (resultado deste processo) é o desconhecido, é a pesquisa.[25]

Com estas palavras Abrahão Sanovicz revela seu pensamento sobre o processo do projeto.

À seguir, através da seleção de alguns projetos que melhor ilustram seu pensamento, procuramos apresentar a trajetória do arquiteto, a diversidade da problemática que enfrentou e suas principais influências e parcerias.

26. "pensou-se que era [...] um grupo de arquitetos cariocas [...] e quando se abriu e viu os nomes dos concorrentes, ninguém conhecia a gente, [...] aí abriram e viram que era de São Paulo, aí ficaram procurando quem são esses caras e, daí, aparecemos nós, que era uma garotada". GATI, Catharine. *DPCA – Documentação sobre produtores culturais de arquitetura em São Paulo* (op. cit), fita 4, lado A (mimeo), 12 mar. 1988, p. 16. **27.** MELENDEZ, Adilson; MOURA, Éride; SERAPIÃO, Fernando. Entrevista: João Walter Toscano, p. 7. **28.** "aquele [...] desenho dos pilares de morder a laje de baixo e deixar aquele ponto em cima era alguma coisa que nós tínhamos visto numa casa que o Artigas fez para Campinas, e esse desenho a gente percebe que o Artigas teve inspiração nos palácios de Brasília". GATI, Catharine. *DPCA – Documentação sobre produtores culturais de arquitetura em São Paulo* (op.cit), fita 4, lado A (mimeo), 12 mar. 1988, p. 15-16.

Equipamentos e infraestrutura

Em 1958, o Iate Clube de Londrina, procurou apoio do IAB para promover um concurso nacional para o projeto de sua sede. Inscreveram-se, em equipe, os recém-formados Abrahão Sanovicz, João Walter Toscano e Julio Roberto Katinsky.

O júri, constituído pelo IAB, foi composto pelos arquitetos Ernani de Vasconcelos, que participou do projeto do Ministério de Educação e Saúde, Eduardo Corona e Rubens Meister, que era de Curitiba e tinha sido autor do projeto do Teatro Guairá, dessa cidade.

O melhor projeto selecionado foi o dos jovens arquitetos. Em depoimento a Catherine Gati, Abrahão Sanovicz afirma que ouviu posteriormente de Eduardo Corona que o júri escolheu o projeto certo que os autores eram arquitetos cariocas, mas quando o envelope de inscrição foi aberto os membros se deram conta que não conheciam ninguém; para surpresa de todos, era uma equipe de arquitetos paulistas recém-formados.[26] O mérito da escolha também pode ser avaliado pelas palavras de Toscano: "Concorremos com gente importante, como Sérgio Bernardes. Os organizadores pensavam que era uma equipe mais experiente e quando chegamos no aeroporto, três recém-formados, eles perguntaram se éramos nós mesmos os autores do projeto, que não foi todo construído. A inspiração foi o Iate Clube de Pampulha, parecia um barco, pois estávamos ligados à arquitetura moderna brasileira. Esse projeto foi muito divulgado e obteve bastante repercussão na época".[27]

Sobre as referências de projetos além da mencionada por Toscano, na entrevista Abrahão tece comentários que não deixam dúvidas acerca das referências cariocas do projeto da equipe paulista, em especial dois projetos de Oscar Niemeyer que expressam leveza: o Iate Clube da Pampulha, em Belo Horizonte; e a "casa lençol" que projetou para Edmundo Cavanelas, em Pedro do Rio, onde uma laje em catenária se apoia em quatro pilares nas extremidades. E, a partir dessas observações, Sanovicz faz interessante conexão entre a obra de Vilanova Artigas e a do mestre carioca, percebendo uma continuidade no desenho estrutural.[28]

Consultado, pessoalmente, o professor Katinsky lembrou outra importante referência, que foi o Iate Clube do Rio de Janeiro. Na pesquisa dessas referências apontadas pelos autores, outras tantas foram selecionadas e incorporadas, como a Igreja Nossa Senhora de Fátima de Brasília, também de Niemeyer.

Igrejinha Nossa Senhora de Fátima, foto da maquete, Brasília DF, 1958, arquiteto Oscar Niemeyer

O Iate Clube de Londrina se implantaria junto ao lago artificial formado pelo represamento das águas do Ribeirão Cambé. Para um terreno de 123.660 metros quadrados, o programa de necessidades sugerido no edital estabelecia: administração com diretoria, secretaria, copa e sanitários; salão de baile; salão de jogos; biblioteca; salão de estar; restaurante; boliche; auditório; sanitários; vestiários com sala de fisioterapia; píer e abrigo para barcos; e esportes ao ar livre com quadras poliesportivas, piscinas e hipismo.

A proposta de implantação considerava a avenida Higienópolis e a margem do lago com eixos principais para a implantação do empreendimento. O acesso natural, paralelo ao lago, definiu a localização do bloco principal, centralizador das atividades que constituem o núcleo do Clube, distribuídas em três pavimentos. A cavaleiro do terreno, implantado perpendicularmente ao lago, esse bloco iria definir e organizar as diversas atividades. Vislumbrava ainda o projeto blocos edificados, elementos de circulação, espaços livres e esplanadas, que ordenariam os espaços externos.

Entre as quadras e a piscina, a meio caminho, um outro bloco pequeno semi-enterrado previa a instalação dos vestiários para as atividades esportivas, das salas para fisioterapia e do salão de boliche. O bloco se abria para a esplanada, desenhada pelo edifício principal de um lado e piscina olímpica do outro.

Da praça de chegada à meia altura entre o térreo e o primeiro andar, o acesso ao prédio seria feito por rampas. Nesse mesmo espaço térreo, a proposta localizava o bar e o restaurante, que também deveriam abrir-se para a esplanada; a sala de jogos (pingue-pongue e bilhar); os vestiários para as práticas do iatismo e hipismo; e o abrigo para barcos.

No primeiro andar, na chegada da rampa, o vestíbulo previsto seria o espaço de acolhimento e organização do programa definindo, em um lado, a administração, a biblioteca, a sala para jogo de cartas e os sanitários; no outro, separado por uma membrana curva, o salão de baile e o terraço coberto. No eixo de circulação horizontal, um segundo terraço, sobre o restaurante, se volta para a esplanada.

Um grande espaço estava desenhado no segundo andar: vestíbulo e salão nobre, divididos apenas por uma cortina pesada.

Nesse cenário, a circulação vertical interna seria resolvida com uma generosa escada helicoidal.

Iate Clube de Londrina

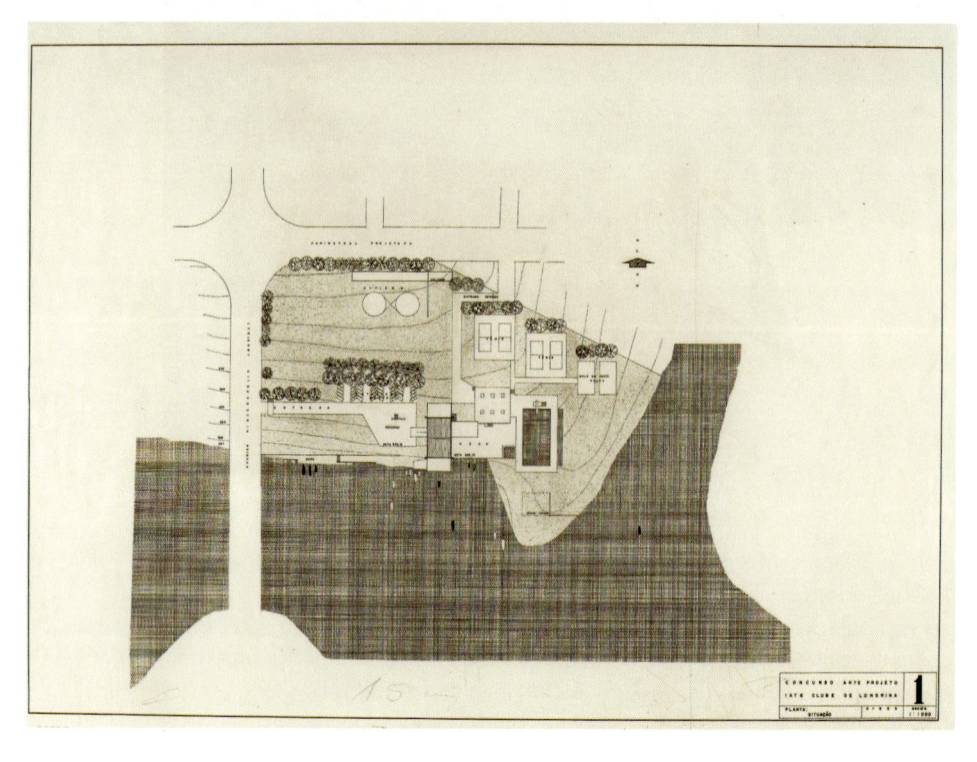

Iate Clube de Londrina, implantação e perspectivas da entrada, do terraço esplanada e do restaurante, Londrina PR, 1959, arquitetos Abrahão Sanovicz, João Walter Toscano e Julio Roberto Katinsky, desenhos com participação de Odiléa Setti Toscano

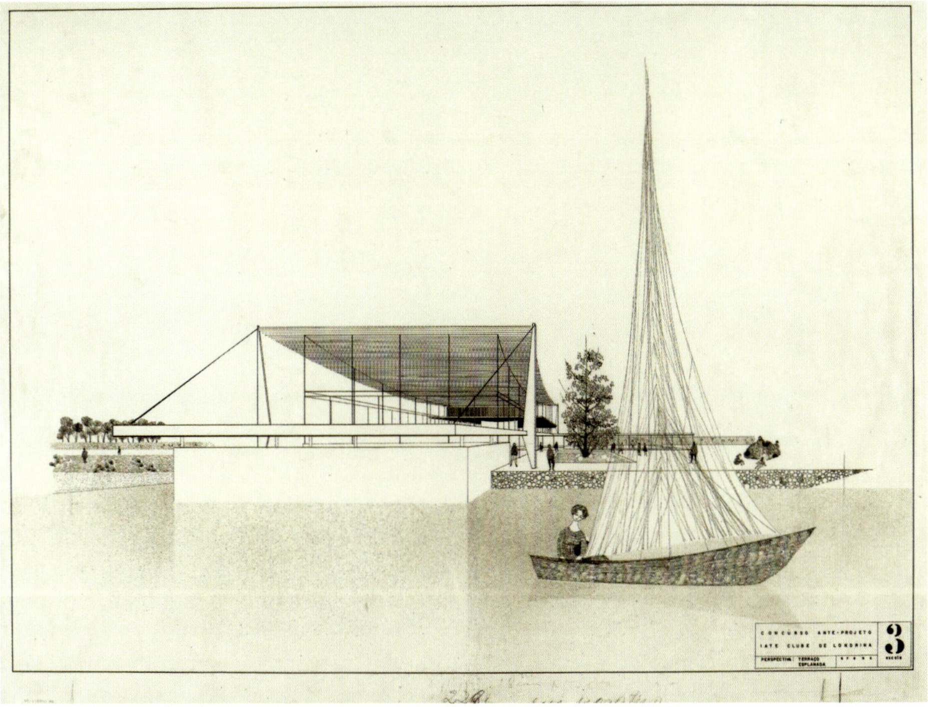
CONCURSO ANTE-PROJETO
IATE CLUBE DE LONDRINA
3
PERSPECTIVA: TERRAÇO ESPLANADA
escala

CONCURSO ANTE-PROJETO
IATE CLUBE DL LONDRINA
4
PERPECTIVA RESTAURANTE
escala

29. TOSCANO, João Walter. *João Walter Toscano*, p. 36. **30.** GATI, Catharine. Documento: Oswaldo Corrêa Gonçalves, p. 81-82. **31.** MAGALDI, Sábato. Teatro municipal e centro de arte, em Santos SP, p. 24.

A solução construtiva para o bloco principal constitui-se em estrutura mista, ou seja: os pilares e as lajes são em concreto armado, e a cobertura metálica, apoiada em quatro pilares, de concreto. Toscano comenta: "A cobertura foi resolvida como um lençol atirantado, sustentado por sete cabos de aço engastados em duas grandes vigas metálicas, que transferem os esforços para quatro cabos, dois ancorados na terra e outros dois ancorados no balanço da laje do salão de baile. Assim as quatro colunas de concreto da cobertura são solicitadas somente por esforços verticais".[29]

Em 1960, Abrahão e Katisnky são convidados por Oswaldo Corrêa Gonçalves a participar do projeto do Iate Clube de Santos.

Oswaldo Corrêa Gonçalves nasceu em Santos em 1917. Foi o único de sua turma a se formar engenheiro arquiteto pela Escola Politécnica da USP, em 1941. Foi professor da Faculdade de Arquitetura e Urbanismo da Universidade de São Paulo em 1954 e 1955, assistente de Ícaro de Castro Mello, na disciplina Grandes Composições. Presidiu o departamento paulista do IAB de 1961 a 1963, entidade que ajudou a fundar e construir.

No artigo "Documento: Oswaldo Corrêa Gonçalves", publicado no número 59 da revista *AU*, o texto de Catharine Gati traz o seguinte destaque:

> Se existem arquitetos que se caracterizam pela fidelidade, ao longo do tempo, à expressão de um ideário numa linguagem arquitetônica constante, outros há que, para expressar princípios que seguem com constância, empregam linguagens diversas, tornando menos imediata a correlação obra-autor. Oswaldo Corrêa Gonçalves pertence ao segundo grupo. A parceria frequente com arquitetos de formação e geração diversas resultou num conjunto de obras que se apresenta ao olhar como um leque de projetos da mesma raiz, mas de florações diversas. Ao mesmo tempo, a convivência entre aquela geração de arquitetos imbuídos de intenções e indagações afins propiciou o entrelaçamento de informações (e, por que não? de influências) recíprocas num processo que impulsionou – vivificando – a pesquisa e a produção modernas em São Paulo.[30]

A maneira de trabalhar acima descrita é ilustrada com um exemplo concreto: trata-se do convite que fez aos jovens arquitetos Abrahão Sanovicz e Julio Roberto Katinsky, para participarem com ele da elaboração do projeto do Iate Clube de Santos. Como anteriormente foi referido, Sanovicz e Katinsky, juntamente com Toscano, foram os vencedores do concurso de projetos para o Iate Clube de Londrina.

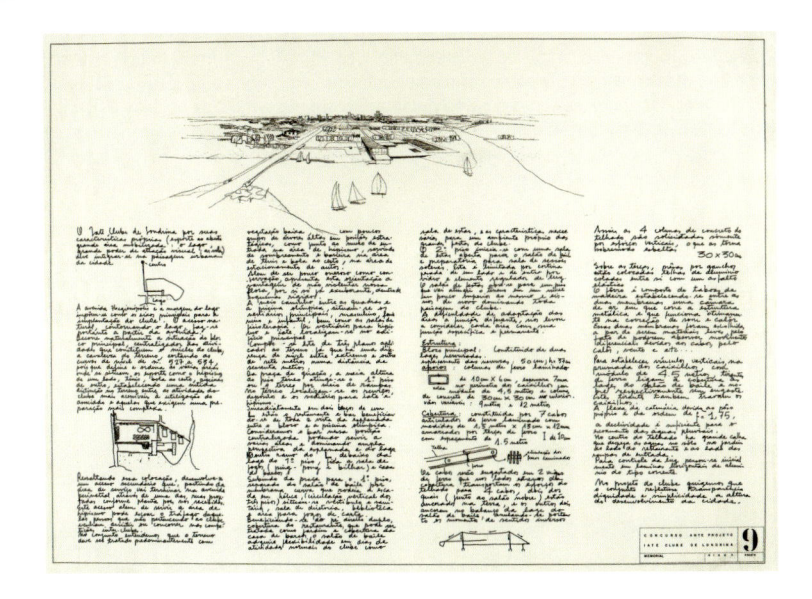

Assim pode ser descrito o projeto do Iate Clube de Santos: uma grande cobertura em concreto armado que se projetava sobre o mar, constituída por vigas-vagão invertidas, com vão de cinquenta metros e balanços de vinte metros num sentido, e 25 metros no outro, apoiadas sobre quatro pilares. Essa estrutura foi calculada pelo engenheiro Roberto Rossi Zuccolo. Infelizmente, todavia, o projeto não chegou à sua fase executiva.

Pela mesma época, Oswaldo foi convidado para elaborar o projeto do Centro Social do Setor Politécnico da USP e Praça Circundante, desenvolvido pela mesma equipe. Em seguida surge outro convite, agora o Teatro Municipal de Santos. Dessa feita, a mesma equipe enfrenta um programa bastante extenso.

Em 1961, o crítico Sábato Magaldi fez uma matéria para a revista *Habitat* sobre o Teatro Municipal e Centro de Arte em Santos. Comentava ele na ocasião: "A construção do Municipal é de fato uma exigência para Santos. O antigo Coliseu não apresenta condições acústicas satisfatórias para o gênero declamado, e nem veio tendo boa conservação, a fim de que parecesse acolhedor para o público. O Independência, depois de curto serviço prestado ao teatro, transformou-se em cinema, negócio mais rendoso. [...] O auditório do Centro Português prestou ótimas colaborações ao II Festival Nacional de Teatro de Estudantes, por exemplo, mas, pelas próprias exigências da coletividade à qual pertence, não pode ter aproveitamento permanente".[31]

Deve-se salientar que a carência da cidade era ainda maior e não existiam edifícios dedicados a outras manifestações artísticas. Dessa maneira, foram então incorporadas outras atividades ao programa do teatro, criando, assim, um centro artístico e cultural.

O projeto foi suspenso após a morte do prefeito eleito em 1960, Luís La Scala Júnior, grande entusiasta do projeto e retomado apenas em 1968, ocupando um terreno bem maior e com programa que incorporava ainda um centro de vivência, biblioteca municipal e uma escola de arte.

Nesse novo cenário, o desafio do desenvolvimento do projeto ampliou de modo significativo os conhecimentos dos ainda jovens arquitetos.

Iate Clube de Londrina, prancha do memorial descritivo, Londrina PR, 1959, arquitetos Abrahão Sanovicz, João Walter Toscano e Julio Roberto Katinsky, desenhos com participação de Odiléa Setti Toscano

32. GATI, Catharine. *DPCA – Documentação sobre produtores culturais de arquitetura em São Paulo* (op.cit), fita 5, lado A (mimeo), 19 mar. 1988, p. 9. **33**. "Oswaldo é um trabalhador incansável. [...] Ele sabe como perseguir o projeto, sabe como levá-lo pra frente, sabe como desenvolvê-lo, sabe como [...] se cercar das técnicas todas e como perseguir o projeto em todos os seus entraves". Idem, ibidem, fita 5, lado A (mimeo), 19 mar. 1988, p. 3. **34**. Idem, ibidem, fita 6, lado A (mimeo), 10 nov. 1988, p. 4.

Pelas palavras do próprio Abrahão, é possível ver o entusiasmo no enfrentamento dos desafios construtivos quando o projeto foi retomado: "as técnicas intervenientes, cenotécnica, ar condicionado; hidráulica, elétrica, estrutura, protensões, e dilatações, e materiais de impermeabilizações, e concretos aparentes, e, sabe, curvas de visibilidade". Era necessário conhecer também aspectos das artes que o projeto abrigaria, "o balé, todas as diversas manifestações de teatro, teatro de ópera, elisabetano não sei o que, então era todo um universo cultural que nós estávamos absorvendo através do projeto".[32] Assim, foi uma oportunidade dos jovens arquitetos se aprofundarem em complexas e diferentes áreas do conhecimento.

Abrahão indicou como influências marcantes na elaboração dessa obra: o Teatro Nacional de Brasília, com suas vigas protendidas na cobertura; e o projeto que Vilanova Artigas apresentou para o concurso do Clube Paulistano, especificamente o edifício do auditório, um prisma chanfrado, um único apoio e a plateia em balanço.

Em passagem da entrevista a Catharine Gati, Abrahão menciona o convite feito por Oswaldo Corrêa Gonçalves para que ele e Julio Katinsky participassem de alguns projetos e salienta a grande confiança depositada em dois jovens arquitetos, que tiveram a oportunidade de, no início da carreira, trabalhar com problemas complexos. E reitera sua admiração pelo amigo mais velho, afirmando o quanto Oswaldo é determinado no enfrentamento do trabalho, tanto na intensidade como na busca de soluções técnicas.[33]

Em 1972, a Companhia Energética de São Paulo – Cesp convida Abrahão Sanovicz para elaborar dois projetos de estações de piscicultura, para as represas de Promissão e Salto Grande, na região Centro-Oeste do estado de São Paulo.

O programa apresentava um desafio ao arquiteto, já que abarcava elementos com os quais nunca havia trabalhado. Sobre um trabalho com programa tão "exótico", Abrahão observa que como sua equipe era muito boa, mesmo com um programa pouco frequente, logo puderam dominar o problema, e que, no final, teria se tornado um "expert em piscicultura". Afirmação dita em tom brincalhão, como denuncia sua conclusão: "eu não fiquei especialista em piscicultura, nem pretendia isso, mas eu sei que bem assessorado sou capaz de montar um tema desses".[34]

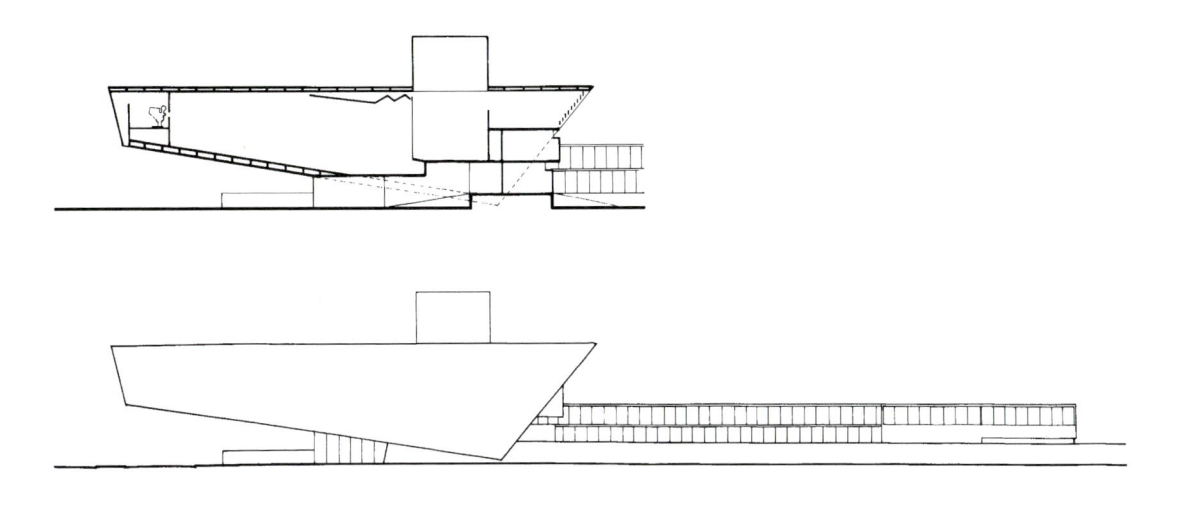

Clube Atlético Paulistano, corte e elevação, São Paulo SP, 1959, arquiteto João Vilanova Artigas

Centro Cultural e Teatro Municipal de Santos, foto da maquete, Santos SP, 1960, arquitetos Abrahão Sanovicz, Julio Roberto Katinsky e Oswaldo Corrêa Gonçalves

  Tratava-se de um programa incomum, uma vez que abrangia elementos que fugiam da rotina profissional de Abrahão, tais como grandes tanques enterrados, com diferentes dimensões para abrigar os peixes em todo seu desenvolvimento. Desse modo deveria prever: ventilação constante, mas controlada; captação da água da represa e descarte; iluminação noturna especial que atraísse insetos; paisagismo com espécies frutíferas; e edificação para o laboratório.

  As áreas disponíveis para implantar as estações eram muito grandes, cerca de 350 mil metros quadrados. Além de resolver o problema do número de tanques, era necessário solucionar a recomposição da paisagem. Assim, foram definidos, em projeto, todos os processos e os procedimentos que a empreiteira deveria obedecer: desde a limpeza do terreno, a organização do canteiro e os métodos construtivos até a limpeza final da obra.

  Como o programa dos laboratórios era o mesmo, serviria para as duas estações, a implantação de ambas foi feita com um único projeto, que contou com a colaboração do arquiteto Carlos Bianco.

35. WOLF, José. Fórum de Bragança Paulista SP. Encontro de caminhos, p. 49-50.

Os partidos adotados para as duas estações de piscicultura estabeleceram um eixo principal em cada uma delas, a partir do laboratório e dispuseram os tanques em ordem crescente nas suas dimensões, ao longo desses eixos.

Na estação de piscicultura de Promissão, esse eixo é paralelo à barragem e à estrada estadual; e os tanques acompanham-no perpendicularmente, num desenho ordenado, sem competir com a paisagem ao redor. A presença da estação é visível apenas por causa do edifício do laboratório e pela vegetação, principalmente a que sombreia os tanques e serve de alimentação para os peixes.

Na estação de piscicultura de Salto Grande, o eixo é também paralelo à estrada e à barragem; porém, os tanques foram dispostos de ambos os lados deste eixo, formando um desenho mais livre. A topografia do terreno, mais movimentada, permite uma visão total do conjunto a partir do patamar do laboratório, colocado a cavaleiro da estação.

Em cada um dos projetos, um grande lago de desenho livre conforma o conjunto e recebe as águas servidas dos tanques. Em ambas as estações, a captação de água para os tanques é por gravidade, feita desde a tomada de água instalada na barragem. Por último, cabe ainda ressaltar que os projetos não foram concebidos somente como estações reprodutoras de peixes, mas como áreas de lazer organizado.

A realização do projeto do Fórum de Bragança Paulista, de 1985, representou o encontro de trajetórias e vivências de vários arquitetos. Abrahão Sanovicz, líder da equipe, e à maneira de Oswaldo Corrêa Gonçalves, constituiu um consórcio de escritórios, convidando, inclusive, profissionais da região de Bragança Paulista, para com ele participarem da elaboração do projeto. A equipe assim formada contou com Affonso Risi Junior, Edson Jorge Elito, Leo Tomchinsky, João Carlos Monte Claro Vasconcellos e José Diaulas Pimentel de Almeida.O jornalista José Wolf, na matéria da revista *AU* de número 43, resume as intenções dos autores do projeto:

> A gênese do projeto, do princípio até sua tradução final em espaço [...] revela, em síntese, alguns pontos essenciais.
> A "planta miesiana", ou seja, existe uma estrutura, não importa a modulação ou material empregado, que torna possível distribuir sobre ela os es-

Terminal para turismo em massa na praia do Perequê-açu, perspectiva, Ubatuba SP, 1984

paços de maneira solta para se atender ao programa de necessidade. [...] O segundo elemento é a caracterização espacial que não se vê, mas se sente. Em outras palavras: uma arquitetura sem grande retórica. E com "economia de meios".

Há ainda aqui uma referência histórica, da própria arquitetura moderna dos anos [19]40, quando teve início o uso de elementos construtivos para se criar um "microclima" de conforto ambiental, como brises-soleils [sic] horizontais ou verticais, varanda, utilizados pelos mestres.

Deve-se enfatizar também a generosidade dos espaços internos, dos corredores amplos, de um projeto implantado numa região de clima quente, espaços com ventilação nas duas extremidades, para maior conforto do usuário.

E, finalmente, a utilização do tijolo de barro maciço. Ele possui uma característica particular na questão da manutenção, ao eliminar a pintura, e, ao mesmo tempo, é "um material comum no nosso cotidiano".[35]

O desenho, aliado à iluminação zenital dos espaços nos remetem também ao projeto de Eero Saarine para a capela do Massachussets Institute of Technology – MIT.

Com área de dois mil metros quadrados, dois volumes abrigam o extenso programa. No maior, estão as atividades de maior afluxo de público; no anexo, o salão do júri, cela e sala de jurados ficam no nível superior, e arquivo e garagem no térreo. Colocado a meio nível em relação outro, o anexo ao mesmo tempo em que toma partido da topografia do terreno, dá condições que se crie um pé direito maior no pavimento superior. A circulação, a partir do acesso principal, é o elemento ordenador, que hierarquiza a ocupação do edifício e, ao mesmo tempo, facilita sua leitura.

A solução construtiva é a tradicional: fundações em estacas, estrutura de concreto moldada in loco, alvenaria de tijolos maciços aparentes, portas de madeira pintadas de várias cores diferenciando funções de cada espaço, piso de ardósia e caixilhos basculantes, por questões de segurança. O acesso principal, uma varanda com sete metros de pé direito, e o fechamento do bloco anexo recebem um tratamento especial: paredes sinuosamente desenhadas executadas em tijolo maciço.

Em 1986, Abrahão, com a colaboração da arquiteta Marilena Fajerstajn, projeta para Recife o edifício sede do Banco do Estado de São Paulo –

36. GOMES, Geraldo. Recorrendo à linguagem da história presente [Sede regional Banespa], p. 78. **37.** Idem, ibidem, p. 81.

Banespa, que seria o tema da matéria "Recorrendo à linguagem da história presente" no número 126 da revista *Projeto*. "Um projeto é o resultado de projeto ou projetos anteriores".[36] Com esta afirmação usual de Abrahão Sanovicz, o jornalista Geraldo Gomes iniciou matéria.

Geraldo Gomes lembra que na década de 1980, os edifícios mais suntuosos que se construíram nas cidades brasileiras foram os bancos. No entanto, esse não era o caso da sede regional do Banespa em Recife, primeiro pela escala, depois pelas soluções encontradas por Abrahão. Sobre a obra, Geraldo Gomes afirma: "é um edifício ainda moderno, nestes tempos iconoclastas, como a demonstrar os sete fôlegos do modernismo. Prova também que novas receitas são prescindíveis para uma boa arquitetura. Ainda bem".[37]

A forma do terreno – situado na esquina da rua Conde da Boa Viagem com rua do Hospício – aliada às restrições impostas pela legislação municipal definiram o desenho da planta. Em três pavimentos com área total de 2.142 metros quadrados, o edifício abriga no térreo a agência bancária, parte dela com pé-direito duplo; no mezanino, o atendimento a clientes especiais e área de suporte; e no último pavimento, a sede regional.

Embora dotado de sistema de ar condicionado, as paredes externas do prédio constituem uma proteção real. As paredes levemente onduladas dominam as fachadas leste e sul e dão ao edifício uma certa graça, além de promover a reflexão dos raios solares. No térreo, na fachada sul – a mais longa –, uma pérgula de concreto surge independente e solta do corpo do edifício, mas servindo a ele, já que protege as janelas.

Dentro dessa série de projetos especiais de equipamentos e infraestrutura, destacam-se ainda a Usina de Beneficiamento de Algodão de Aguaí, o Centro Social do Sesc Araraquara e dois terminais intermunicipais de ônibus voltados para turismo em massa no litoral de São Paulo, contratados pelo governo paulista através da autarquia Fomento de Urbanização e Melhoria das Estâncias – Fumest, um na praia do Perequê-açu, Ubatuba SP; outro no Jardim Raphael, Bertioga SP, que contou com projeto paisagístico de Fernando Chacel.

Usina de Beneficiamento de Algodão, foto atual de um galpão e prancha com desenhos do depósito de fardos, Aguaí SP, 1973

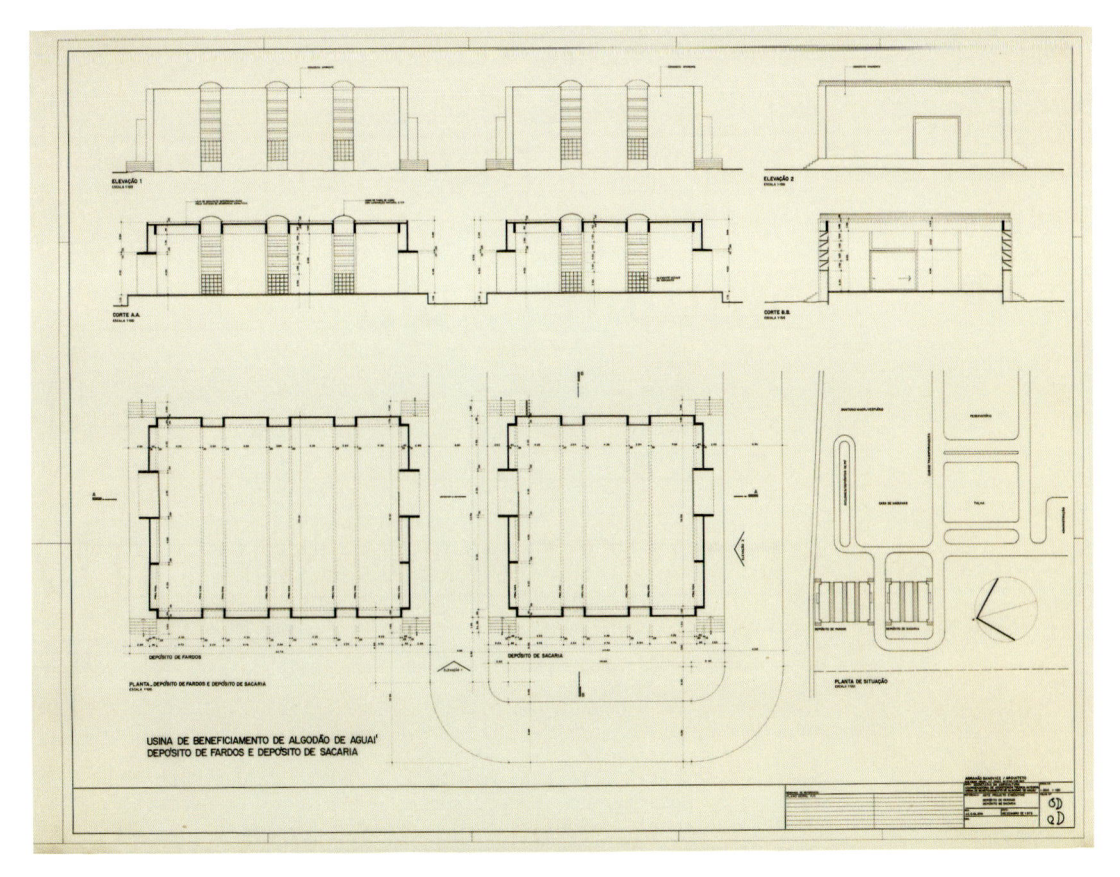

Estações de Piscicultura

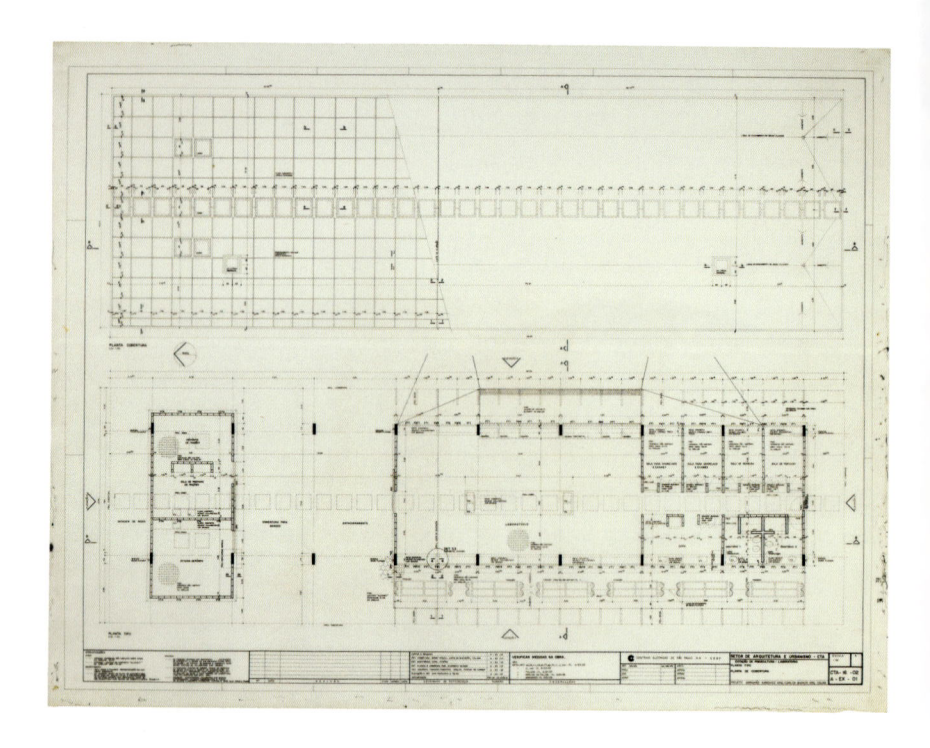

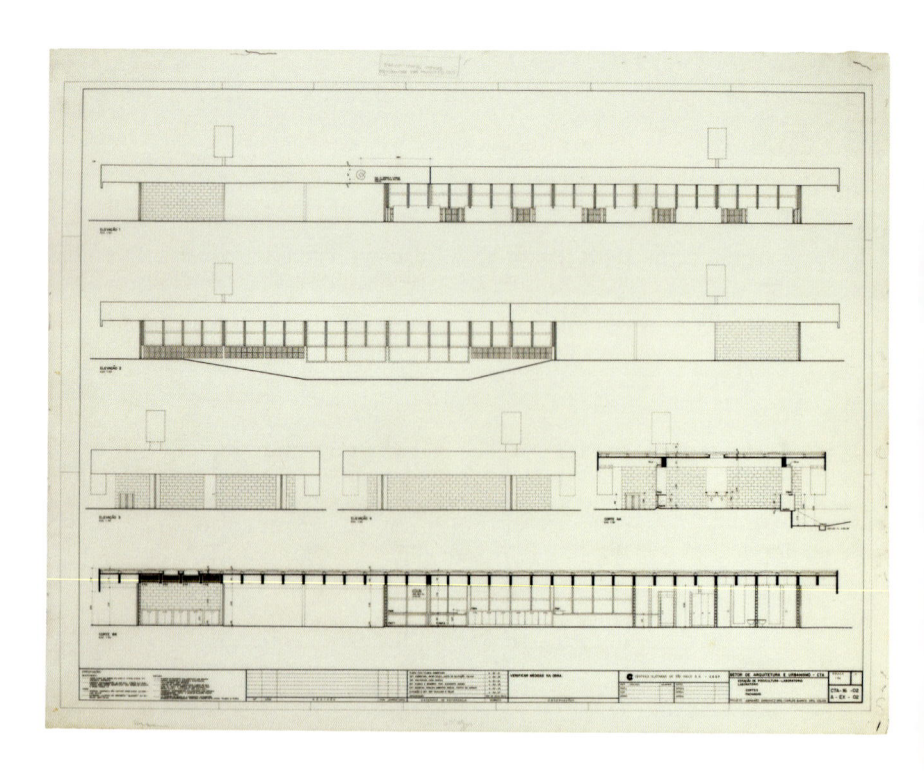

Estações de Piscicultura de Promissão e Salto Grande, Cesp, plantas de cobertura e térreo, cortes e elevações do Laboratório, corte e perspectivas dos Tanques e detalhes, Barragens de Promissão e Salto Grande SP, 1972, arquitetos Abrahão Sanovicz e Carlos Bianco

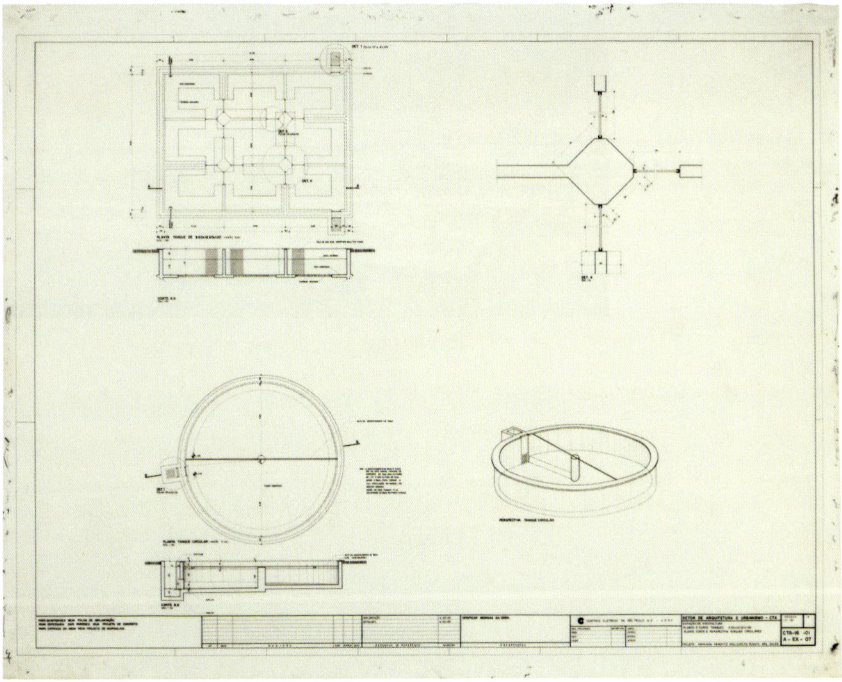

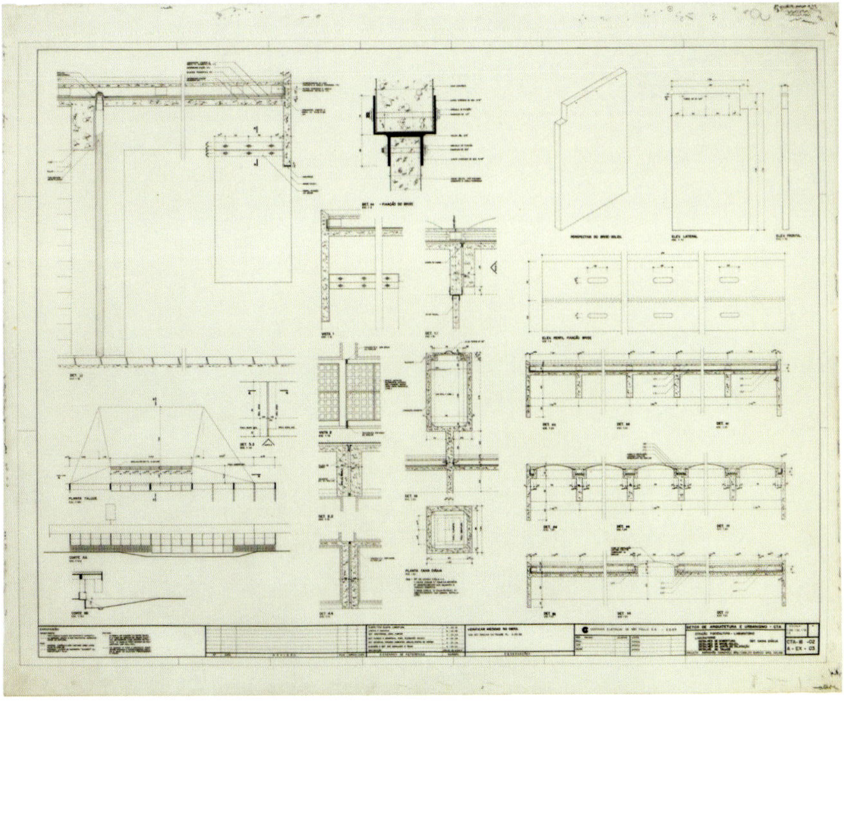

Estação de Piscicultura de Promissão

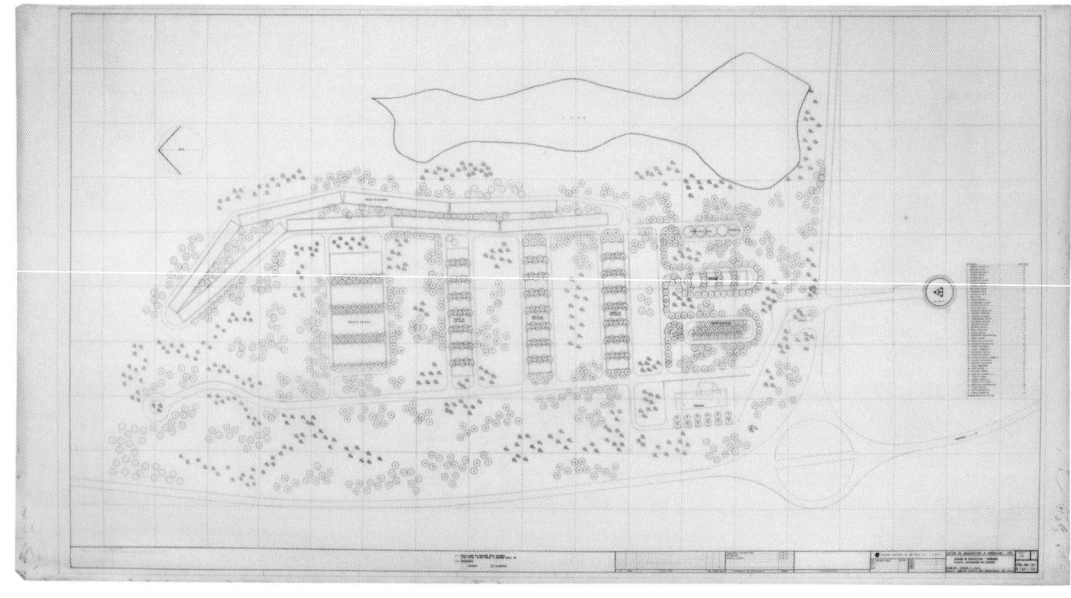

Estação de Piscicultura de Salto Grande

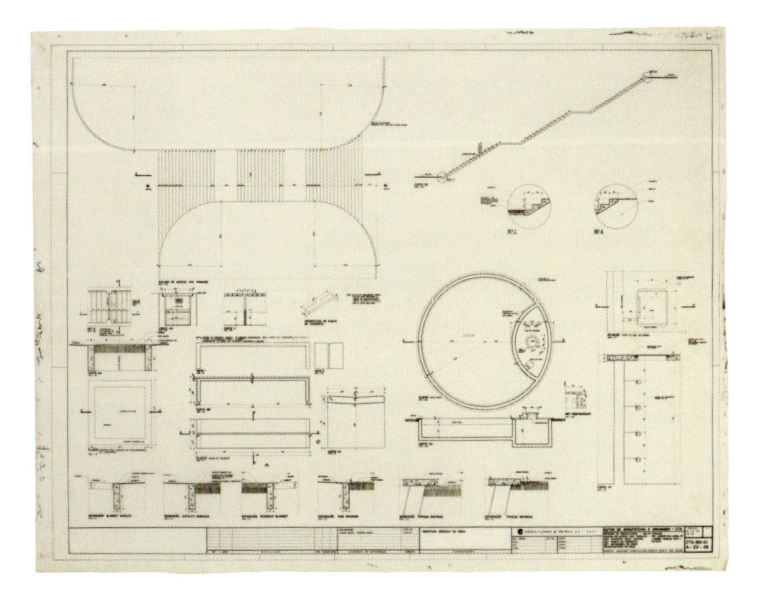

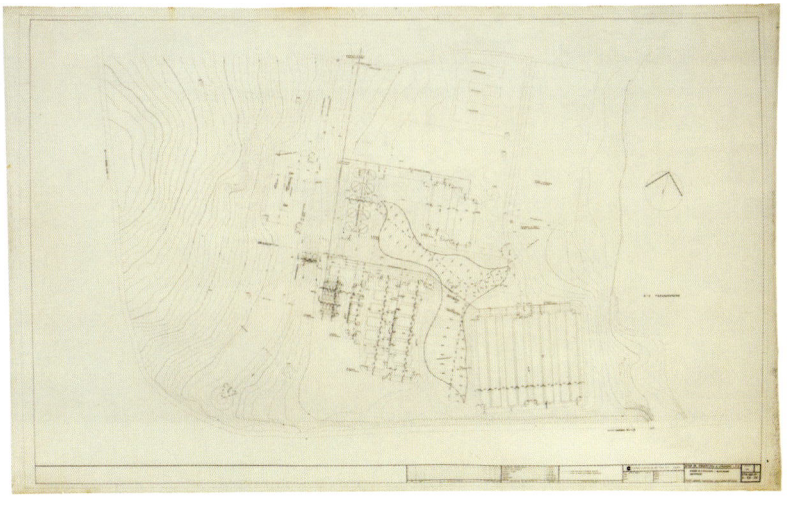

à esquerda

Estação de Piscicultura de Promissão, Cesp, foto aérea, perspectiva genérica e planta de distribuição das espécies, Barragem de Promissão SP, 1972, arquitetos Abrahão Sanovicz e Carlos Bianco

à direita

Estação de Piscicultura de Salto Grande, Cesp, vista dos tanques, detalhes e implantação geral, Barragem de Salto Grande SP, 1972, arquitetos Abrahão Sanovicz e Carlos Bianco

Fórum de Bragança Paulista

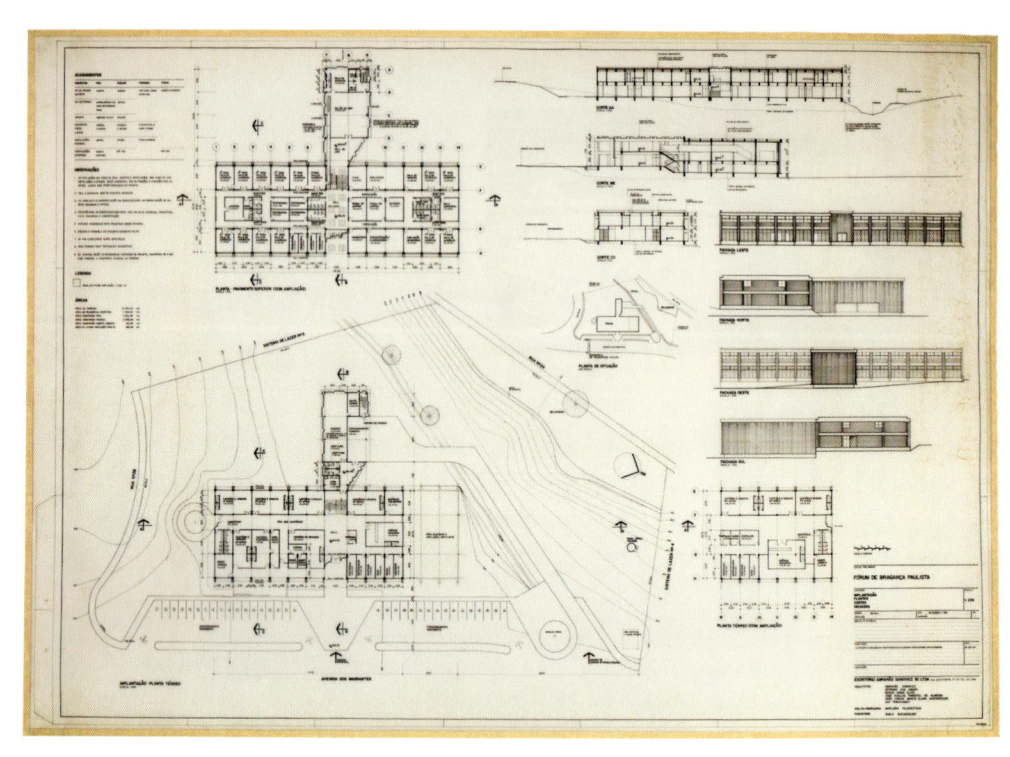

Fórum de Bragança Paulista, prancha com plantas térreo e pavimento superior, cortes e elevações, vistas externas e internas, Bragança Paulista SP, 1985, arquitetos Abrahão Sanovicz, Edson Jorge Elito, Affonso Risi Junior, Leo Tomchinsky, João Carlos Vasconcellos e José Diaulas Almeida

Banespa - Agência Recife

Banco do Estado de São Paulo - Banespa, Agência Recife, elevações e plana térreo do estudo preliminar, vistas externa e interna, Recife PE, 1986, arquitetos Abrahão Sanovicz e Marilena Fajerstajn

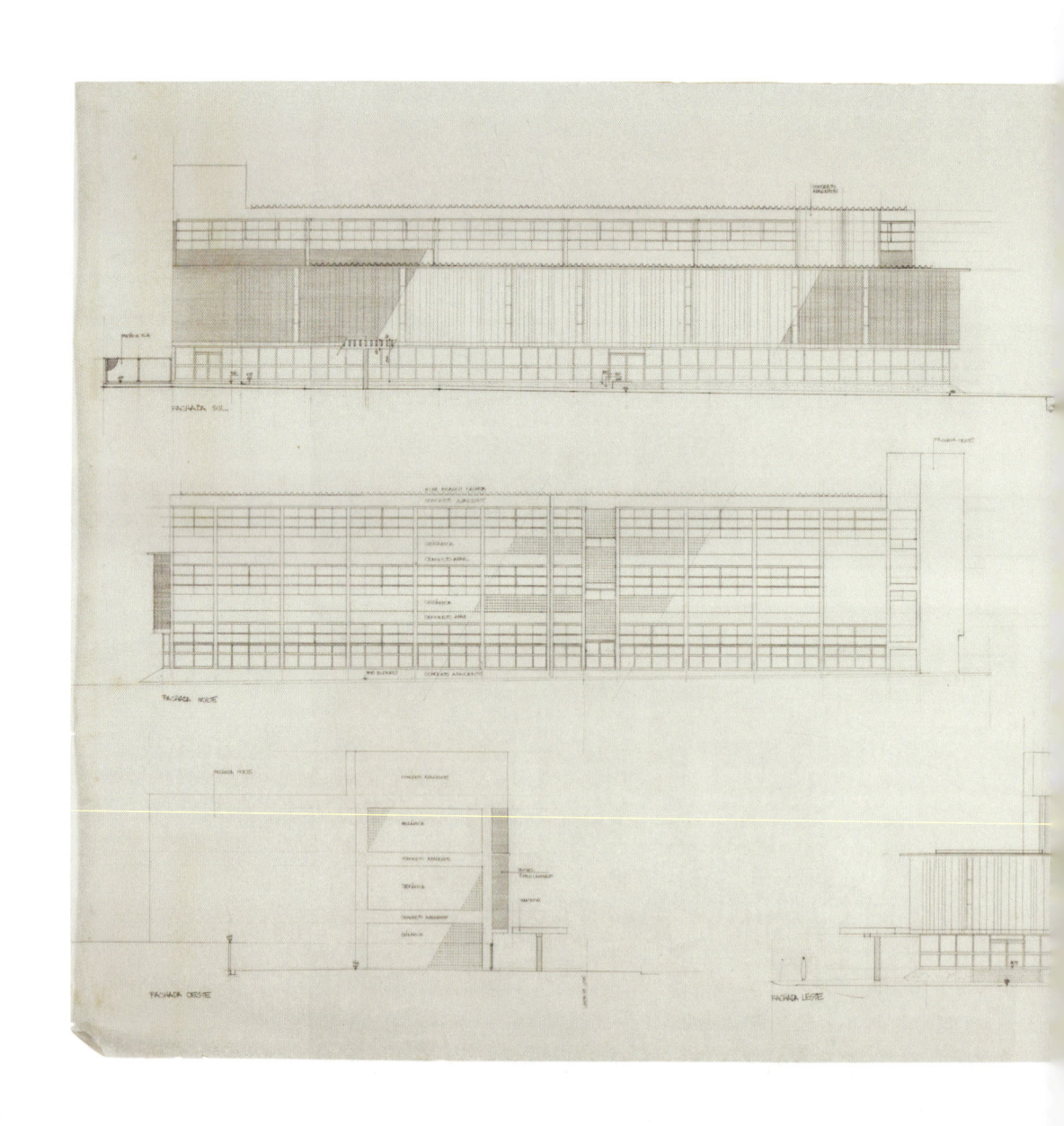

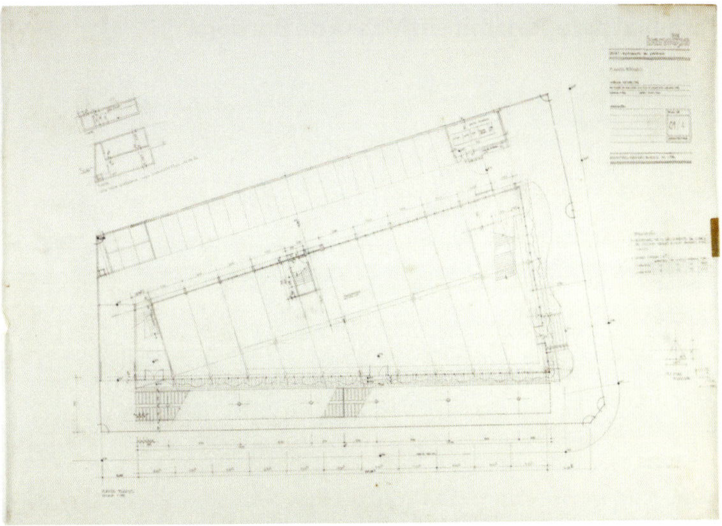
banespa
04/4

banespa
FACHADAS
04/4
ARQUITETURA

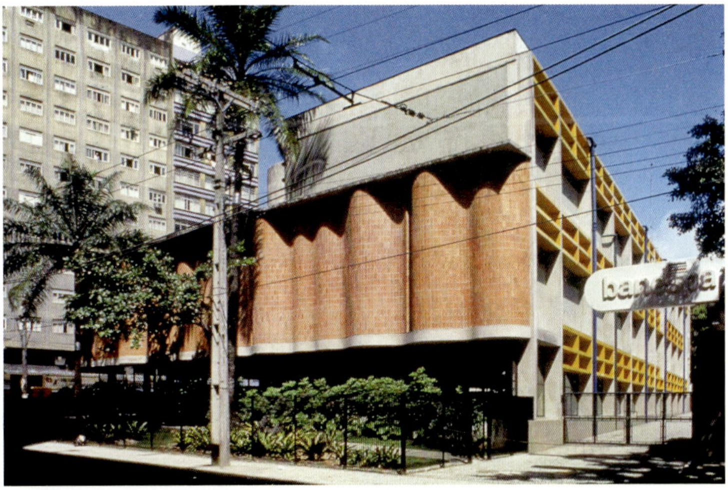
banespa

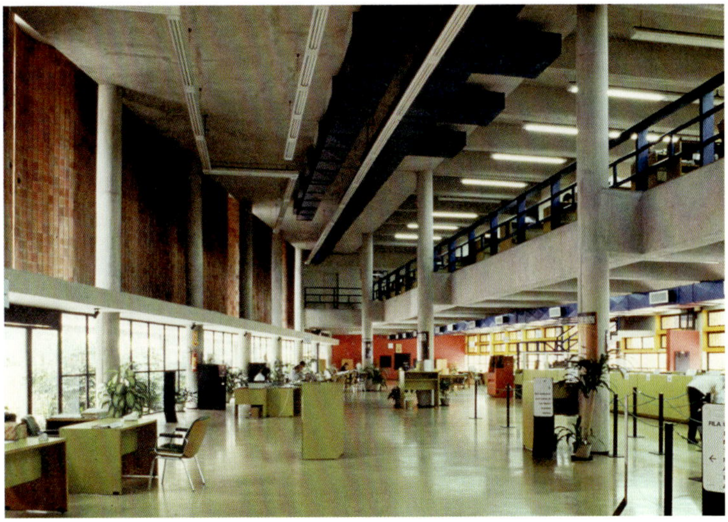

Terminal para Turismo em Massa de Bertioga

Terminal para turismo em massa na praia da Enseada, plantas de paisagismo, vista, perspectiva, planta, corte e elevação Bertioga SP, 1985, arquiteto Abrahão Sanovicz, paisagismo de Fernando Chacel

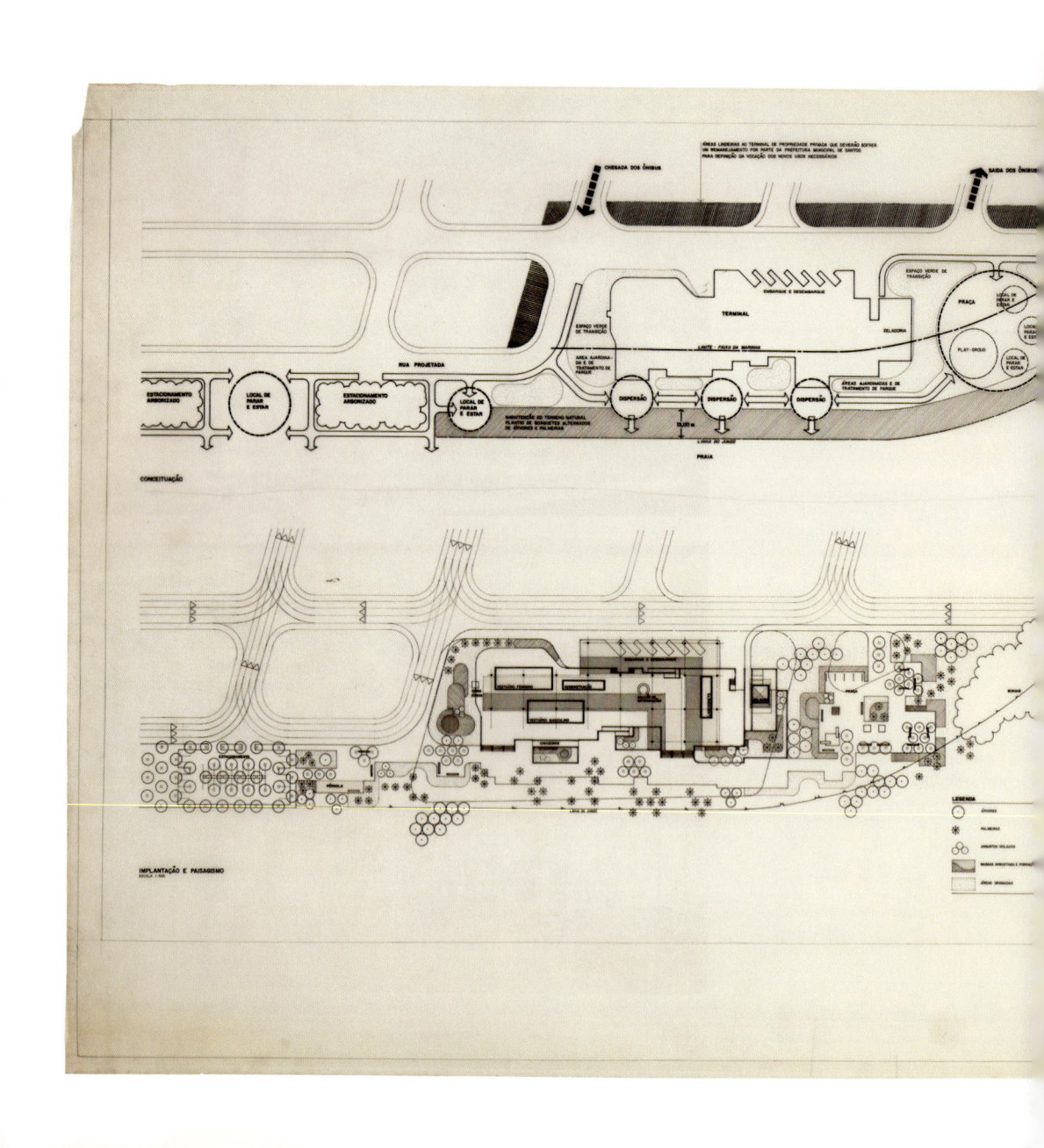

ZONA TAMPÃO
(BOSQUE)
FUMEST
NTAÇÃO DO
L DE TURISMO DE MASSA
ENSEADA / BERTIOGA
FL.01
ESCALA
1:500
O E PAISAGISMO
SANOVICZ / ARQUITETO
CHACEL / ARQ. PAISAGISTA

08

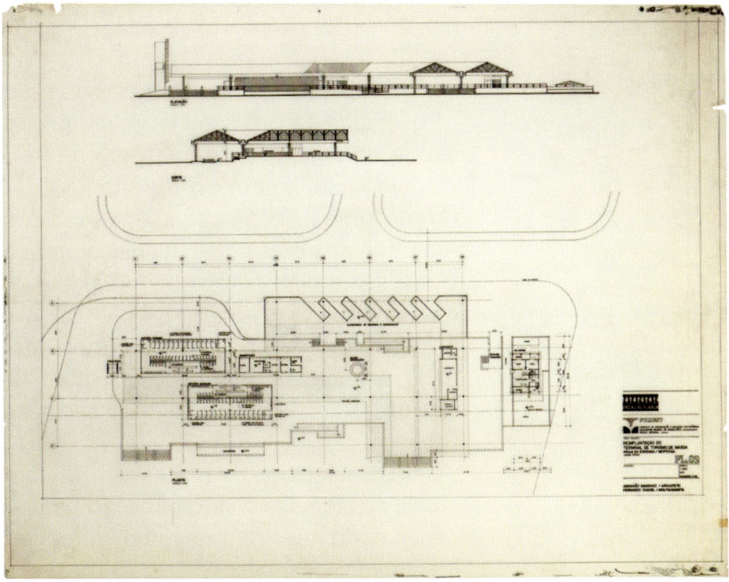
REIMPLANTAÇÃO DO
TERMINAL DE TURISMO DE MASSA

38. ARTIGAS, João Batista Vilanova. Sobre escolas..., p. 12. **39.** "talvez falta muitas vezes nessas reformulações [...] é alguma coisa que eu chamo de *qualidade de arquitetura*, quer dizer, 'pra que objetivo'? Quantos anos deve durar um edifício desses? Se você compara com as escolas da época republicana... [...] Você pega o Caetano de Campos ou o Grupo Escolar que eu estudei em Santos, até hoje ele está perfeito. [...] Então, se você compara com obras construídas recentemente, à hora que elas se constroem, elas já estão velhas". GATI, Catharine. *DPCA – Documentação sobre produtores culturais de arquitetura em São Paulo* (op.cit), fita 1, lado A (mimeo), 19 ago. 1987, p. 11-12. **40.** ARTIGAS, João Batista Vilanova. Sobre escolas...(op. cit), p. 11. **41.** "antes de iniciar o projeto ele teve o cuidado de, apesar de ter recebido o programa de tantas salas de aula, de conversar com o pessoal da Secretaria da Educação pra, se eles pudessem colocar pra ele o que é que eles estavam pensando em termos de como se devia educar um menino, como é que deveria ser o espaço dessa escola [...]. Então começa a surgir algumas coisas, como por exemplo, a possibilidade de montar um auditório [...], ele consegue criar um espaço no qual ele absorve o conhecido da Escola Carioca [...], não tem entrada, não tem saída, o espaço flui através da escola, [...] estrutura independente, ele já usa o concreto que era um material que podia muito bem ser usado na época, com preço acessível, lança mãos dos pórticos um pouco pela influência de Affonso Reidy da Escola Carioca, cria um sistema de caixilho fixo mas com uma ventilação constante com respeito ao clima do litoral, feito de madeira, coloca uma ilustração na entrada da escola do [...] Francisco Brennand, artista pernambucano, regionalista, [...] ele já tinha esta experiência, ele procura começar uma interpretação que depois você sente mais estruturada [...] no Ginásio de Guarulhos". GATI, Catharine. *DPCA – Documentação sobre produtores culturais de arquitetura em São Paulo* (op.cit), fita 4, lado A (mimeo), 12 mar. 1988, p. 13-14. **42.** ARTIGAS, João Batista Vilanova. Sobre escolas... (op. cit), p. 10.

Arquitetura escolar

Sobre o papel da arquitetura na educação, Artigas, em 1970, escreve:

> A convivência da Arquitetura Brasileira com a problemática da educação é cada vez maior e mais profundamente compreendida. Ela vai criando novas técnicas; assimila novos programas e se exprime cada vez com volumes mais claramente definidos e melhor propriedade poética. Sua experiência, que inclui também o conhecimento das vicissitudes e insuficiências do processo para o qual constroe novos espaços se reflete nas formas que aos poucos vai selecionando para o seu repertório. Repertório poético do desejo humano do mundo subdesenvolvido de banir de seu universo o atraso cultural. Assim ela se modifica, se enriquece, rejeitando ou aproveitando verbos e adjetivos de concreto armado, empregados por ideários que já cumpriram o seu papel histórico.[38]

A construção escolar é um dos exemplos mais significativos da arquitetura paulista. Dos exemplos das obras da Primeira República aos recentes Centros Educacionais Unificados – CEUs, inúmeros arquitetos envolveram-se com a problemática. Abrahão Sanovicz foi um deles, tendo realizado mais de cinquenta projetos de escolas.

Entre eles, foram selecionados quatro que serão, a seguir, apresentados, dois do início da carreira de Abrahão Sanovicz, uma proposta elaborada junto com o arquiteto Paulo Mendes da Rocha, apresentada no concurso de projetos para a escola Caetano de Campos e um projeto realizado no ano de 1991. A seleção procurou identificar os projetos, que trouxessem elementos que subsidiassem a discussão da pesquisa na área do projeto.

Nas entrevistas de Abrahão a Catharine Gati, quando se refere à escola onde estudou, o Grupo Escolar Cesário Bastos, construída em Santos no ano de 1911, o arquiteto salienta os aspectos simbólicos das escolas da Primeira República.[39]

De fato, a história da edificação escolar no Brasil passa a ter expressão com a proclamação da República. As obras construídas nas primeiras três décadas do novo regime refletiam o ideal republicano, de afirmação da identidade nacional.

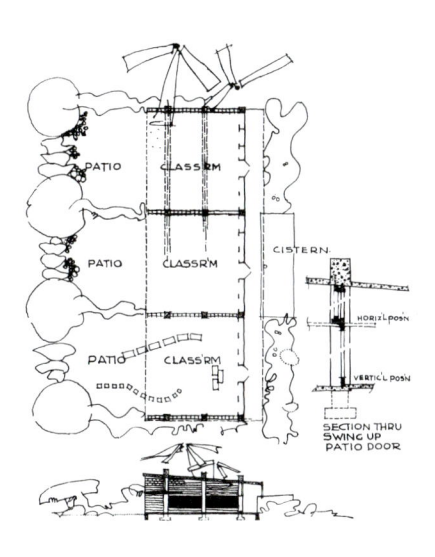

Vilanova Artigas, no artigo "Sobre escolas..." publicado na revista *Acrópole* em setembro de 1970 e posteriormente incluído na antologia *Caminhos da arquitetura*, talvez seja o primeiro arquiteto brasileiro a desenvolver considerações abrangentes acerca da arquitetura escolar. Comenta o significado que este tipo de edificação teve no início do sistema republicano: "A Escola e o Relógio como que se transformaram em símbolos do ardoroso ideário republicano aparecendo nas praças mais novas em substituição da Igreja e do Cruzeiro".[40]

São de Artigas dois projetos considerados por Abrahão lições e modelos de arquitetura, o Ginásio de Itanhaém e o de Guarulhos. Sobre esses projetos – referências arquitetônicas que assume, assim como gerações de arquitetos –, Sanovicz estabele uma conexão com a arquitetura da Escola Carioca, em especial o espaço fluído "sem portas" e a estrutura independente na forma de pórticos, solução adotada por Affonso Eduardo Reidy no Museu de Arte Moderna – MAM, no Rio de Janeiro. Sobre o Ginásio de Itanhaém, menciona a importância da racionalização da construção, da adoção de caixilhos fixos e ventilação permanente para se adequar ao clima litorâneo, e o convite para Francisco Brennand executar um mural, dentro das prescrições do ideário da síntese das artes. Assim, a experiência de Itanhaém amadurece no projeto para o Ginásio de Guarulhos, onde o sistema construtivo se explicita na forma de arquitetura.[41]

Uma outra referência importante, mas pouco estudada, é a arquitetura de Richard Neutra, especificamente a publicada em 1948, que reunia projetos do arquiteto para o programa de Educação e Saúde do governo de Porto Rico: *Architecture of social concern in region of mild climate*.

Recorrendo mais uma vez ao texto "Sobre escolas..." de Vilanova Artigas: "Nessa procura de rumos, em cada fase da luta pela educação nacional, constroem-se escolas cuja arquitetura reflete, talvez melhor do que qualquer outra categoria de edifícios, as passagens mais empolgantes de nossa cultura artística; os recursos técnicos que tivemos à disposição; as ideias culturais e estéticas dominantes; tudo condicionado a um projeto nacional de desenvolvimento. Conhecendo estas passagens pode, a arquitetura brasileira, não só valorizar corretamente os sucessos dos pontos nodais de sua história, como escolher caminhos novos".[42]

Museu de Arte Moderna, Rio de Janeiro RJ, 1954, arquiteto Affonso Eduardo Reidy

Projeto para uma Escola Rural, planta, corte e detalhe da porta pivotante, San Juan, Porto Rico, 1944, arquiteto Richard Neutra

43. "as restrições que vinham [...] do organismo contratante eram muito grandes, [...] o pessoal queria telha de barro, de Eternit [...] queriam paredes portantes, áreas mínimas". GATI, Catharine. *DPCA – Documentação sobre produtores culturais de arquitetura em São Paulo* (op.cit), fita 4, lado B (mimeo), 12 mar. 1988, p. 10. **44.** "dentro dessas primeiras contratações de São Paulo no Plano de Ação de Carvalho Pinto, acontece uma coisa muito especial que é a intervenção de Vilanova Artigas quando ele fez o Ginásio de Itanhaém. [...] Porque as primeiras contratações, até o Ginásio de Itanhaém, o Estado pedia que se fizesse umas coisas mais baratas, uma construção muito simples, alvenaria portante [...], até que surge Itanhaém [...] projeto em que Vilanova tomou alguns cuidados que depois foram lição, modelo". Idem, ibidem, fita 4, lado A (mimeo), 12 mar. 1988, p. 12. **45.** "o Ginásio de Santos deve ser de [19]61/62, lembra a estrutura da FAU, [...] apesar de ser térreo, o invólucro é FAU e a planta lembra Itanhaém, [...] tanto que depois de pronta algumas pessoas pensaram que era projeto de Vilanova Artigas e no fundo era um *pasticcio* [...] Aí, o Julio me chamou a atenção disso, eu disse: 'bom, tudo bem, é bonito e tal mas é um *pasticcio*". Idem, ibidem, fita 4, lado B (mimeo), 12 mar. 1988, p. 1. Julio Katinsky informou à autora não se lembrar desse comentário. **46.** "um dia eu tava fazendo um projeto, um concurso com o Paulo Mendes, que era uma escola pra... pro novo Caetano de Campos e aí nós [...] começamos a estudar, [...] fomos até o velho Hannes Meyer, que [...] formulava algumas plantas com relação ao espaço, praça, projeto e tal, começamos ali, fomos, fomos, fomos, chegamos a uma solução, aí eu olhei e disse: puxa vida, faz tanto tempo que eu não faço um projeto com partido". Idem, ibidem, fita 3, lado B (mimeo), 28 out. 1987, p. 13-14.

No ano de 1949, foi elaborado o Plano de Ação do governo Carvalho Pinto. Nele verifica-se a carência de construções escolares. O governo convoca, então, arquitetos para participarem da elaboração destes projetos, através do Instituto de Previdência do Estado de São Paulo – Ipesp, restringindo o uso de materiais e criando um programa bastante limitado.

Em 1959, o Grupo Escolar Embaúba é projetado por Abrahão Sanovicz e Julio Roberto Katinsky para a cidade de Cajobi SP. O Ipesp especificava áreas mínimas e restringia os custos no uso de materiais – paredes autoportantes e telhados com telhas de barro ou de cimento amianto.[43] O programa de necessidades estabelecido limitava-se a seis salas de aula, uma sala para o pré-primário, gabinete dentário, sala de professores, secretaria, diretoria, recreio coberto, cozinha e sanitários. Ocupando terreno estreito e bastante comprido, o projeto resolve o programa didático, administrativo e refeitório em três blocos distintos, articulados pelo quarto bloco que abriga a área de vivência. Os elementos de fechamento da cobertura, em "asa de borboleta", dão unidade ao conjunto. A escala, o uso de cores fortes e o recurso da aplicação de paredes executadas com tijolos trançados são elementos que caracterizam a edificação.

O Grupo Escolar Embaúba é do mesmo ano do Ginásio de Itanhaém de Artigas, cuja importância foi destacada por Abrahão em entrevista a Catharine Gati. Segundo ele, trata-se de um arquiteto, que por sua história profissional, conseguiu propor uma nova solução para o programa escolar: no projeto para o Ginásio de Itanhaém, Vilanova Artigas mostrou que era possível um novo partido, que caiu nas graças da administração do Ipesp, abrindo a possibilidade de contratação de projetos com encaminhamentos semelhantes.[44]

O Ipesp, com as experiências dos Ginásios de Itanhaém (1959) e de Guarulhos (1960), alterara os limites que impunha anteriormente, permitindo maior liberdade para resolver o programa maior que o projeto do Ginásio Estadual em Santos exigia. No Ginásio em Santos, de 1961, contratado pelo Ipesp, Abrahão Sanovicz enfrentou um programa que previa oito salas de aula, auditório com 46 lugares, secretaria, diretoria, sala de professores e do orientador, gabinete dentário, biblioteca, grêmio, copa e sanitários. O edifício – situado em terreno aberto como praça – organiza-se em blocos lineares, e tem no recreio coberto o local para onde convergem todas as atividades, como um espaço único, sob a mesma cobertura, em concreto armado. As alvenarias são soltas da estrutura como volumes abrigados.

Sanovicz desenvolve esse projeto francamente aderente a princípios formais e construtivos presentes em obras de Artigas, afinal a planta guardava semelhança muito grande com a do Ginásio de Itanhaém, enquanto as fachadas lembravam às do edifício da FAU, apesar de o prédio ser térreo. Ao ver os desenhos, o ex-sócio Julio Katinsky brinca com o amigo afirmando estar diante de um projeto muito bonito, mas que se tratava de um pastiche.[45]

No ano de 1976, a Companhia de Construções Escolares do Estado de São Paulo – Conesp convidou alguns arquitetos para participarem de um concurso fechado. O objetivo do concurso era a elaboração do projeto da Escola Professor Caetano de Campos. Abrahão apresentou projeto para a escola em parceria com Paulo Mendes da Rocha. Posteriormente, Abrahão se recordou que o projeto tinha como referências alguns projetos do arquiteto alemão Hannes Meyer, que traziam soluções muito interessantes, dentre elas a escola quase como uma praça. Quando chegaram à proposta, Sanovicz teria exclamado: "faz tanto tempo que eu não faço um projeto com partido".[46]

O terreno da Escola Professor Caetano de Campos, com cerca de vinte mil metros quadrados, tinha uma situação tal que levou os arquitetos recomendarem em sua proposta de implantação a incorporação de terrenos adjacentes e o remanejamento de algumas vias. Assim, o edifício foi posicionado ao longo da rua Pires da Mota de modo a reservar uma faixa de área externa, onde foi ampliada a via, possibilitando, portanto, um embarque e desembarque de alunos mais facilitado, além do espaço para parada de ônibus.

O programa previa pré-escola, primeiro grau, biblioteca e curso de formação de professores e, para abriga-lo, o edifício foi dividido em dois blocos lógicos. Uma galeria, elevada, organiza e une estes aparentes blocos. É ela que marca definitivamente o caráter do edifício.

Em projeto bem posterior – a Escola Estadual de Primeiro Grau Bairro 120, em Santana de Parnaíba SP, de 1991 – percebe-se a referência ao projeto realizado com Paulo Mendes da Rocha, porém, com excesso de ascese, decorrência dos limites e restrições estabelecidos pela instituição contratante.

Ginásio de Guarulhos, Guarulhos SP, 1960-61, arquitetos João Batista Vilanova Artigas e Carlos Cascaldi

47. WOLF, José. Escolas – arquitetura da pedagogia, p. 50. **48.** GATI, Catharine. *DPCA – Documentação sobre produtores culturais de arquitetura em São Paulo* (op.cit), fita 1, lado A (mimeo), 19 ago. 1987, p. 4. **49.** "Se você pega as escolas feitas nos anos [19]60, por exemplo, e as escolas feitas mais tarde, você vai ver que [...] os programa quase que sempre atendiam a [...] um mínimo [...]. Porque, nos anos [19]60, os terrenos planos ainda estavam à nossa disposição. Os novos loteamentos, o que fizeram? Obrigou-se a que uma porcentagem da área, 25%, fosse dado para [...] órgãos institucionais [...]. Porém, as áreas mais problemáticas, com maior inclinação, foram dadas para isso. Então, de um lado você tem essas áreas, do outro lado você tem restrições econômicas muito fortes [...]. Eu gosto muito dos projetos que eu fiz nessa época, foram desafios muito grandes [...]; no entanto, onde eu acho que talvez puder dar mais contribuição, nós todos pudemos dar, foi nas implantações para descobri dentro destas situações topográficas as mais diversas, como poderia se encaixar, com certa harmonia, projetos que eram muito limitados". GATI, Catharine. Idem, ibidem, fita 1, lado A (mimeo), 19 ago. 1987, p. 8-9.

O jornalista José Wolf, na matéria "Escolas – Arquitetura da pedagogia" no número 62 da revista *AU*, escreve o seguinte sobre o projeto:

> Através de uma "planta miesiana", o arquiteto faz uma reinterpretação do repertório da arquitetura escolar e dos antigos pátios de escolas da Primeira República, criando pequenos labirintos de circulação que, além de funcionarem como abrigo contra a chuva, permitem espaços-surpresa, compensando, dessa forma, os ambientes fechados e as áreas externas protegidas por muros ou grades e portões de ferro.
> [...]
> Comparado ao projeto de Artigas, percebem-se as mudanças que sofreram os programas escolares, com a diminuição de equipamentos e espaços, como os laboratórios.[47]

Implantada em um terreno irregular de um morro, com área de 10.363,87 metros quadrados, em meio a uma paisagem típica de periferia, a Escola Estadual de Primeiro Grau Bairro 120, projetada com Edson Elito, destaca-se pela maneira que se apropria das condições naturais do terreno. A ligação entre os dois blocos distintos – o de salas de aula (três pavimentos) e o de vivência, administração e zeladoria (pavimento único) – é feita por meio de uma passarela que vai do recreio coberto para o nível intermediário das salas de aula, que estão voltadas para Leste, aproveitando a insolação matinal.

O bloco mais baixo, ocupado com ambientes menores em seu perímetro, tem, na parte central, um grande pátio – parte coberto, parte descoberto – delimitando com estes vazios as áreas de usos diferenciados. As ligações deste bloco com as áreas externas são muito bem definidas, evitando assim as intervenções posteriores que geralmente ocorrem, resultado dos cuidados adicionais com a segurança. A quadra de esportes, situada ao lado da entrada principal e separada dos blocos do edifício, pode ser ocupada pelos alunos sem prejudicar o andamento dos trabalhos pedagógicos.

A solução construtiva adotada foi a da estrutura principal (vigas e pilares) em concreto, lajes mistas, alvenaria aparente de vedação e o telhado em telhas de fibrocimento. A caixa d'água cria um ponto de referência no conjunto.

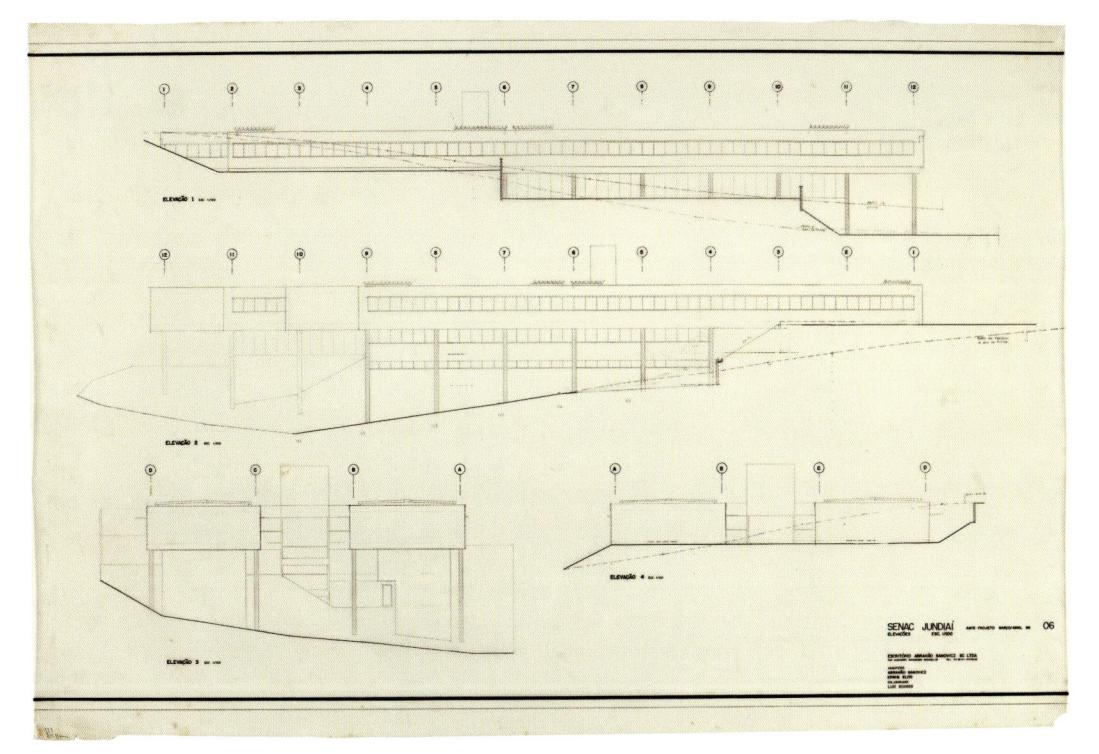

Escola Técnico Profissionalizante Senac Jundiaí, elevações, Jundiaí SP, 1988, arquitetos Abrahão Sanovicz, Edson Jorge Elito e Luiz Soares

A partir do ano de 1987 a Fundação para o Desenvolvimento da Educação – FDE passou a ser a responsável pelos recursos físicos da Secretaria de Educação do Governo do Estado de São Paulo.

Além dos projetos escolares para órgãos públicos, Sanovicz desenvolveu dois outros projetos educacionais para o Serviço Nacional de Aprendizagem Comercial/Administração Regional no Estado de São Paulo – Senac, ambos construídos. Em 1984, desenhou a Escola Técnica Profissionalizante Tatuapé, em São Paulo. Quatro anos depois, em 1988, projetou em parceria com Edson Jorge Elito e Luiz Soares a Escola Técnico-Profissionalizante Senac Jundiaí.

Sobre os programas públicos em geral, Abrahão comenta que "houve uma perda de dignidade no projeto. Isto significa que [...] empobreceram como programas de caráter coletivo"[48], para logo a seguir precisar sua crítica, ao se referir à produção do período entre os anos 1930 e 1960, onde é possível constatar que os arquitetos modernos brasileiros tiveram a oportunidade de realizar um trabalho altamente criador, manejando programas públicos mais abrangentes e variados. A partir de então, segundo Sanovicz, constata-se um recuo nos programas e, consequentemente, uma maior dificuldade de os arquitetos manterem a dignidade do projeto.

Comentando especificamente os programas escolares, Abrahão Sanovicz aponta as dificuldades que ele próprio enfrentou a partir dos anos 1960, quando os programas se restringiram ao mínimo, um recuo do poder público justificado por razões de ordem econômica e pela enorme demanda de obras a se cumprir. Exemplifica com a qualidade dos terrenos disponíveis para equipamentos públicos, em especial escolas, que passam a ser aqueles de pior topografia nos novos loteamentos.[49]

Grupo Escolar Embaúba

à esquerda
Grupo Escolar Embaúba, planta, elevação e cortes, São Paulo SP, 1959, arquitetos Abrahão Sanovicz e Julio Roberto Katinsky

à direita
Ginásio Estadual em Santos, planta, cortes e elevações, Santos SP, 1961

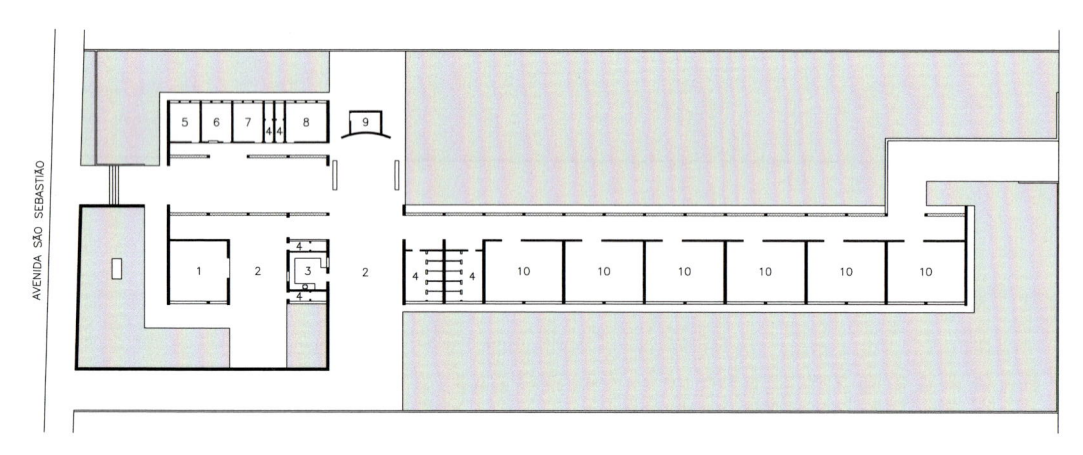

AVENIDA SÃO SEBASTIÃO

LEGENDA
1. SALA PRÉ-PRIMÁRIO
2. RECREIO
3. COZINHA
4. SANITÁRIO
5. DENTISTA
6. SECRETARIA
7. DIRETORIA
8. PROFESSORES
9. DEPÓSITO
10. AULA

PLANTA TÉRREO

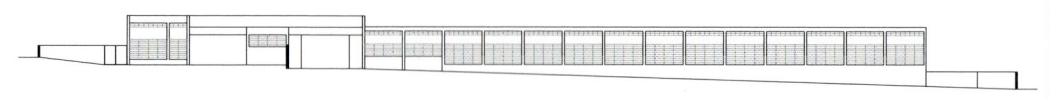

ELEVAÇÃO FRONTAL

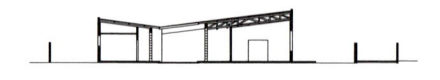

CORTE TRANSVERSAL 1

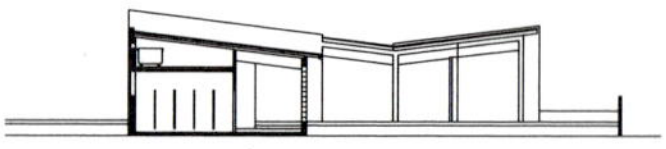

CORTE TRANSVERSAL 2

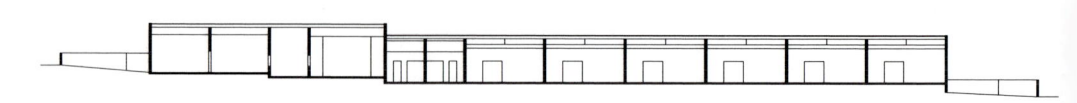

CORTE LONGITUDINAL

Ginásio Estadual em Santos

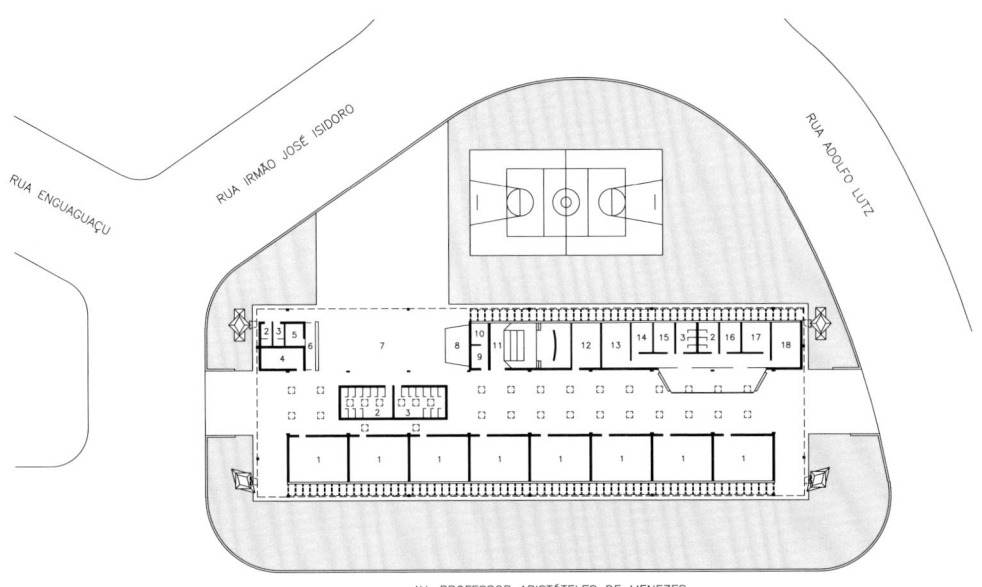

AV. PROFESSOR ARISTÓTELES DE MENEZES

LEGENDA
1. AULA
2. SANITÁRIO MASCULINO
3. SANITÁRIO FEMININO
4. GRÊMIO
5. COPA
6. CANTINA
7. RECREIO
8. PALCO
9. EXAME BIOMÉDICO
10. DEPÓSITO
11. PEQUENO AUDITÓRIO
12. BIBLIOTECA
13. PROFESSORES
14. ORIENTADOR
15. DENTISTA
16. ALMOXARIFADO
17. DIRETORIA
18. SECRETARIA

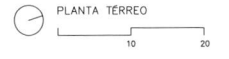

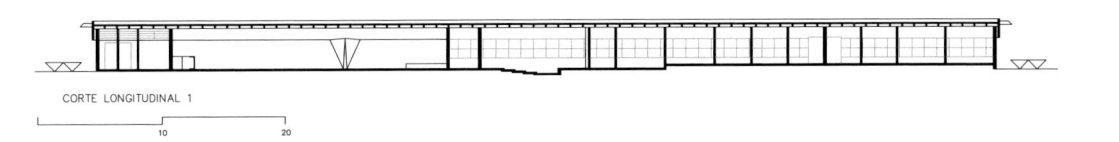

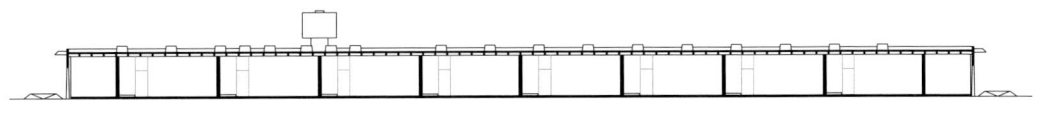

PLANTA TÉRREO

CORTE LONGITUDINAL 1

CORTE LONGITUDINAL 2

CORTE TRANSVERSAL

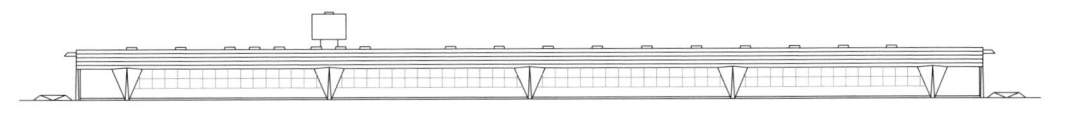

ELEVAÇÃO NORTE

ELEVAÇÃO LESTE

Escola Caetano de Campos

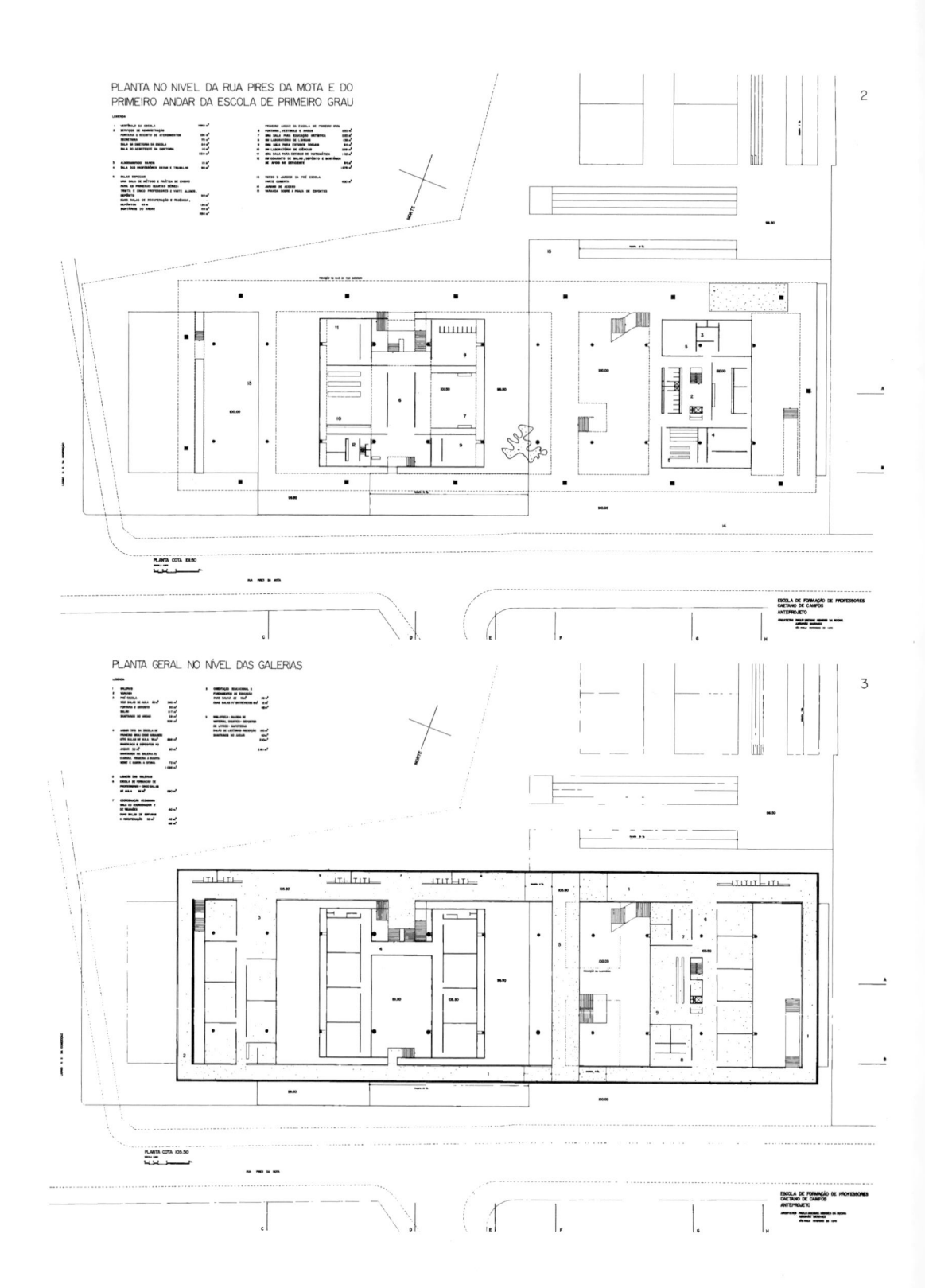

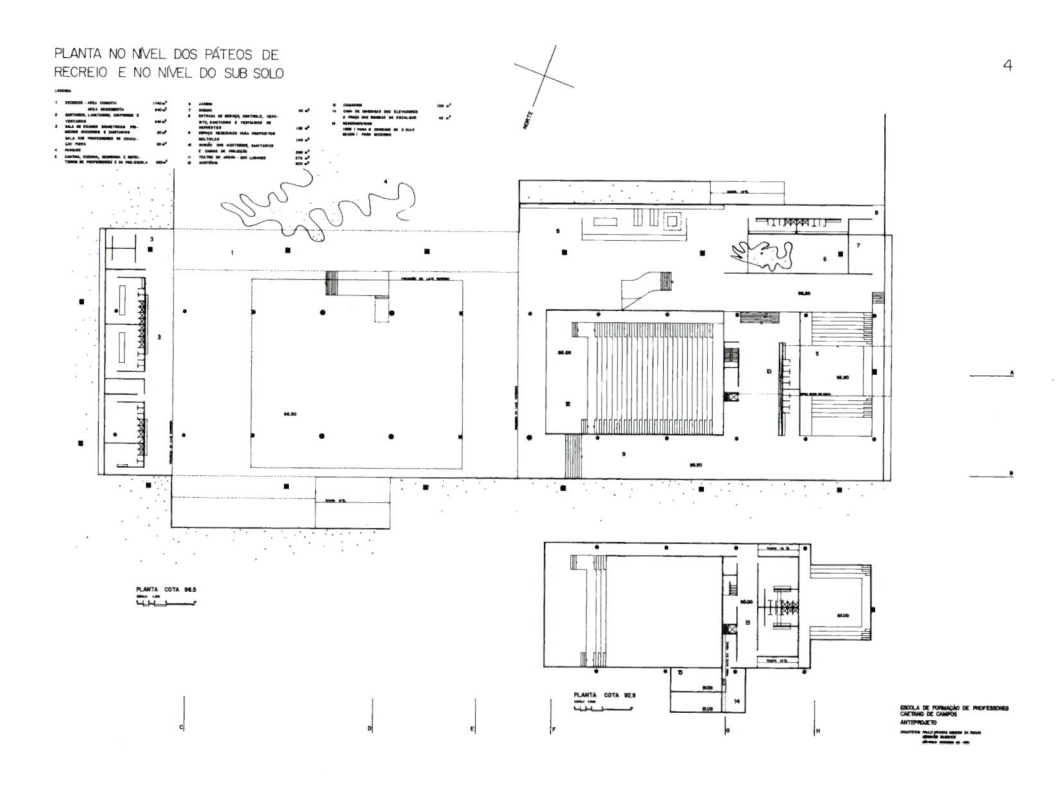

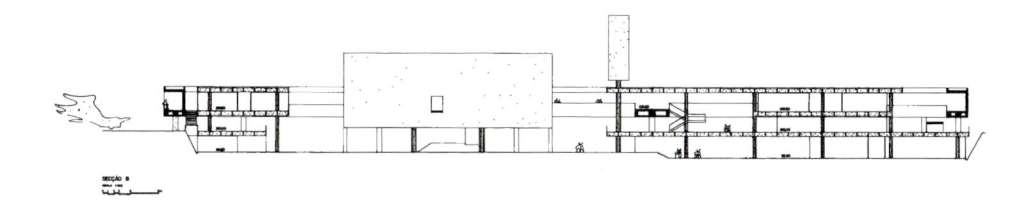

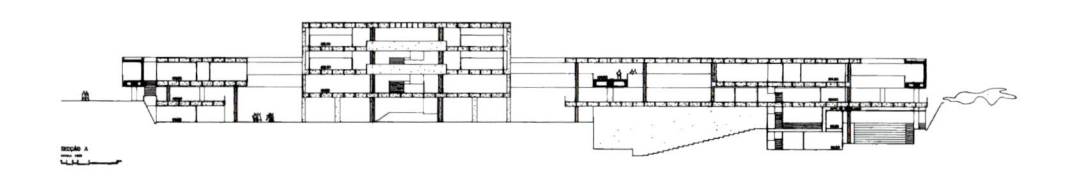

Escola Caetano de Campos, Conesp, plantas térreo,
nível galerias, páteos e subsolo e cortes
longitudinais , São Paulo SP, 1976, arquitetos
Abrahão Sanovicz e Paulo Mendes da Rocha

Senac Tatuapé

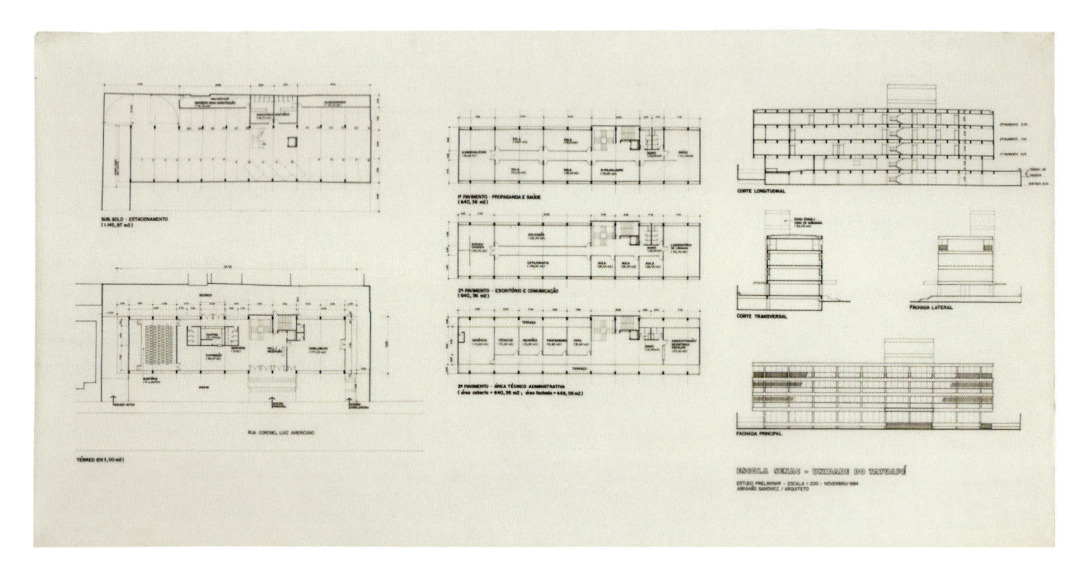

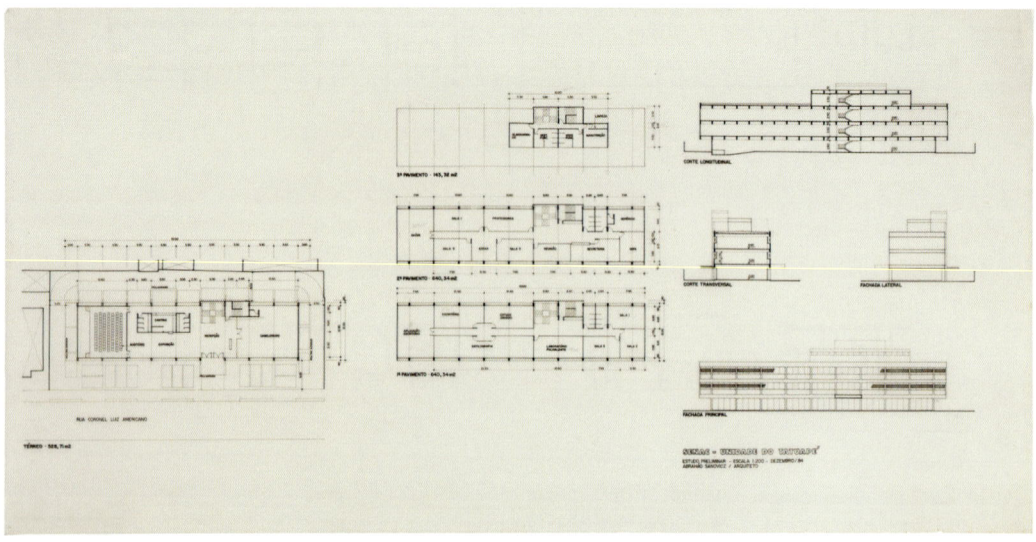

Escola Bairro 120

à esquerda

Escola Técnica Profissionalizante Tatuapé do Senac, vista externa e pranchas com estudos preliminares de novembro e dezembro, São Paulo SP, 1984

à direita

EEPG Bairro 120, vista interna, cortes, elevação e plantas, Santana de Parnaíba SP, 1991, arquitetos Abrahão Sanovicz e Edson Jorge Elito

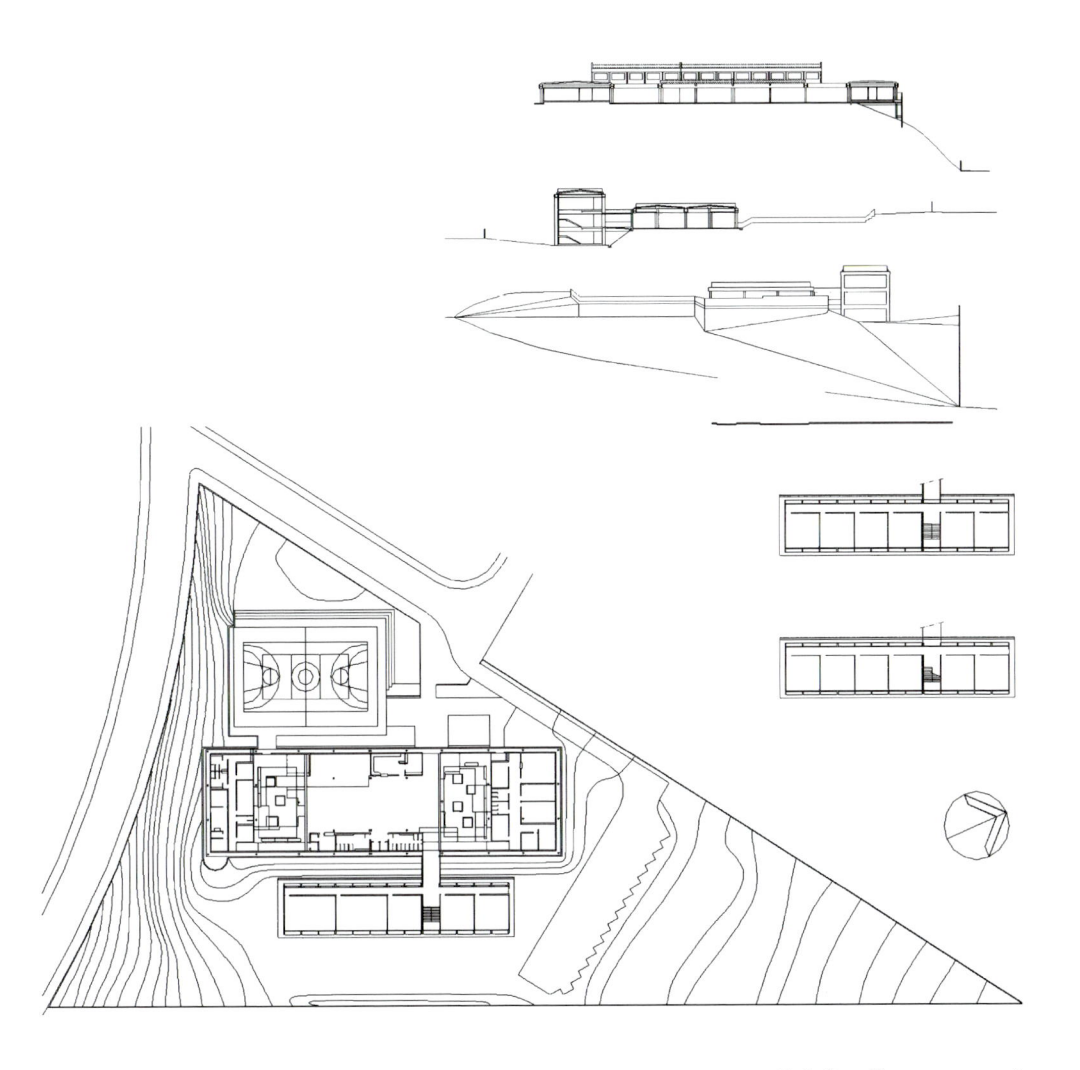

50. O diálogo referido é o seguinte: "*Abrahão Sanovicz*: É uma síntese, [...] lição bem aprendida do estudante de arquitetura, arquiteto Abrahão Sanovicz. [...] *Catharine Gati*: Então é a sua expressão amadurecida diante do projeto? *Abrahão*: Eu acho, o reconhecimento de uma condição de ter uma linguagem própria. *Catharine*: O que é muito bonito, porque então [...] você tem as referências que estão presentes no teu trabalho e de repente, superado este momento, você se torna a referência. *Abrahão*: É. Numa certa medida eu me torno a referência mas não deixo de pegar, talvez me dá mais liberdade pra pegar as refererências. [...] o trabalho é sempre a mesma coisa, [...] sempre o mesmo processo, porém com maior liberdade". GATI, Catharine. *DPCA – Documentação sobre produtores culturais de arquitetura em São Paulo* (op.cit), fita 7, lado B (mimeo), 29 nov. 1988, p. 16. **51.** "ainda é uma caixa de concreto, ela ainda é sobre quatro pilares, ela me lembra muito o primeiro projeto moderno que vi construído na minha vida que eu me lembro, [...] uma casa do Artigas [...] na Ilha Porchat [...], aquela simplicidade, aquele caixote, aqueles pé-direitos duplos, lados redondos elevados". Idem, ibidem, fita 7, lado A (mimeo), 29 nov. 1988, p. 12. **52.** MELENDEZ, Adilson; MOURA, Éride; SERAPIÃO, Fernando. Entrevista: João Walter Toscano (op. cit), p. 7. **53.** There are two separate zones, connected only by the entrance hall. One is for common living, eating, sport, games, gardening, visitors, radio, for every day's dynamic living. The second, in a separate wind, is for concentration, work and sleeping: the bedrooms are designed and dimensioned so that they may be used as private studies. Between the two zones is a patio for flowers, plants; visually connected with, or practically a part of, the living room and the hall... The patio... is the dominant impression on entering the house. DRILLER, Joachim. *Breuer Houses*, p. 147. **54.** "a document showing a rather naïve belief in technological and social progress". Idem, ibidem, p. 146.

Arquitetura residencial

Em diálogo muito interessante com Catharine Gati, Abrahão comenta que no projeto que realiza em 1976 para sua família, a residência Sanovicz, ele opera uma síntese de sua trajetória profissional desde sua formação universitária, um momento onde seu trabalho ganha relativa autonomia, uma linguagem própria, tornando-se ela uma nova referência para o meio arquitetônico paulista.[50]

Retomando a questão das referências de seus projetos, Abrahão Sanovicz relaciona a essência do projeto que desenhou para sua família – que, segundo ele, encerra uma fase de sua obra – a uma casa projetada por Vilanova Artigas na Ilha Porchat, que seria o primeiro projeto moderno construído que ele teria visto na vida. Ambas as casas contemplam valores daquele período da arquitetura moderna paulista: implantação elevada por pilotis, planta livre, estrutura independente, conjugação dos espaços, pés direitos duplos, a escada como escultura, terraços. Uma compreensão da totalidade do espaço, uma preocupação em fazer cantar os pontos de apoio. Aparece então o velho desenho: uma caixa pesadíssima que dá sensação de leveza, toda vazada, não se sabe onde começa, onde acaba...[51]

Como referência, além da casa projetada por Artigas, Abrahão indica um projeto de 1933 de Figini & Polini, a Casa de Figini em Milão, na Itália. Quando as referências dos projetos nos são apresentadas, à primeira vista, chegamos a confundir os projetos. Analisando com mais atenção, percebemos que, aparentemente iguais, são muito diferentes. O que ocorreu foi o entendimento pelo arquiteto, da essência do espaço referencial. A esse respeito, João Walter Toscano falando sobre seu projeto, elaborado em 1959, para a Faculdade de Filosofia de Itu observa: "Em minha tese de doutorado, comparo esse projeto com outros que ficaram em minha memória, como a obra de Reidy em Pedregulho, no Rio. É diferente, mas tem o jeito do espaço, a rampa que sobe em pé-direito duplo, elementos vazados de um lado".[52]

Contudo, nos anos anteriores, o arquiteto estudou muito o tema da habitação, realizando diversas habitações unifamiliares.

Nos projetos para as residências André Mehes, de 1973, na cidade de São Paulo e Maia Rosenthal em Atibaia, de 1980, suas casas binucleares, Abrahão retoma a proposta colocada pelo arquiteto Marcel Breuer, pela primeira vez, em 1944, com a Geller House I. A proposta de Breuer é que a Geller House fosse o protótipo da casa pré-fabricada. Esse projeto foi apresentado em um concurso promovido pela revista *California Arts & Architecture*, que objetivava a construção de moradias no pós-guerra, para receber os soldados que voltavam do front. As propostas deveriam prever uma construção barata e que pudesse ser construída rapidamente.

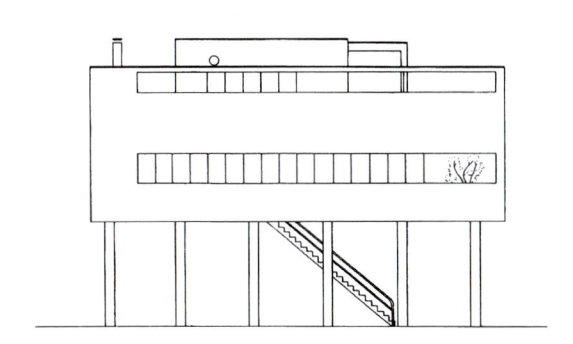

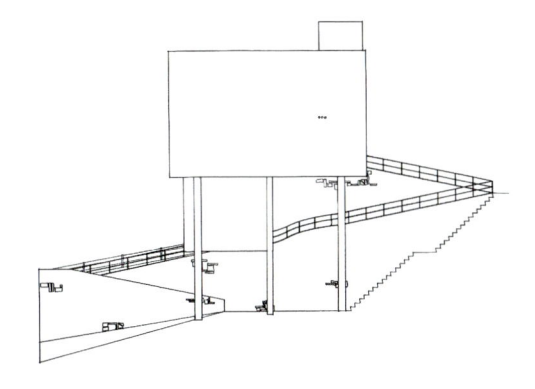

O projeto de Marcel Breuer distinguia, por sua separação em dois volumes, as áreas públicas e privadas, correspondentemente áreas diurnas e noturnas. As unidades separadas eram conectadas por um corredor. Na ala diurna estavam a sala e a cozinha, enquanto a outra acomodava os quartos.

Este foi o primeiro projeto binuclear de Marcel Breuer, que passou a ser uma característica da sua obra.

A revista *California Arts & Architecture* publicou as notas de Breuer sobre o projeto. Estes comentários fazem uma análise geral das funções da casa nas quais o sistema binuclear é baseado: "Há duas zonas separadas, conectadas exclusivamente pelo hall de entrada. Uma é para vivência comum, refeições, esportes, jogos, jardinagem, visitas, audição de música, isto é, para a vivência dinâmica do dia a dia. A segunda, em ala separada, seria para a instrospecção, trabalho e descanso noturno; os quartos são projetados e dimensionados para que sirvam também como área de estudo pessoal. Entre as duas zonas, há o pátio, com flores e plantas; visualmente, ele é conectado à sala de estar e ao hall – ou praticamente é parte deles... O pátio é a impressão dominante de toda a casa".[53]

Segundo Driller, trata-se de "um documento mostrando uma crença de progresso tecnológico e social de certa forma ingênua".[54]

Em vínculo explícito com as ideias de Breuer, Abrahão resolveu o programa da residência André Mehes, de 1973, em um único pavimento. Aproveitando a topografia, coloca abrigo de carros e depósito sob o balanço da casa. Com o alteamento do terreno e a proposta paisagística do arquiteto Fernando Chacel, promove uma continuidade espacial com a rua. Casa binuclear, divide-se em duas alas: um volume irregular, que abriga os setores de serviço e dependências de empregada, faz contraponto ao volume regular dos quartos e sala. A estrutura da casa, em concreto armado, caracteriza-se por lajes nervuradas, invertidas (tetos planos), apoiadas perifericamente em cortinas, também de concreto. Os vedos externos constituem-se de panos de vidro e paredes de bloco de concreto.

Casa Figini, elevação, **143** Milão, Itália, 1933, arquitetos Luigi Figini e Gino Pollini

Casa Hirsh Shor, elevação, Ilha Porchat, Santos SP, 1950, arquiteto João Vilanova Artigas, demolida

Residência Maia Rosenthal, vista externa, corte transversal e implantação, Estância Parque Atibaia, Atibaia SP, 1980

Na residência Maia Rosenthal, construída em 1980 na Estância Parque Atibaia, em Atibaia SP, se vê o mesmo partido da planta binucleada. Implantada a meia encosta, divide seus 315 metros quadrados em dois núcleos: de um lado ficam três quatros, dependência de empregada e lavanderia; do outro a cozinha, o quarto principal e a sala, que se abre para um pátio externo onde está a churrasqueira e a piscina.

A estrutura da casa, em concreto armado, caracteriza-se por lajes nervuradas, invertidas (tetos planos, protegidos por telhas de fibrocimento), apoiadas perifericamente em pilares de concreto embutidos nas paredes de alvenaria; quando nos vãos centrais, os pilares são em concreto aparente e sempre destacados dos vedos ou divisões internas. Os vedos externos constituem-se de panos de vidro e paredes de tijolo de barro aparente. Internamente as paredes de tijolo são revestidas.

Dentre as diversas outras residências projetadas pelo arquiteto, merece destaque a residência Franklin Kuperman, em Campos do Jordão SP, de 1969, onde Abrahão aplica amplo repertório de coberturas – com abóbadas, lajes planas e inclinadas, várias delas com aberturas zenitais. Neste mesmo ano, 1969, Sanovicz fez uso de abóbadas na cobertura de um conjunto residencial para a Construtora Formaespaço, no Jardim Prudência, São Paulo SP. Trata-se de um renque de dezoito residências geminadas padrão dispostas duas a duas, divididas por parede medianeira, com área de 154 metros quadrados distribuídas em dois pavimentos – térreo com garagem, serviços, estar, refeições e cozinha; superior com três dormitórios e dois banheiros.

Em 1963 Abrahão fez seu primeiro projeto para um prédio de apartamentos, o Edifício Abaeté na rua Pará, na cidade de São Paulo, SP.

Começou a pesquisar, neste primeiro projeto alguns conceitos referentes à racionalização e industrialização da construção: estrutura regular e modulação rígida permitem otimizar os procedimentos no canteiro de obras; vedações estandardizadas possibilitam sua produção em grande escala; a utilização de painéis divisórios pré-fabricados concorre para uma obra limpa e rápida.

A solução para tais preocupações, Abrahão vai desenvolver no projeto de 1969 para o Edifício Ubirama, na rua Teixeira da Silva n. 392, na mesma capital paulista. Retoma, depois, nos trabalhos que desenvolveu junto à

CORTE A·A

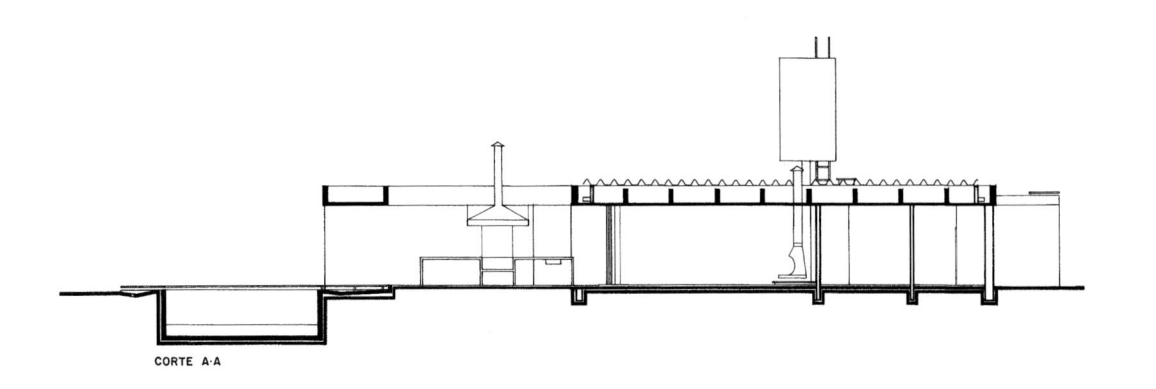

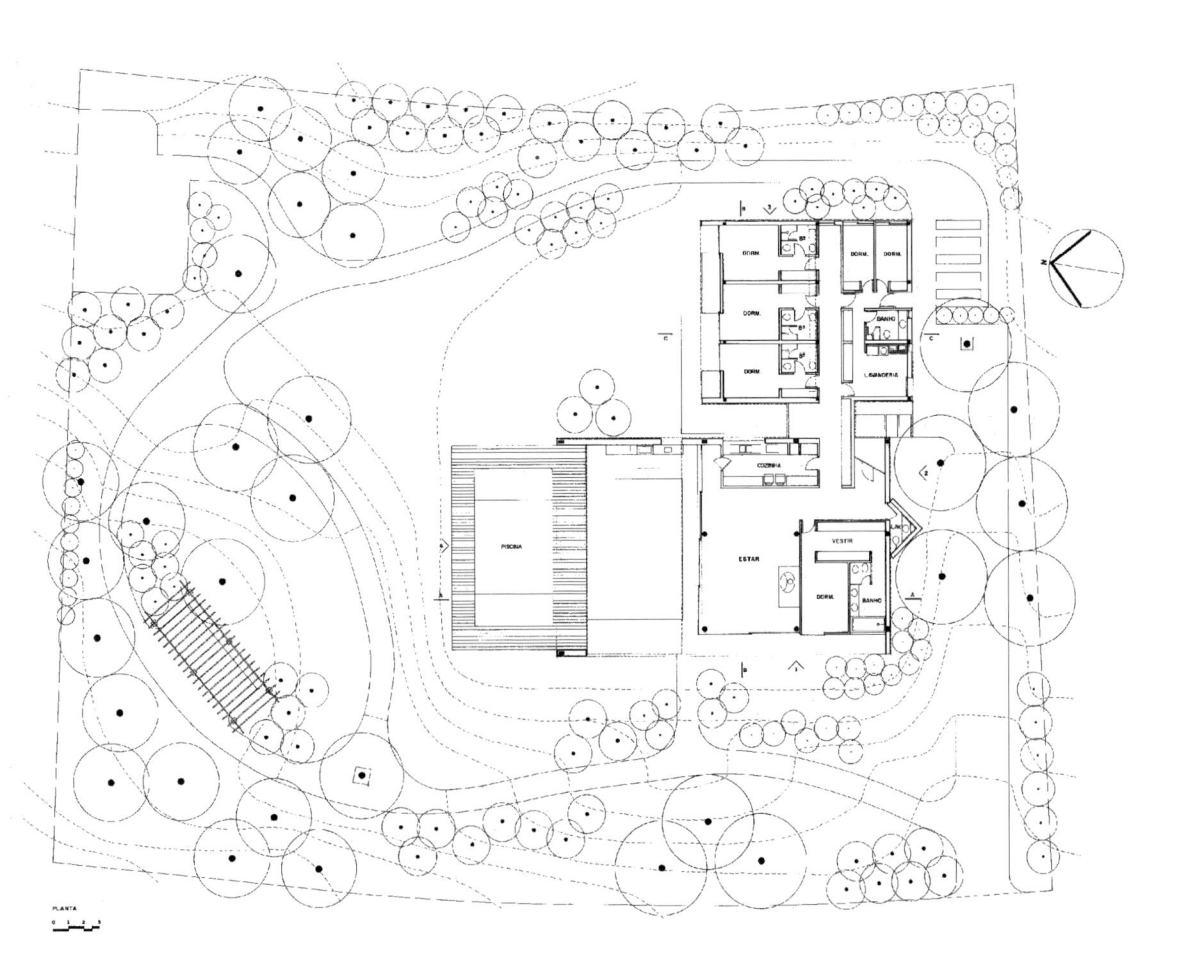

55. SANOVICZ, Abrahão. In CARTUM, Marcos. Op. cit., p. 147. **56.** "a parede é toda de caixilhos e não é Mies, porque na realidade eu coloquei os caixilhos entre os pilares, um desenho que se chamaria [...] até de feio [...], vou colocar entre os pilares, porque eu nunca saberei se estes caixilhos estarão alinhados. A margem de erro numa construção aqui é muito grande". GATI, Catharine. *DPCA – Documentação sobre produtores culturais de arquitetura em São Paulo* (op.cit), fita 4, lado B (mimeo), 12 mar. 1988, p. 2. **57.** Idem, ibidem, fita 4, lado B (mimeo), 12 mar. 1988, p. 3. **58.** "Eu me lembro que tinha uma exposição de Agam, numa das Bienais. Agam é um escultor de Israel que era um concretista [...], os objetos que ele fazia podia-se mudar [...] a posição [...]. Aí eu disse um dia pro Cordeiro: 'Cordeiro, eu vou fazer um Agam gigantesco'. Então, como eu já tinha observado, tem que tomar cuidado em relação [...] ao sol, aí fizemos esses brise-soleils". Idem, ibidem, fita 4, lado B (mimeo), 12 mar. 1988, p. 4.

Construtora Formaespaço, nos projetos para os Modulares e conjuntos habitacionais. Abrahão explica:

> "Voltando ao Brasil (já no início dos anos [19]60), já que não era possível trabalhar em design, continuei fazendo projetos de arquitetura e, paralelamente, projetos gráficos.
> [...]
> Com todas essas experiências (frustradas), começamos a levar a ideia de design para a edificação. E o primeiro momento em que conseguimos fazer com que um novo tipo de caixilho fosse um produto seriado, foi no projeto para um edifício residencial em Higienópolis, São Paulo".[55]

As soluções foram aprimoradas nos projetos para os edifícios Fiandeiras e Teixeira da Silva e para os conjuntos habitacionais que realizou para o Governo do Estado e Prefeitura de São Paulo. O Edifício Teixeira da Silva, de 1974, que não foi construído, seria implantado em um lote de trezentos metros quadrados; previa nove andares com dois apartamentos de um quarto, com cinquenta metros quadrados de área útil cada; no décimo andar, o apartamento de cobertura ocupava o piso todo. Uma planta tipo com 8,10 metros por 14,75 metros foi resolvida com uma estrutura em concreto armado muito simples. A planta do apartamento, tanto quanto no Edifício Fiandeiras, tem paredes construídas em alvenaria apenas nos blocos hidráulicos, restando sala e quarto em um espaço único. A sugestão do arquiteto era que, se necessário, um armário servisse como divisória. Como resultado das experiências anteriores, apresentou uma evolução no desenho do caixilho que fecha as fachadas nordeste e sudoeste do piso ao teto.

O projeto para o Edifício Abaeté coloca as premissas iniciais para a futura elaboração dos projetos posteriores. São elas: o cuidado com a modulação da estrutura, a redução e padronização dos caixilhos, e o uso do quebra-sol, produzido industrialmente. Abrahão explica que a fachada, mesmo tendo alguma semelhança, não é exatamente uma fachada à Mies van der Rohe, pois dispôs os caixilhos entre os pilares e vigas com o intuito de esconder possíveis desalinhamentos, inevitáveis diante da enorme margem de erro presente nas construções brasileiras. Um desenho que, segundo ele, poderia ser classificado de feio.[56]

Edifício Fiandeiras, detalhe da fachada, São Paulo SP, 1972

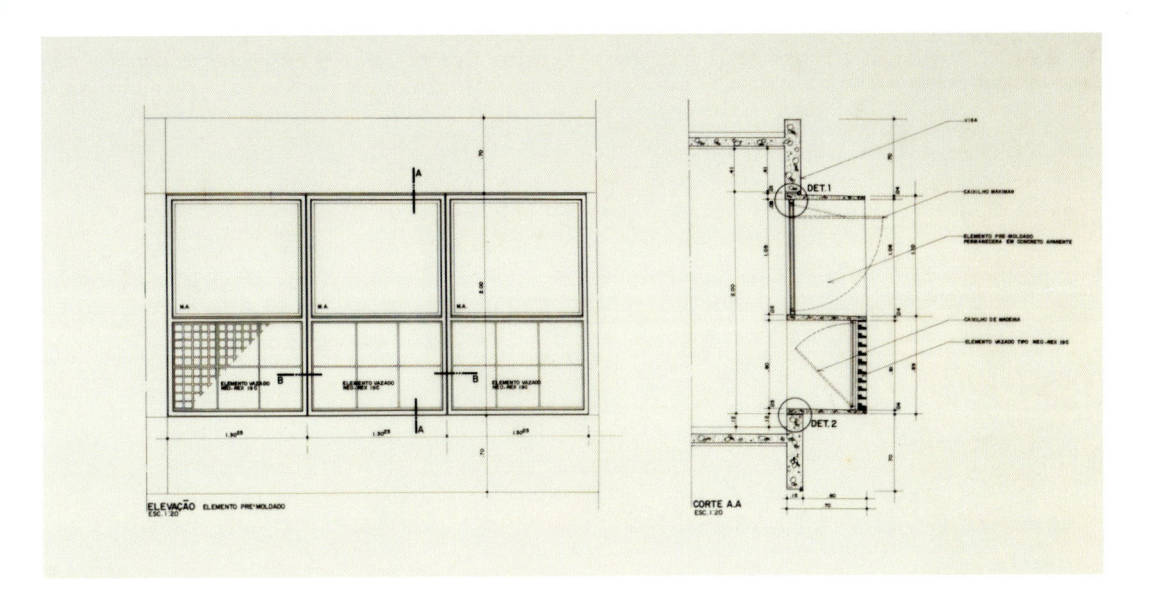

Abrahão, como de costume, submeteu o projeto às críticas de Julio Katinsky, que chamou a atenção para o resguardo de alguns ambientes. A observação do amigo veio confirmar a necessidade dos brise-soleils, que se, por um lado protegem as fachadas mais sacrificadas pela insolação, por outro, funcionam como venezianas para os quartos. Uma outra solução foi a aplicação de chapas cegas de fibrocimento em substituição ao vidro, no pano que vai da altura do peitoril até o piso.

Interessante destacar que os brises são móveis, na contramão das soluções de outros arquitetos paulistas, que adotaram brises fixos de concreto armado. Segundo Abrahão Sanovicz, "tudo foi feito no plano da sensibilidade, não havia grandes cálculos, o sol se movimenta assim, vamos fazer desse jeito e acabou-se".[57]

A referência e o desenvolvimento da ideia é explicada pelo próprio arquiteto. Segundo ele, no mesmo ano de 1963 aconteceu a 7ª Bienal de São Paulo. Lá Abrahão conheceu a obra do premiado escultor israelense Yaacov Agam, que apresentou na mostra peças que se movimentavam, formando várias composições.

Entusiasmado, Abrahão comentou com um dos fundadores do Grupo Ruptura, o artista Waldemar Cordeiro, que com os brises móveis do Edifício Abaeté – que fazem com que a fachadas se alterem o tempo todo – faria um Agam gigantesco. Contou com a colaboração do escultor concretista Luiz Sacilotto – na ocasião, proprietário de uma fábrica de caixilhos –, que fez o detalhamento do brise, primeiro um protótipo em ferro, depois o definitivo em alumínio.[58]

Projetado em 1963, o edifício da rua Pará foi construído em 1968. Interessante que, apesar de ser uma obra tão importante e referencial para muitos estudantes e pesquisadores de arquitetura, só foi publicado em 1990 na revista *Projeto* número 136, quando recebeu menção especial na categoria habitação no concurso O Fibrocimento na Arquitetura Brasileira.

No Edifício Ubirama, projeto de 1969, um avanço na solução dos caixilhos, que também vão do piso ao teto. São sobrepostos à fachada, requadrados em perfis de alumínio, o que resultou em melhor solução. Para utilizar o mesmo desenho de caixilho em diferentes ambientes, estes são divididos em panos de vidro, cego e veneziana nos quartos.

59. SANOVICZ, Abrahão. Edifícios residenciais, modulados e repetitíveis. *Sistematização crítica da obra de arquitetura para obtenção do título de livre docente* (op. cit), p. 51.

No fim da década de 1960, a Construtora Formaespaço, entusiasmada com as possibilidades que o Banco Nacional da Habitação – BNH colocava para o mercado imobiliário, convidou alguns arquitetos para elaborarem projetos de edifícios de apartamentos para a classe média.

A Construtora colocava alguns condicionantes: as soluções de projeto contemplariam a previsão de que pudessem ser repetidos em diferentes terrenos; deveriam ser procurados métodos construtivos racionalizados e componentes industrializados de modo a tornar a construção mais rápida e econômica; e, os índices de aproveitamento deveriam ser menores que os estabelecidos pelas posturas previstas nas leis municipais, já que a Construtora procuraria terrenos em bairros mais novos, portanto mais baratos.

Abrahão Sanovicz foi um dos arquitetos convidados. Quase sete anos após a experiência do Edifício da Abaeté, poderia, então, retomar algumas experiências lançadas naquela obra.

Atendendo as normas estabelecidas pelo BNH, de acordo com as faixas de financiamento, a Construtora definiu dois tipos de apartamento:
- o maior com área útil de 125 metros quadrados, atenderia ao seguinte programa: sala, três quartos, dois banheiros, sendo um deles conjugado a um dos quartos, cozinha com pequena copa, área de serviço e quarto e banheiro para empregada. Para este tipo de apartamento previa-se um edifício com dois apartamentos por andar, de onze a quatorze andares, dependendo das dimensões do lote. A área total construída não deveria ultrapassar quatro vezes a área do lote. O térreo abrigaria as áreas comuns e de serviço do edifício e o sub-solo a garagem.
- o menor teria área total útil de 75 metros quadrados, sendo seu programa: sala, três quartos, um banheiro, cozinha e área de serviço. O edifício comportaria dois apartamentos por andar, teria três pavimentos sobre pilotis, não necessitando, assim de elevador. Estes edifícios estariam localizados em regiões periféricas das cidades.

Da experiência anterior, Abrahão estabeleceu algumas premissas:
- no interior, planta livre de pilares, para possibilitar diferentes arranjos.
- estrutura na periferia do edifício, com vãos que não solicitassem recursos sofisticados como a laje nervurada ou o caixão perdido.

- circulação vertical no meio do edifício, de maneira a criar duas habitações por andar, simétricas.
- a eliminação de corredores internos, resultando em um desenho que, a partir de um eixo paralelo à maior dimensão do apartamento, distribuísse de um lado, alinhados, quartos e serviço, e do outro, a sala livre e os banheiros quase como um volume solto.
- os pilares, vigas e lajes concretados de uma só vez formam o arcabouço do prédio.
- os vãos deixados entre as vigas-peitoril, permitiu que os caixilhos chegassem na obra praticamente prontos.
- as divisórias internas são executadas com painéis de gesso pré-moldados, com sete centímetros de espessura, cinquenta centímetros de largura e o comprimento igual ao pé direito.
- as instalações hidráulicas foram reduzidas a poucas prumadas.
- a modulação estrutural, permitindo o reaproveitamento das formas e a padronização das dimensões das diversas partes da estrutura, de maneira a possibilitar que toda a ferragem, racionalizada, fosse produzida fora do canteiro.

No volume *Sistematização crítica da obra de arquitetura para obtenção do título de livre docente*, Abrahão comenta:

> A construção começa então a se tornar montagem de suas partes, num compromisso entre o sistema tradicional construtivo e as possibilidades industriais do mercado.
> Os elementos de "acabamento" da obra são os normais do mercado.
> Os elementos essenciais do projeto, racionalizados, possibilitam aos setores de planejamento de obra determinarem com precisão maior, os custos e os tempos de execução da mesma.[59]

Maria Isabel Imbronito apresentou à FAU USP, em 2003, sua dissertação de mestrado, *Três edifícios de habitação para a Formaespaço: Modulares, Gemini e Protótipo*. Na dissertação, estudou a atuação da Construtora Formaespaço: o período em que surgiu e atuou, e qual o conjunto edificado que realizou. Sobre os Modulares, Maria Isabel afirma: "A apreciação dos

Edifício Abaeté, vista geral e detalhe do brise-soleil, São Paulo SP, 1963, arquitetos Abrahão Sanovicz e Dario Montesano

p. 150-151
Edifício Modular Epsilon, estudo da placa pré-moldada para empenas, Moema, São Paulo SP, 1970

VISTA 3

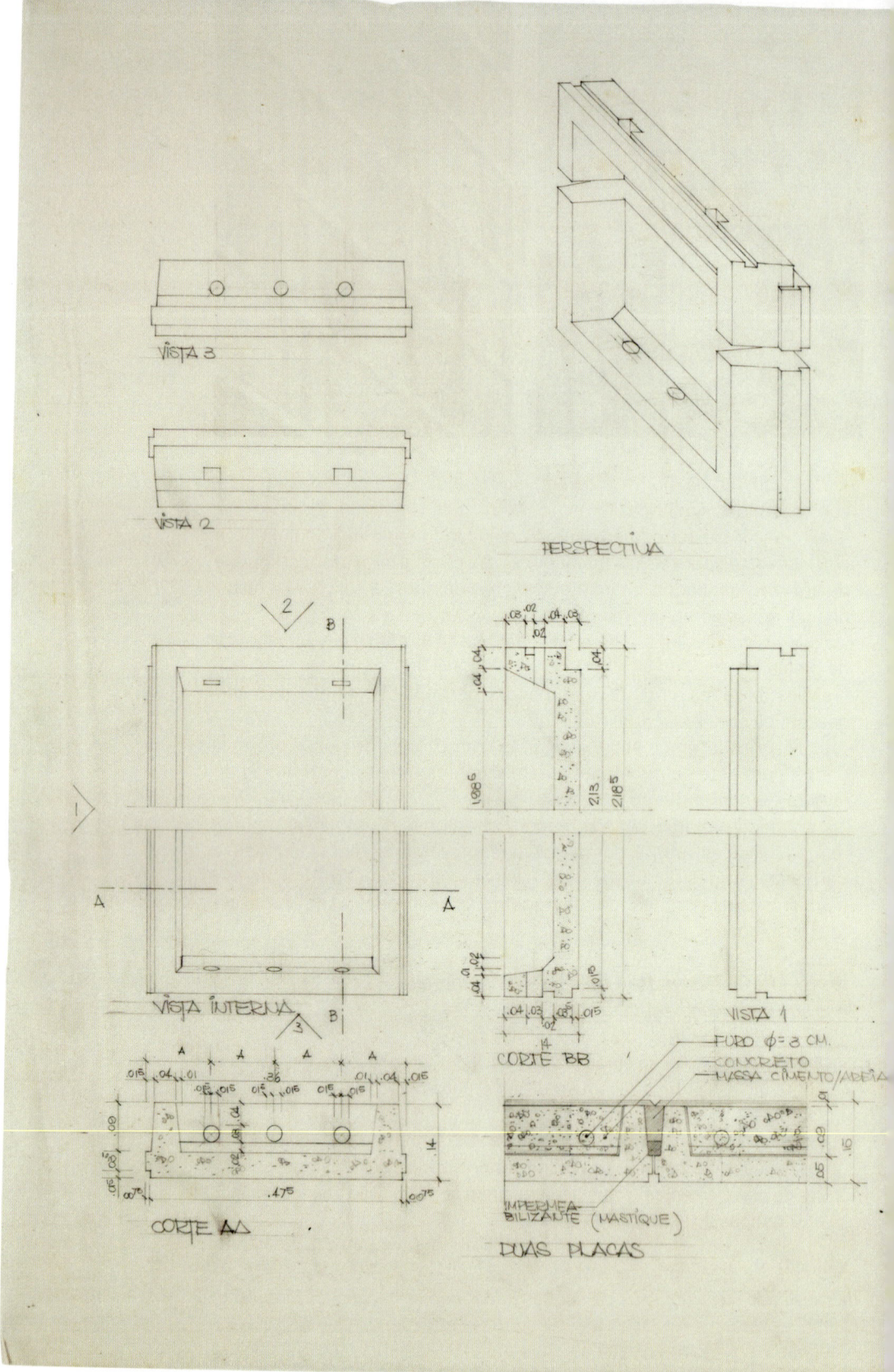

VISTA 2

PERSPECTIVA

VISTA INTERNA

CORTE BB

VISTA 1

CORTE AA

FURO φ = 3 CM.
CONCRETO
MASSA CIMENTO/AREIA

IMPERMEABILIZANTE (MASTIQUE)

DUAS PLACAS

DET. FIXAÇÃO ESC. 1:10

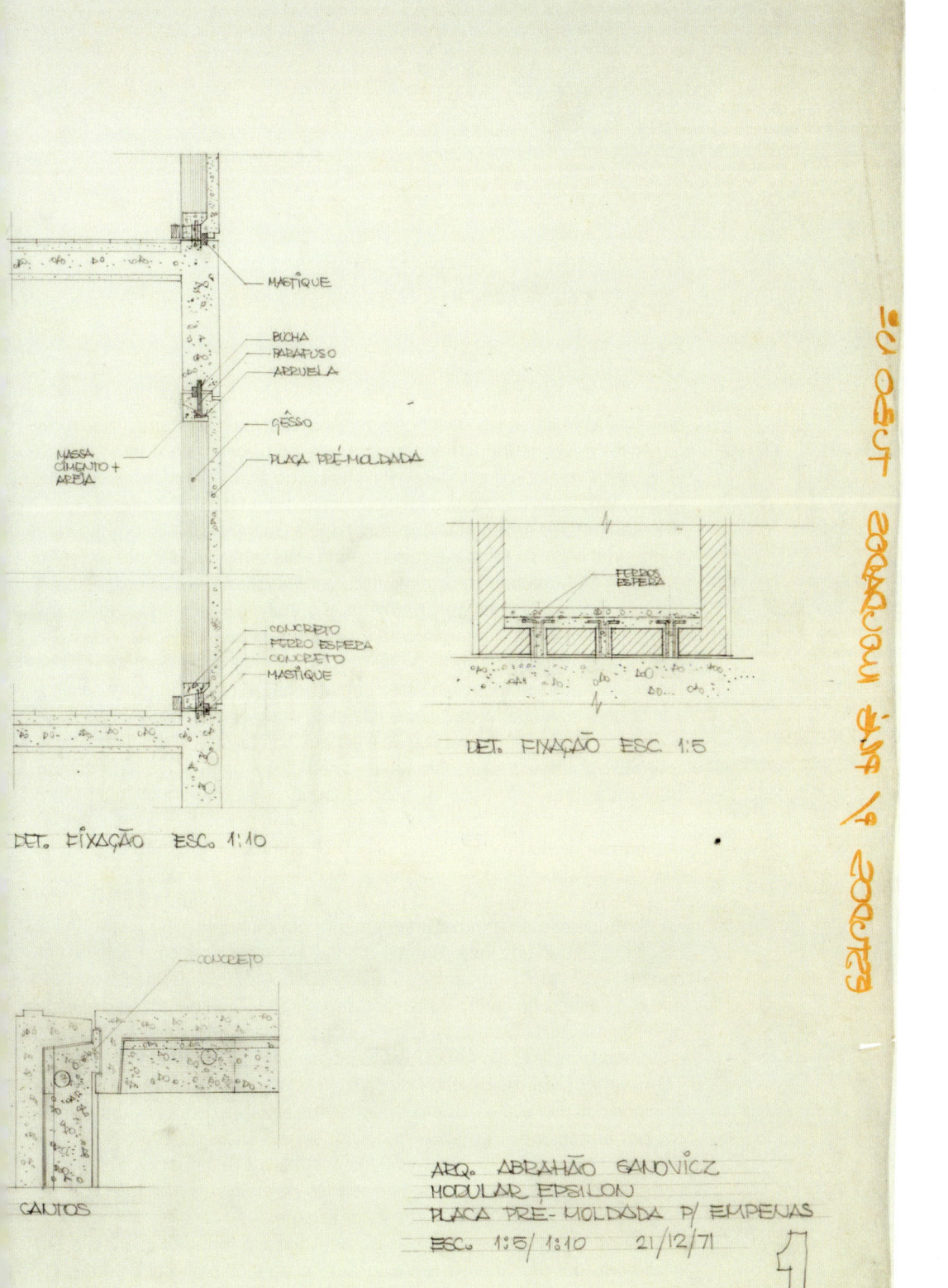

- MASTIQUE
- BUCHA
- PARAFUSO
- ARRUELA
- GÊSSO
- PLACA PRÉ-MOLDADA
- MASSA CIMENTO + AREIA
- CONCRETO
- FERRO ESPERA
- CONCRETO
- MASTIQUE

DET. FIXAÇÃO ESC. 1:5

- FERROS ESPERA

CANTOS

- CONCRETO

ARQ. ABRAHÃO SANOVICZ
MODULAR EPSILON
PLACA PRÉ-MOLDADA P/ EMPENAS
ESC. 1:5 / 1:10   21/12/71

1

60. IMBRONITO, Maria Isabel. *Três edifícios de habitação para a Formaespaço: Modulares, Gemini e Protótipo.* Dissertação de mestrado, p. 28. **61.** "Fiandeiras foi uma experiência feita, começou com a Formaespaço depois acabou com, o terreno não foi comercializado, o proprietário me procurou depois, eu refiz o projeto... Já tinha feito um e propus pra ele essa solução universal de pegar um tipo de pré-moldado e resolver todos os caixilhos de todos os ambientes, que deu na solução da Fiandeiras". GATI, Catharine. *DPCA – Documentação sobre produtores culturais de arquitetura em São Paulo* (op.cit), fita 5, lado B (mimeo), 15 abr. 1988, p. 19. **62.** "Esse processo sofreu solução de continuidade, mas se esse processo fosse continuar, [...] eu iria pegar essa experiência daquela tempo, e naturalmente daria uma redesenhada, obrigatoriamente, e à luz dos programas de hoje, dos códigos e dos materiais à disposição, mas ia pegar e recuperar aquele fio, como sempre procurei fazer". Idem, ibidem, fita 6, lado A (mimeo), 15 abr. 1988, p. 22. **63.** IMBRONITO, Maria Isabel. *Três edifícios de habitação para a Formaespaço: Modulares, Gemini e Protótipo.* Dissertação de mestrado (op. cit.), p. 23.

edifícios Modulares e a descrição de sua construção evidenciam a imbricação do desenho industrial e arquitetura no trabalho de Abrahão Sanovicz. Revelam ainda que o desenvolvimento do sistema construtivo não se resolve enquanto condição desvinculada da arquitetura".[60]

No conjunto de entrevistas que concedeu a Catharine Gati, Abrahão apresenta uma linha do tempo, estabelecendo uma evolução, onde as experiências com os Modulares e os conjuntos habitacionais para a Formaespaço formam a primeira geração de projetos, e o Edifício Fiandeiras surge como exemplar da segunda geração, com uma solução mais universal, onde o pré-moldado solucionaria a vedação de todos os ambientes.[61] Contudo, em balanço sobre sua experiência na área habitacional, Abrahão Sanovicz salienta a falta de continuidade, pois se os edifícios Modulares deram continuidade ao edifício na rua Pará, logo depois a experiência foi estancada.[62]

Abrahão Sanovicz realizou mais de uma dezena de projetos para conjuntos habitacionais. Como já foi dito, os primeiros foram para a Construtora Formaespaço e destinavam-se à faixa de renda estabelecida pelas linhas de financiamento do Banco Nacional da Habitação – BNH, em que a área máxima construída seria de 75 metros quadrados. Da experiência, destacou-se o projeto do Conjunto Habitacional Nova Cidade em Jundiaí SP, de 1970.

A configuração do terreno, praticamente um triângulo, com o lado maior paralelo à Estrada de Ferro Santos-Jundiaí, e o acesso principal pelo vértice oposto sugeriram a implantação dos blocos perpendicularmente ao lado maior, definindo, no centro do terreno, uma grande área de lazer, ajardinada, com plena visão da Estrada de Ferro. A área total do terreno é de 29 mil metros quadrados e, nele, estão 144 unidades habitacionais divididas em 24 blocos.

O pavimento térreo de cada bloco foi destinado ao estacionamento de veículos dos moradores. Sobre o pilotis, três andares com dois apartamentos por andar, com 74 metros quadrados úteis cada, respondem ao programa: sala, cozinha, área de serviços, banheiro e três quartos. Os blocos, sempre agrupados dois a dois e colocados paralelos e a meio nível um do outro, dividem a circulação vertical por escada.

O sistema construtivo é o mesmo para todo o conjunto. Consiste em uma estrutura de concreto armado, com pilares dispostos na periferia e lajes maciças suportadas por vigas altas aparentes que contraventam o sistema. O bloco hidráulico é unificado a cada prumada de apartamentos.

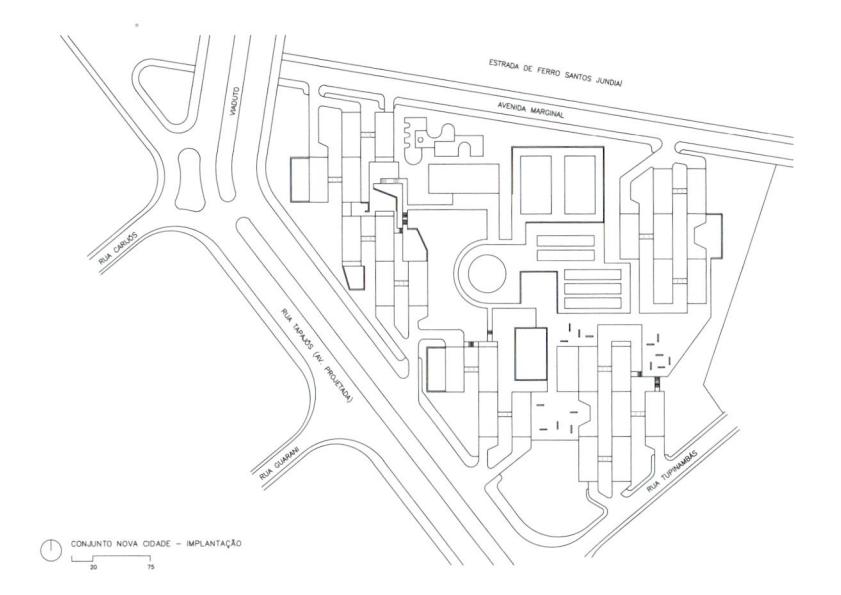

Conjunto Nova Cidade, implantação, Jundiaí SP, 1970

As paredes internas são executadas em painéis pré-moldados de gesso. Sobre este projeto Maria Isabel Imbronito comentou: "O conjunto inaugura o sistema estrutural que Abrahão Sanovicz utilizou nos edifícios Modulares. As fachadas que contêm as aberturas são formadas pelos pilares e vigas de concreto. Aos vãos encaixam-se os caixilhos".[63]

Em um segundo momento de suas experiências habitacionais, Sanovicz realizou os projetos para as cidades de Serra Negra e Sumaré, contratado pela Caixa Estadual de Casas para o Povo – Cecap.

O terreno previsto para o Parque Habitacional Cecap Sumaré, de 1976, ficava junto à avenida que liga o centro da cidade ao bairro de Nova Veneza. Com desenho triangular, é delimitado nos outros dois lados por um córrego e um lago.

O conjunto se organizava em três núcleos, implantados sempre paralelamente às curvas de nível, cada qual com um bloco de 38 apartamentos e um conjunto de vinte a 24 casas em lotes isolados, totalizando 180 unidades habitacionais com 81 metros quadrados cada: 66 casas e 114 apartamentos.

As casas são geminadas duas a duas. A solução contemplou quatro quartos, dois banheiros, sala, cozinha e área de serviços. Na parte central, a sala de um lado e o volume dos banheiros, cozinha e serviço organizam uma planta que prevê, no outro sentido, dois quartos de cada lado.

Os apartamentos respondem ao mesmo programa das casas. Os quartos ficam todos numa mesma fachada. Neste caso, porém, o volume constituído por banheiros, cozinha e serviços fica posicionado longitudinalmente à sala. Os blocos têm o térreo livre para estacionamento mais três andares de apartamentos. A circulação vertical, num volume interno ao bloco, serve a dois apartamentos por andar.

Mais tarde, Sanovicz elaborou a proposta para a Vila Residencial de Porto Primavera, para a Cesp, em 1979, que contou com a colaboração do arquiteto José Carlos Olzon. O conjunto destinava-se à moradia dos funcionários especializados e dos profissionais estrangeiros que participariam da montagem da Usina de Porto Primavera. O terreno, relativamente plano, possibilitou que a implantação dos blocos se acomodasse nos níveis do terreno, por meio de suaves rampas. O conjunto previa sessenta apartamentos divididos em cinco blocos com três andares de apartamentos e edifício de vivência comum.

Em 1995, realiza os projetos para os Conjuntos Habitacionais Pascoal Melantônio e Celso dos Santos, no plano de desfavelamento do Programa

64. PENTEADO, Fábio. Depoimento. In Cumbica (matéria 5), p. 62.

de Saneamento Ambiental da Bacia do Guarapiranga, contratado pela Secretaria de Habitação e Desenvolvimento Urbano da Prefeitura do Município de São Paulo.

Sempre que Abrahão se manifestava sobre os seus projetos para os conjuntos habitacionais, apontava duas referências a partir das quais se dava a discussão inicial: as casas em renque de Mies van der Rohe e o Conjunto Habitacional Zezinho Magalhães Prado, sem dúvida, um marco da arquitetura brasileira.

O Conjunto Habitacional Zezinho Magalhães Prado, contratado pela Cecap, em 1968, teve como coordenadores os arquitetos João Batista Vilanova Artigas, Fábio Penteado e Paulo Mendes da Rocha e, como colaboradores, Arnaldo Martino, Geraldo Vespaziano Puntoni, Maria Giselda Cardoso Visconti, Renato Nunes e Ruy Gama.

O projeto previa atender uma população de 55 mil pessoas num terreno de 130 hectares, junto à via Dutra, em Guarulhos.

Portanto, além dos 10.600 apartamentos, o programa a ser atendido previa: oito grupos escolares, três ginásios, escola industrial, hospital geral, pronto-socorro, centro de saúde, posto de puericultura, estádio para dez mil pessoas, dois cinemas, hotel, teatro, comércio, igreja, clube, entreposto de abastecimento, caixa de água e gasômetro.

Muitos outros profissionais fora convocados para compor a equipe e dar conta de programa tão extenso.

Em debate promovido pelo Centro de Estudos Brasileiros – CEB, em 1968, o arquiteto Fábio Penteado, falou sobre o plano geral:

> O conceito básico adotado no plano foi a abertura de áreas as mais generosas possíveis e nos entornos desta área a colocação, de maneira compacta, daquilo que no nosso projeto passou a se chamar de freguesia. Cada freguesia, densamente construída, mas em termos de ocupação de área razoavelmente satisfatória, passa a ser atendida por um conjunto de atividades cotidianas a uma distância de 150 metros. [...]
> Estes 150 metros resultam num centro de abertura da freguesia para um espaço de comércio e outras utilizações, cada uma delas, por sua vez, se comunica com um grande espaço aberto que é a área para onde sempre convergem todos os movimentos.

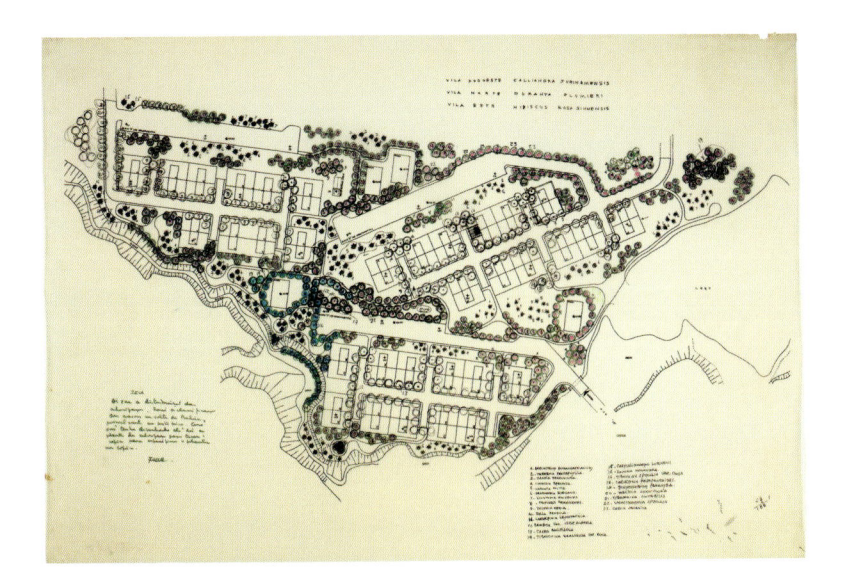

Parque Habitacional Cecap Sumaré, planta de distribuição das espécies, Sumaré SP, 1976

Vila Residencial de Porto Primavera, maquete, Porto Primavera, Pontal do Paranapanema SP, 1978

A tendência deste plano é concentrar nesta grande área central, aberta, um grande movimento de toda uma população de entorno.[64]

Os edifícios são sobre pilotis, prevendo-se utilizar as áreas ligadas aos planos de acesso de cada prédio para atividades recreativas, verdadeiros passeios que conduzem, naturalmente, ao comércio, à escola e aos pontos de ônibus. Decisão da equipe, pilotis seriam utilizados como estacionamento.

Para todas as edificações a proposta era da industrialização e racionalização da construção ao máximo: formas deslizantes; esquadrias produzidas industrialmente; elementos pré-moldados para vedação ou circulação vertical etc. Os arquitetos chegaram a projetar os fogões e geladeiras como elementos da construção.

Mantendo uma coerência com suas preocupações iniciais, expressas nos primeiros projetos de edifícios habitacionais, Abrahão incorpora, em seus projetos para conjuntos habitacionais, as soluções adotadas Conjunto Habitacional Zezinho Magalhães Prado, relativas à industrialização e racionalização dos sistemas construtivos.

Casa André Mehes

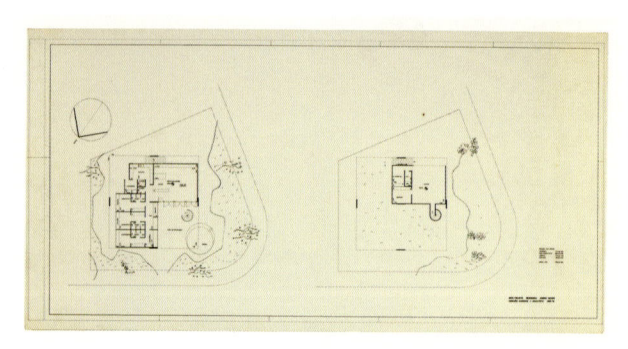

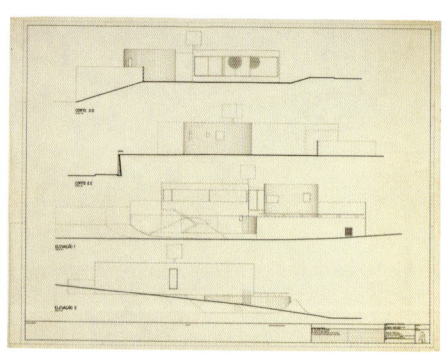

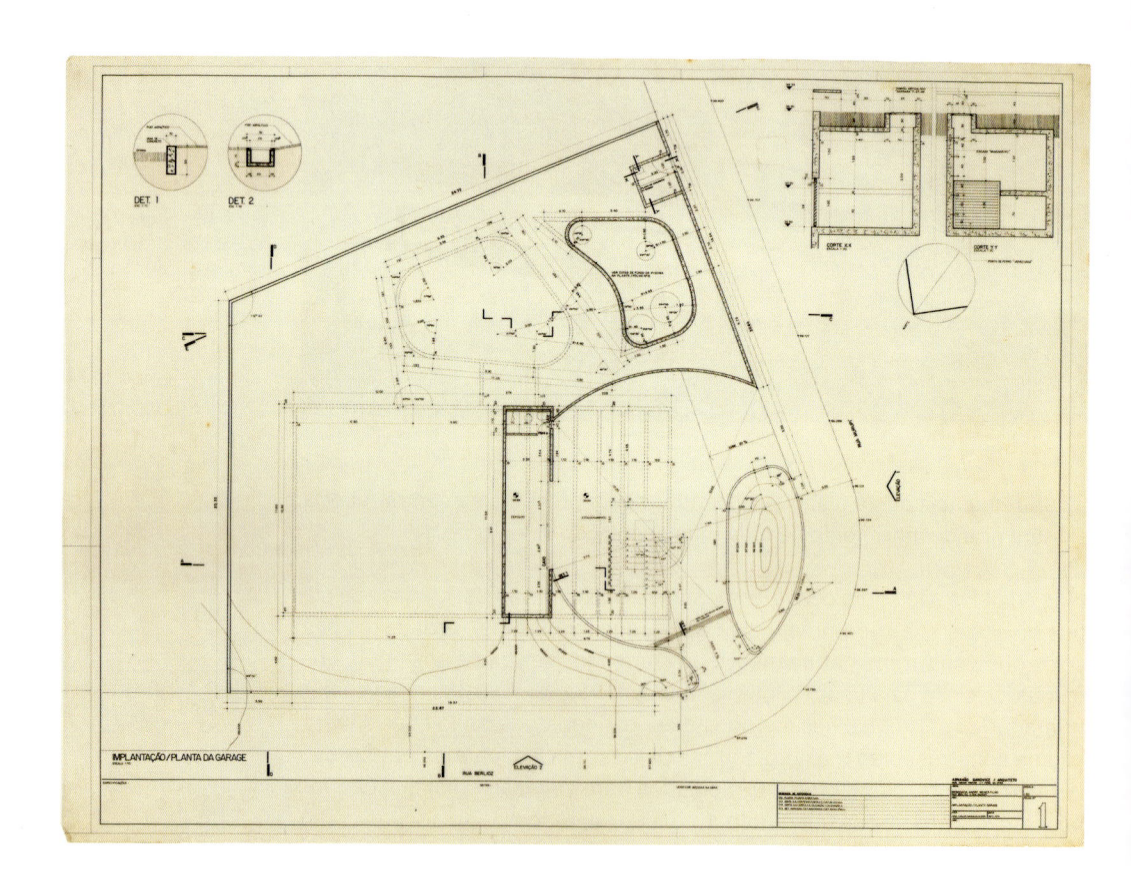

Residência André Mehes Filho, plantas térreo e pavimento superior do Estudo Preliminar, elevações, plantas térreo, pavimento superior e cobertura, detalhes e vistas externas, São Paulo SP, 1973, arquiteto Abrahão Sanovicz, paisagismo de Fernando Chacel

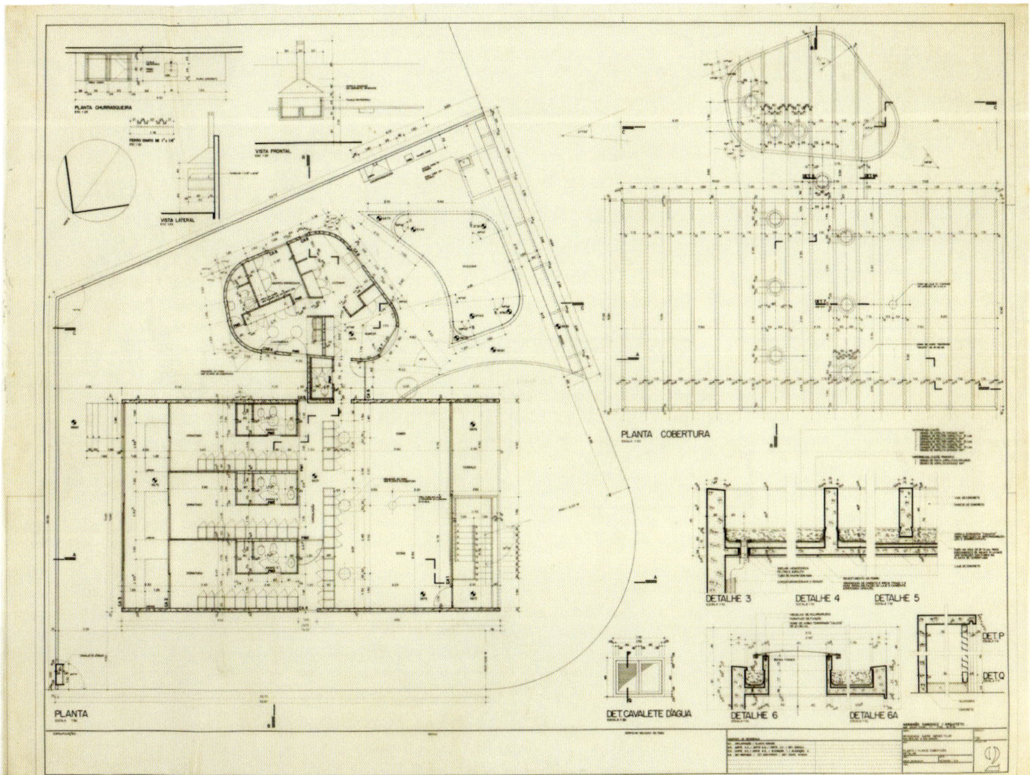

PLANTA CHURRASQUEIRA
VISTA FRONTAL
VISTA LATERAL
PLANTA
PLANTA COBERTURA
DETALHE 3
DETALHE 4
DETALHE 5
DET.P
DET.Q
DET.CAVALETE D'ÁGUA
DETALHE 6
DETALHE 6A

Casa Franklin Kuperman

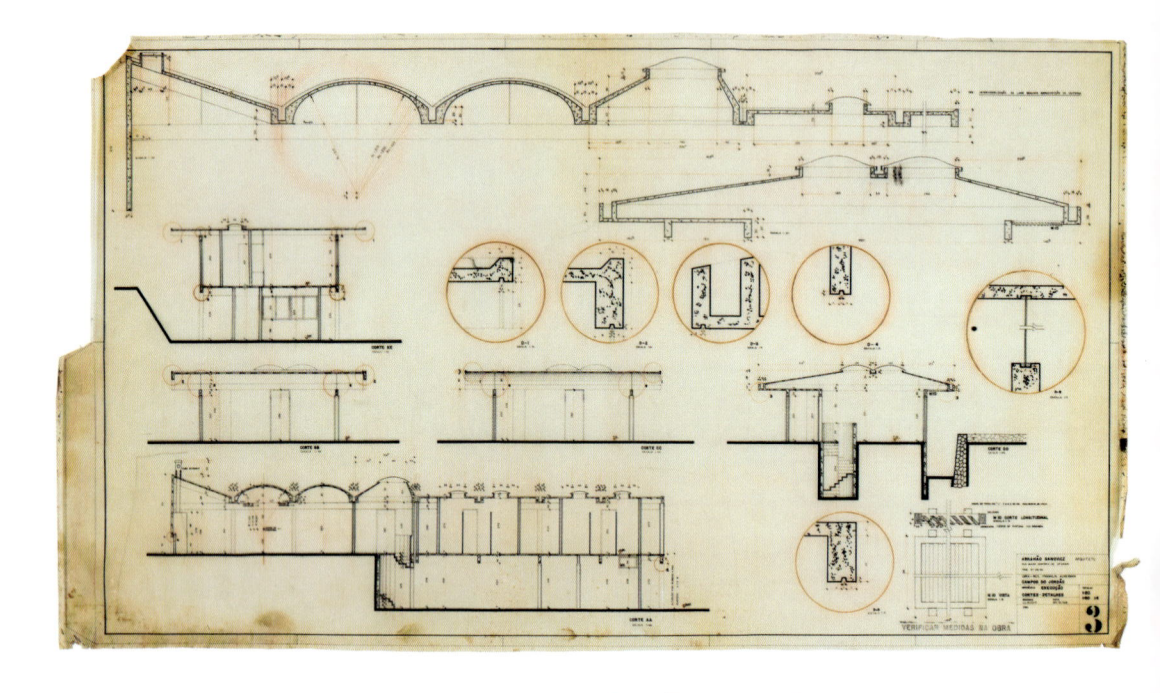

Residência Franklin Kuperman, detalhes da cobertura, cortes transversais e longitudinal, vistas interna e externa, plantas térreo e pavimento superior, detalhes da escada, caixa d'água e lareira, Campos do Jordão SP, 1969

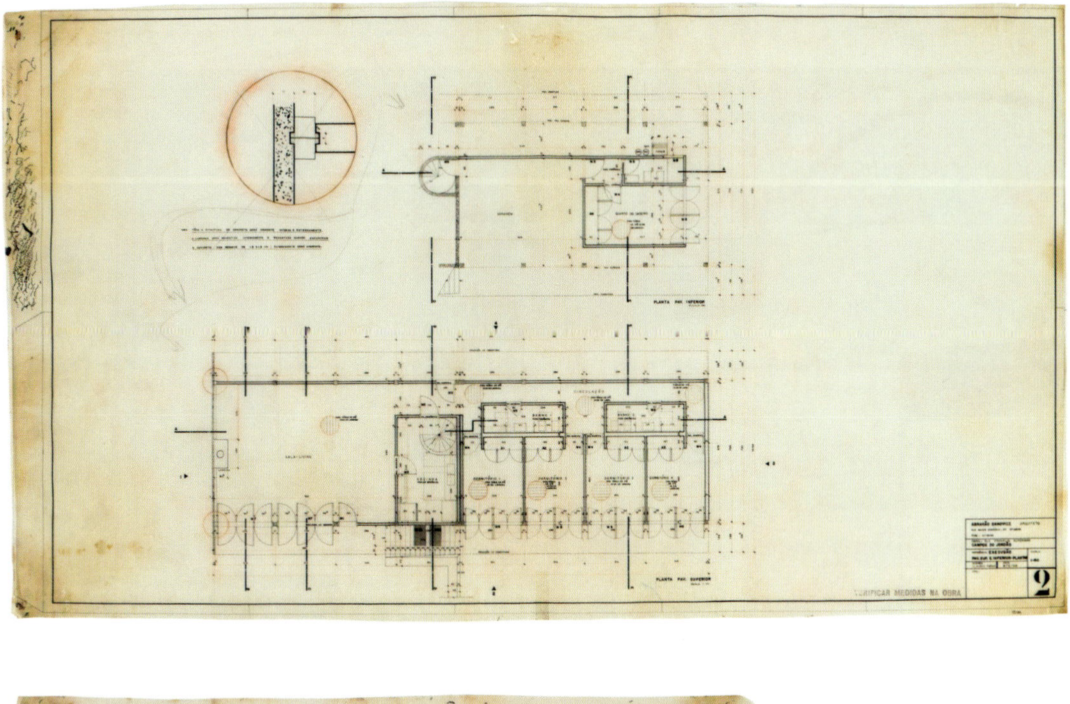
PLANTA PAV. INFERIOR
PLANTA PAV. SUPERIOR
VERIFICAR MEDIDAS NA OBRA
2

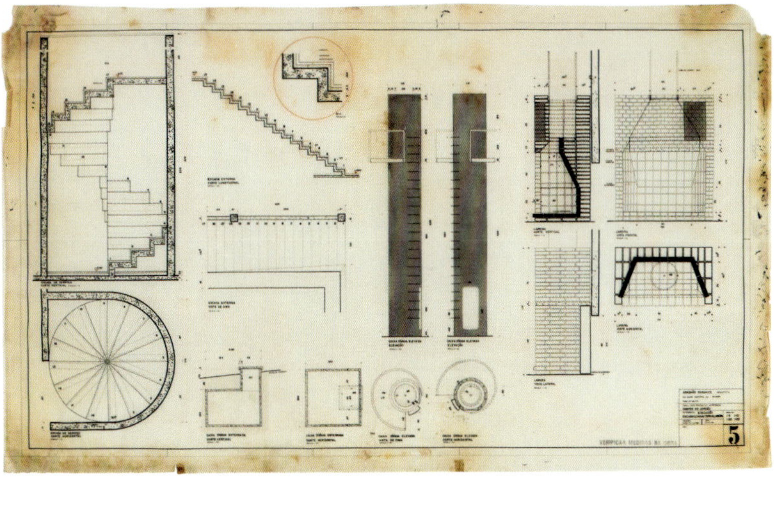
VERIFICAR MEDIDAS NA OBRA
5

Conjunto Residencial Jardim Prudência

Conjunto Jardim
Prudência, Jardim
Prudência, São Paulo
SP, 1969

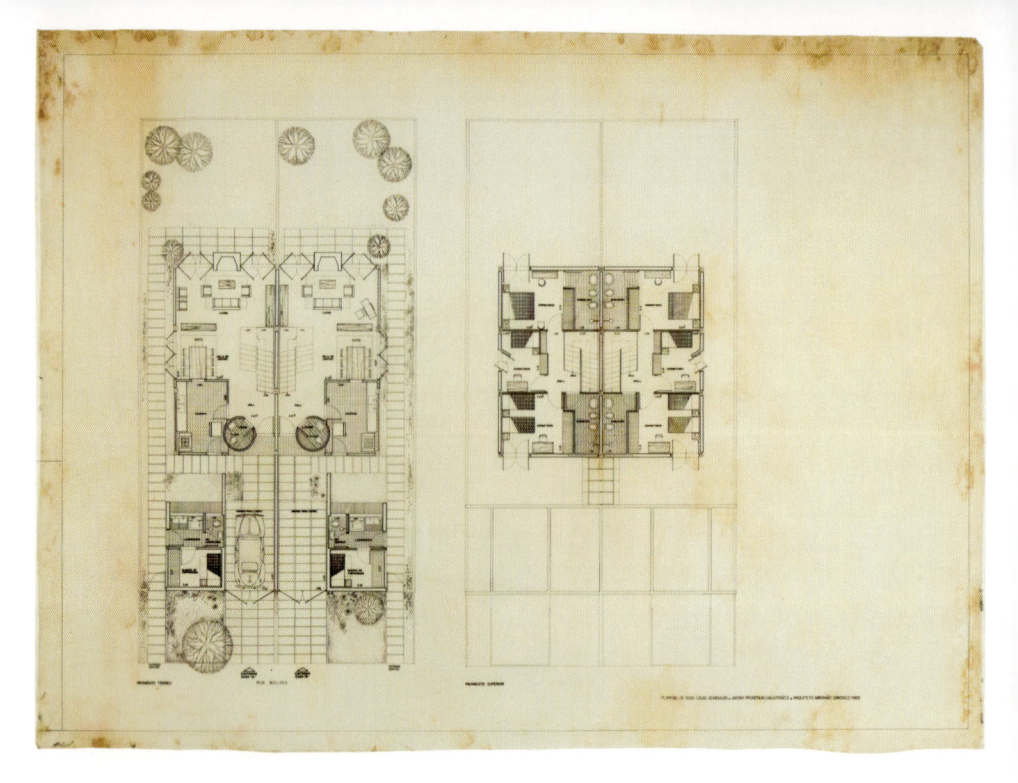

Conjunto Jardim Prudência, plantas térreo e pavimento superior,
perspectiva, cortes transversais, detalhes e implantação geral
do conjunto com movimentação de terra, Jardim Prudência,
São Paulo SP, 1969

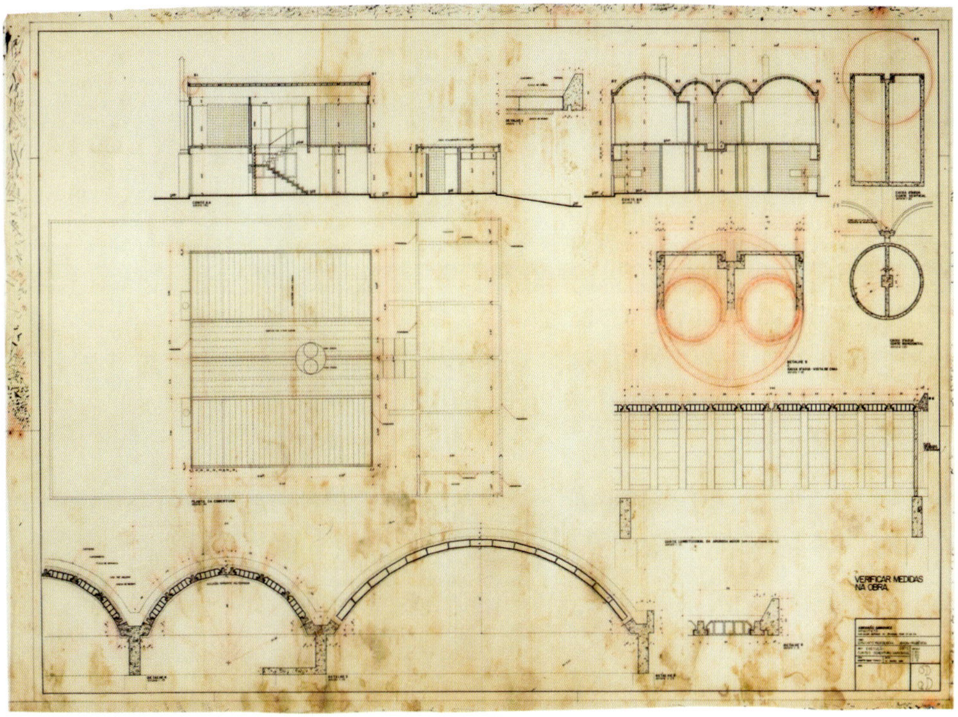
VERIFICAR MEDIDAS
NA OBRA.

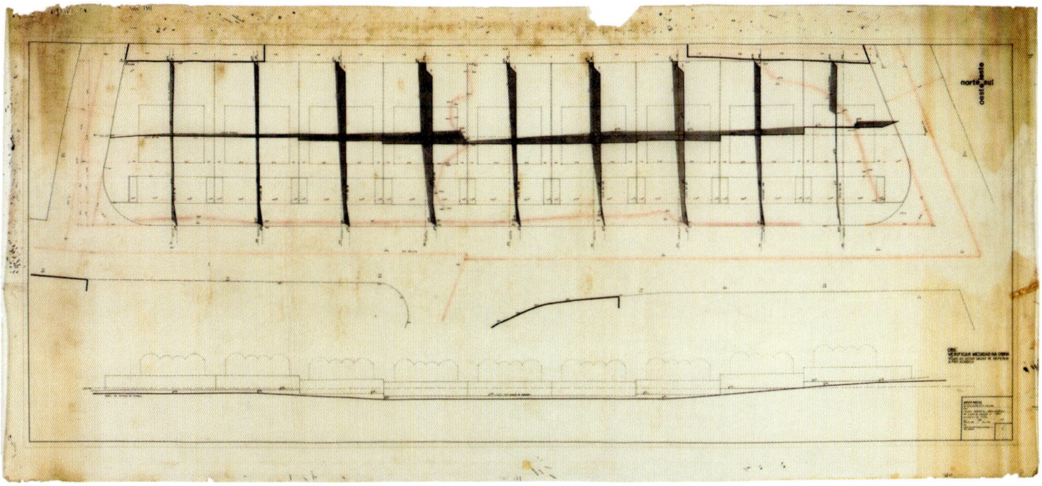

Parque Habitacional Cecap Serra Negra

Parque Habitacional Cecap Serra Negra, croqui do conjunto de edifícios, vista externa e croquis da implantação do conjunto e da implantação geral, Serra Negra SP, 1975, arquitetos Abrahão Sanovicz e José Carlos Olzon

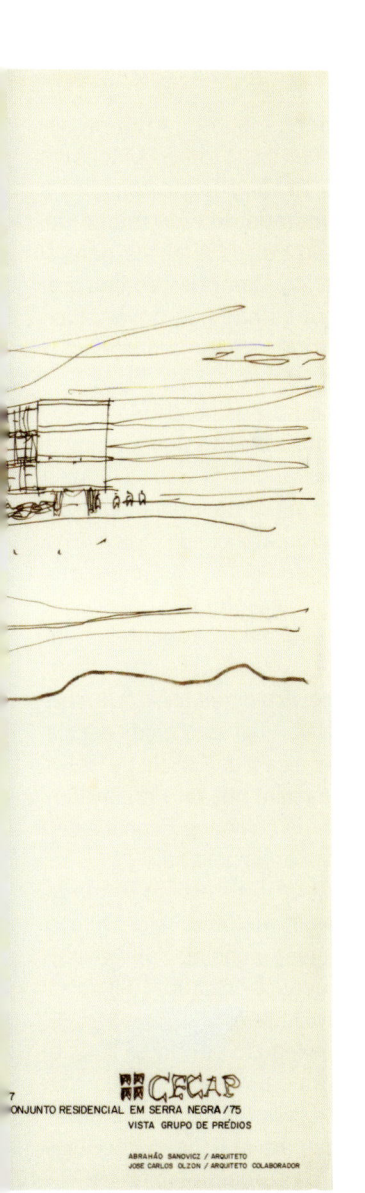

CECAP
CONJUNTO RESIDENCIAL EM SERRA NEGRA/75
VISTA GRUPO DE PRÉDIOS

ABRAHÃO SANOVICZ / ARQUITETO
JOSE CARLOS OLZON / ARQUITETO COLABORADOR

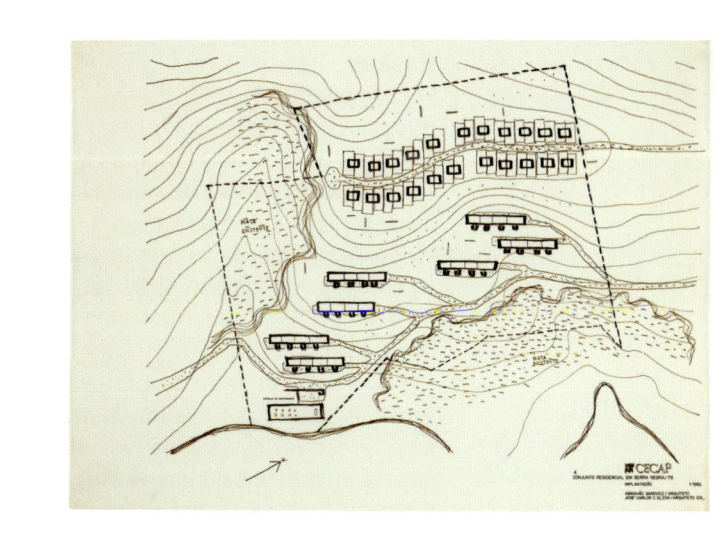

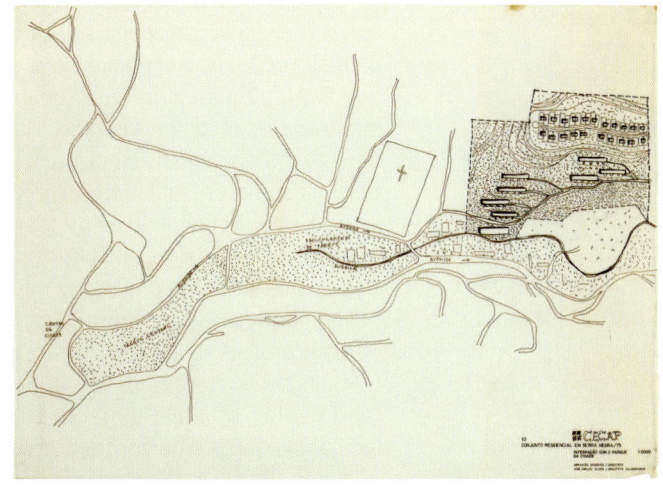

65. "em [19]62 na FAU aconteceu uma coisa muito interessante, uma coisa rara de acontecer [...], que foi o seguinte: nós não tínhamos professores arquitetos titulares na faculdade; eram engenheiros titulares em Escola Politécnica. Então, eles eram normalmente os nossos diretores; o único arquiteto titular que foi diretor e um dos fundadores, foi o Anhaia Mello, depois, seguiram-se outros diretores, mas engenheiros. Foi uma coisa rara nessa Faculdade, rara: o Conselho Universitário, que era quem designava os diretores para a faculdade, resolve designar um professor da Faculdade de Filosofia, um professor de política, um especialista e profundo conhecedor da História da Arte, um intelectual de mão cheia e que conhecia, inclusive, especialista em barroco mineiro e que era professor da cadeira de Política e que tinha pertencido a todo aquele grupo que, na época de formação da Faculdade de Filosofia era estudante, e que era o Lourival Gomes Machado, [...] e que tinha, em certa medida, tinha sido cria do Mário de Andrade". GATI, Catharine. *DPCA – Documentação sobre produtores culturais de arquitetura em São Paulo* (op. cit), fita 3, lado A (mimeo), 24 set. 1987, p. 13-14. **66.** MILAN, Carlos Barjas. Várias manifestações a propósito da arquitetura, s.p. **67.** CARTUM, Marcos. Entrevista de Abrahão Sanovicz (op. cit.), p. 148. **68.** UIA é a sigla para União Internacional dos Arquitetos.

Ensinar

O ingresso de Abrahão Sanovicz no mundo acadêmico ocorreu da seguinte maneira: o diretor da FAU USP, professor Lourival Gomes Machado, em ofício dirigido ao Magnífico Reitor Professor Antônio Barros de Ulhôa Cintra – às folhas 02 do processo 5.898/62 – datado de 7 de março de 1962, solicita a nomeação do arquiteto Abrahão Velvu Sanovicz para o cargo de assistente, lotado na cadeira número 22, Composição Decorativa. A solicitação foi acolhida pelo Reitor e encaminhada ao governador do estado Carlos Alberto A. de Carvalho Pinto que assinou a nomeação em 9 de abril do mesmo ano.

O ano de 1962 marcou profundas mudanças no ensino da FAU USP. Abrahão Sanovicz, em entrevista a Catharine Gati, comenta que a maioria dos professores titulares da FAU eram engenheiros vindos da Escola Politécnica, tanto que, nos primeiros anos, o único diretor arquiteto foi também seu fundador, professor Anhaia Mello. O Conselho Universitário, que indicava os diretores da Escola no início dos anos 1960, designou para o cargo um professor da Faculdade de Filosofia, professor de política, profundo conhecedor da história da arte, especialista em barroco mineiro, destacado intelectual que havia dirigido algumas bienais, o professor Lourival Gomes Machado, que tivera intenso contato com Mário de Andrade. Era o que a FAU USP poderia ter recebido de melhor, na opinião de Sanovicz. O programa da escola era uma somatória de conteúdos da Escola Politécnica e da Escola de Belas Artes. Lourival convocou os professores arquitetos para que reformulassem o programa de ensino, no sentido de atualizá-lo e de colocar a Escola à serviço do atendimento das novas necessidades colocadas pelo país.[65]

Cinco anos antes, mais precisamente em 1957, uma comissão formada pelos professores João Batista Vilanova Artigas, Rino Levi, Hélio Duarte e Abelardo de Souza, foi encarregada de reformular o ensino da FAU USP, tendo como objetivo superar a tradição politécnica e compatibilizar a forma de ensino e os conteúdos com a realidade do país.

Os trabalhos desse colegiado provocaram forte reação por parte dos docentes ligados à Escola Politécnica, como lembra o professor Carlos Barjas Millan: "esta comissão, tendo em vista as dificuldades de uma reforma mais radical, que reconhecia necessária, propôs para aplicação imediata apenas a modificação na seriação das cadeiras do currículo oficial".[66]

Assim, poucas alterações foram implantadas: uma série crescente de matérias de ordem cultural e uma série decrescente de matérias técnicas, estruturadas pelas disciplinas de projeto.

Além de poucas, essas alterações na estruturação do curso estavam longe de responder aos anseios de alunos e de professores arquitetos.

Lourival Gomes Machado assumiu a direção da Escola no ano de 1962. Criou, então, as condições para que um novo projeto de ensino fosse implantado.

Sob a liderança do professor Artigas, se propôs a efetivar a Reforma de 62, como ficou conhecida.

Sobre este processo e sobre a participação de Artigas, Abrahão comenta: "Voltando um pouco, depois da greve Niemeyer houve o afastamento de alguns professores, que foram mandados de volta para a Politécnica. O Artigas foi um deles. Não foi a primeira vez que o puseram de castigo. Quando voltou à FAU, em [19]56 ou [19]57, vivia um momento muito interessante: participara do concurso de Brasília que premiou Lúcio Costa, depois participou do grupo de arquitetos que reformulou a Cidade Universitária e projetou o prédio da FAU. E foi justamente nessa época que ocorreu a reforma de ensino. Ele conseguiu entender o processo de modernização que o país estava precisando em matéria de ensino".[67]

Para a organização do ensino foram criados quatro departamentos: Projeto, História, Ciências Sociais Aplicadas e Construção – os dois últimos logo depois se fundiram no departamento de Tecnologia. O departamento de Projetos, por sua vez, era formado por quatro sequências de disciplinas, compreendendo áreas de interesse e de atuação do arquiteto.

O professor Flávio Motta no texto "Subsídios para o relatório sobre ensino de arquitetura UIA-Unesco",[68] descreve as áreas de interesse:

> subdividiu o campo de trabalho, sem anular as áreas de interesse recíproco, necessárias a uma visão de totalidade do arquiteto. São as seguintes áreas:
> a) Comunicação Visual, cuja tônica recai sobre problemas da linguagem;
> b) Desenho Industrial, onde dominam as preocupações sobre objetos, produtos e sistemas industriais;
> c) Edifício, com a sistematização de problemas de construção, na área de edifícios e espaços habitáveis;

d) Urbanismo, e suas implicações com os problemas das cidades, metrópoles, paisagismo, ocupação territorial.[69]

Outra importante novidade incluída na reforma foi a criação do Museu, órgão encarregado de coordenar as atividades dos departamentos e divulgar a produção da Escola, promovendo, para tanto, exposições de arte e projetos, debates acadêmicos e culturais e publicações.

Luiz Carlos Daher sintetizou a Reforma de 62 nos seguintes termos: "Duas tradições vicejavam no país: a oriunda da Escola Politécnica de São Paulo e a da Escola de Belas Artes do Rio de Janeiro. A Reforma de 62, singelamente, ultrapassava essa dupla tradição, depois de décadas de batalhas acadêmicas e profissionais. Além disso, estabelecia, em definitivo, a noção do fazer, do projetar, como eixo em torno do qual se organizariam os diversos conhecimentos".[70]

Com efeito, a Reforma de 62 não só transformou radicalmente o ensino da FAU USP, como serviu de referência para a formação de muitas outras escolas no país.

Toda essa trajetória de transformações acadêmicas também foi percorrida por Abrahão Sanovicz, que participou ativamente dos processos de alteração do ensino desde estudante, como atestam documentos arquivados na biblioteca da Faculdade.

Como acima referido, Abrahão iniciou sua atividade docente na FAU USP em 1962. Sua primeira experiência, portanto, se engajava na nova estrutura de ensino proposta. Atuou na sequência de Desenho Industrial, que tinha como professores os arquitetos Hélio de Queiroz Duarte, Marlene Picarelli e Lucio Grinover, responsáveis pelo 1º ano; Ernest Robert de Carvalho Mange, João Baptista Alves Xavier e Candido Malta Campos Filho, responsáveis pelo 2º ano; José Maria da Silva Neves, o próprio Abrahão Sanovicz e Luiz Gastão de Castro Lima, responsáveis pelo 3º ano; e Roberto Cerqueira César, Luiz Roberto Carvalho Franco e Dario Imparato, responsáveis pelo 4º ano.

Em 1969, a FAU USP mudou-se para a Cidade Universitária, tendo ampliado o número de vagas de oitenta para 150 alunos por ano.

No 13 de dezembro de 1968, o general Artur da Costa e Silva, primeiro presidente do regime militar, decretava o Ato Institucional número 5 – o

AI-5 – que lhe concedia o direito de por em recesso o Congresso Nacional, decretar intervenção em estados e municípios, suspender direitos políticos, proibir manifestações sobre assuntos políticos, aplicar o curioso princípio da liberdade vigiada e suspender a garantia do habeas corpus.

Em abril de 1969, amparado pelo AI-5, Costa e Silva aposentou compulsoriamente, entre muitos outros professores e servidores públicos, os professores da FAU USP João Batista Vilanova Artigas, Jon Maitrejean e Paulo Mendes da Rocha. As cassações, aliadas às prisões dos também professores Sérgio Ferro e Rodrigo Lefèvre no início da década de 1970, fragilizaram muito a Escola.

A partir de 1970, após participar da sequência de Desenho Industrial, Abrahão Sanovicz passou a integrar o que, mais tarde, tornou a ser o grupo de disciplinas de Projeto de Edificações do departamento de Projetos. Diversos fatores concorreram para isso: o processo por que passava a Escola, algumas mudanças de objetivos na sequência de Desenho Industrial e o entendimento de que a contribuição de Abrahão seria mais bem aproveitada na área de projeto.

No mesmo ano, Abrahão e o amigo Julio Katinsky participaram da estruturação da Faculdade de Arquitetura e Urbanismo de Santos – FAUS; o primeiro conceituando o curso de Programação Visual e o segundo o curso de Desenho Industrial. Nessa Faculdade, foi titular da cadeira de Mensagem.

A experiência na estruturação e as atividades didáticas realizadas na FAUS resultaram, em 1976, no convite pelo Instituto de Arquitetura da Universidade de Brasília, atual Faculdade de Arquitetura e Urbanismo – FAU UNB, para que esses dois professores conceituassem os cursos de Desenho Industrial e Comunicação Visual dessa instituição.

O documento elaborado por Abrahão e Julio, resultante da conceituação realizada, foi publicado, em 1977, pela Associação Brasileira de Escolas de Arquitetura – Abea, sob o título *Desenho industrial e programação visual para escolas de arquitetura*. Foi considerado pela Comissão de Ensino de Arquitetura e Urbanismo – Ceau, órgão do Ministério da Educação, documento de referência para discussão pelas escolas de arquitetura.

Nesse estudo, Abrahão introduz sua proposta delimitando, em relação à formação do arquiteto, a área de atuação da programação visual, numa faixa compreendida pela sinalização viária ou rodoviária de um lado e, de outro, a

71. SANOVICZ, Abrahão; KATINSKY, Julio Roberto. *Desenho industrial e programação visual para escolas de arquitetura*, p. 42.
72. SANOVICZ, Abrahão. *Projeto e produção: por uma aproximação metodológica*, p. 1-2. **73.** Idem, ibidem, p. 37-38.

propaganda. A partir dessa visão geral do problema, desenvolve e conceitua o curso e desenvolve as ementas para cinco disciplinas. No texto ele expõe os objetivos gerais: "O nosso desejo é formar um profissional mais completo, atento às indagações do meio social e apto a decifrá-las quando estuda a organização dos espaços, sua configuração e os meios do inter-relacionamento humano".[71]

Em 1972, Abrahão apresentou sua tese de doutoramento com o título: *Projeto e produção: por uma aproximação metodológica*. Nela apresentou doze projetos que melhor definiam suas preocupações fundamentais.

A variedade de propostas que reuniu, demonstrando um acúmulo e uma diversidade de experiências, permite afirmar que há uma linha mestra orientando seu trabalho. Em suas palavras, essa linha se caracterizava:

> Seja pelo valor social da arquitetura, dos modos de produzi-la;
> Seja pelas preocupações com o relacionamento dos valores plásticos;
> Seja pelo sentido que assume, entre nós, a industrialização da moradia;
> Seja, mesmo, o fenômeno da construção ligado ao pleno reconhecimento dos valores na paisagem.[72]

Pela ordem cronológica, os projetos apresentados em sua tese são os seguintes:
- Núcleo residencial para a Refinaria Presidente Bernardes, Cubatão, SP, 1957.
- Anteprojeto para concurso do Iate Clube de Londrina, Londrina, PR, 1959.
- Distribuidor de gasolina Agip, realizado no estágio em Milão, Itália, 1959.
- Linha de móveis para escritório Escriba, São Paulo, SP, 1962.
- Teatro Municipal e Centro Cultural de Santos, Santos, SP, 1960 e 1968.
- Edifício de apartamento na rua Pará, São Paulo, SP, 1963.
- Projeto de equipamento para parques e jardins do Município de São Paulo, SP, 1967-69.
- Edifícios de apartamentos Modulares, São Paulo, SP, década de 1970.
- Conjunto Habitacional Nova Cidade, Jundiaí, SP, 1970.
- Edifício de apartamentos na rua das Fiandeiras, São Paulo, SP, 1972.
- Estação de piscicultura da Cesp, Salto Grande, SP, 1972.
- Estação de piscicultura da Cesp, Promissão, SP, 1972.

Centro Cultural e Teatro Municipal de Santos, perspectiva, Santos SP, 1960, arquitetos Oswaldo Corrêa Gonçalves, Abrahão Sanovicz e Julio Katinsky

Os projetos comentados na tese, pela sua diversidade, pelos seus processos construtivos e pela sua possibilidade de realização, encerram um objetivo: a intervenção do arquiteto como elemento indispensável, que reúne e sintetiza todos os dados que se apresentam para uma correta solução, que atenda desde os mínimos atos individuais até as complexas atividades comunitárias.

Concluindo seu trabalho acadêmico, Abrahão afirma:

> A atividade do arquiteto não é rotineira.
> A atividade do arquiteto não é especializada.
> Esta atividade, que assume experiências anteriores, se renova a cada projeto.
> A elaboração do projeto considera fatores reais de programa, analisados e constantemente reelaborados.
> A elaboração do projeto considera fatores econômicos, de possibilidades técnicas e tecnológicas de produção, instrumental humano e pelo homem dominado.
> A elaboração do projeto considera fatores sociais.
> As sínteses dos fatores acima considerados são formalizados num produto final, onde se processam as atividades humanas. Sendo estas atividades infinitas, as formas das experiências estéticas são também infinitas, donde a riqueza das possibilidades são intermináveis.
> O ideal é que possibilite a todo ser humano uma livre movimentação no espaço (configurando pela sociedade no seu atuar-se), onde pode e deve desenvolver sua atividade criadora, ou seja, libertar-se.[73]

Após a obtenção do título de doutor, mediante a defesa de sua tese, continuou no grupo de disciplinas de Projeto de Edificação, sempre ministrando tanto as disciplinas obrigatórias do terceiro ano quanto as optativas. Coordenou várias vezes o antigo Trabalho de Graduação Interdisciplinar – TGI, que correspondia ao atual Trabalho Final de Graduação – TFG.

Jamais deixou de participar, ativa e criticamente, de todos os fóruns e processos de reestruturação do ensino da FAU.

No curso da pós-graduação, além do número de alunos que orientou, cumpre também destacar o curso que ministrou com o professor Flávio Motta, O Conhecimento Arquitetônico e a Construção, tendo como objeto a discus-

74. SANOVICZ, Abrahão. Relatório das atividades desenvolvidas durante o período de permanência no Politécnico de Milão mediante bolsa concedida pela Fapesp e suplementada pelo convênio USP-BID-FAU USP, p. 184. **75.** Idem, ibidem, p. 184.

são da arquitetura dos anos 1950. Das aulas ministradas nesse curso restam ainda sessenta cassetes gravados que não foram transcritos até agora.

Em 1990, Abrahão foi convidado pela professora Bianca Bottero, responsável pelo Corso di Composizione Architettonica, do Dipartimento di Programmazione, Progettazione e Produzione Edilizia do Politecnico di Milano, para, no período de 25 de abril a 14 de junho daquele ano, participar do trabalho desenvolvido pelos alunos do ateliê de projetos.

Essa participação foi possível graças ao apoio da Fundação de Amparo a Pesquisa do Estado de São Paulo – Fapesp que patrocinou a viagem.

A experiência adquirida na sua estada junto aos alunos desse ateliê levou-o a propor o estabelecimento de um intercâmbio entre o Politécnico de Milão e a FAU USP. Tal intercâmbio se baseou em algumas premissas discutidas com a direção do Politécnico e contidas no relatório que apresentou à Fapesp. São as seguintes:

1. Os professores visitantes deveriam trabalhar no ateliê acompanhando os exercícios dos estudantes, conjuntamente com os professores responsáveis pela disciplina, na escola visitada.
2. Os professores de ambas as escolas deveriam elaborar um elenco de programas, temas, métodos construtivos ou sistemas de projetos realizados por eles mesmos, para efetuarem seminários conjuntos com o objetivo de conhecer as respectivas obras.
3. Os professores de ambas as escolas deveriam realizar seminários onde seriam apresentados os exercícios dos alunos, os métodos usados para tanto e os produtos finais, para confronto, análise e discussão.
4. Os professores de ambas as escolas deveriam realizar durante o período de permanência um projeto de arquitetura em conjunto. Os programas deste projeto deveriam ser de complexidade tal que pudessem absorver vários professores, sendo os temas abrangentes e de interesse do país visitado.[74]

Assim propondo, ele acreditava que o intercâmbio, além da troca de experiência e aperfeiçoamento didático, não só abriria espaço para o início de uma crítica arquitetônica em relação à universidade, como também proporcionaria independência no tocante à produção corrente no mercado.

Centro Cultural e Teatro Municipal de Santos, perspectiva, Santos SP, 1960, arquitetos Oswaldo Corrêa Gonçalves, Abrahão Sanovicz e Julio Katinsky

"A sistematização desta crítica" – dizia ele – "poderá ser rebatida à prática profissional, e seu subsídio, esperamos, possa trazer benefícios para a didática do projeto e para a qualidade da arquitetura".[75]

Mais recentemente, em 1997, Abrahão se inscreveu no concurso de livre-docência aberto junto ao departamento de Projetos da FAU USP. Para tanto, apresentou sua *Sistematização crítica da obra de arquitetura*. Nela reuniu uma série de projetos e textos, seguindo uma ordem cronológica. Alguns projetos eram acompanhados de extensos memoriais, necessários na ocasião em que foram elaborados; outros, contendo apenas pequenos verbetes. Todos foram selecionados e organizados a partir do material existente, após criteriosa organização de arquivos.

Os desenhos incluídos na *Sistematização* eram, na sua quase totalidade, documentos de trabalho, guardados durante o processo de elaboração dos projetos.

A coletânea dos projetos e textos deixa claro que, para Abrahão Sanovicz, projetar e ensinar é única e mesma atividade.

O item "Explicação necessária" introduz a tese. Nele, Abrahão sintetiza suas preocupações e o rebatimento na prática da arquitetura e do ensino. Assim redigiu ele:

> A simplicidade procurada no projeto e no texto, como uma postura didática é ato normal para um professor, a fim de que o aluno possa avaliar o dito em sala de aula e a correspondente produção que informa e lastreia a atividade de ensinar. [...]
> Sobre os projetos, sempre os fiz com referências. Ato difícil de explicitar quando nos bancos da escola, porém, com o caminhar da vida profissional, na maturidade, este processo torna-se claro. Os graus de liberdade se ampliam, o programa se enriquece a partir da "lista de necessidades", guardando do mesmo uma distância enorme. O material construtivo cada vez mais torna-se um meio, não um fim, o que me dá liberdade para interpretar cada programa com a linguagem específica necessária, sem sacrificar a coerência dos conjuntos dos projetos e textos elaborados ao longo desse percurso.
> O desenho como forma de linguagem. Sempre desenhei e continuo desenhando, somente passo o projeto para o papel quando já o tenho claro na minha cabeça. Não fico procurando a solução na folha branca. Projetando-o,

consigo fazer todas as leituras que necessito para compreender a solução. E por que não, compreender-me também.[76]

Aulas ministradas, teses e dissertações, orientações a pós-graduandos, intercâmbios didáticos, reestruturação do ensino e várias outras tarefas por ele realizadas no mundo acadêmico fazem parte de sua biografia de professor. Testemunha eloquente dessa trajetória foram as atividades para comemorar o cinquentenário da FAU USP que ilustraram com muita propriedade a atividade docente de Abrahão.

Com efeito, o primeiro dos eventos comemorativos foi a exposição *Abrahão Sanovicz: projetos, desenhos, gravuras*, sobre a obra do arquiteto, realizada em 1997. Organizada pelos alunos, eles escolheram um professor que, pela diversidade de atuação, representasse com fidelidade o "espírito da FAU".

Uma outra exposição – *5 décadas de arquitetura, uma leitura* – deveria encerrar o conjunto de eventos pelo jubileu de ouro da Escola. O diretor da Faculdade nessa época, professor Julio Roberto Katinsky, convidou Abrahão para a curadoria desse último evento.

Previa-se que, na exposição, fossem apresentados trabalhos de arquitetos formados pela Faculdade. Selecioná-los era tarefa muito difícil. Para tanto, Abrahão convocou cinco ex-alunos como subcuradores para cada década: Jon Maitrejean, de 1948 a 1958; Maria Helena Flynn, de 1959 a 1968; Roberto Portugal Albuquerque, de 1969 a 1978; Milton Braga, de 1979 a 1988 e Fernanda Barbara, de 1989 a 1998. Com eles, identificou os projetos mais significativos elaborados pelos alunos formados em cada um desses períodos.

As duas exposições – a que inaugurou e a que encerrou as comemorações do cinquentenário – conseguiram apresentar a diversidade de atuação que tanto caracteriza o curso. Foram, ambas, aulas de arquitetura do professor Abrahão Sanovicz.

---

76. SANOVICZ, Abrahão. Relatório das atividades desenvolvidas. *Sistematização crítica da obra de arquitetura para obtenção do título de livre docente* (op.cit), p. 148.

Abrahão Sanovicz e Ruy Ohtake durante a exposição *5 décadas de arquitetura: uma leitura*, MUBE, 4-9 nov. 1998

Abrahão Sanovicz e Edson Elito durante a exposição *5 décadas de arquitetura: uma leitura*, MUBE, 4-9 nov. 1998

Exposição *5 décadas de arquitetura: uma leitura*, MUBE, 4-9 nov. 1998

Hélio Penteado, José Magalhães Júnior, Pedro Cury, Abrahão Sanovicz, Gregório Repsold e Bruno Roberto Padovano durante a exposição *Abrahão Sanovicz: projetos, desenhos, gravuras*, 22 ago./26 set. 1997

Terminal para turismo em massa em Ubatuba, 1984

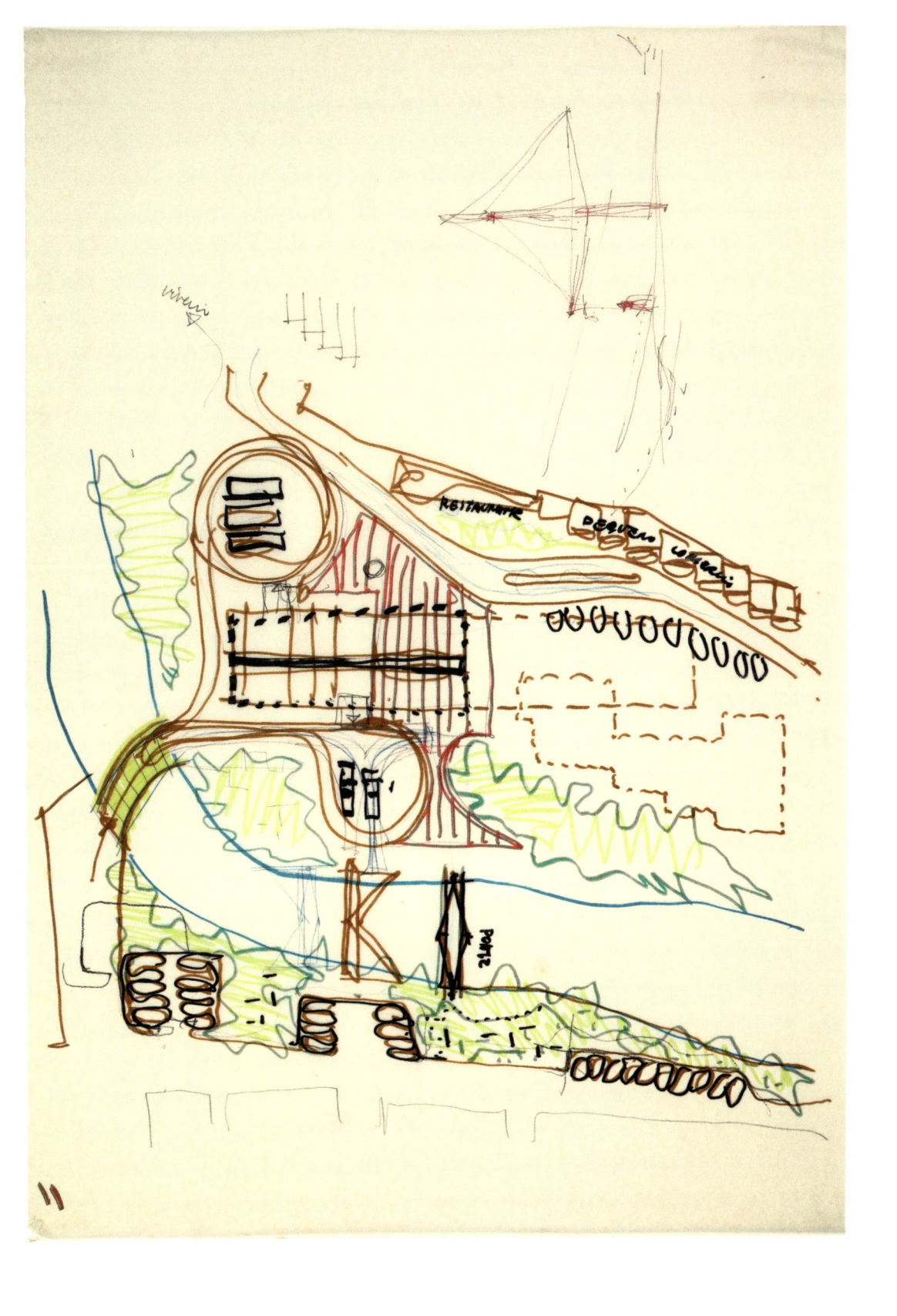

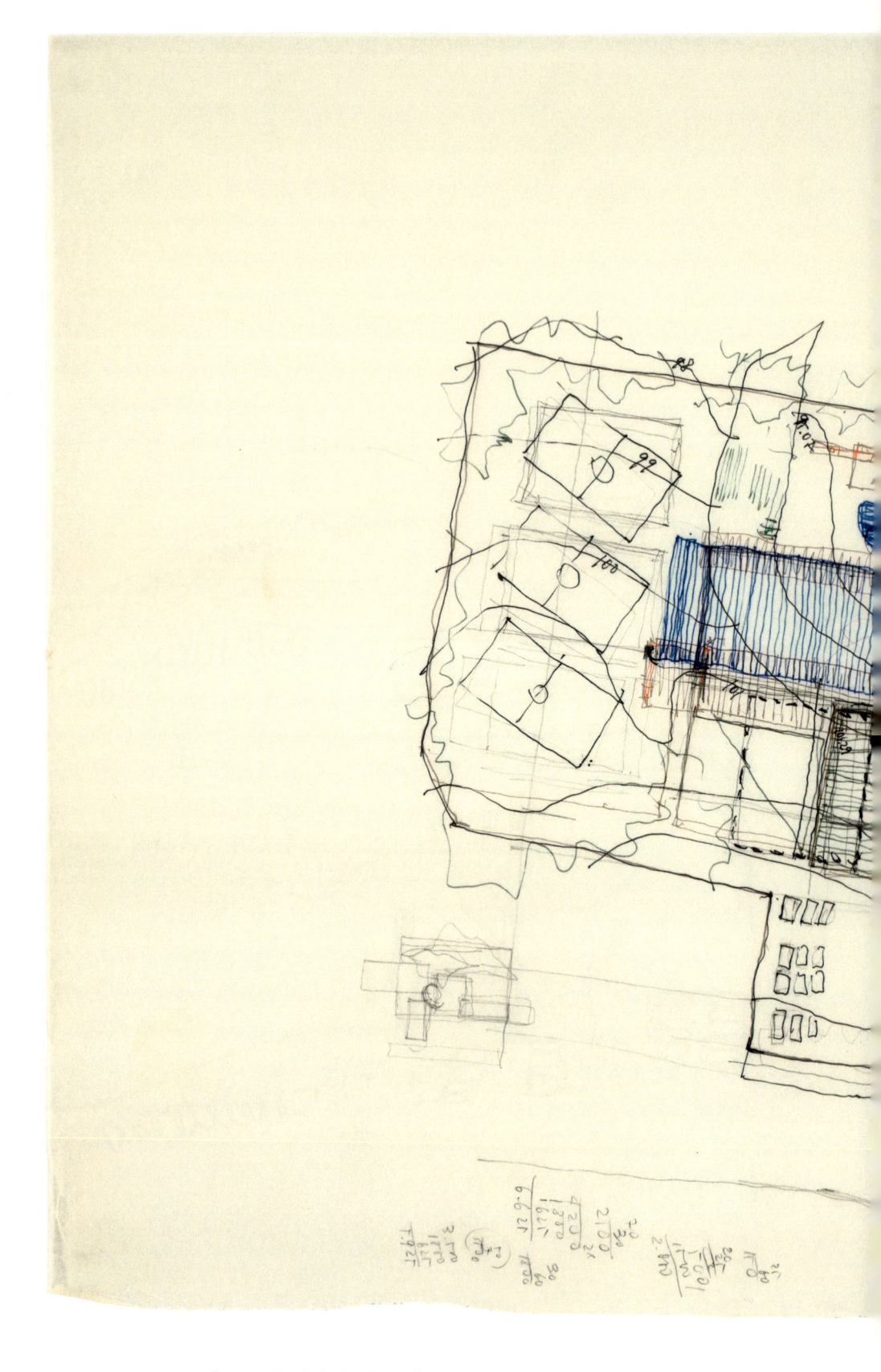

Centro Social do Sesc Araraquara, 1994

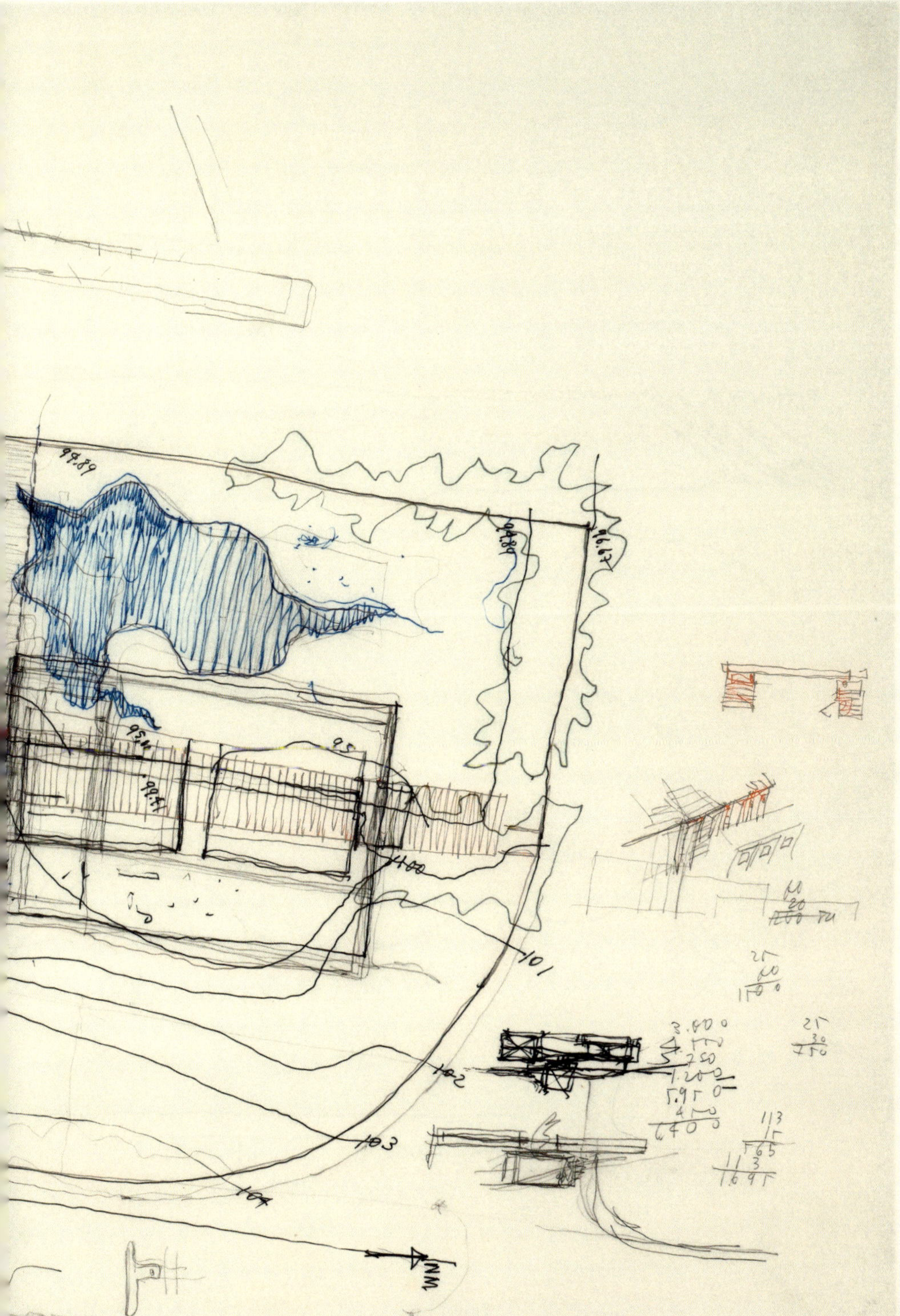
101
102
103

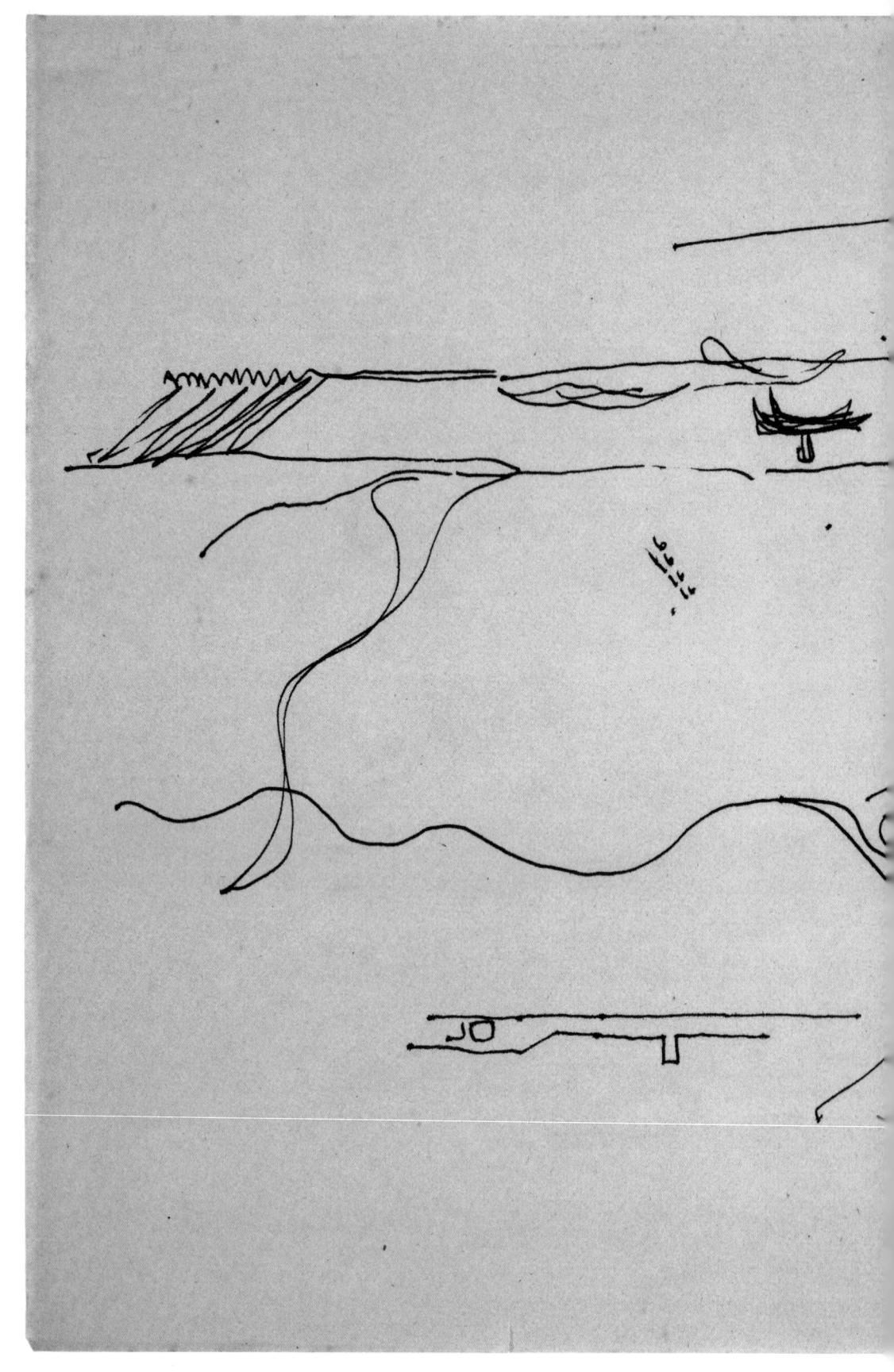

Estação de Piscicultura de Promissão e Salto Grande, 19/2

140.00
200
70

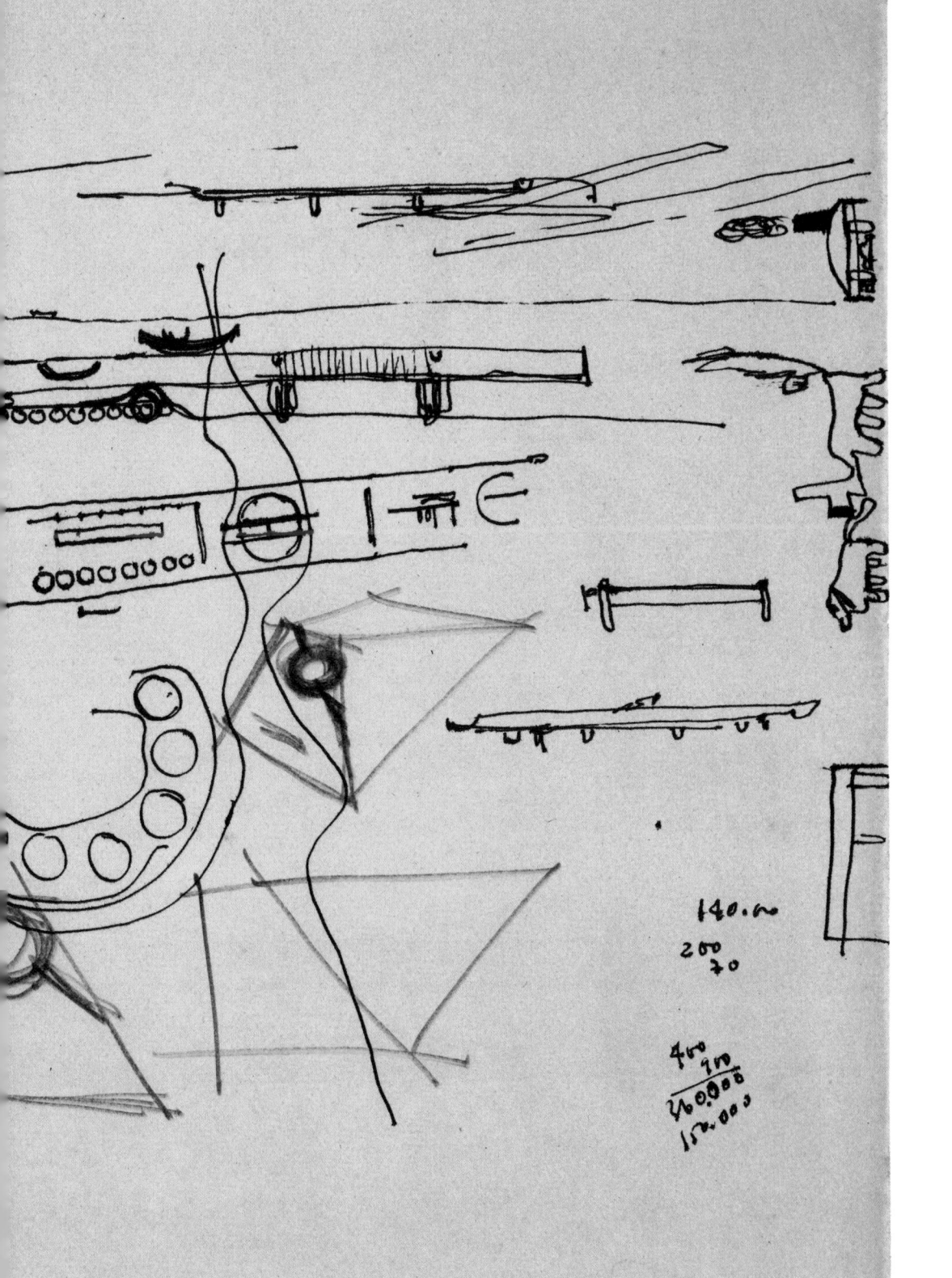

400
900
160,000
150,000

Estação de Piscicultura de Promissão e Salto Grande, 1972

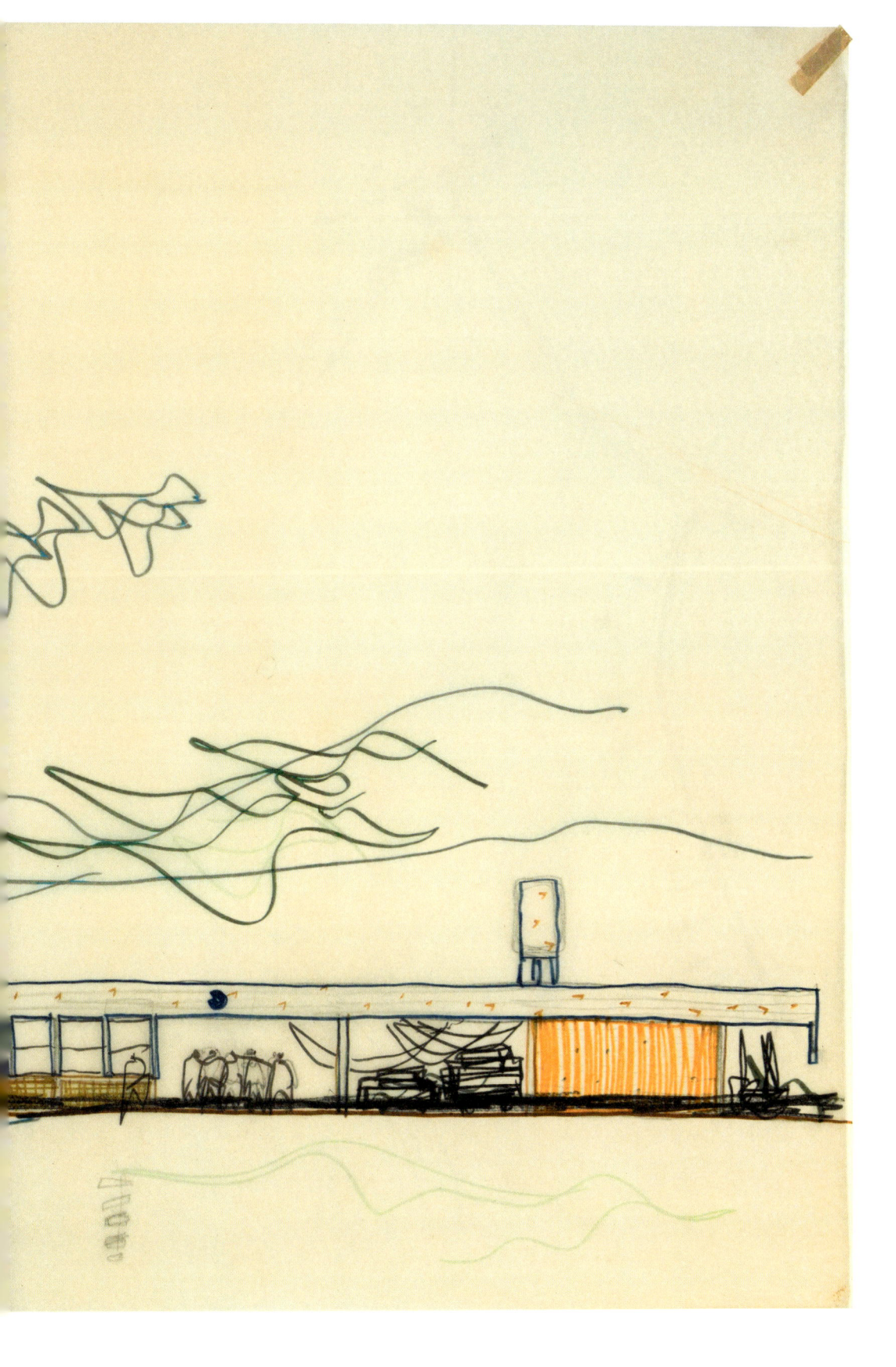

Terminal para turismo em massa em Ubatuba, 1984

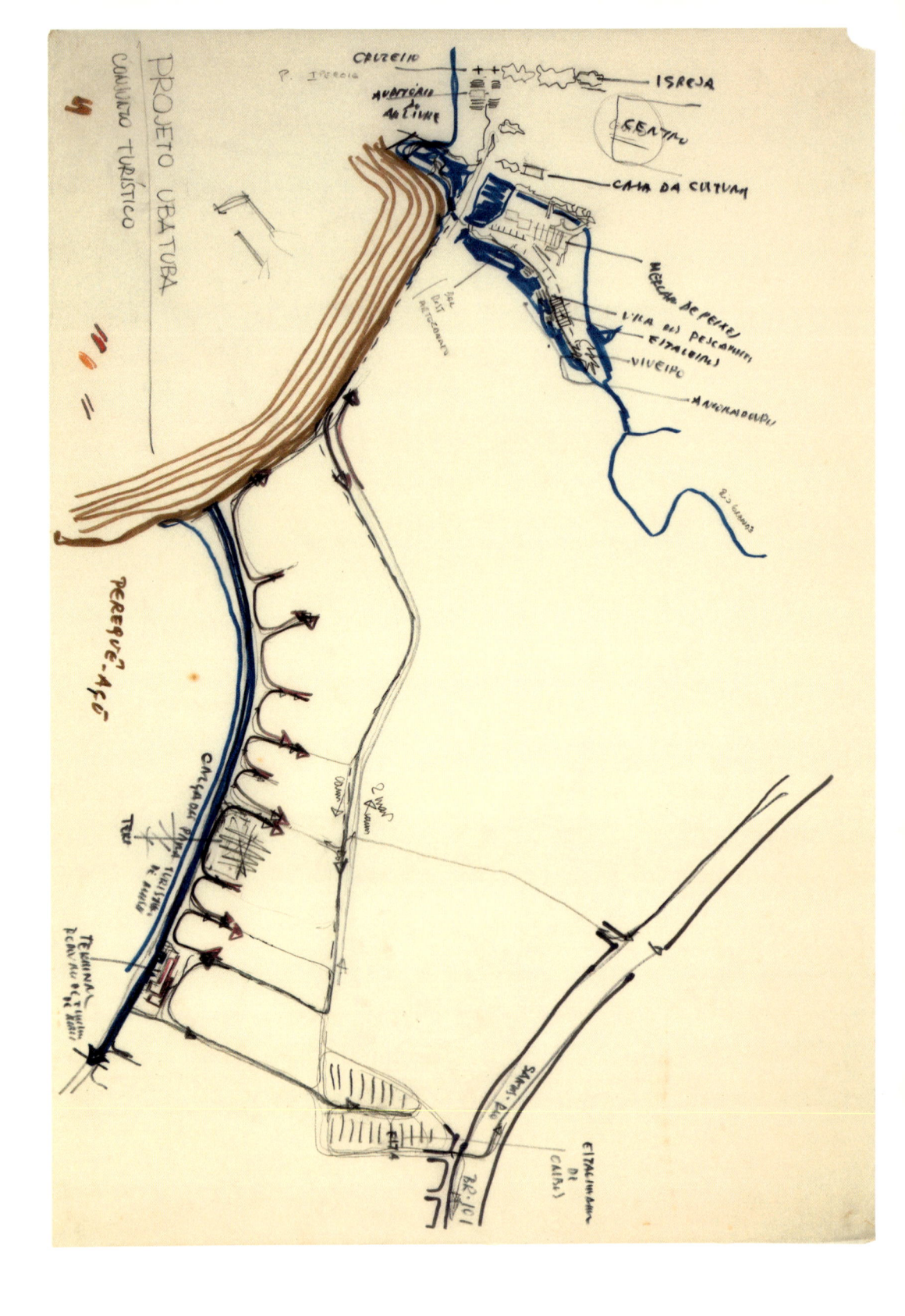

Fichas de projetos
Na extensa obra do arquiteto Abrahão Sanovicz há um número expressivo de obras qualificadas pela inventividade do projeto, pelo primor de sua execução ou pela importância pública de seu programa. Algumas estão na memória afetiva de arquitetos e se tornaram ao longo dos anos em referências recorrentes nas discussões acadêmicas e nas próprias obras de colegas de profissão – dentre os possíveis exemplos, pode-se citar os edifícios da série Modular. Outras se tornaram, graças à soluções técnicas de grande expressão formal, em referências em áreas específicas da cidade, caso do Edifício Abaeté e seus engenhosos brise-soleils, mas também do Conjunto Habitacional Celso dos Santos, com seus dois imponentes blocos nas redondezas da represa Guarapiranga. Por fim, vale destacar obras que se tornaram marcos urbanos em suas cidades, como se vê nas cidades paulistas de Araraquara – com uma ampla e moderna unidade do Sesc – e Santos – com o Centro Cultural e Teatro Municipal, complexo cultural prestes a comemorar meio século de existência.

As obras que merecem, a seguir, um maior destaque foram selecionadas segundo um conjunto de critérios que envolvem a qualidade do projeto, sua relevância para a história da arquitetura, seu significado sociocultural, a existência de material iconográfico qualificado, a possibilidade de registro fotográfico e a disponibilidade de recursos. Assim, mesmo diante da possibilidade concreta da omissão de projetos significativos, apresenta-se a seguir os seguintes projetos:

- Centro Cultural e Teatro Municipal de Santos, Santos SP, 1960; 1968.
- Edifício Abaeté, São Paulo SP, 1963.
- Edifício Modular Delta I e II, São Paulo SP, 1970.
- Edifício Fiandeiras, São Paulo SP, 1972.
- Parque Habitacional Cecap Serra Negra, Serra Negra SP, 1975.
- Residência Abrahão Sanovicz, São Paulo SP, 1976-1977.
- Centro Social do Sesc Araraquara, Araraquara SP, 1994.
- Conjunto Habitacional Celso dos Santos, São Paulo SP, 1995.

Centro Cultural e Teatro Municipal de Santos
Avenida Senador Pinheiro Machado com avenida Francisco Manoel
Santos SP
1960; 1968

Os arquitetos Abrahão Sanovicz, Julio Roberto Katinsky e Oswaldo Corrêa Gonçalves são os autores do projeto do Centro Cultural e Teatro Municipal de Santos. O terreno reservado para a implantação do projeto localizava-se inicialmente na confluência da avenida Ana Costa, rua Alexandre Herculano e avenida General Francisco Glicério, mas foi posteriormente mudado. O prefeito eleito em 1960, Luiz La Scala Júnior, grande entusiasta do projeto, morreu antes de assumir o cargo. Por esse motivo o empreendimento foi interrompido e só foi retomado em 1968 em outro terreno bem maior, incorporando outras atividades no programa: um centro de vivência, biblioteca municipal e uma escola de arte.

O abrangente programa, além de um teatro de comédia (tradicional), com seiscentos lugares, compreendia também teatro elizabetano, no qual a área de representação rodeia em parte a plateia, teatro múltiplo, com três palcos simultâneos representando-se cenas sincronizadas, e teatro de arena onde o palco é cercado pelas plateias. Além dos teatros, o programa também incluía espaços para espetáculos de balé, ópera de câmara, sessões cinematográficas de filmes de arte, locais para exposição de artes plásticas e escola de balé.

Todas as atividades foram reunidas num único bloco para integrar o edifício à praça, com acesso direto por qualquer uma das ruas às bilheterias, administração e acesso para o hall do teatro, posicionados em laje elevada. O segundo pavimento previa um espaço para exposições, com a respectiva administração e os sanitários.

A ampla caixa do palco foi desenhada de maneira a acomodar toda a parte mecânica, bem como as coxias laterais para o deslocamento dos cenários. No palco, dois giratórios permitiriam a troca instantânea dos cenários. Forro e paredes da plateia receberam tratamento de maneira a se obter o melhor rendimento acústico. A consultoria cenotécnica foi de Aldo Calvo, e a do sistema eletroacústico de Igor Srenevsky. Iluminada e ventilada zenitalmente, a escola de balé foi projetada para ficar sobre a plateia.

A estrutura, calculada pelo Escritório Técnico Feitosa Cruz e De Lucca, era constituída de seis grandes vigas que suportavam as cargas da cobertura e, parcialmente, da laje do museu, que descarregavam na parede do ciclorama e em pilares embutidos nas parede de fecho da plateia. A laje da sala de espera descansava sobre vigas em balanço, com seção variável, acompanhando o forro. O fechamento do volume seria feito pelas empenas laterais e por paredes de vidro protegidas do sol por grelhas de alumínio.

Centro Cultural e Teatro Municipal de Santos, vista externa, Santos SP, 1960, arquitetos Oswaldo Corrêa Gonçalves, Abrahão Sanovicz e Julio Katinsky

p. 188-189
Centro Cultural e Teatro Municipal de Santos, vista aérea, edifício em obra, foyer e auditório, Santos SP, 1960, arquitetos Oswaldo Corrêa Gonçalves, Abrahão Sanovicz e Julio Katinsky

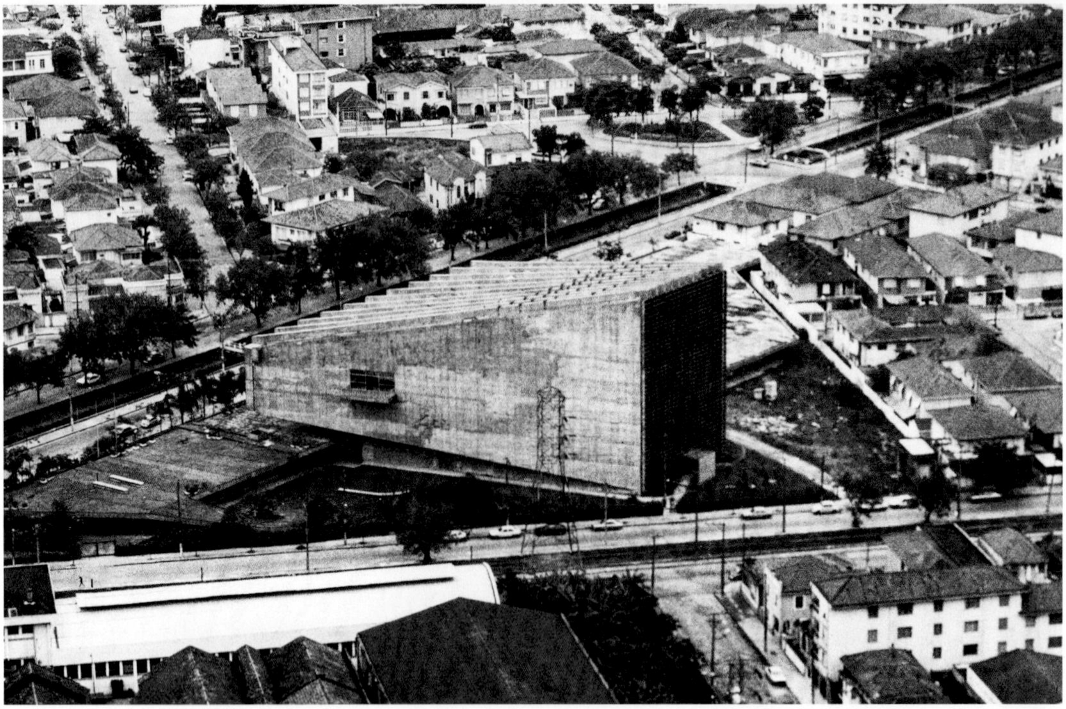

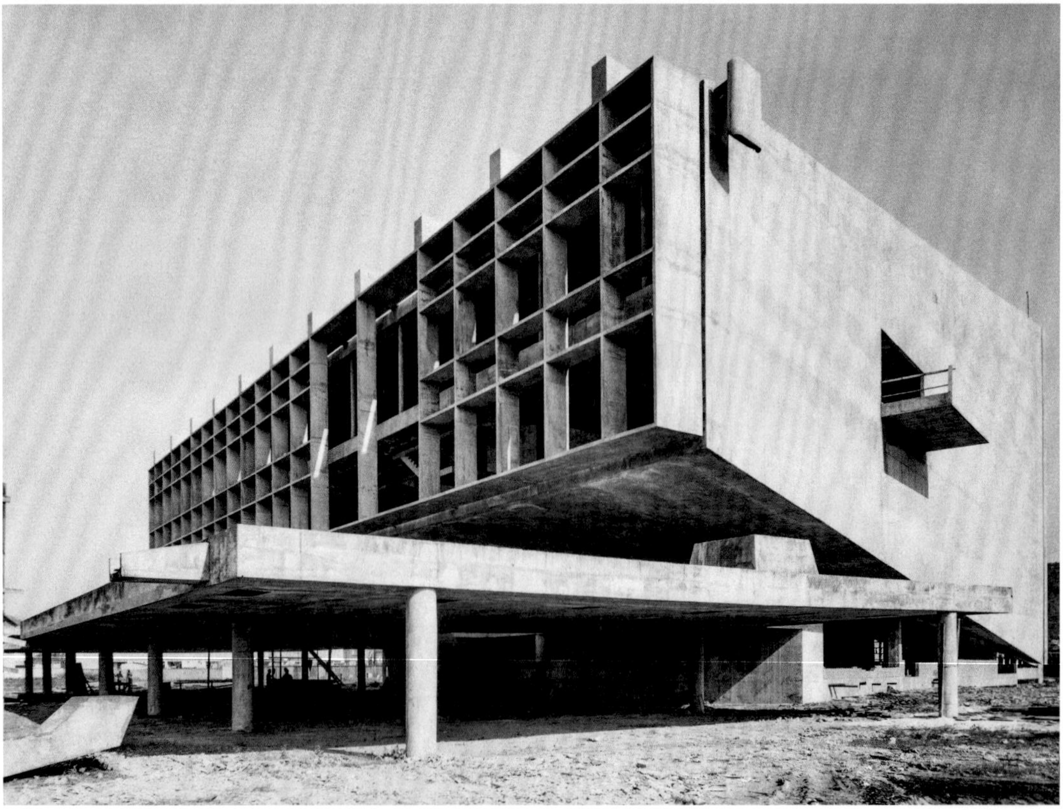

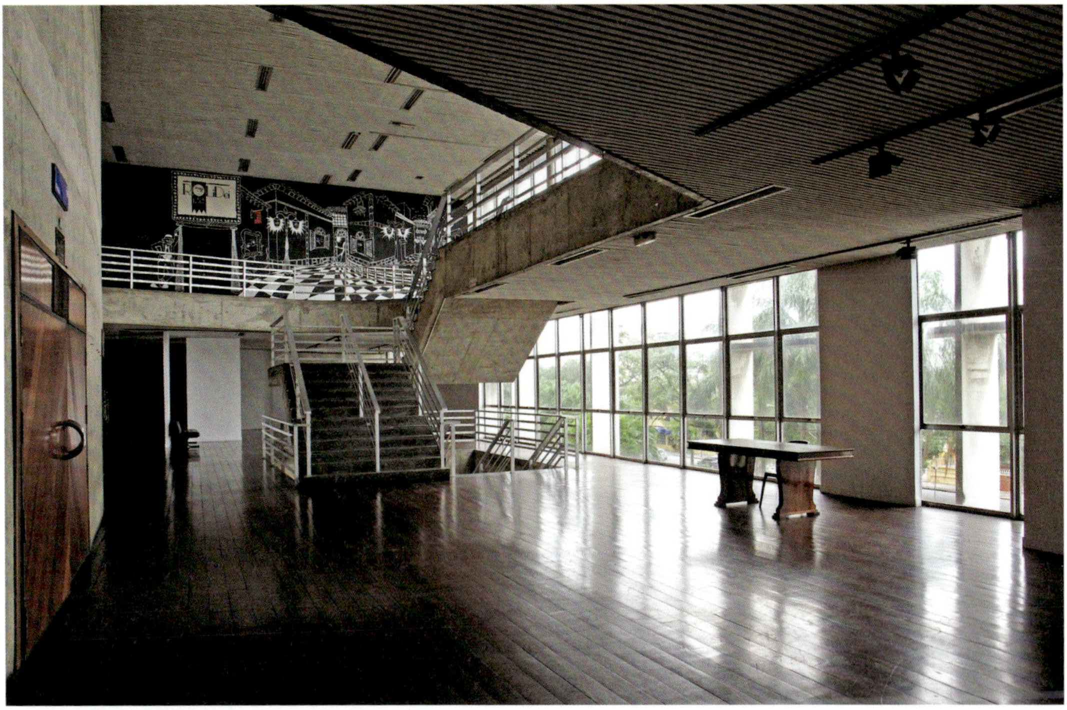

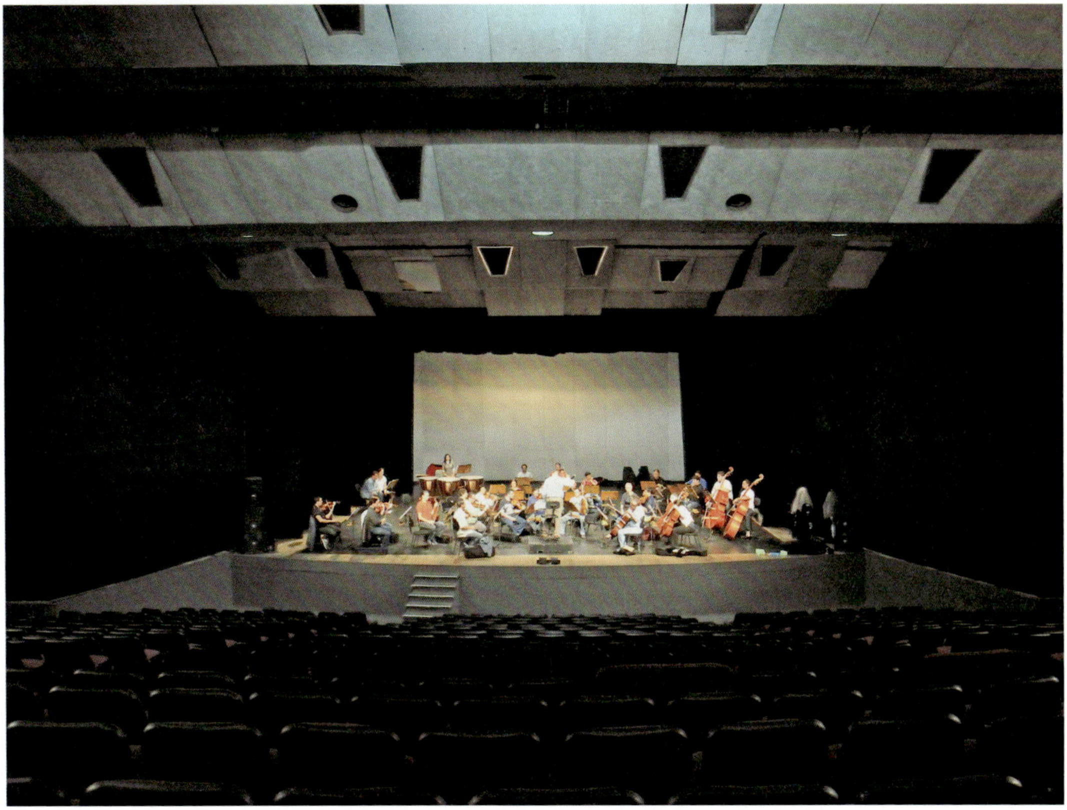

PLANTA TÉRREO
0 10 20

Centro Cultural
e Teatro Municipal
de Santos, plantas,
cortes e elevações,
Santos SP, 1960,
arquitetos Oswaldo
Corrêa Gonçalves,
Abrahão Sanovicz
e Julio Katinsky

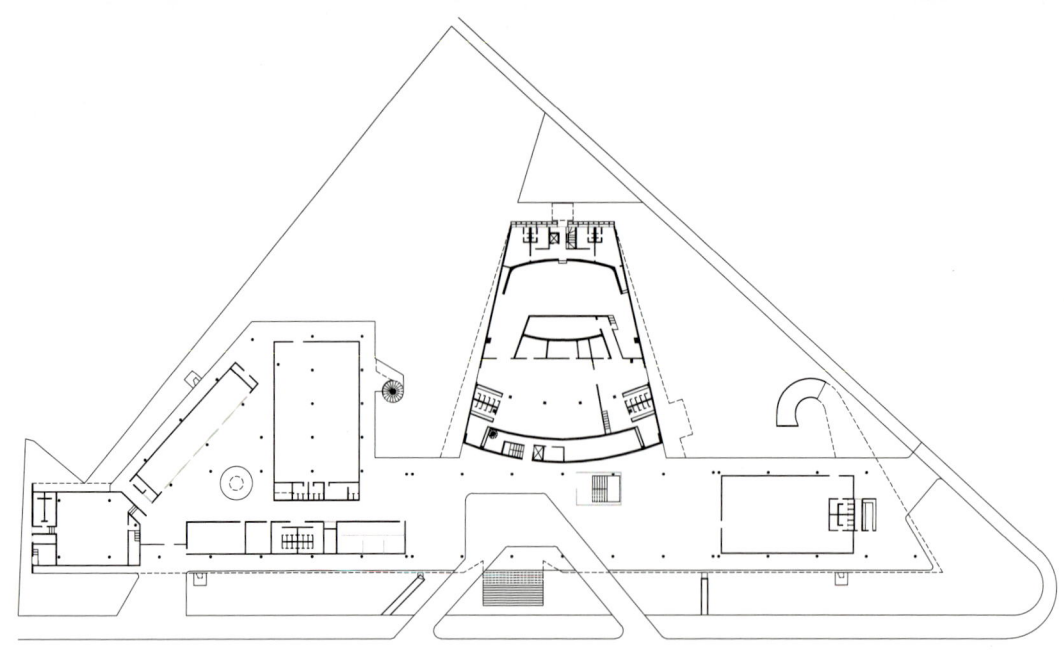

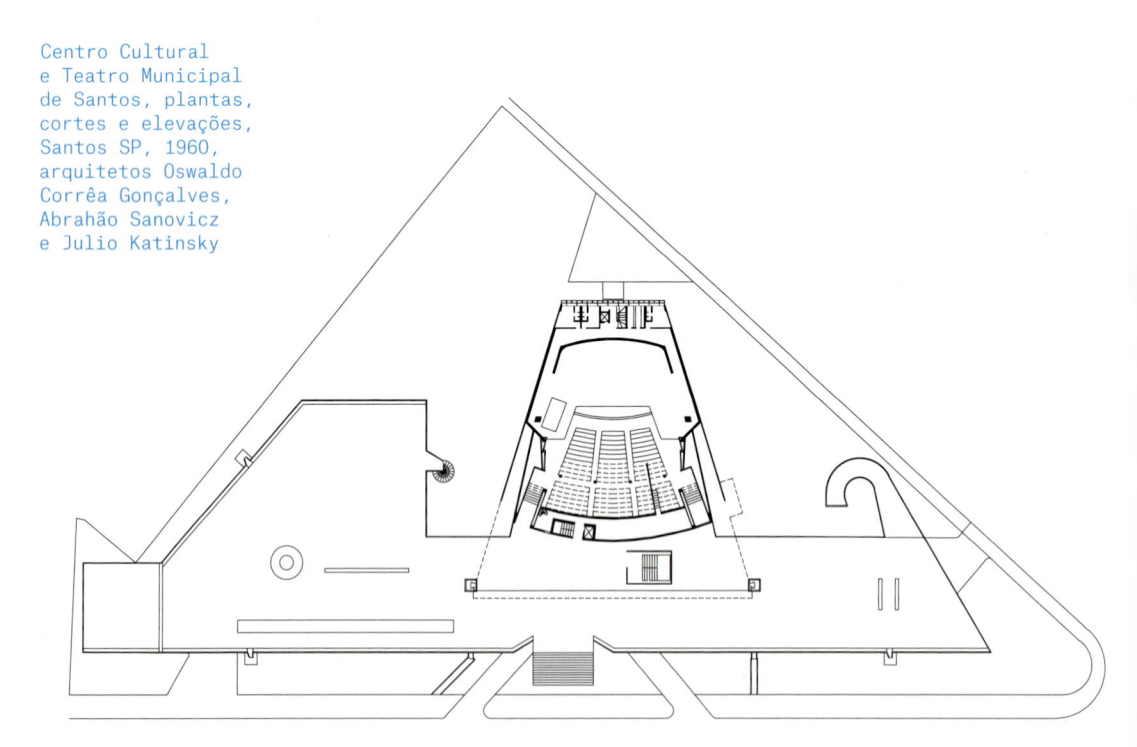

PLANTA 1° PAVIMENTO

PLANTA 2° PAVIMENTO

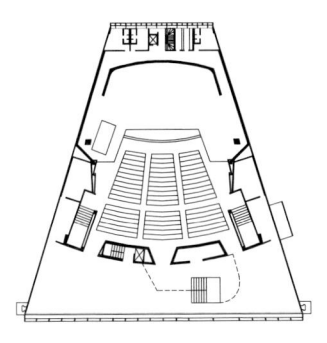

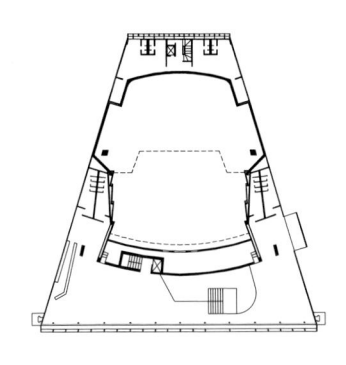

PLANTA 3° PAVIMENTO

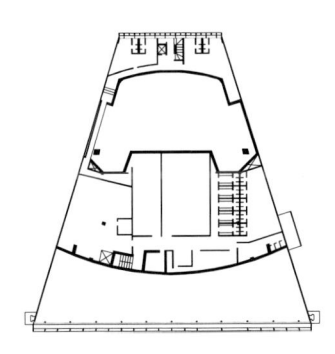

PLANTA 4° PAVIMENTO

CORTE LONGITUDINAL

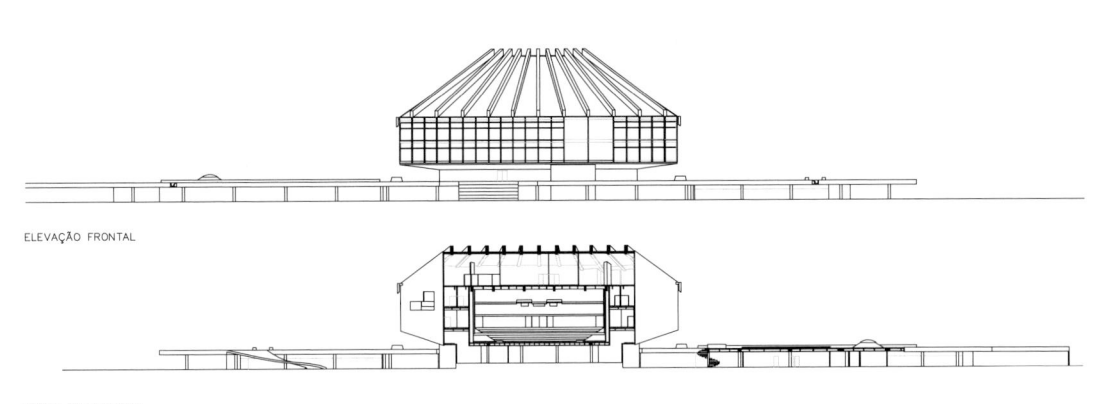

ELEVAÇÃO FRONTAL

CORTE TRANSVERSAL

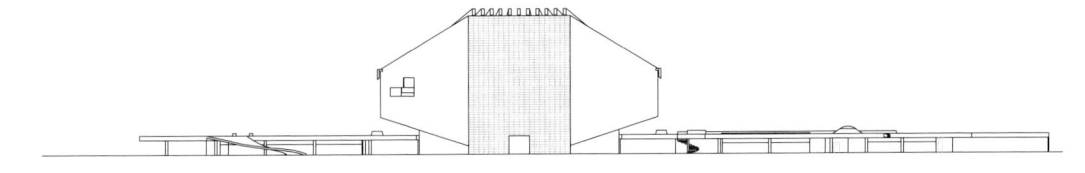

ELEVAÇÃO POSTERIOR

Edifício Abaeté
Rua Pará
São Paulo SP
1963

Edifício Abaeté, São Paulo SP, 1963, arquitetos Abrahão Sanovicz e Dario Montesano

Com projeto de 1963, o edifício só foi construído cinco anos depois. Em 1990, recebeu menção especial na categoria Habitação no concurso O Fibrocimento na Arquitetura Brasileira.

Implantado num terreno de 1.100 metros quadrados, o edifício com dezesseis andares de apartamento, térreo e garagem enterrada tem 7.254 metros quadrados de área total construída. Dois apartamentos por andar, com duzentos metros quadrados cada.

O volume central, onde estão as circulações verticais, banheiros e dormitório de empregada, organiza no sentido maior o prédio: do lado noroeste os quartos e, do lado sudeste, a área de serviço e a cozinha. A sala ocupa toda a extensão da fachada menor.

A estrutura é constituída por pilares na periferia e uma linha de apoio no centro. As lajes são do tipo caixão. Entre as lajes foram colocados caixilhos do piso ao teto.

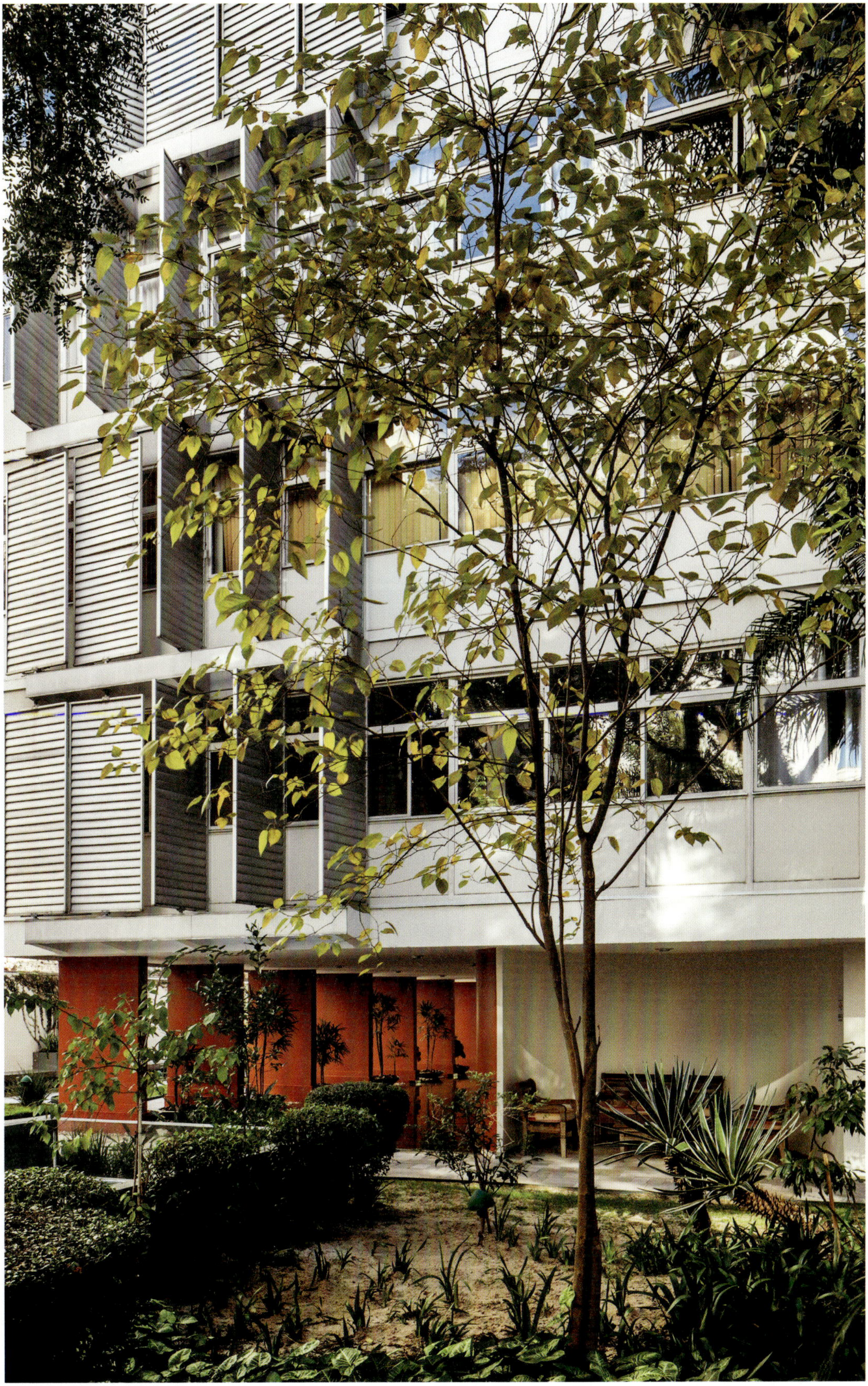

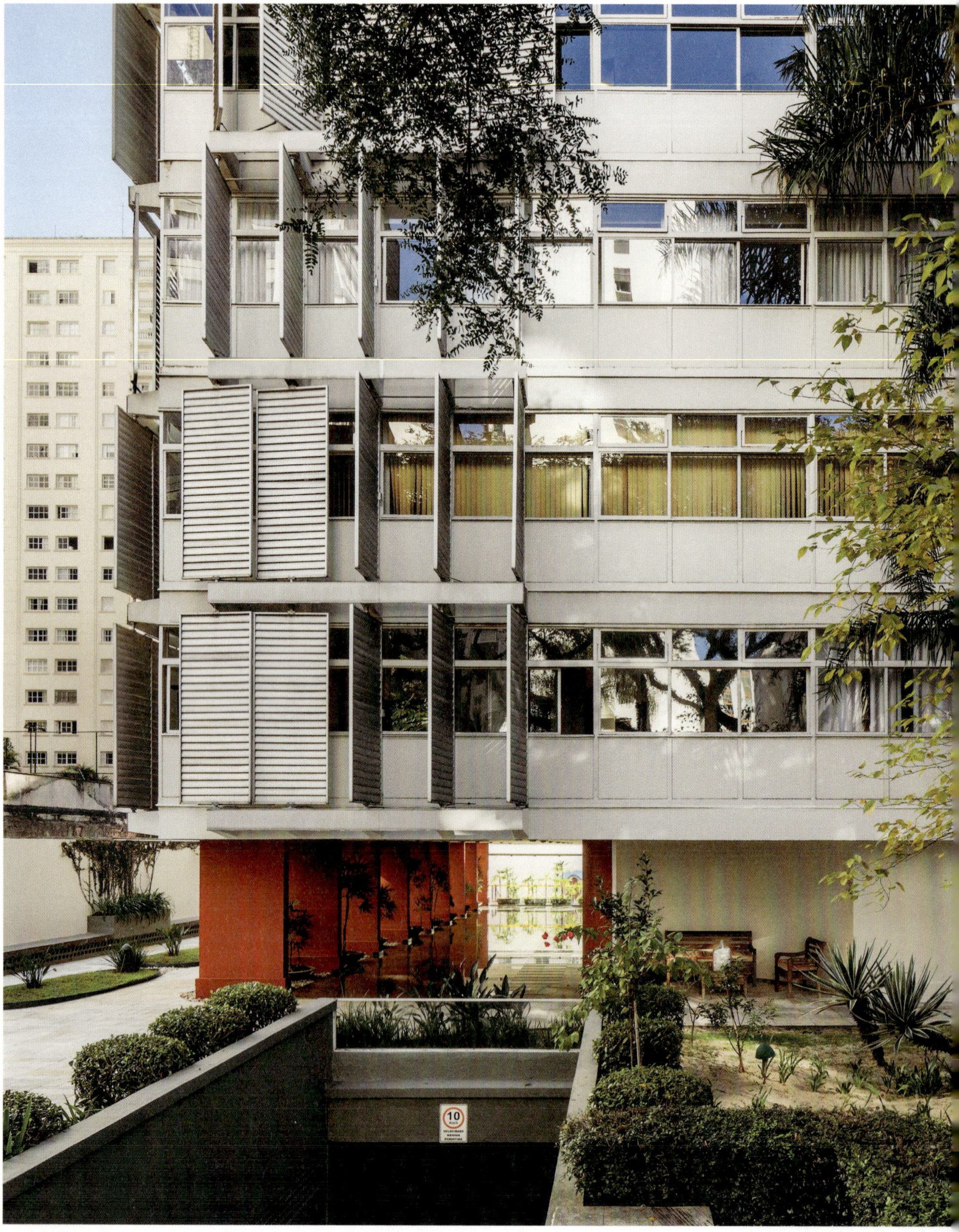
10

Edifício Abaeté, vistas do térreo, sala de estar de apartamento e fachada sem brise-soleil, São Paulo SP, 1963, arquitetos Abrahão Sanovicz e Dario Montesano

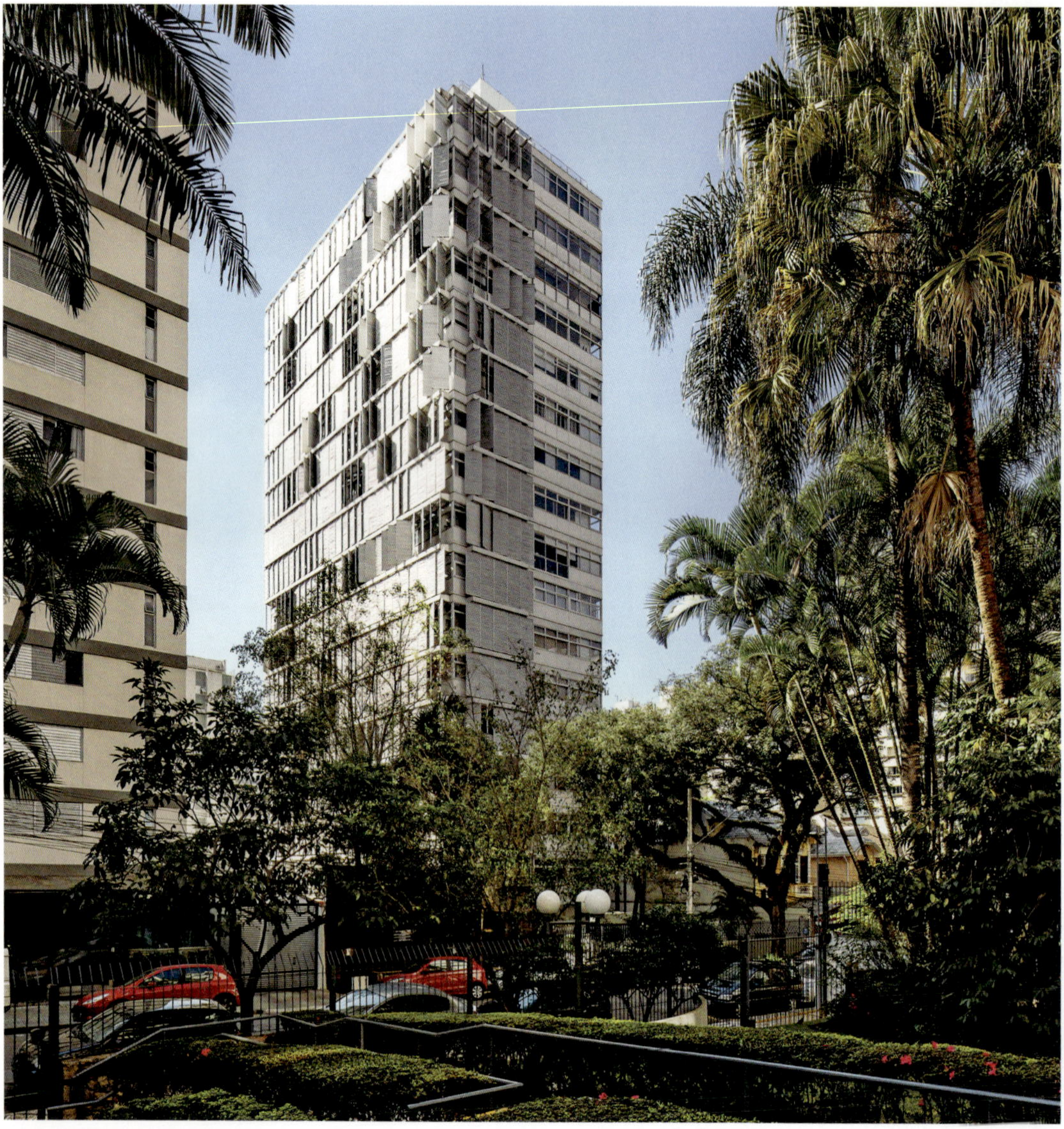

Edifício Abaeté, vista do térreo, elevação da rua Pará e corte transversal, São Paulo SP, 1963, arquitetos Abrahão Sanovicz e Dario Montesano

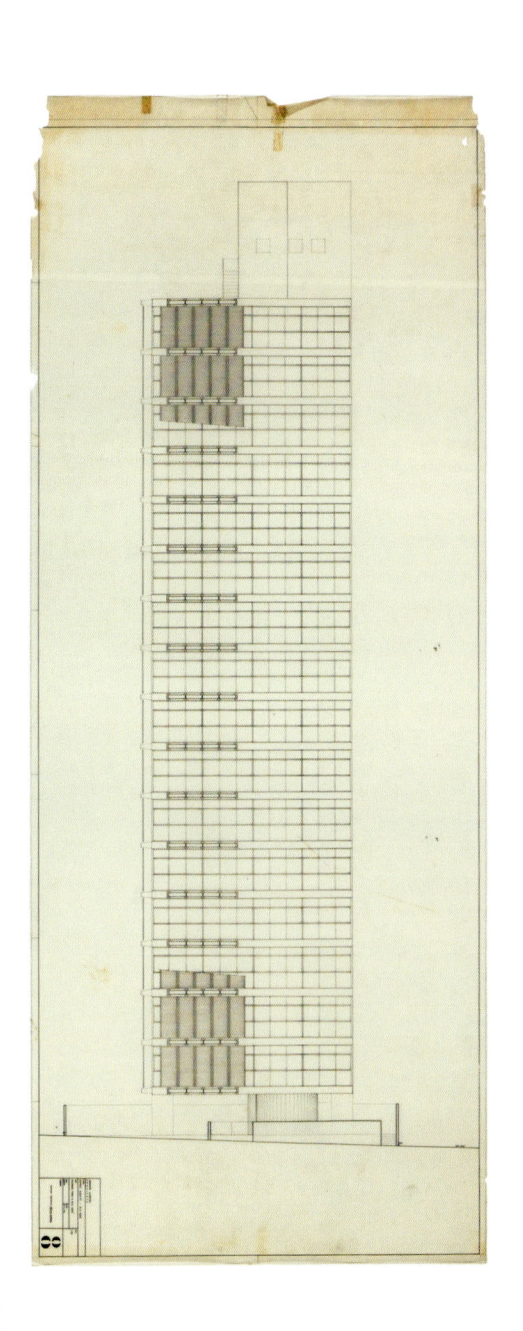

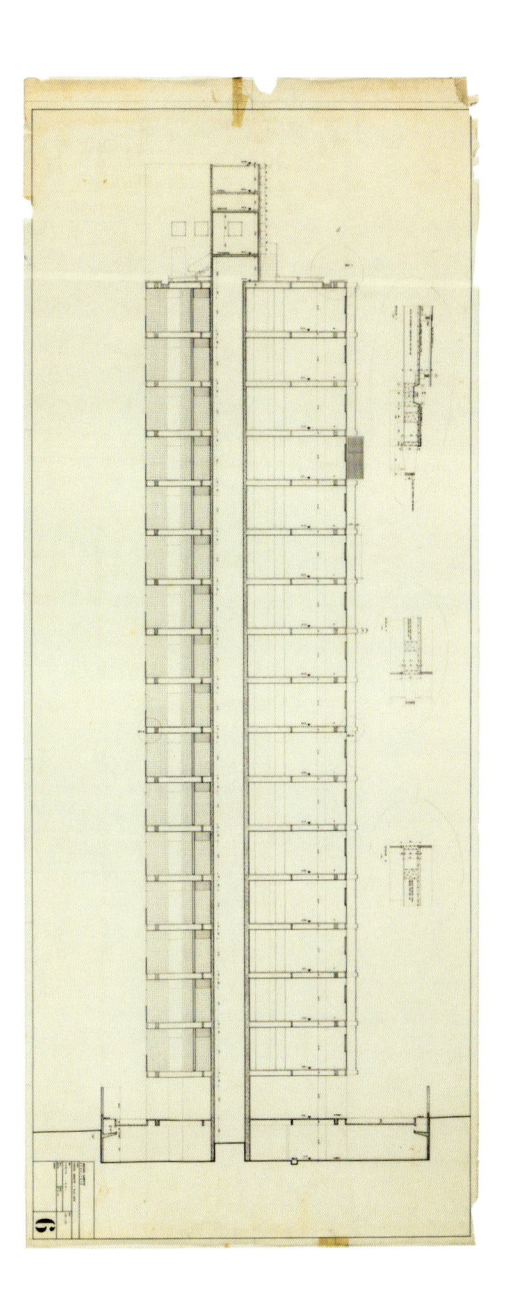

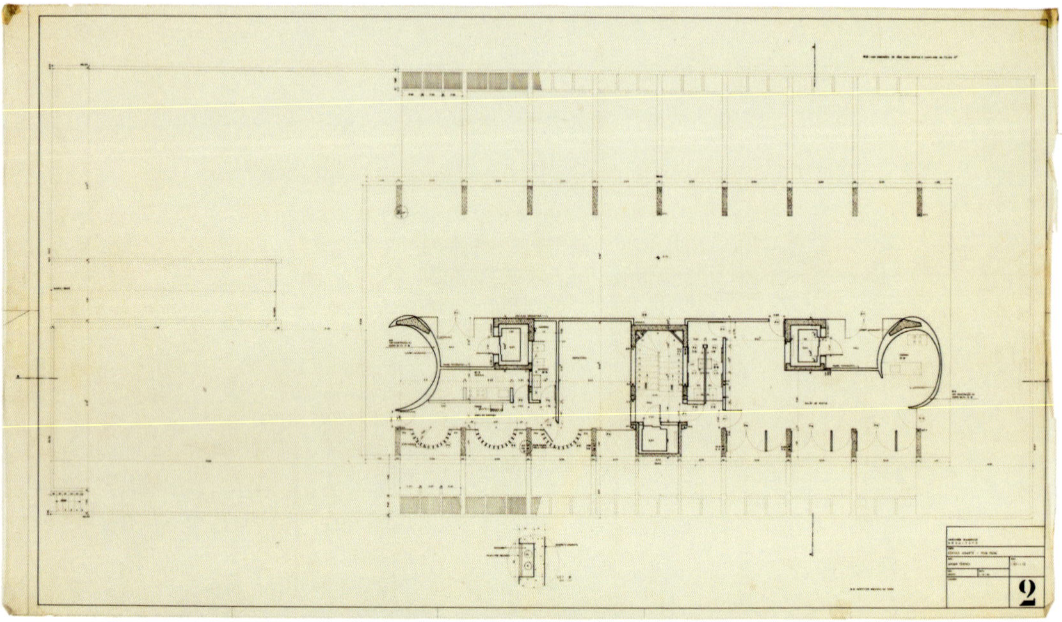
2

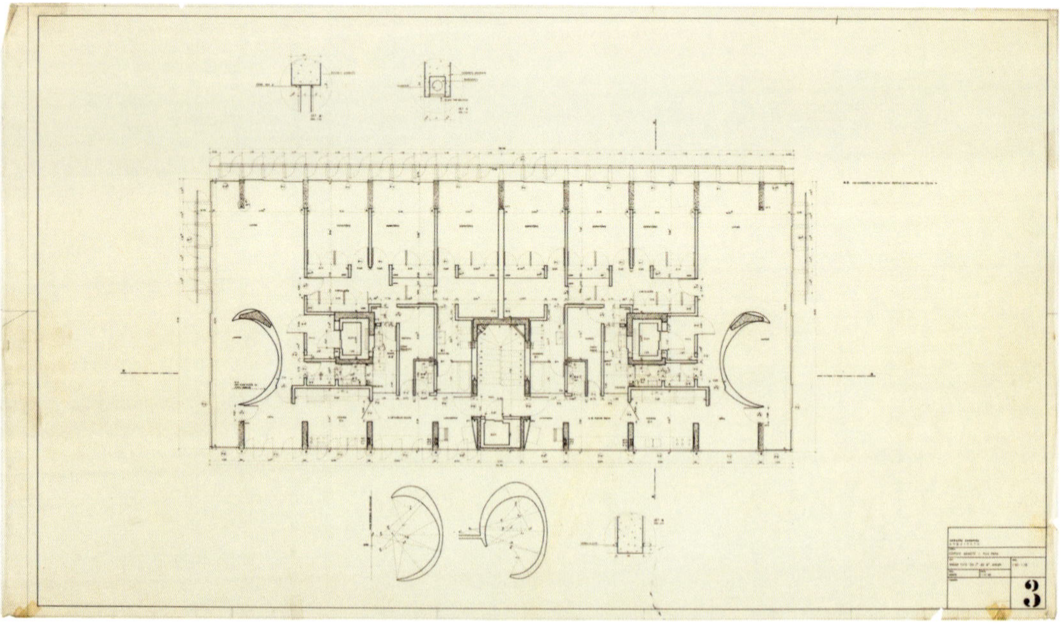
3

Edifício Abaeté, plantas térreo, pavimentos tipo do 1º ao 8º andares e do 9º ao 16º andares e prancha de detalhamento da cozinha, São Paulo SP, 1963, arquitetos Abrahão Sanovicz e Dario Montesano

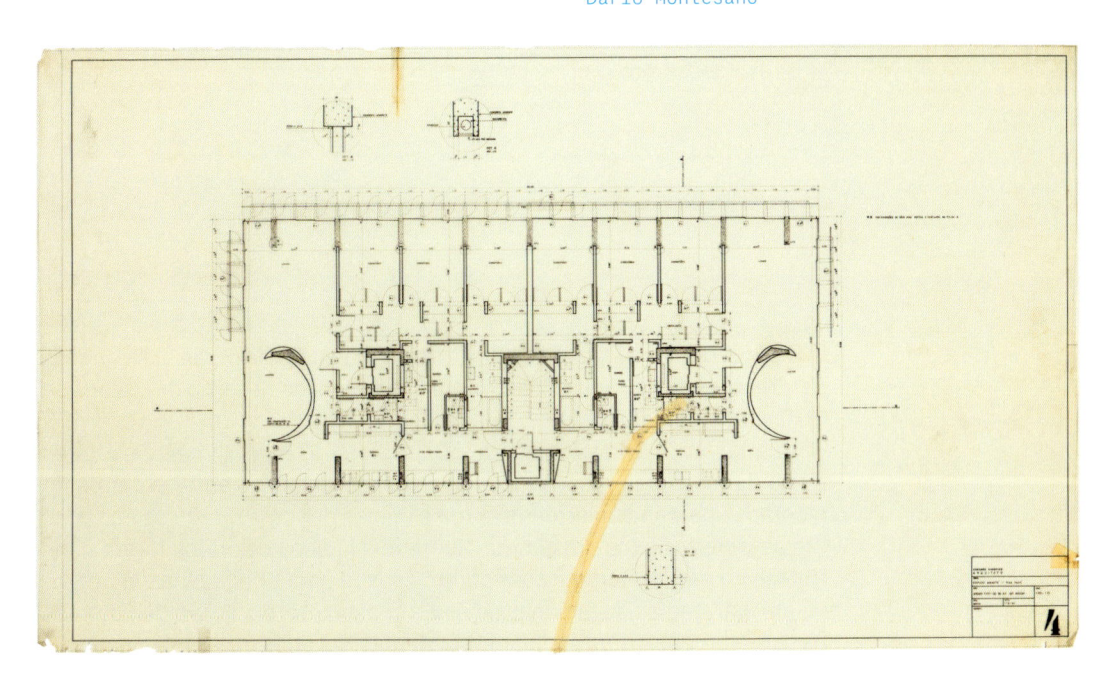

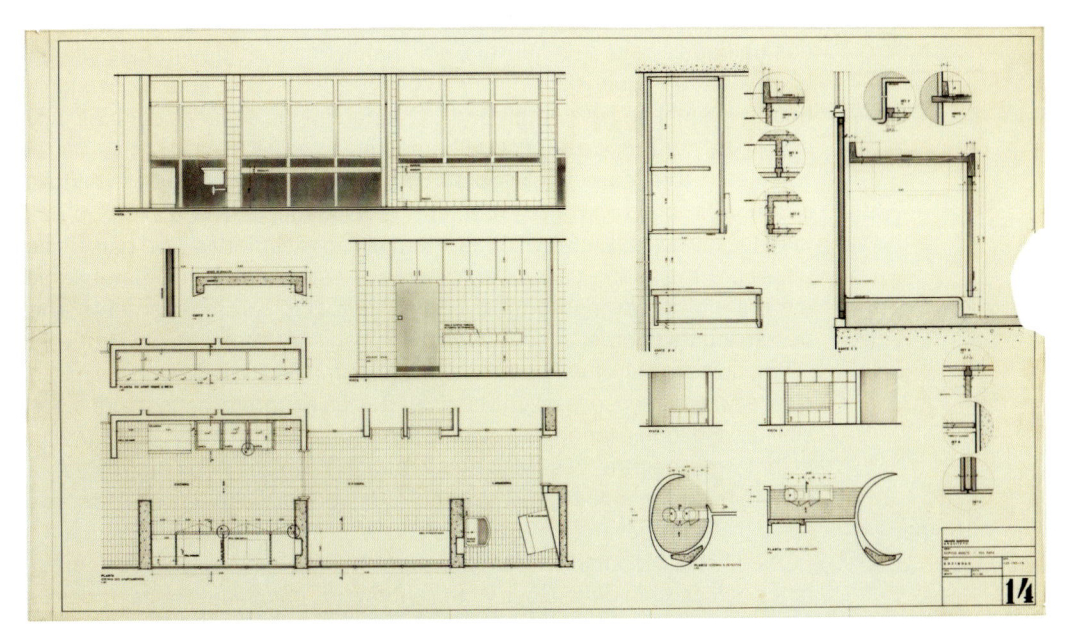

Edifício Modular Delta I e II

Rua Lavandisca, 52
São Paulo SP
1970

Edifício Modular Delta I e II, vista externa, Moema, São Paulo SP, 1970

O Edifício Delta I e Delta II faz parte de um conjunto de obras que Abrahão Sanovicz projetou para a Construtora Formaespaço no início da década de 1970 – os Modulares.

Situadas na rua Lavandisca n. 52, um lote de boas dimensões na esquina da rua Diogo Jácome, as duas lâminas, paralelas entre si, foram implantadas perpendicularmente à rua e unidas por uma marquise no térreo. Meias-paredes circulares como elementos lúdicos coloridos foram construídas no pátio externo e configuram espaço para brincadeiras infantis.

Com estratégias de racionalização da construção, o objetivo da Formaespaço era produzir um Modular em 280 dias. Os edifícios em lâmina sobre pilotis, com dois apartamentos por andar de 125 metros quadrados, onze pavimentos e circulação vertical no centro do edifício, têm como programa das unidades: sala, três quartos, dois banheiros – sendo um deles conjugado a um dos quartos –, cozinha com pequena copa, área de serviço e quarto e banheiro para empregada. O térreo abriga as áreas comuns e de serviço do edifício, e o subsolo, a garagem.

Sua estrutura, na periferia do edifício (7,5 metros de vão), possibilitava a desejada "planta livre" e completa flexibilidade, já que, à exceção das paredes hidráulicas, as divisórias internas são executadas com painéis de gesso pré-moldados, com 7 centímetros de espessura, 50 centímetros de largura e o comprimento igual ao pé direito. Os caixilhos também obedecem a uma coordenação modular vinculada aos módulos construtivos.

A modulação estrutural permitiu o reaproveitamento das formas e a padronização das dimensões das diversas partes da estrutura, de maneira a possibilitar que toda a ferragem, racionalizada, fosse produzida fora do canteiro.

Com vigas peitoris, suas vistas longitudinais são definidas praticamente pela estrutura e pelos caixilhos; noutro sentido, blocos de concreto aparente pintados desenham empenas cegas.

Os edifícios Modulares foram pensados para serem implantados em terrenos típicos, com dimensões vinte centímetros por cinquenta centímetros.

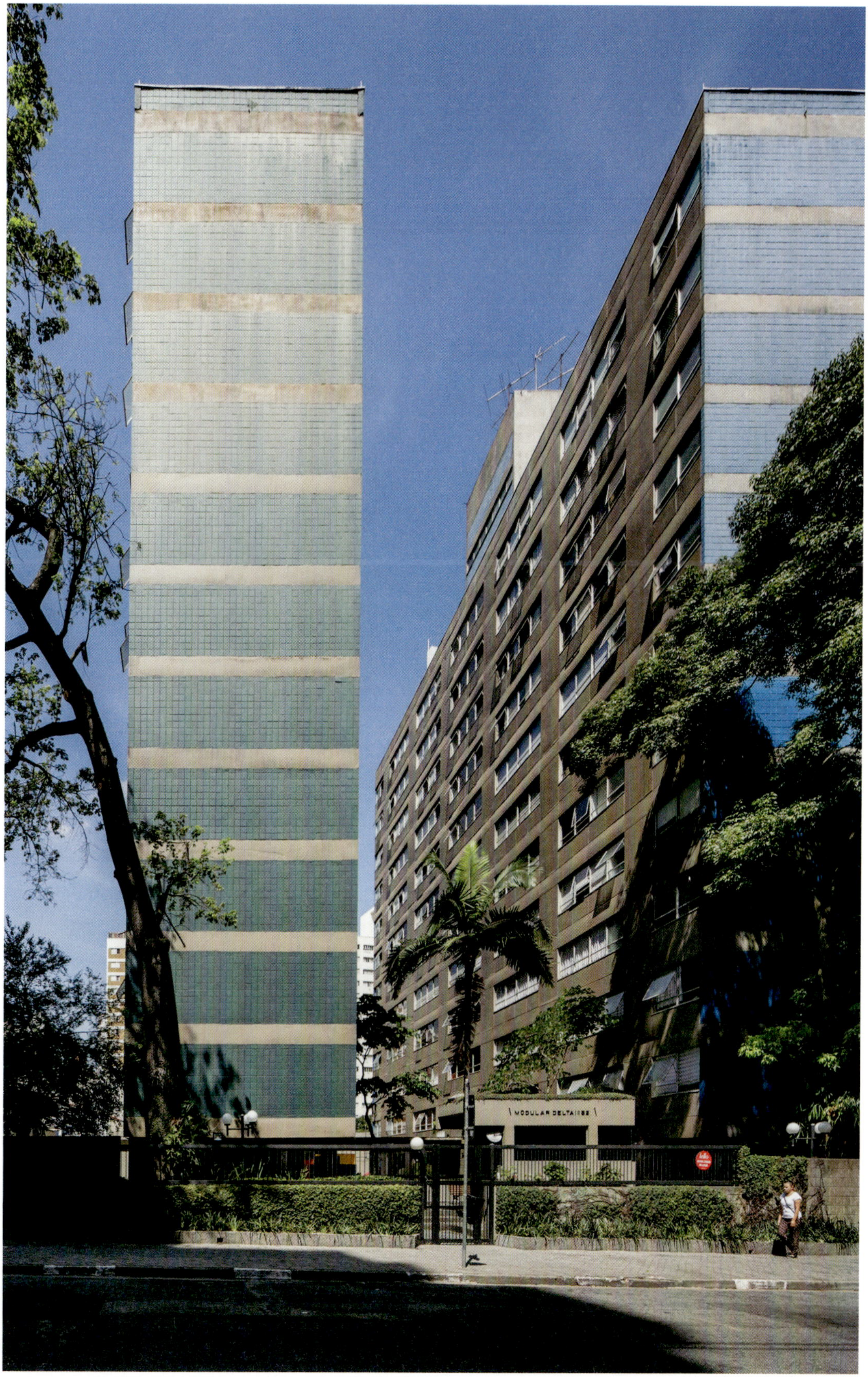
MODULAR

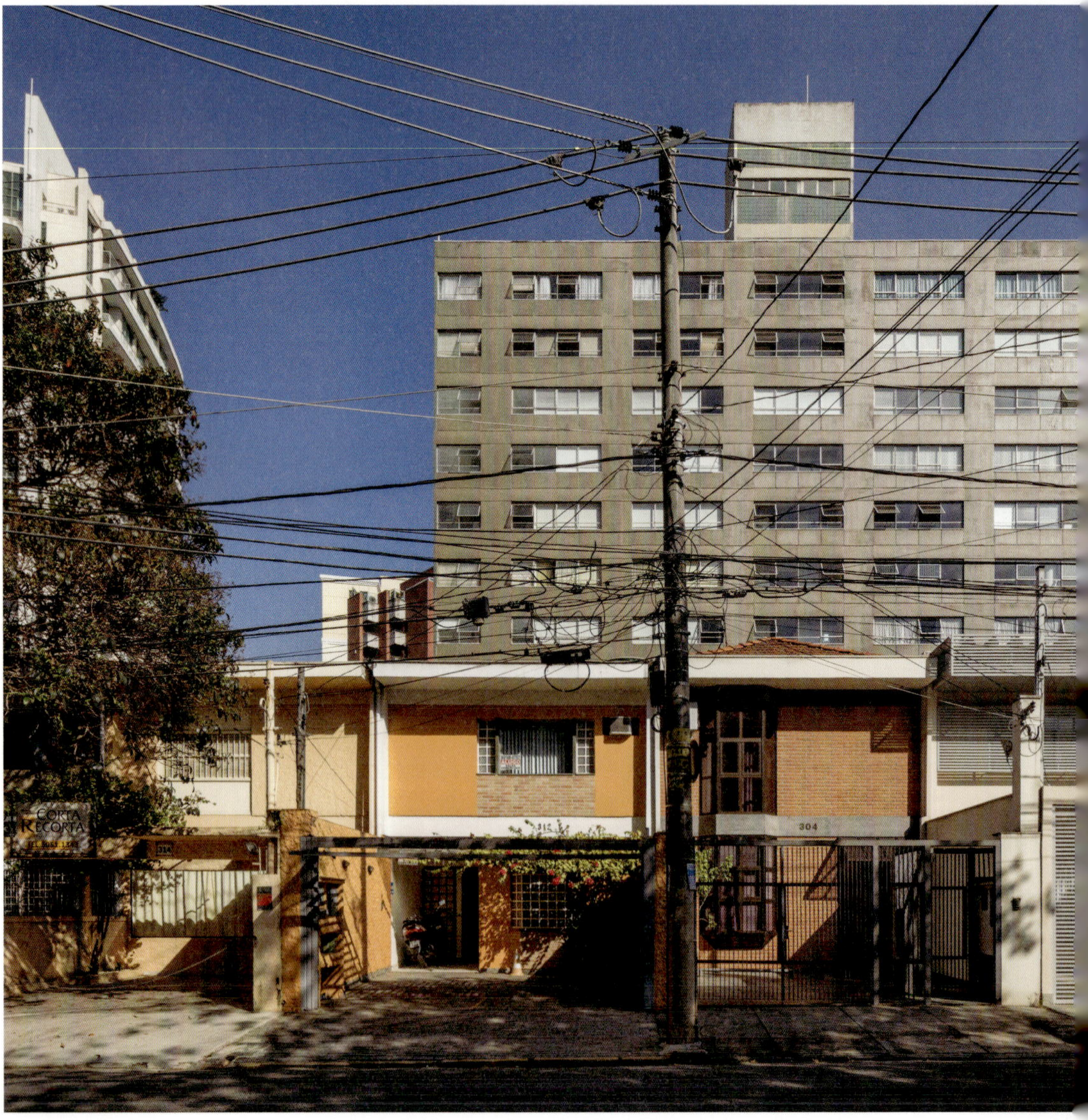
CORTA
RECORTA
304

Edifício Modular Delta I e II, vistas externa e do jardim, Moema, São Paulo SP, 1970

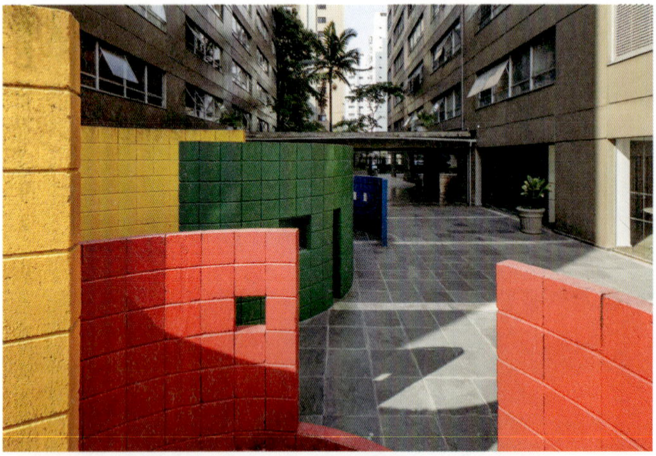

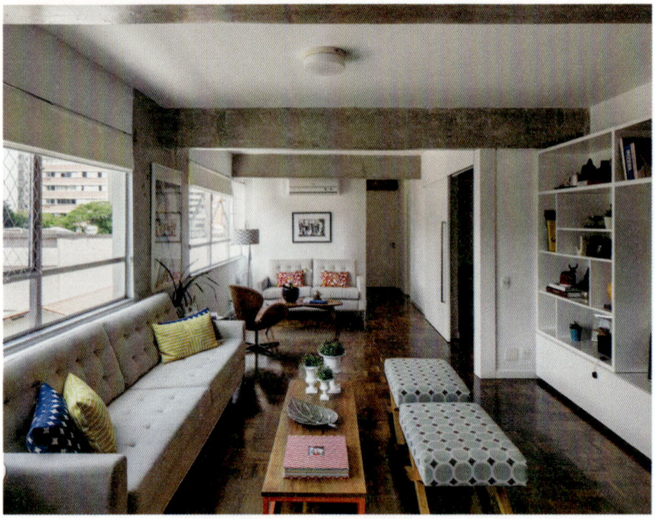

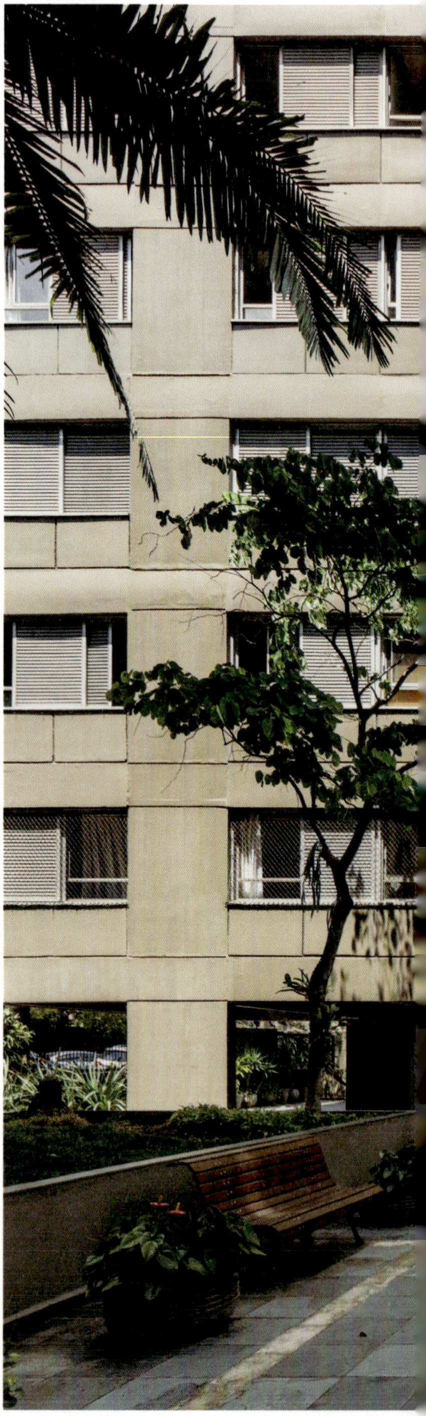

Edifício Modular
Delta I e II,
vistas do parquinho,
interna do
apartamento e
do térreo, Moema,
São Paulo SP, 1970

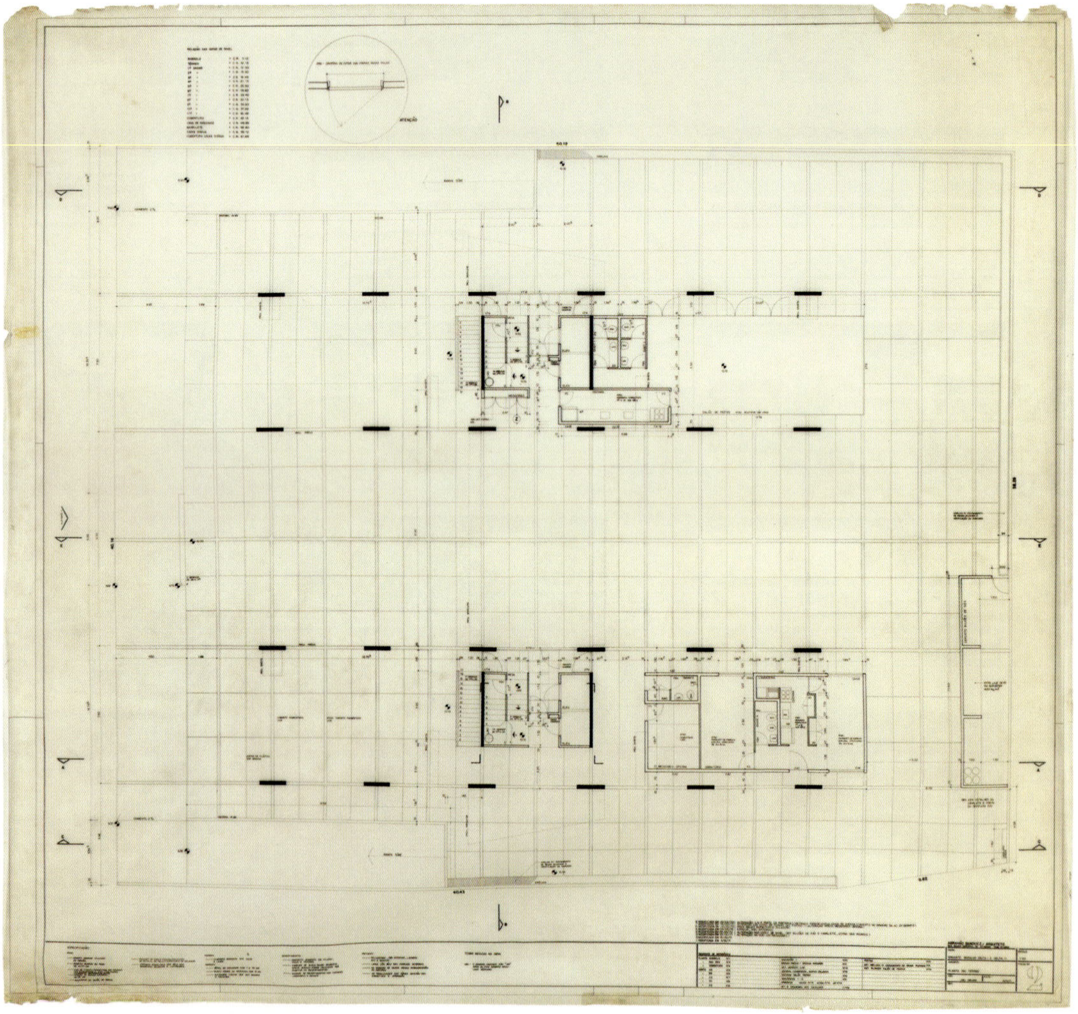

Edifício Modular Delta I e II, plantas térreo e pavimento tipo, Moema, São Paulo SP, 1970

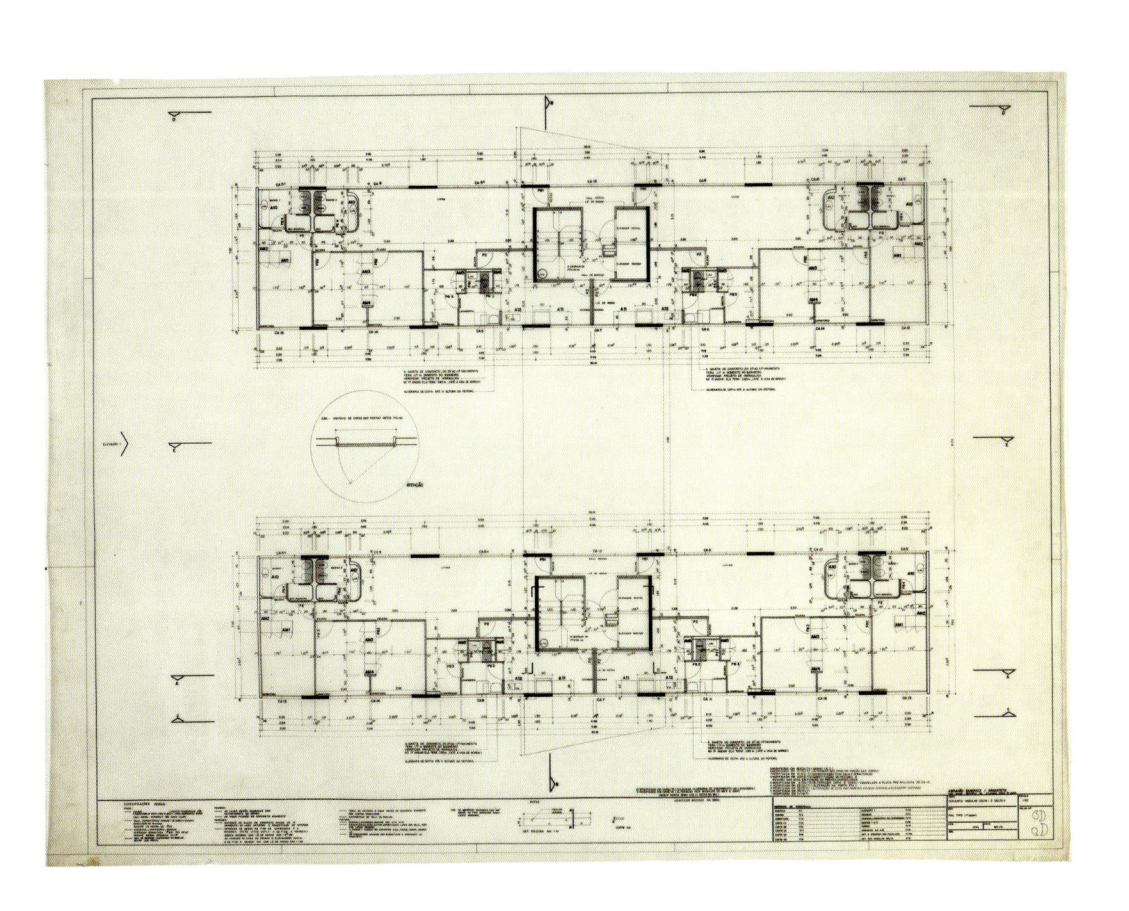

Edifício Modular Delta I e II, cortes longitudinal (com vista para o edifício) e transversal, e vista no contexto do bairro, Moema, São Paulo SP, 1970

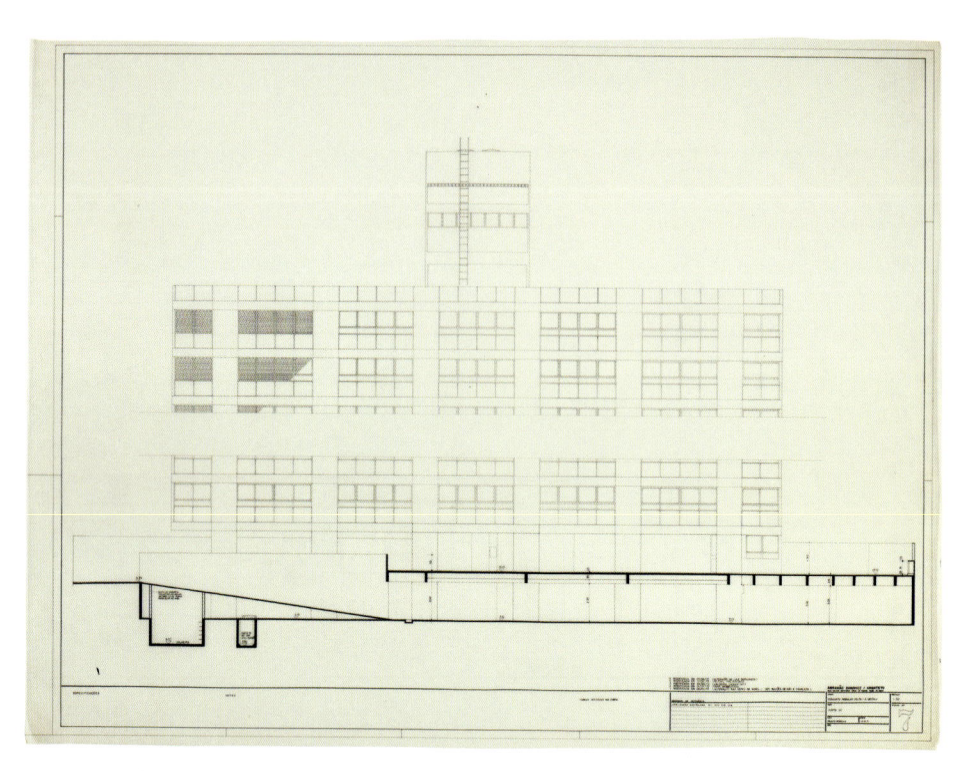

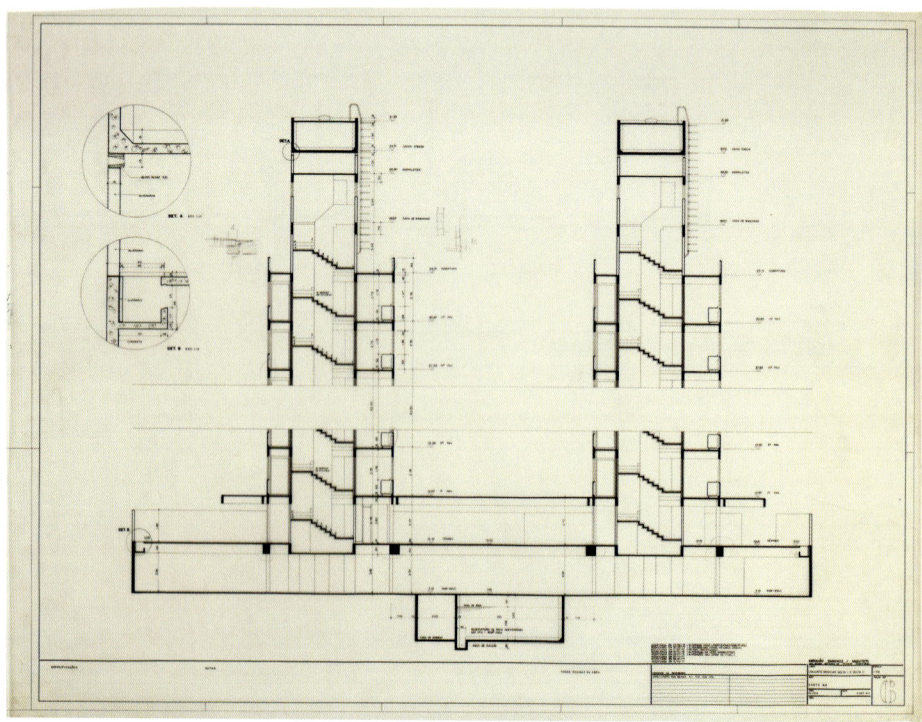

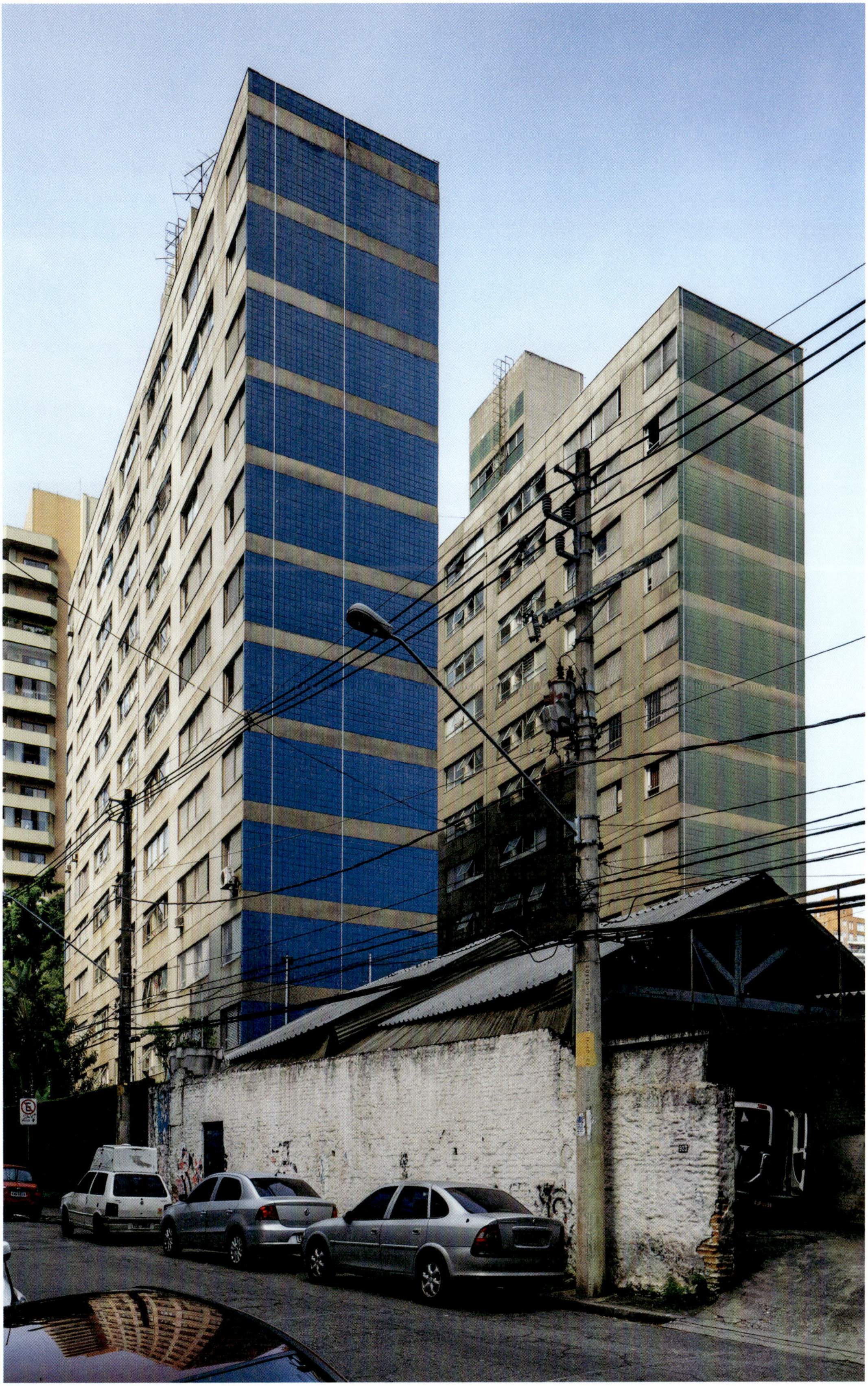

Edifício Fiandeiras
Rua Fiandeiras, 479
São Paulo SP
1972

210 Edifício Fiandeiras, detalhe interno dos caixilhos e vista externa, São Paulo SP, 1972

Projeto financiado pelo Banco Nacional da Habitação – BNH, a construtora Carraresi Dell'Acqua estabeleceu como programa apartamentos de noventa metros quadrados com dois quartos.

  Uma limitação foi colocada logo de início: o terreno onde foi implantado o Edifício Fiandeiras fazia fundos com o Córrego Uberabinha, que seria canalizado apenas no fim da década de 1990, dando lugar à avenida Hélio Pellegrino. Na época, nos períodos de chuva, o córrego sempre inundava os imóveis lindeiros. Por esse motivo, a garagem ocupa o nível térreo.

  Uma laje elevada abriga o acesso principal, casa do zelador, salão de festas e área para o lazer infantil. Acima deste piso, foram construídos oito andares com quatro apartamentos por andar. A planta do prédio é quadrada, com a circulação vertical na sua parte central.

  Abrahão resolveu com um único elemento pré-moldado toda a vedação dos apartamentos, que têm poucas paredes internas, praticamente só nos volumes hidráulicos, o que deu margem a vários arranjos, já que se valeu de armários para dividir a sala dos quartos.

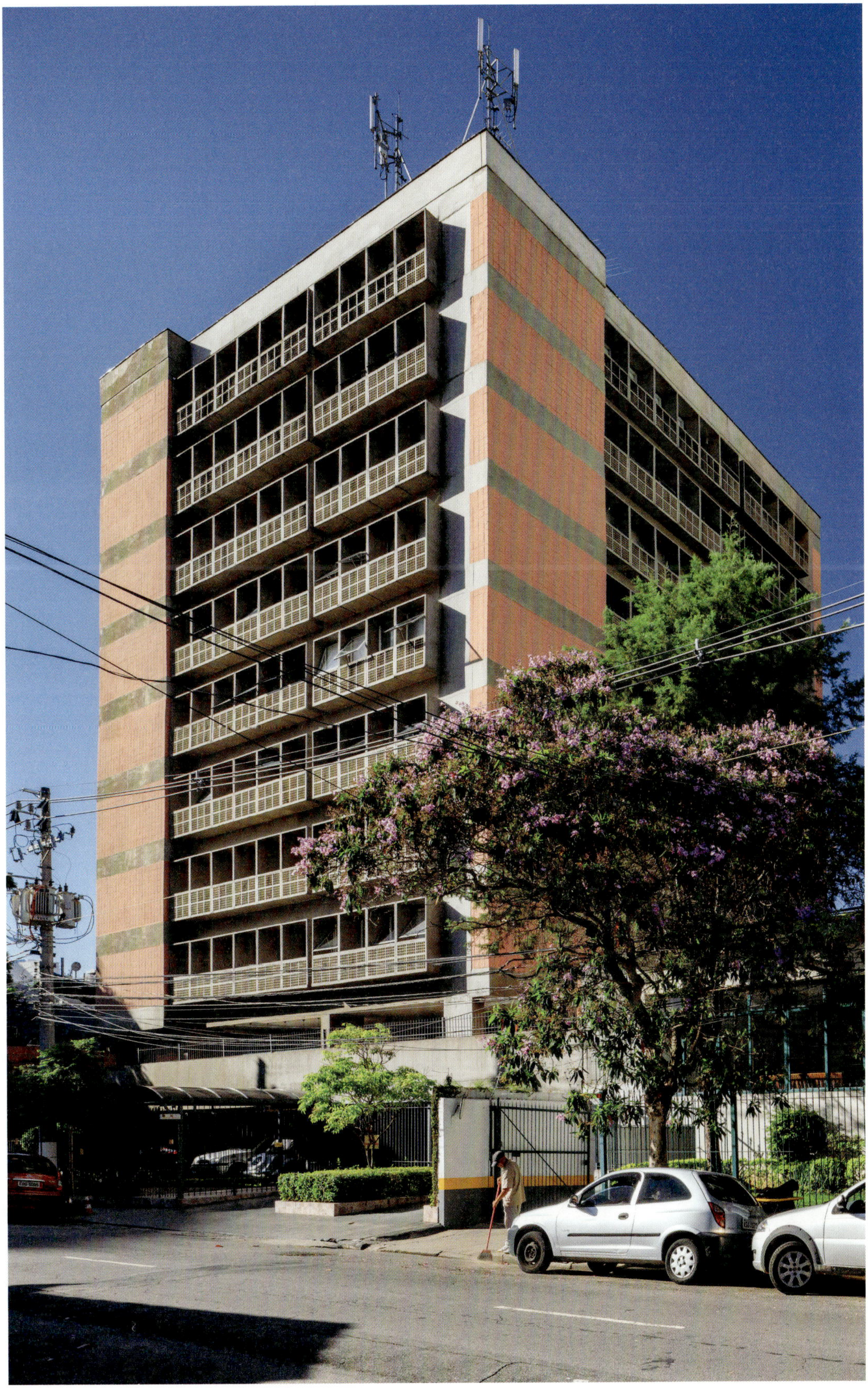

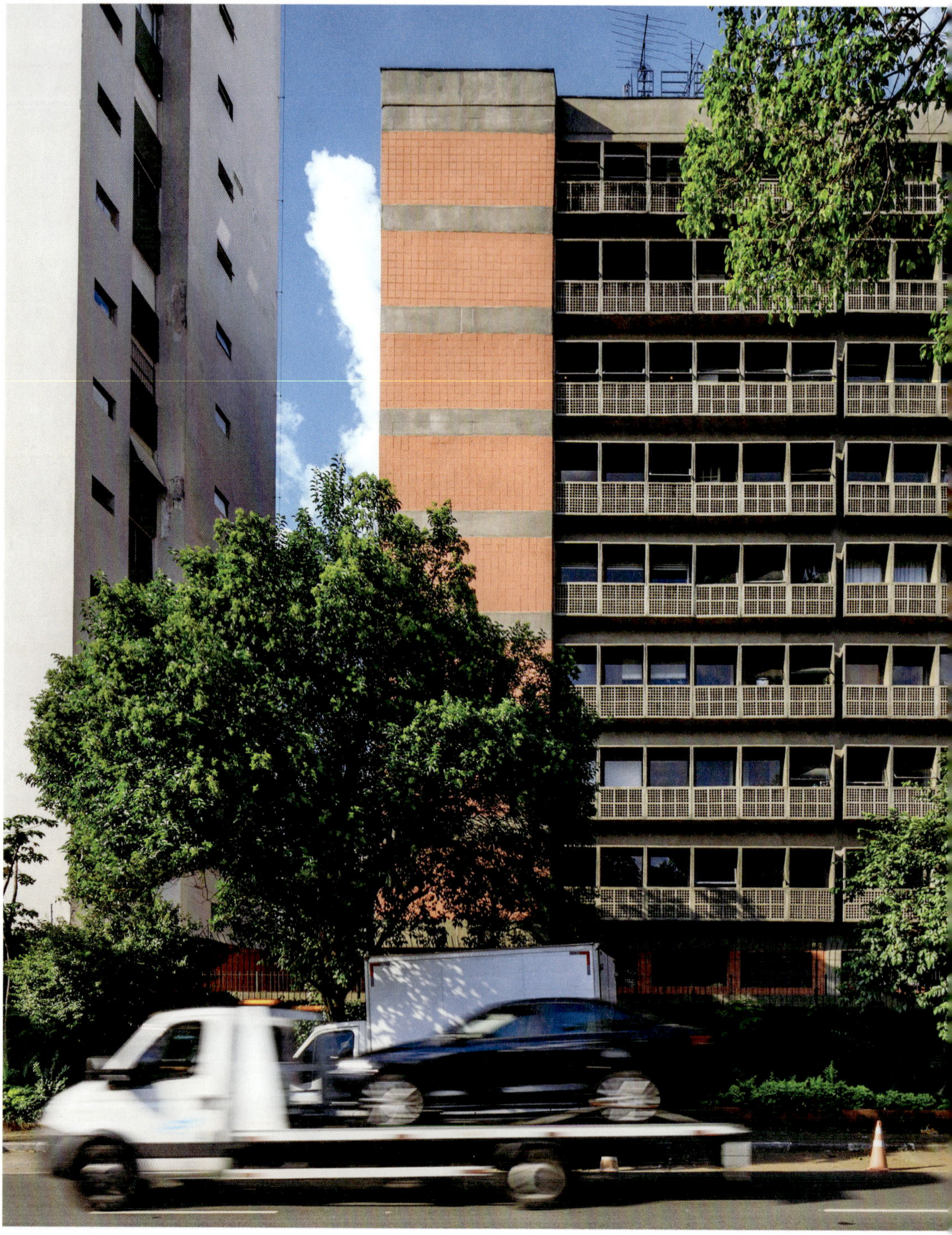

Edifício Fiandeiras,
vista posterior,
São Paulo SP, 1972

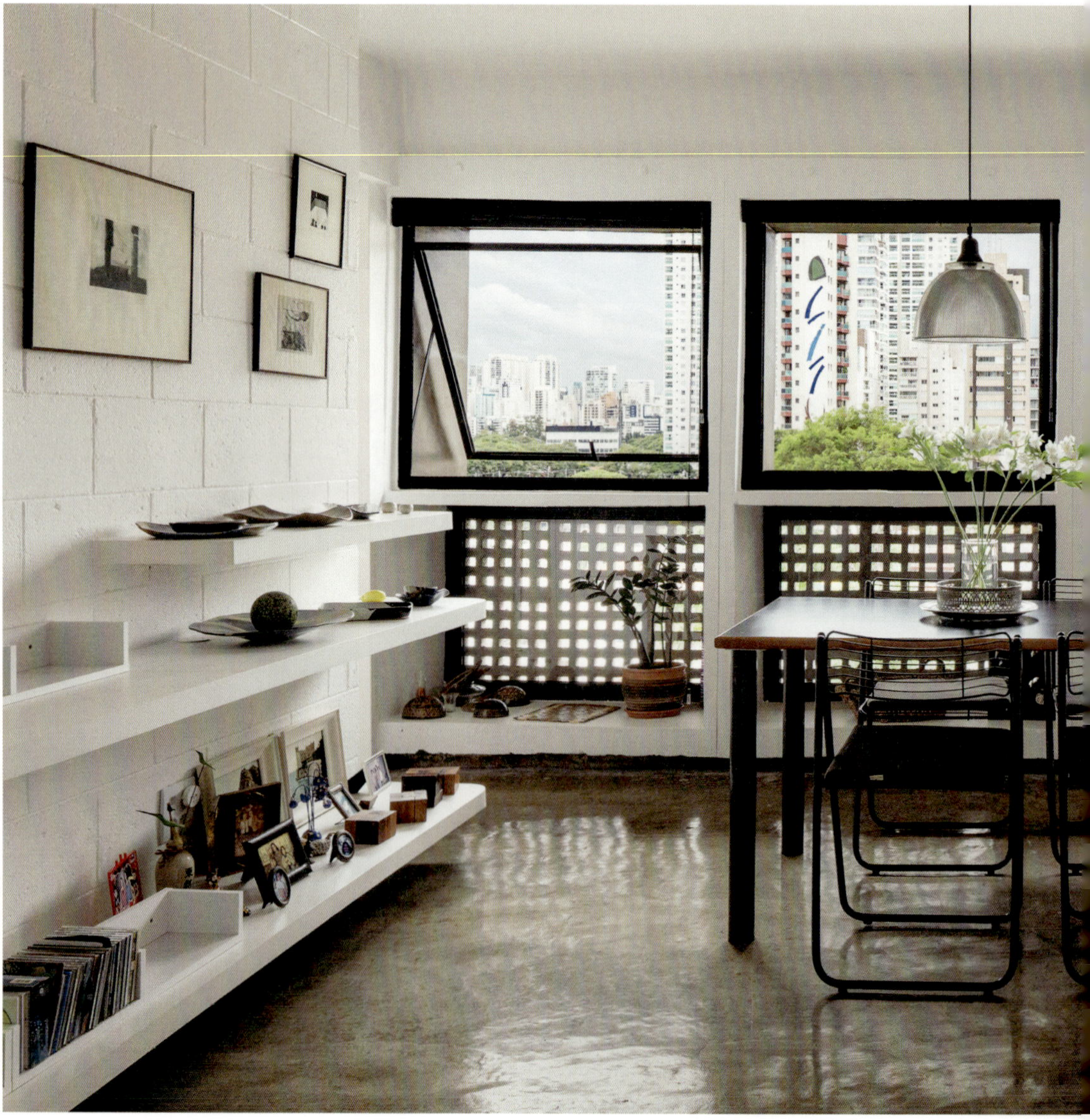

Edifício Fiandeiras,
vistas internas
do apartamento e da
escada, São Paulo SP,
1972

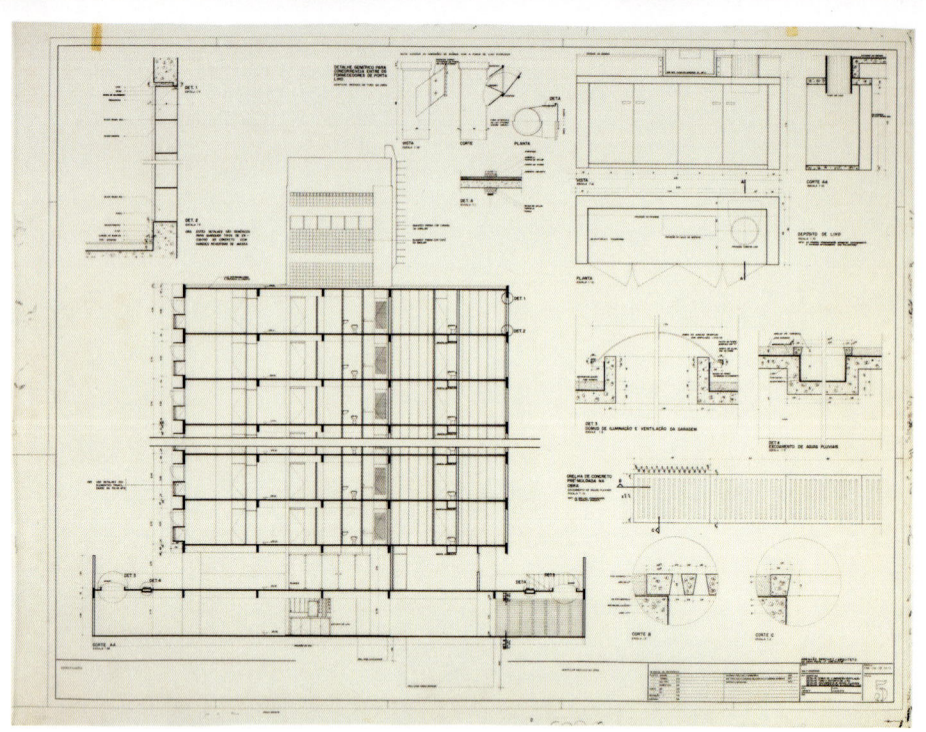

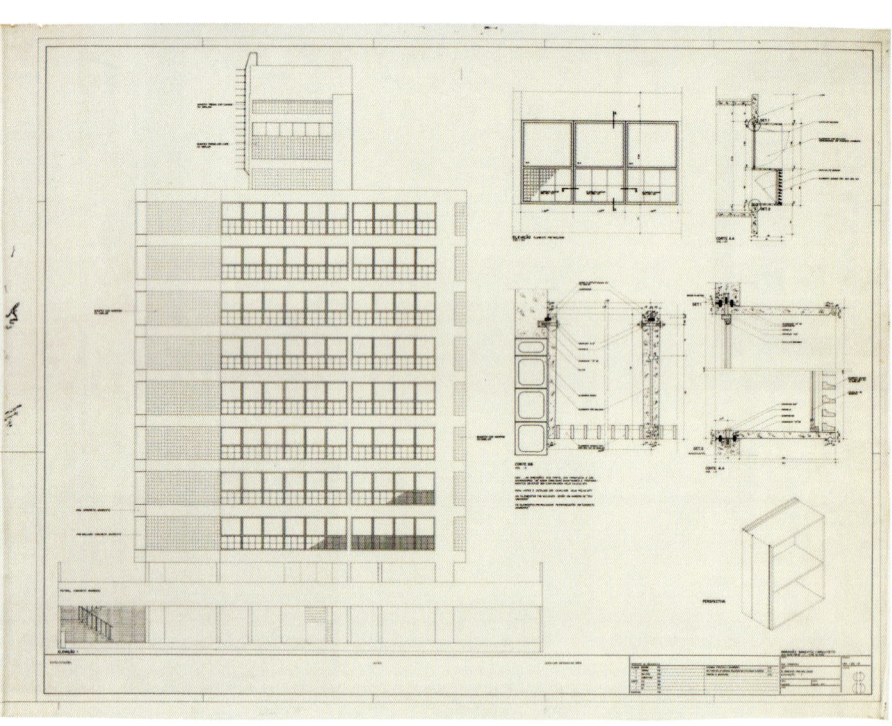

Edifício Fiandeiras, corte, elevação,
detalhes e plantas térreo e pavimento tipo,
São Paulo SP, 1972

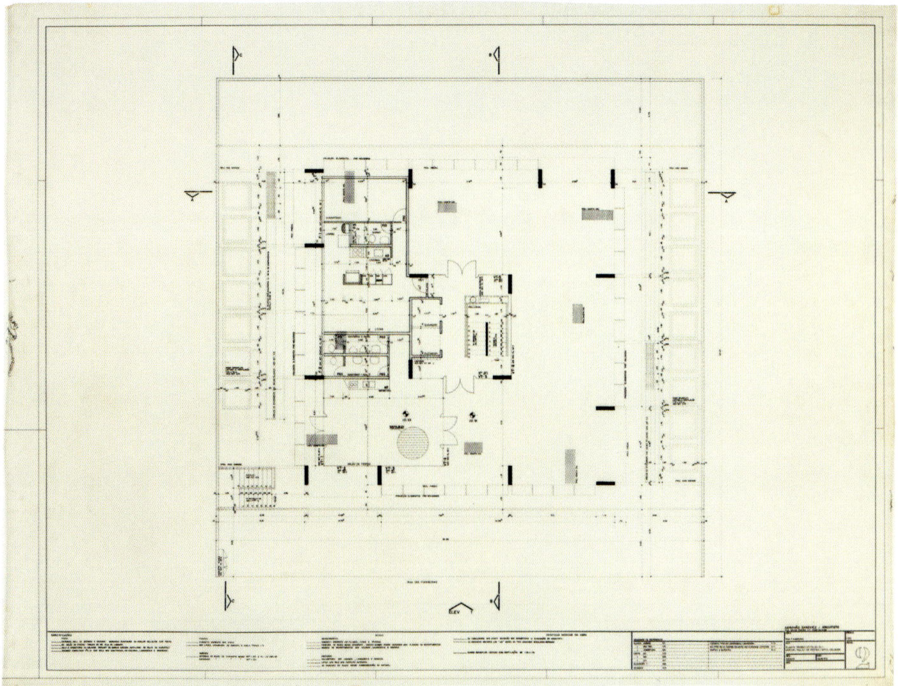

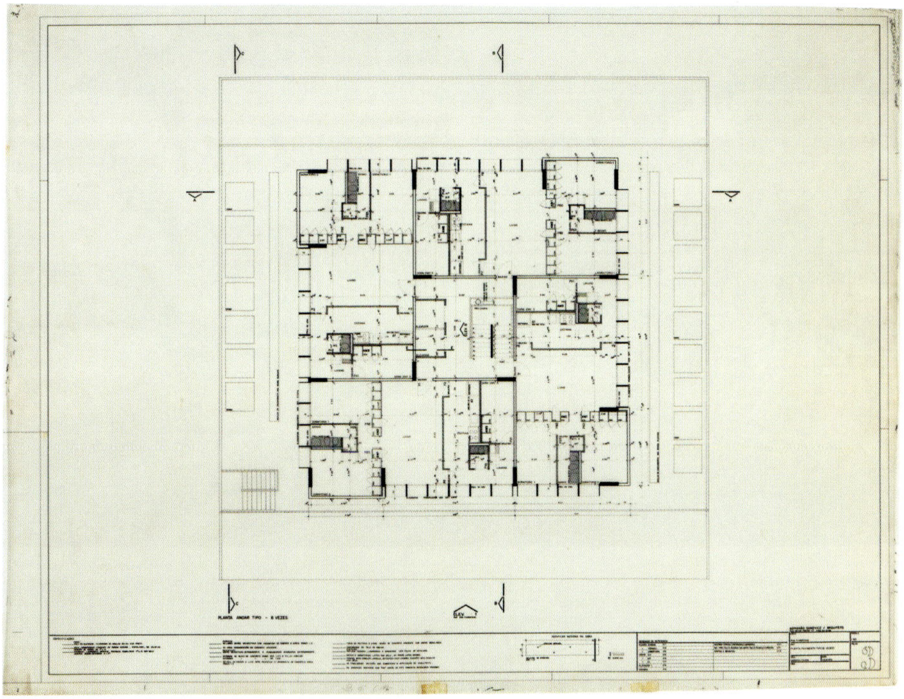

Parque Habitacional Cecap Serra Negra
Serra Negra SP
1975

O projeto de Abrahão Sanovicz teve a colaboração do arquiteto José Carlos Olzon.

O terreno onde foi implantado o Parque Habitacional Cecap Serra Negra tem cerca de onze hectares e fica a meia encosta, com acentuada declividade, em torno de 20%. Extensa mata natural e nascentes foram preservadas.

Foram construídas 248 unidades habitacionais: cinquenta casas em lotes isolados e 198 apartamentos divididos em sete blocos.

As casas foram implantadas na parte alta e regular do terreno, local originalmente mais plano. Ficam a cavaleiro do conjunto. Cada unidade tem cinquenta metros quadrados de área útil, sendo geminadas duas a duas. A solução contemplou dois quartos, banheiro e – conjugados – os espaços da sala, cozinha e área de serviços. Um volume solto, construído para envolver a geladeira, define as áreas da lavanderia e da sala.

Os apartamentos têm sessenta metros quadrados cada, com sala, cozinha, área de serviço, banheiro e três quartos voltados para o nascente. O bloco hidráulico é concentrado a cada prumada de apartamentos. As vedações sob os caixilhos, inicialmente previstas como armários pré-moldados em argamassa armada, foram executadas no local. Os blocos foram dispostos paralelamente às curvas de nível. Têm o térreo livre para estacionamento mais três andares de apartamentos. A circulação vertical, num volume externo ao bloco, serve a dois apartamentos por andar.

O projeto paisagístico de Fernando Chacel resgatou para as áreas alteradas do terreno a integração desejada com as partes preservadas.

Parque Habitacional Cecap Serra Negra, Serra Negra SP, 1975, arquitetos Abrahão Sanovicz e José Carlos Olzon

Parque Habitacional Cecap Serra Negra, implantação geral, croquis da planta apartamento tipo, dos cortes gerais do conjunto e perspectiva das unidades, Serra Negra SP, 1975, arquitetos Abrahão Sanovicz e José Carlos Olzon

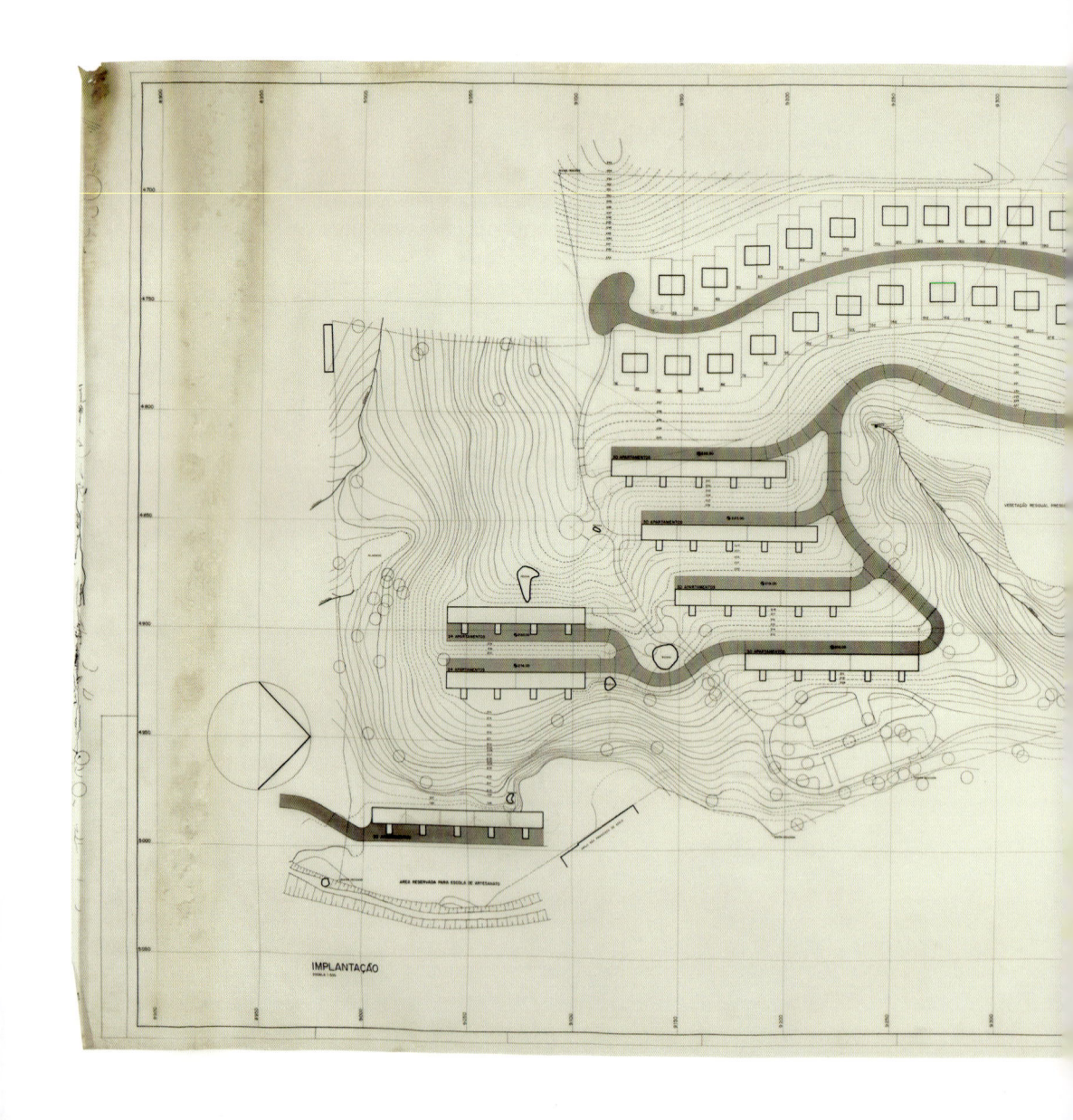

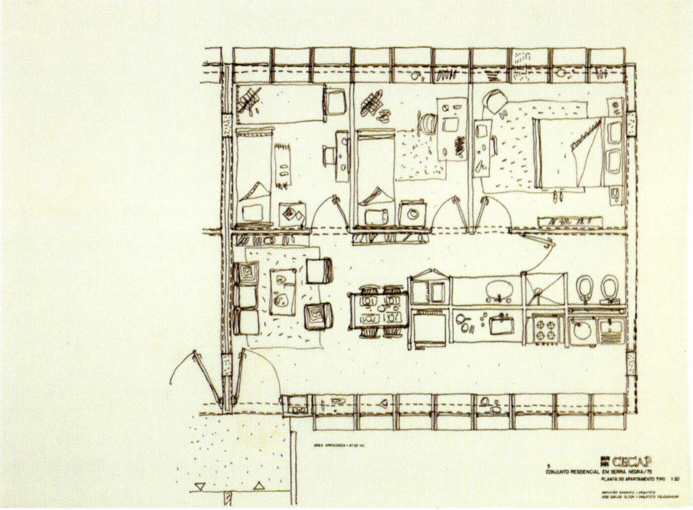
CECAP
5
CONJUNTO RESIDENCIAL EM SERRA NEGRA/75
PLANTA DO APARTAMENTO TIPO 1:20

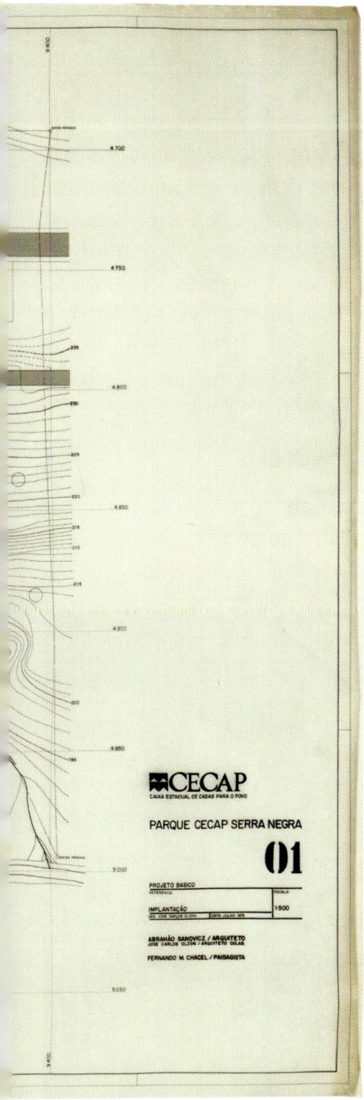
CECAP
CAIXA ESTADUAL DE CASAS PARA O POVO
PARQUE CECAP SERRA NEGRA
01
PROJETO BASICO
IMPLANTAÇÃO
1:500
ABRAHÃO SANOVICZ / ARQUITETO
JOSE CARLOS OLZON / ARQUITETO COLAB.
FERNANDO M. CHACEL / PAISAGISTA

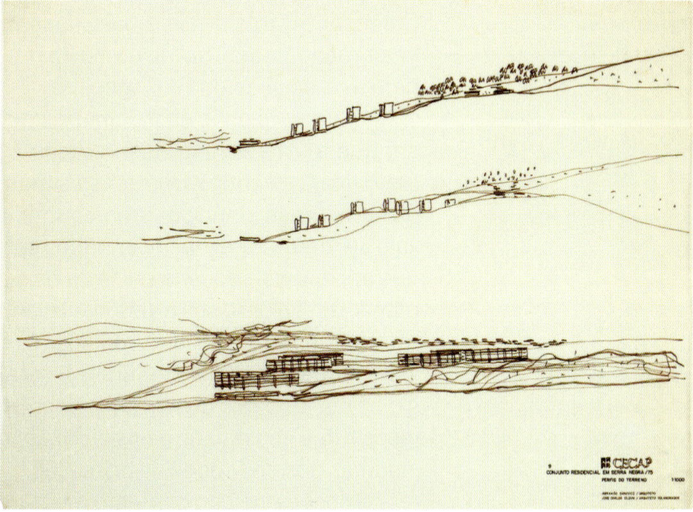
CECAP
CONJUNTO RESIDENCIAL EM SERRA NEGRA/75
PERFIS DO TERRENO

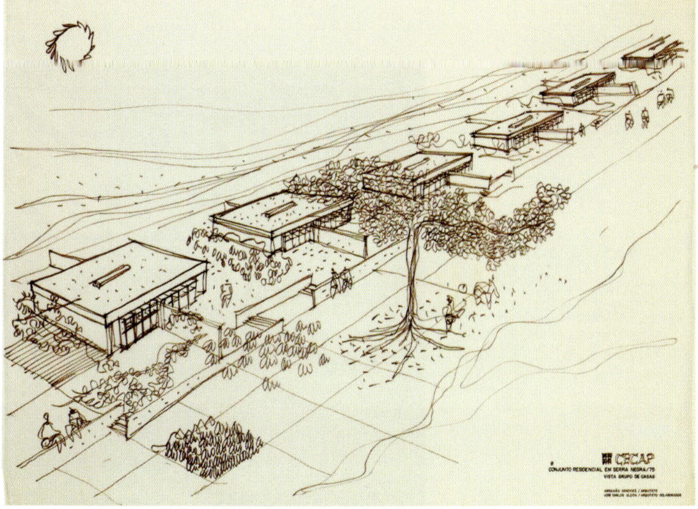
CECAP
CONJUNTO RESIDENCIAL EM SERRA NEGRA/75
VISTA GRUPO DE CASAS

Residência Abrahão Sanovicz
Rua Alexandre Marcondes Ferreira, 33
São Paulo SP
1976/77

Residência Abrahão Sanovicz, vistas da escada interna e da fachada posterior, Butantã, São Paulo SP, 1976

Disposta em três níveis, a casa da família Sanovicz foi implantada em um lote urbano tradicional plano, no bairro do Butantã, área da várzea aterrada para a retificação do Rio Pinheiros.

Com uma projeção de 125 metros quadrados, insere-se no rol das casas em que a solução estrutural é dada por quatro apoios, empenas de concreto (quinze centímetros por seis metros) e lajes tipo caixão perdido. Para dar ao acesso principal uma continuidade espacial com a área externa, vale-se de um aterro, desenhado nos pilotis pelos muros de contenção, que apóia uma pequena parte do piso da varanda de chegada. No nível do pilotis, um volume solto abriga a lavanderia e dependência de empregada.

Em pavimento intermediário ficam a sala, a cozinha e o lavabo; o volume solto formado pelos dois últimos – paralelo a uma das empenas –, a escada e o pé direito duplo qualificam e definem os ambientes. O nível superior, um bloco fixo, é constituído pelos dois banheiros e divisórias leves que permitem algumas possibilidades de ocupação.

As empenas, no comprimento maior da planta, definem as aberturas no outro sentido. Um agradável jogo de varandas, ora limitadas pelas paredes, mas descobertas, ora cobertas e abertas, reforçam a continuidade espacial interna.

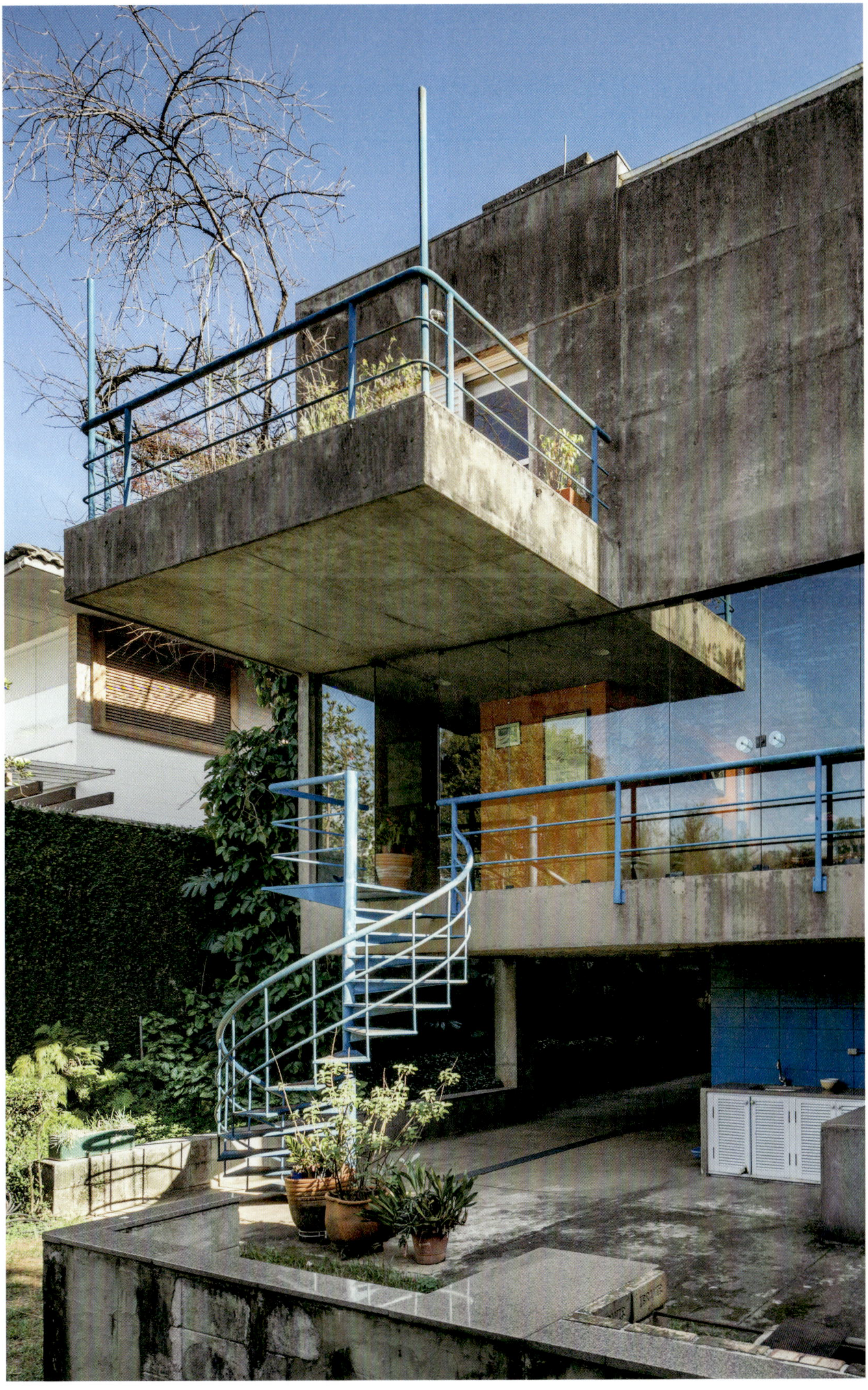

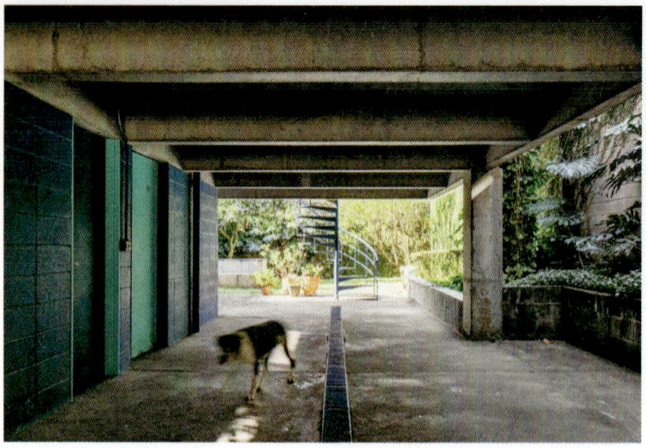
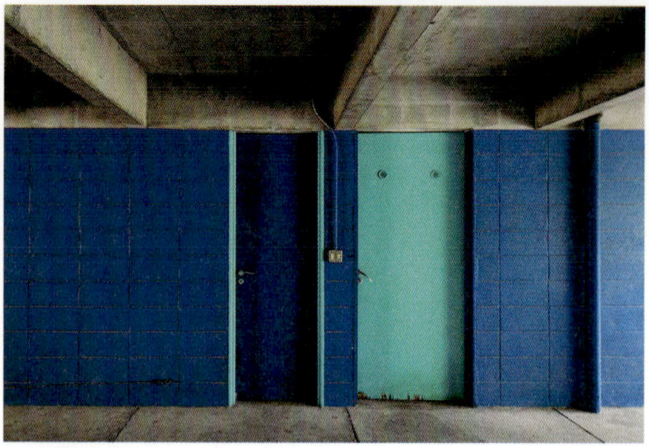
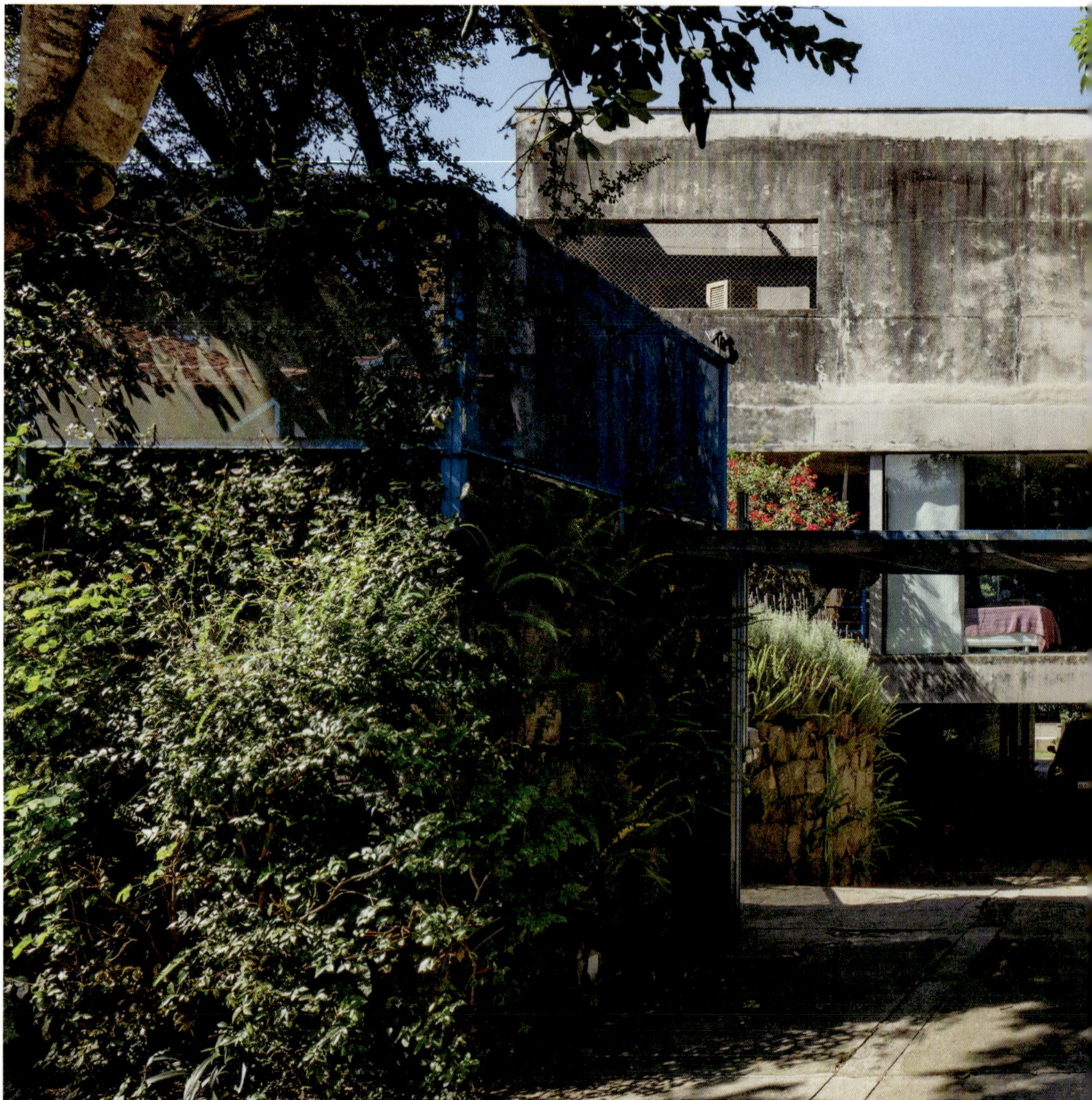

Residência Abrahão Sanovicz, vistas do térreo, cozinha, sala de estar, fachadas frontal e posterior, Butantã, São Paulo SP, 1976

p. 226-227

Residência Abrahão Sanovicz, plantas térreo, 1º e 2º pavimentos e cobertura, cortes e elevações, Butantã, São Paulo SP, 1976

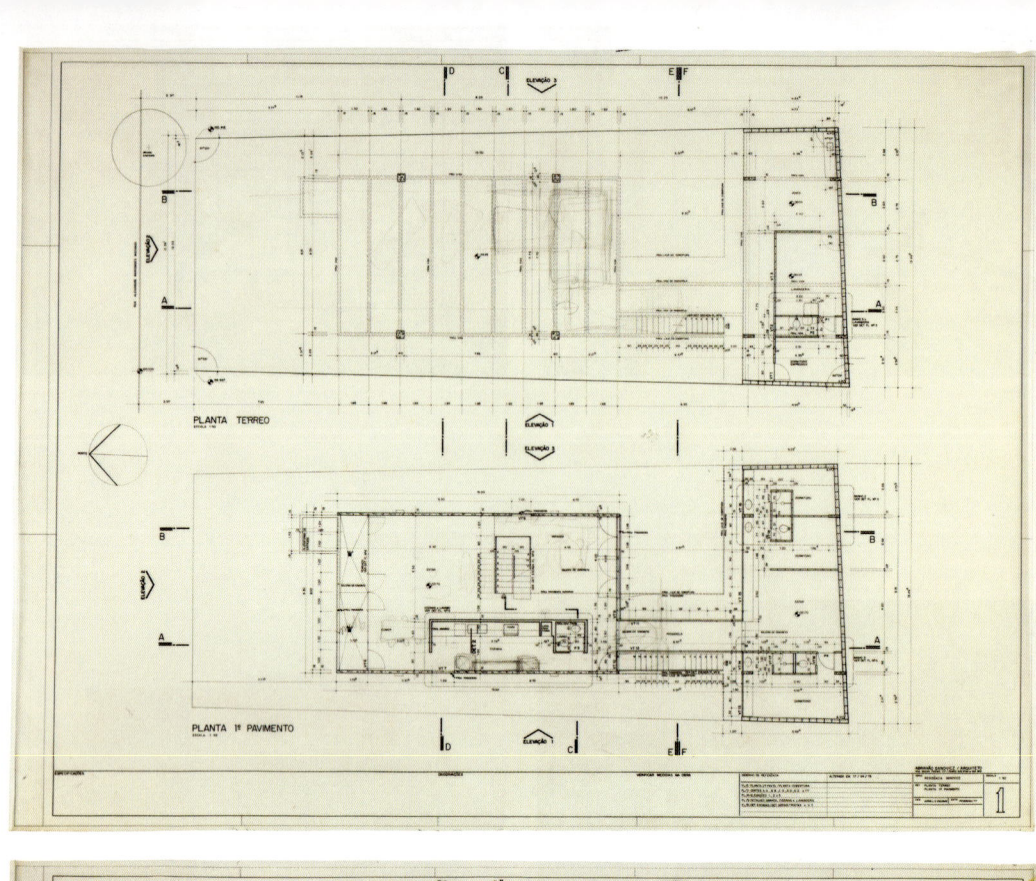

PLANTA TERREO

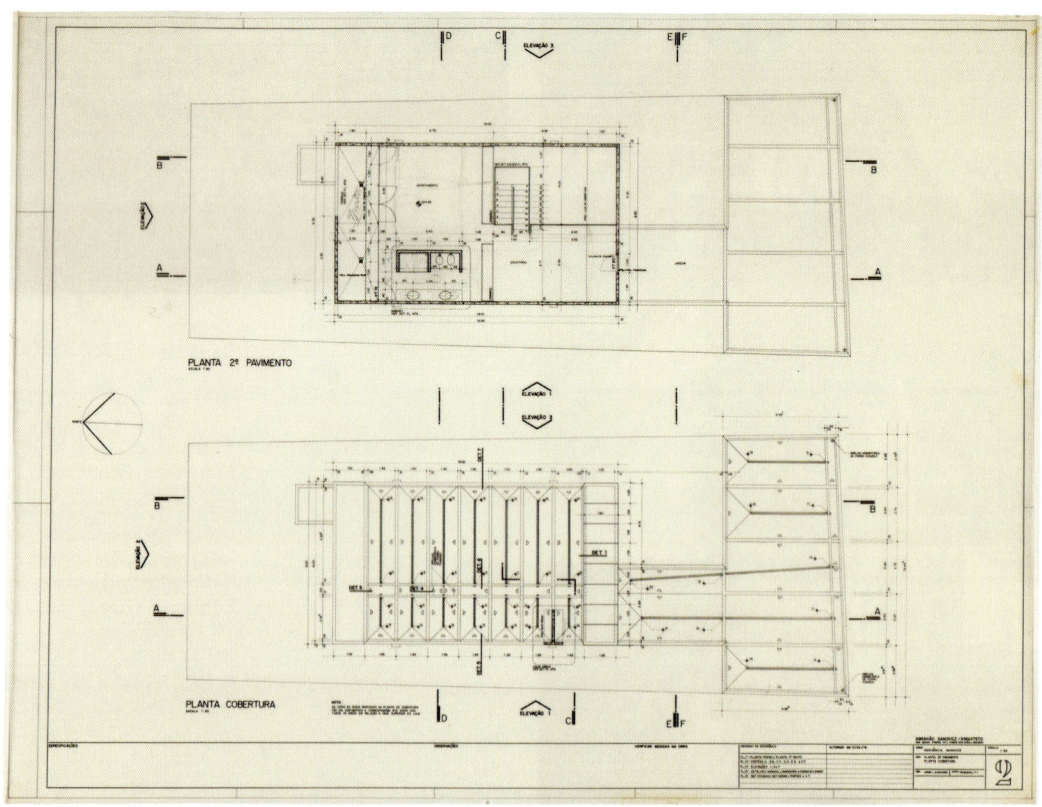

PLANTA 1º PAVIMENTO

PLANTA 2º PAVIMENTO

PLANTA COBERTURA

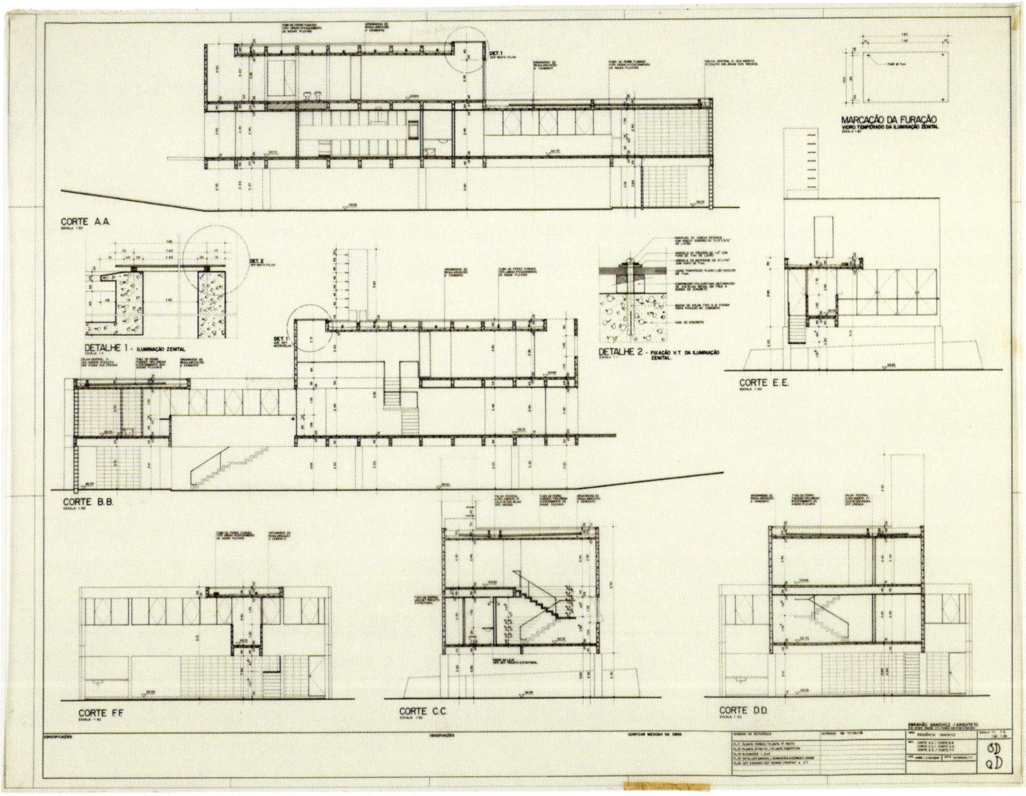

CORTE A.A.
DET.1
MARCAÇÃO DA FURAÇÃO
VIDRO TEMPERADO DA ILUMINAÇÃO ZENITAL
DET.2
DETALHE 1 - ILUMINAÇÃO ZENITAL
DET.1
DETALHE 2 - FIXAÇÃO V.T. DA ILUMINAÇÃO ZENITAL
CORTE E.E.
CORTE B.B.
CORTE F.F
CORTE C.C.
CORTE D.D
ESPECIFICAÇÕES
OBSERVAÇÕES
VERIFICAR MEDIDAS NA OBRA
ABRAHÃO SANOVICZ / ARQUITETO

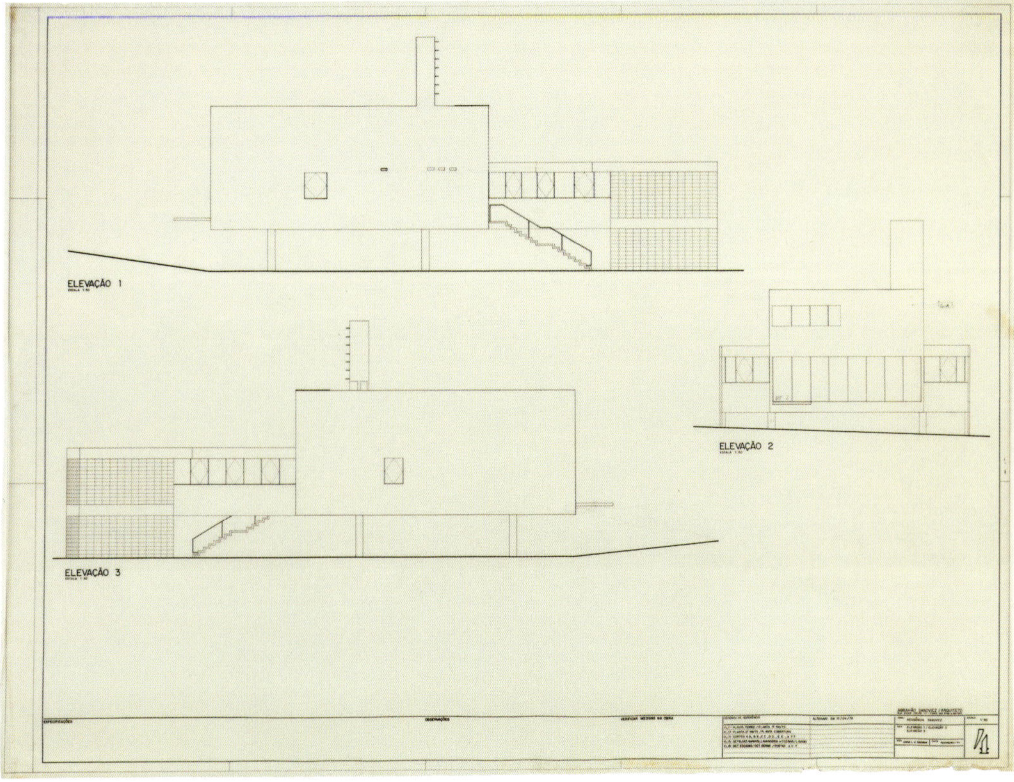

ELEVAÇÃO 1
ELEVAÇÃO 2
ELEVAÇÃO 3
ESPECIFICAÇÕES
OBSERVAÇÕES
VERIFICAR MEDIDAS NA OBRA
ABRAHÃO SANOVICZ / ARQUITETO

Centro Social do Sesc Araraquara
Avenida Presidente Vargas com rua Castro Alves
Araraquara SP
1994

1. ELITO, Edson Jorge. A arquitetura do Sesc Araraquara.

O Sesc Araraquara, projetado em 1994 em coautoria com Edson Jorge Elito, foi uma das últimas obras que Abrahão Sanovicz acompanhou.

O complexo está situado em um terreno de 22.902,00 metros quadrados, com frente para três ruas e em aclive, com programa de necessidades de aproximadamente quinze mil metros quadrados de área construída interna e dezesseis mil metros quadrados de áreas externas (considerando piscinas, quadras descobertas, áreas livres etc).

O desafio dos arquitetos, segundo Edson Elito, foi "inventar um espaço cuja arquitetura estimule a liberdade, o prazer e o convívio social, e que responda às exigências funcionais de uso, de racionalidade construtiva, de flexibilidade espacial e de facilidade de manutenção".[1]

Para responder ao programa que reúne inúmeras atividades de esporte, lazer e as necessárias infraestruturas advindas de cada um destes usos, os arquitetos apresentaram a proposta da criação de "pavilhões articulados". Assim, edifício sede, ginásio de eventos, pavilhão de recreação e conjunto aquático foram implantados em respeito à topografia, ao mesmo tempo em que se buscou uma arquitetura que privilegiasse os espaços comunicantes, reversíveis quando necessário, a transparência e o contato com a paisagem, de modo a promover a integridade do conjunto, assim como a total fruição por parte dos usuários.

Centro Social do Sesc Araraquara, Araraquara SP, 1994, arquitetos Abrahão Sanovicz e Edson Jorge Elito, paisagismo de Augusto Rittes Garcia

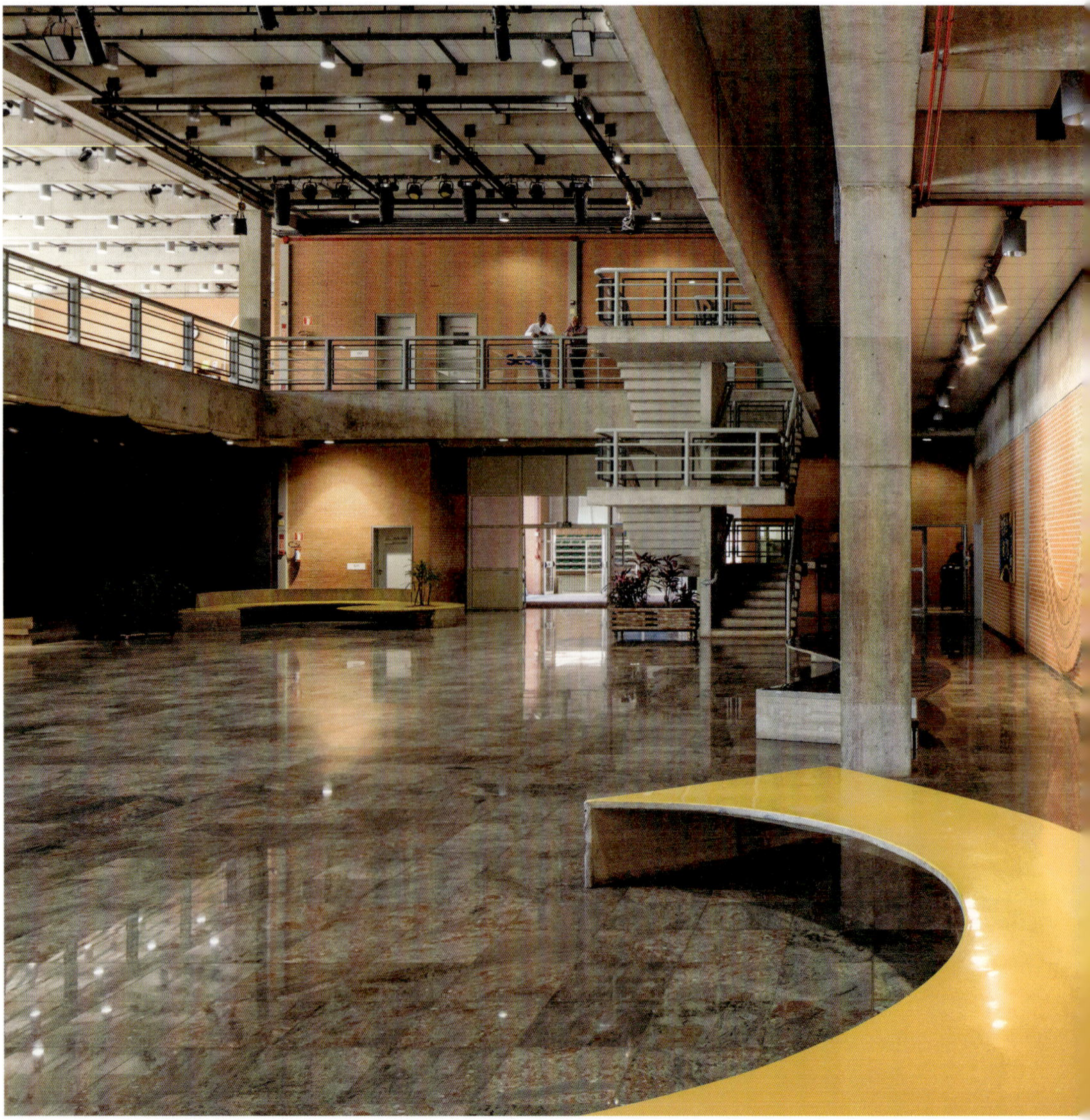

Centro Social do Sesc Araraquara, vistas internas do saguão e biblioteca, Araraquara SP, 1994, arquitetos Abrahão Sanovicz e Edson Jorge Elito, paisagismo de Augusto Rittes Garcia

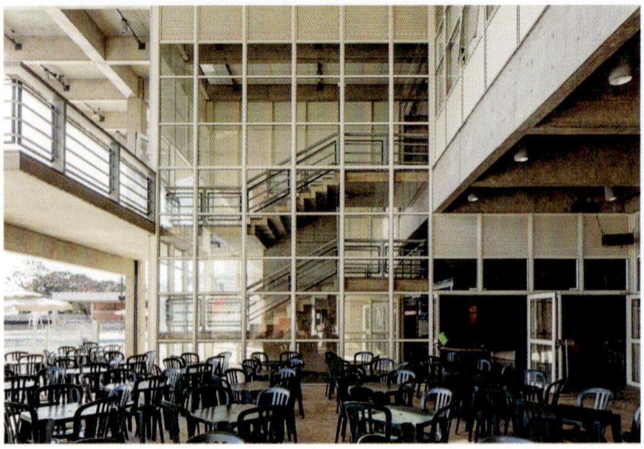

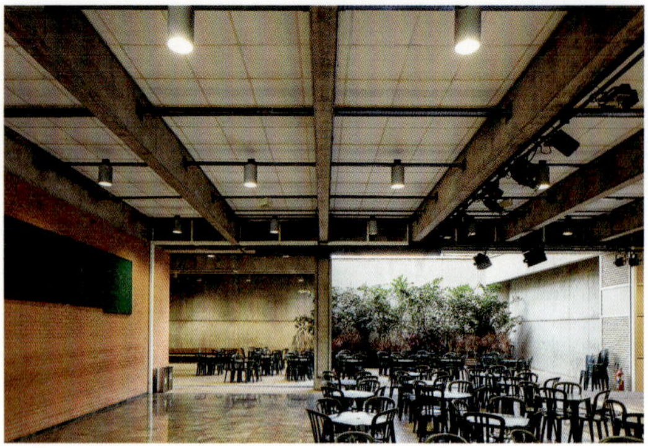

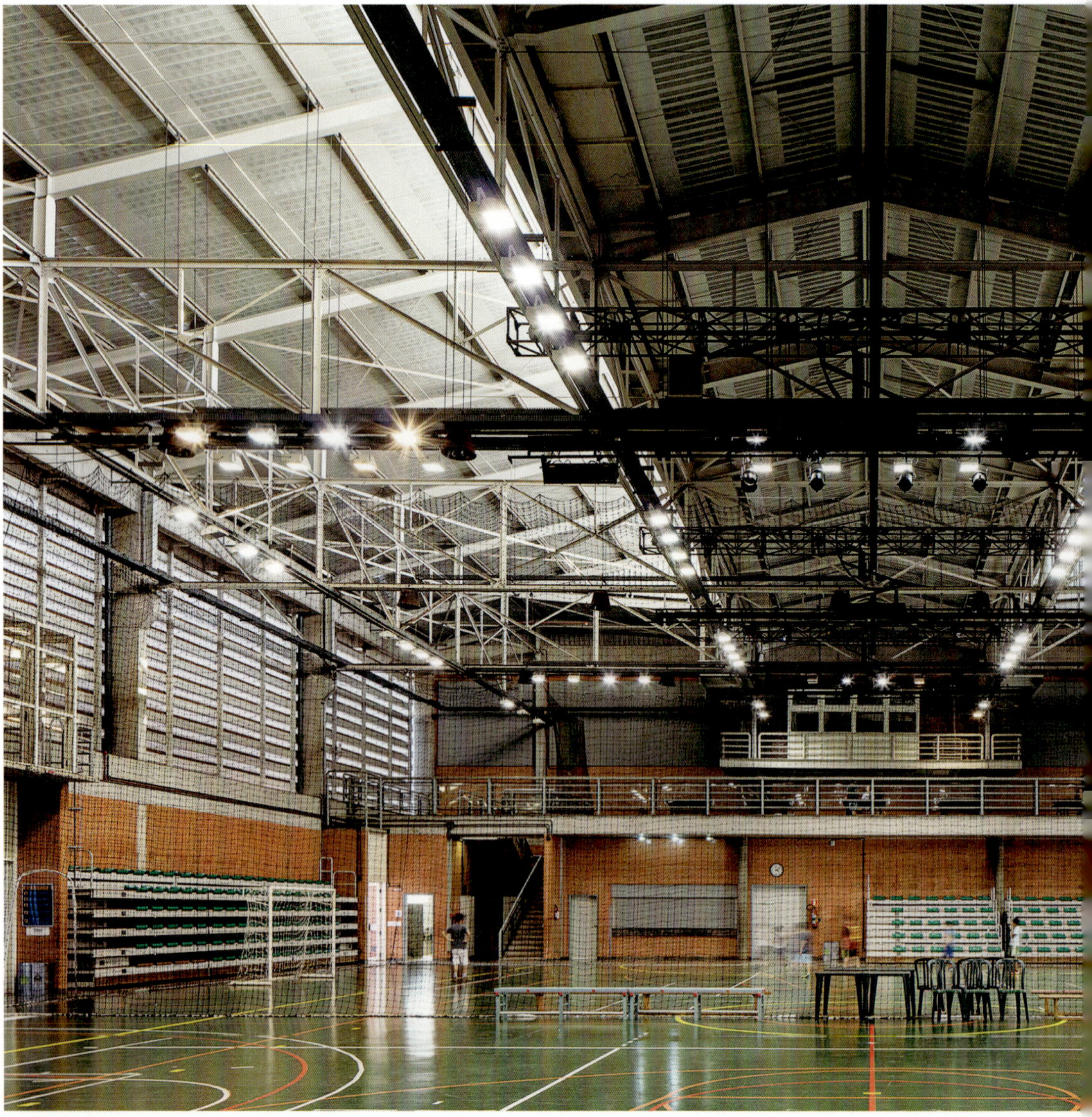

Centro Social do Sesc Araraquara, vistas do restaurante, cozinha, auditório, ginásio e piscina, Araraquara SP, 1994, arquitetos Abrahão Sanovicz e Edson Jorge Elito, paisagismo de Augusto Rittes Garcia

p. 234-235

Centro Social do Sesc Araraquara, implantação geral, plantas térreo e pavimento superior, e corte longitudinal do Edifício Sede, Araraquara SP, 1994, arquitetos Abrahão Sanovicz e Edson Jorge Elito, paisagismo de Augusto Rittes Garcia

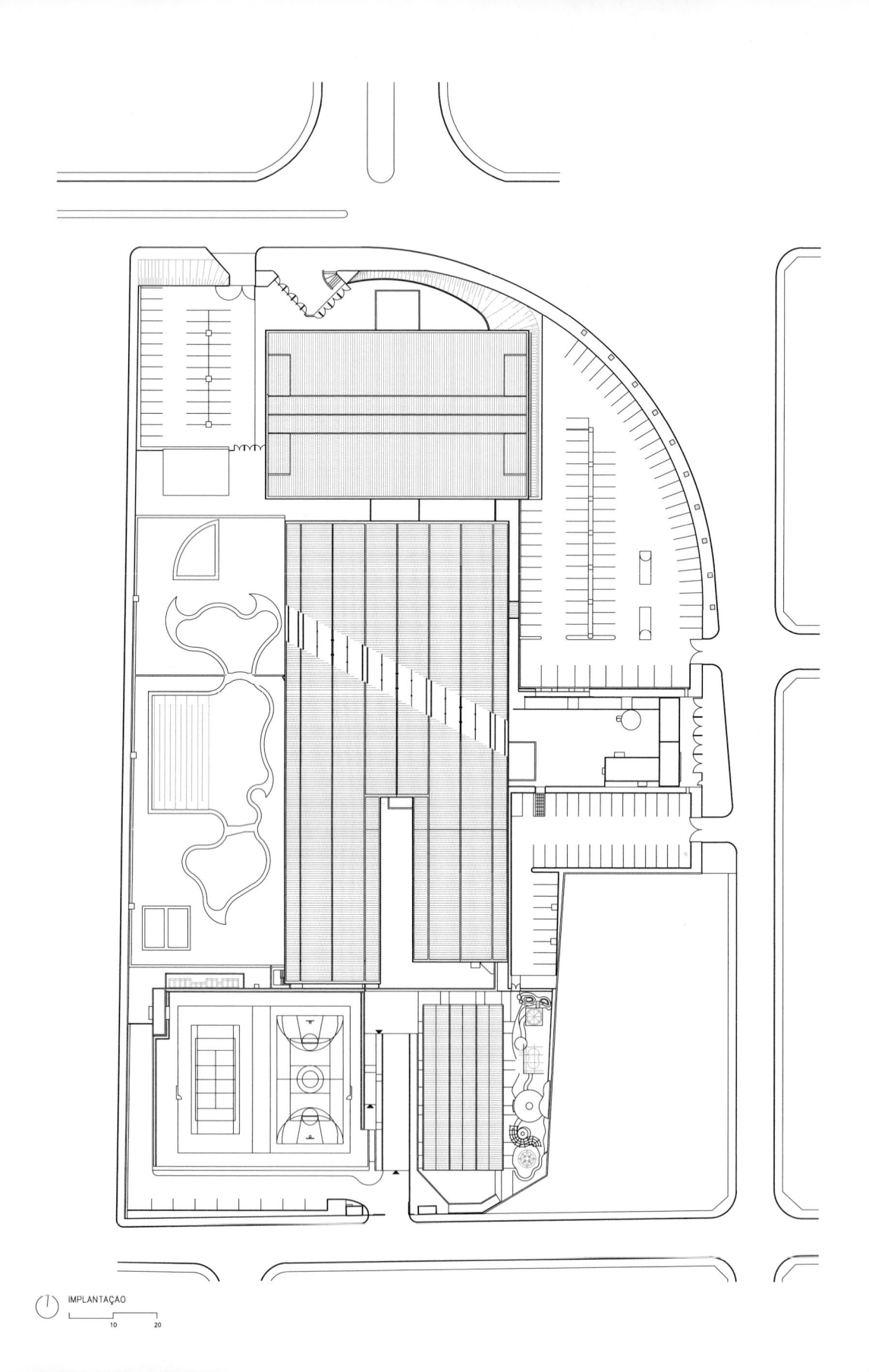

IMPLANTAÇAO
10 20

EDIFÍCIO SEDE - PLANTA TÉRREO
5   10

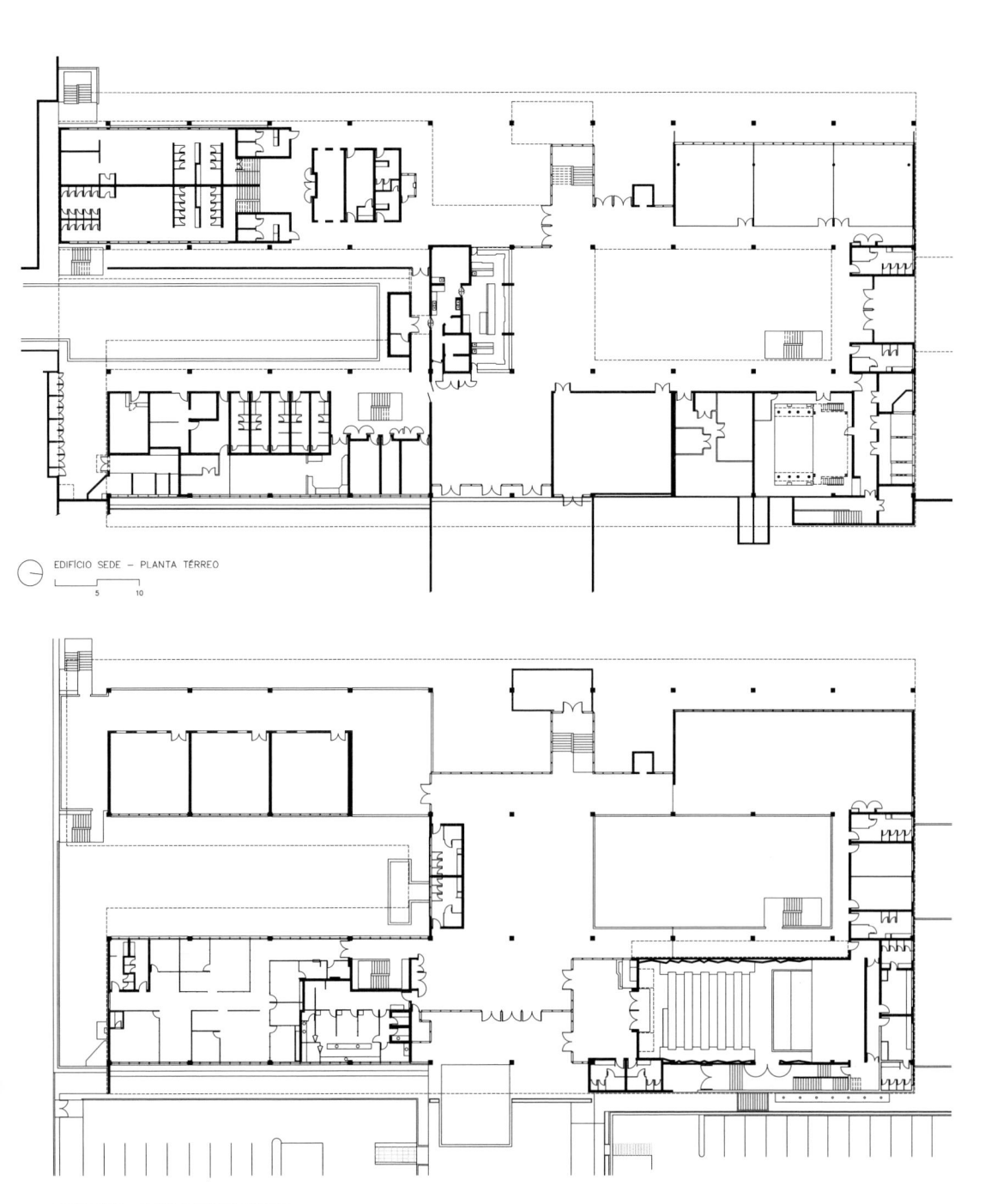

EDIFÍCIO SEDE - PLANTA PAVIMENTO SUPERIOR

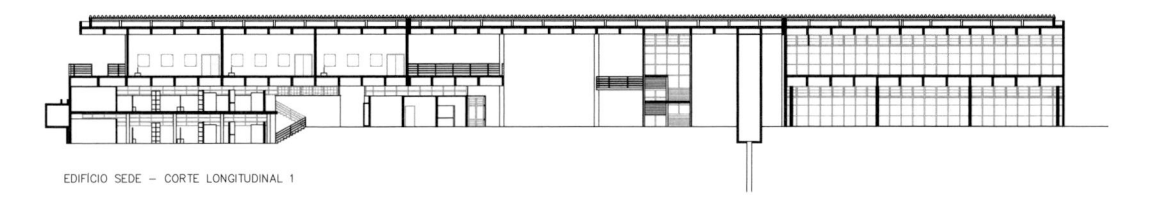

EDIFÍCIO SEDE - CORTE LONGITUDINAL 1

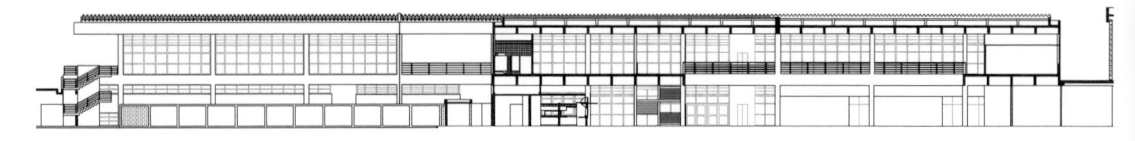

EDIFÍCIO SEDE – CORTE LONGITUDINAL 2

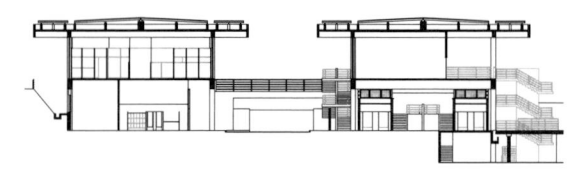

EDIFÍCIO SEDE – CORTE TRANSVERSAL 1

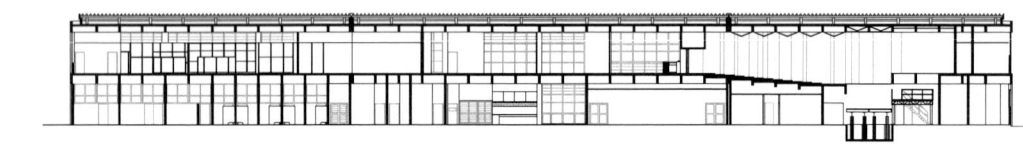

EDIFÍCIO SEDE – CORTE LONGITUDINAL 3

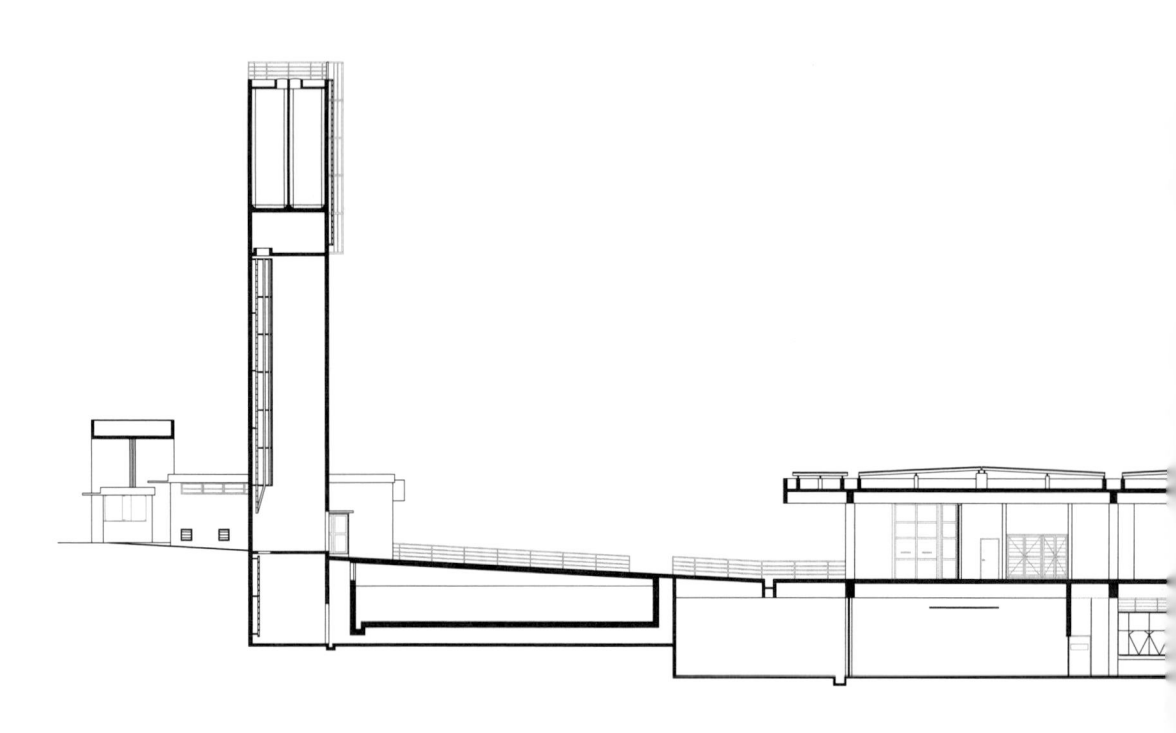

EDIFÍCIO SEDE – CORTE TRANSVERSAL 2

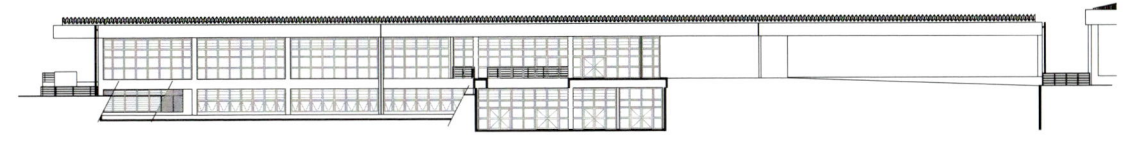

EDIFÍCIO SEDE — ELEVAÇÃO 1

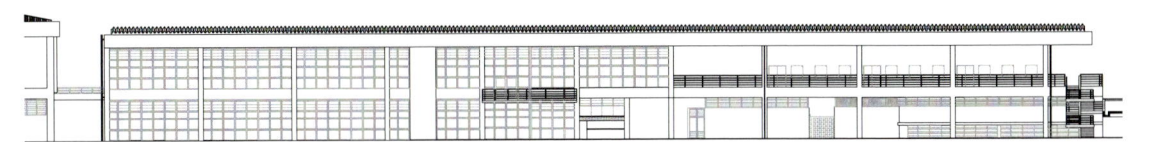

EDIFÍCIO SEDE — ELEVAÇÃO 3

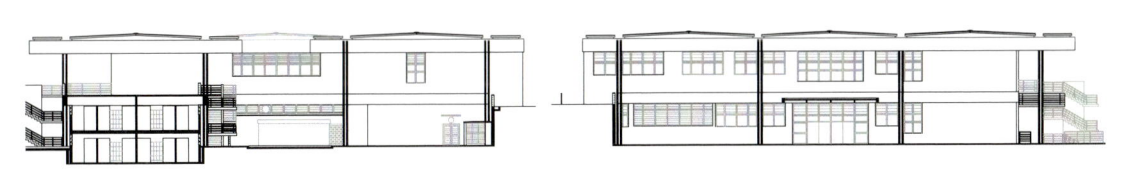

EDIFÍCIO SEDE — ELEVAÇÃO 2

EDIFÍCIO SEDE — ELEVAÇÃO 4

Centro Social do Sesc Araraquara, cortes e elevações do Edifício Sede, Araraquara SP, 1994, arquitetos Abrahão Sanovicz e Edson Jorge Elito, paisagismo de Augusto Rittes Garcia

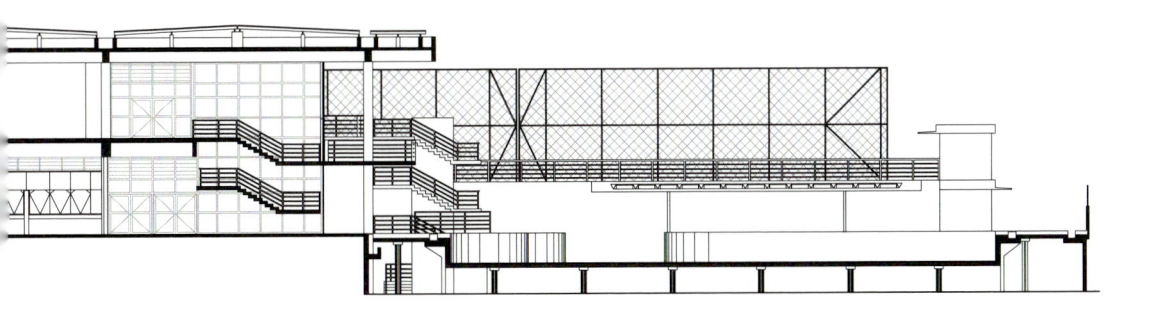

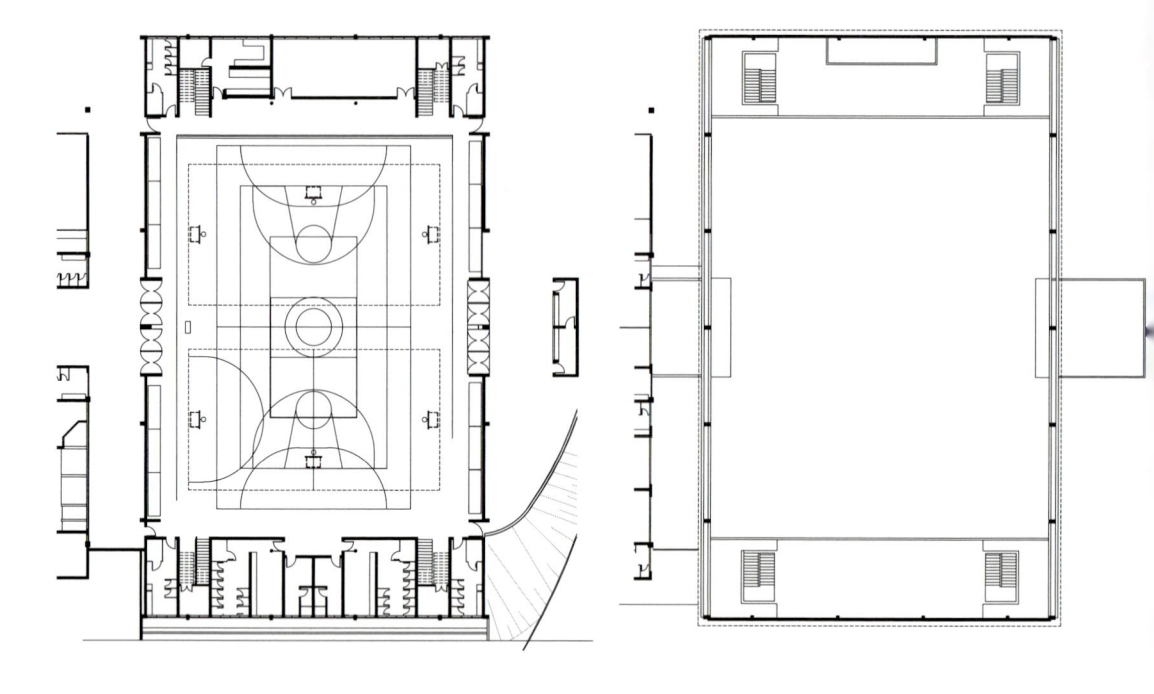

GINÁSIO – PLANTA TÉRREO

GINÁSIO – PLANTA PAVIMENTO SUPERIOR

GINÁSIO – CORTE LONGITUDINAL

GINÁSIO – CORTE TRANSVERSAL 1

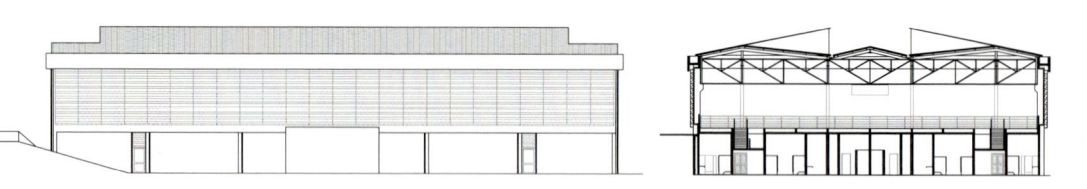

GINÁSIO – ELEVAÇÃO LATERAL

GINÁSIO – CORTE TRANSVERSAL 2

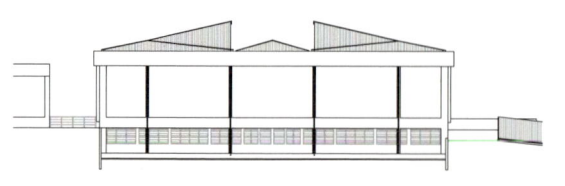

GINÁSIO – ELEVAÇÃO FRONTAL

Centro Social do Sesc Araraquara, plantas, cortes e elevações do Ginásio e vista da caixa d'água, Araraquara SP, 1994, arquitetos Abrahão Sanovicz e Edson Jorge Elito, paisagismo de Augusto Rittes Garcia

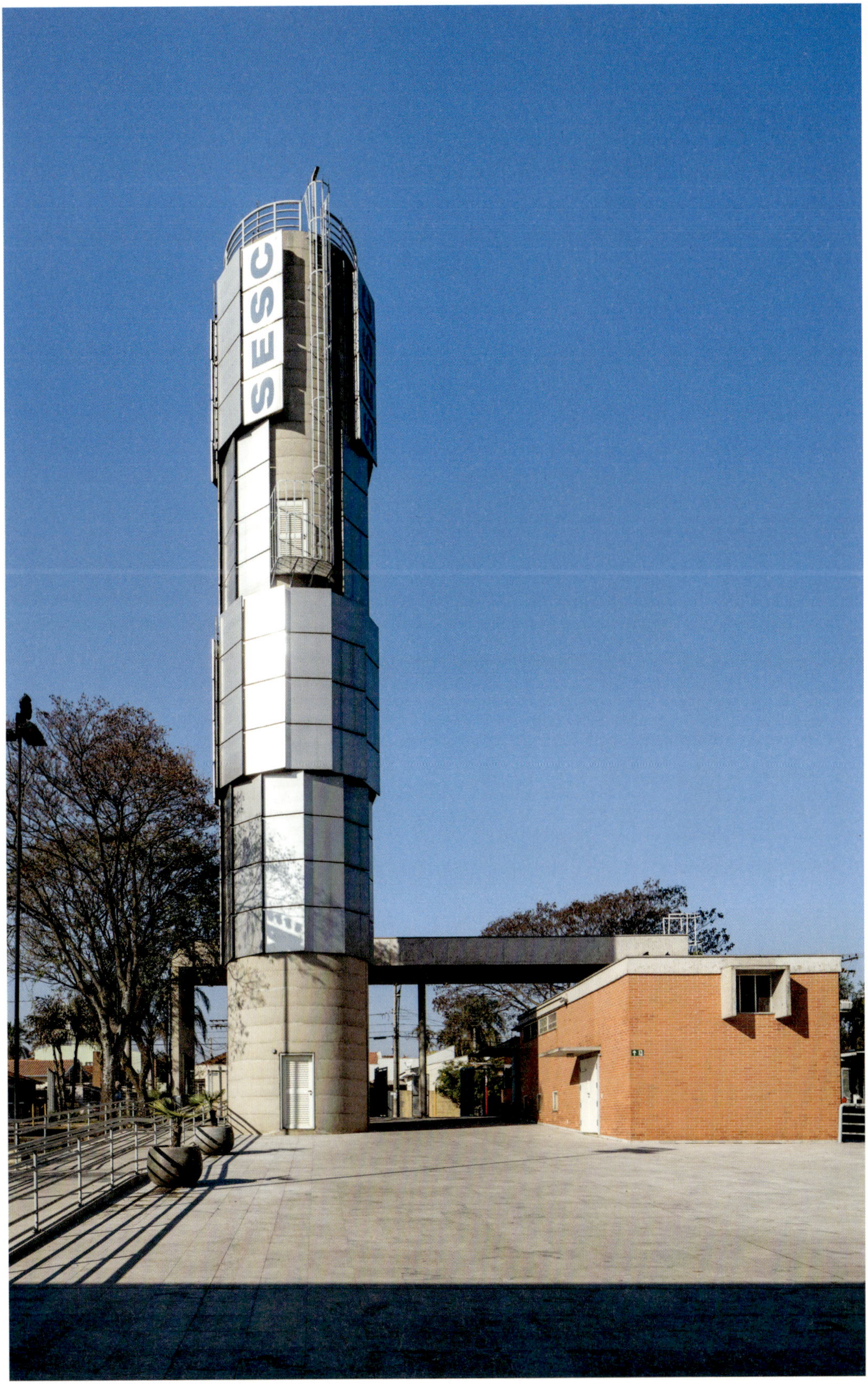
SESC

Conjunto Habitacional Celso dos Santos
Avenida Celso dos Santos com rua da Retificação
São Paulo SP
1995

Conjunto Habitacional Celso dos Santos, Guarapiranga, São Paulo SP, 1995, arquitetos Abrahão Sanovicz, Edson Jorge Elito, João Honório de Mello Filho, Marcos José Carriho e Luiz Guimarães Soares, paisagismo Augusto Rittes Garcia

Os projeto para os Conjuntos Habitacionais Pascoal Melantônio e Celso dos Santos foram realizados pela equipe de arquitetos composta por: Abrahão Sanovicz, Edson Jorge Elito, João Honório de Mello Filho, Luiz Guimarães Soares e Marcos José Carrilho.

O Programa de Saneamento Ambiental da Bacia do Guarapiranga previa o reassentamento de famílias que moravam em favelas ou lotes clandestinos nas áreas de proteção aos mananciais. Dois terrenos, pequenos e com acentuada declividade, foram disponibilizados para abrigar os conjuntos Pascoal Melantônio, com 102 unidades habitacionais, e Celso dos Santos, com 160. A área dos apartamentos em ambos os conjuntos é de 42,68 metros quadrados, compreendendo sala conjugada com a cozinha, dois quartos, banheiro e área de serviço.

A proposta foi a mesma para os dois casos: concentrar todos os apartamentos em dois blocos, implantados contra as curvas de nível. Assim criou-se um pavimento intermediário livre, no nível do acesso principal da rua, onde estão as áreas de uso comunitário e as prumadas de circulação vertical, por escadas. A partir do nível intermediário foram construídos quatro andares para cima e quatro andares para baixo, prescindindo do uso de elevadores.

O sistema construtivo adotado foi o da alvenaria armada em blocos de concreto estruturais, visando a utilização de técnica pouco sofisticada, custo reduzido e a rapidez de execução da obra.

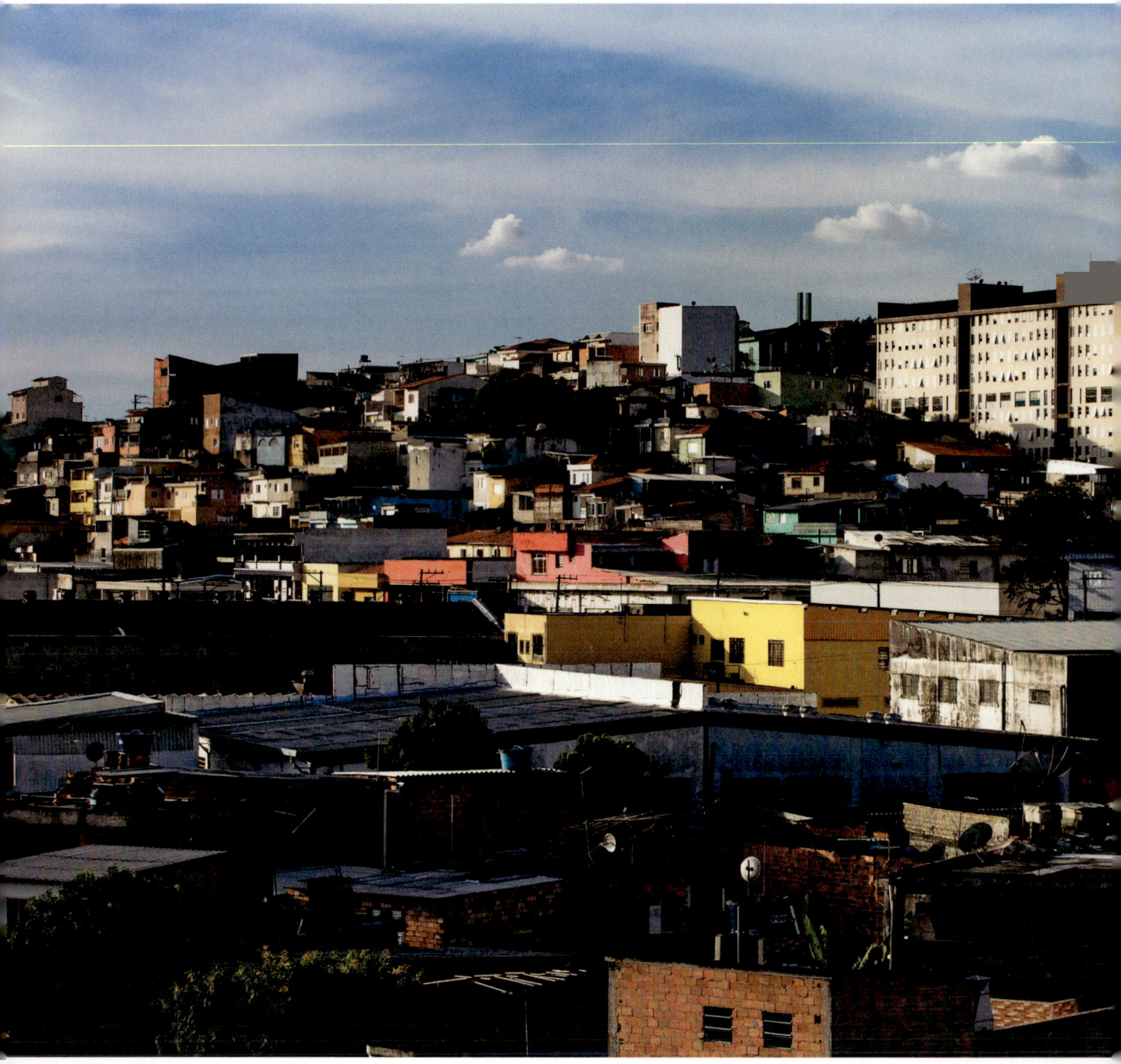

Conjunto Habitacional Celso dos Santos, Guarapiranga, São Paulo SP, 1995, arquitetos Abrahão Sanovicz, Edson Jorge Elito, João Honório de Mello Filho, Marcos José Carriho e Luiz Guimarães Soares, paisagismo Augusto Rittes Garcia

Conjunto Habitacional Celso dos Santos, vistas externas e internas da escada, andar comum e interna do apartamento, Guarapiranga, São Paulo SP, 1995, arquitetos Abrahão Sanovicz, Edson Jorge Elito, João Honório de Mello Filho, Marcos José Carriho e Luiz Guimarães Soares, paisagismo Augusto Rittes Garcia

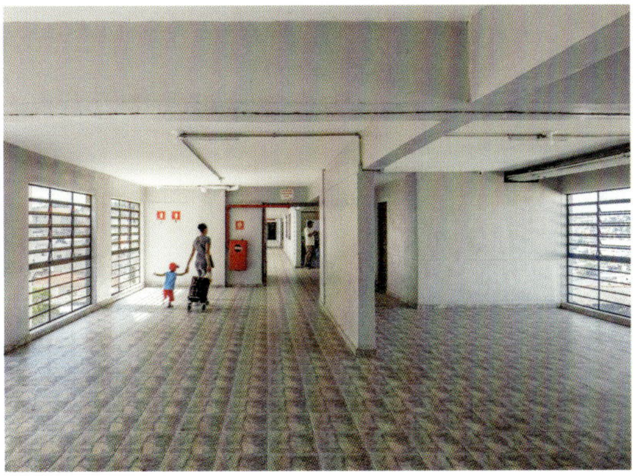
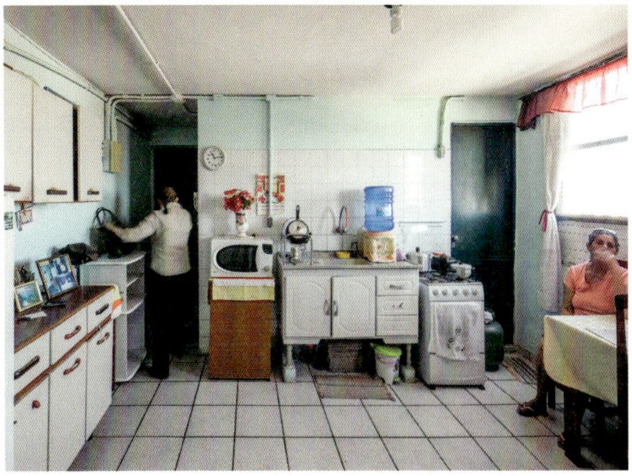
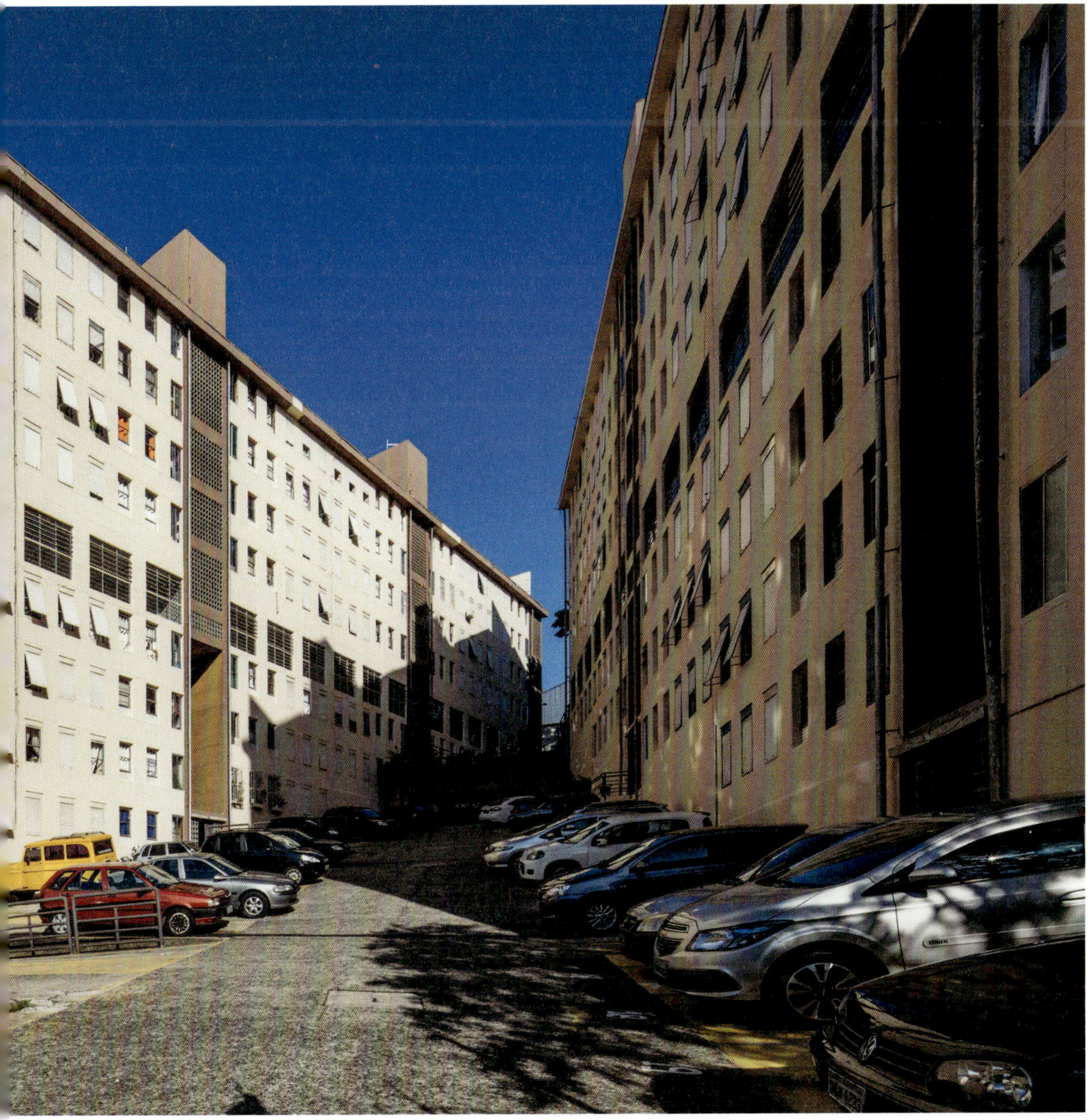

Conjunto Habitacional Celso dos Santos, plantas térreo, e níveis 1, 2, 3, 4, 0, -1 e -2, Guarapiranga, São Paulo SP, 1995, arquitetos Abrahão Sanovicz, Edson Jorge Elito, João Honório de Mello Filho, Marcos José Carriho e Luiz Guimarães Soares, paisagismo Augusto Rittes Garcia

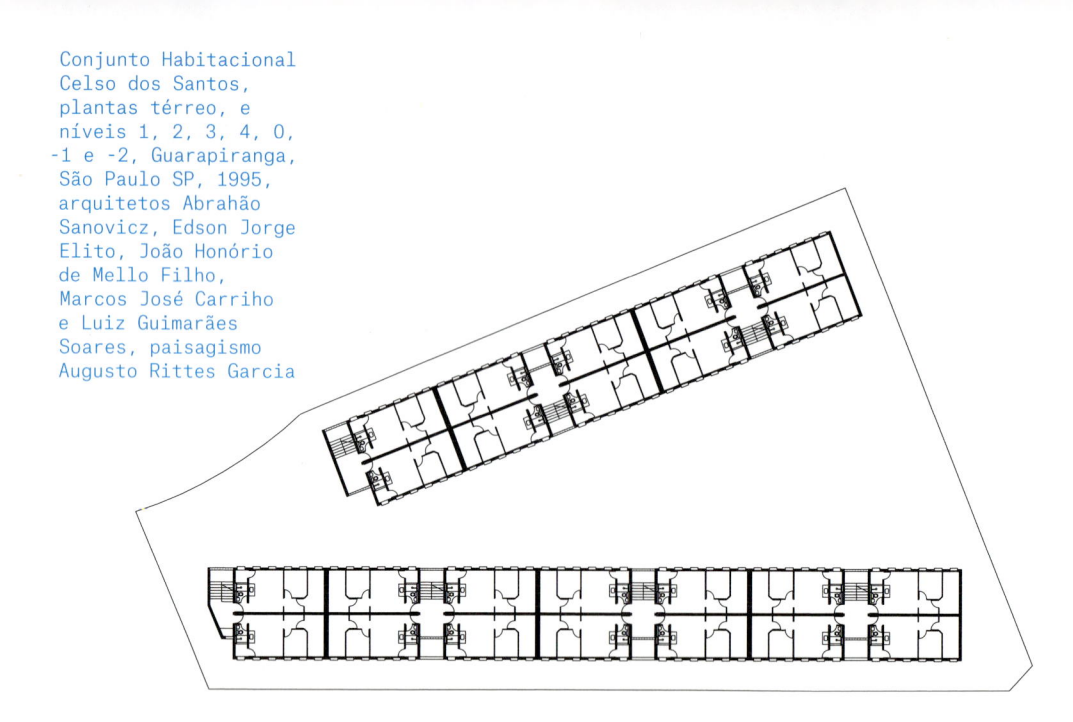

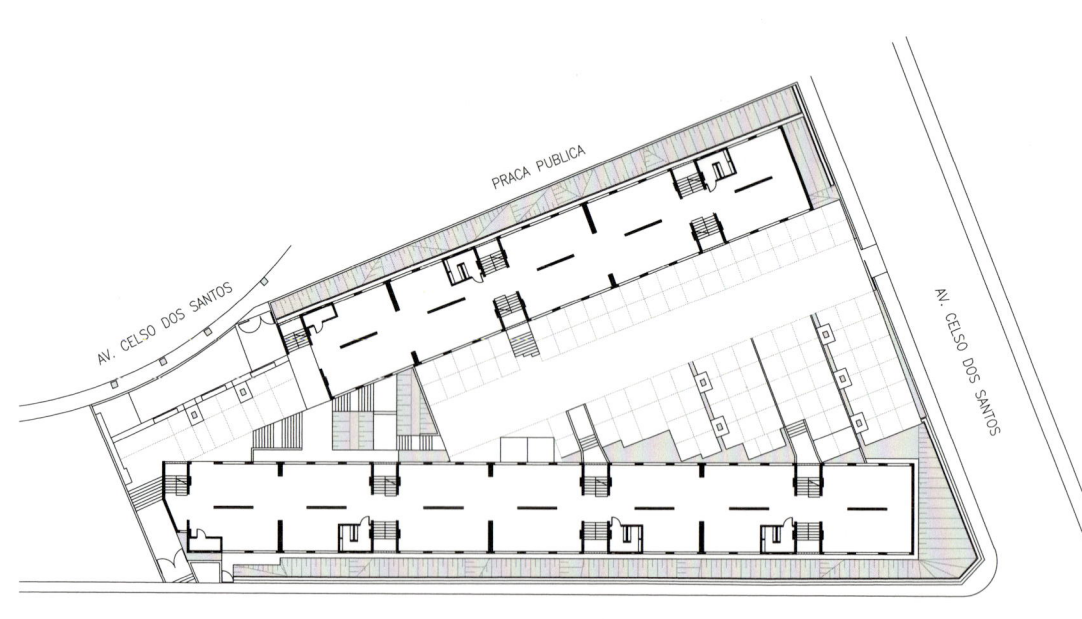

PLANTA NÍVEIS 1, 2, 3 E 4

PRAÇA PUBLICA

AV. CELSO DOS SANTOS

AV. CELSO DOS SANTOS

RUA DA RETIFICACAO

PLANTA NÍVEL 0 — ACESSO APARTAMENTOS

PLANTA NÍVEL −1

PLANTA NÍVEL −2

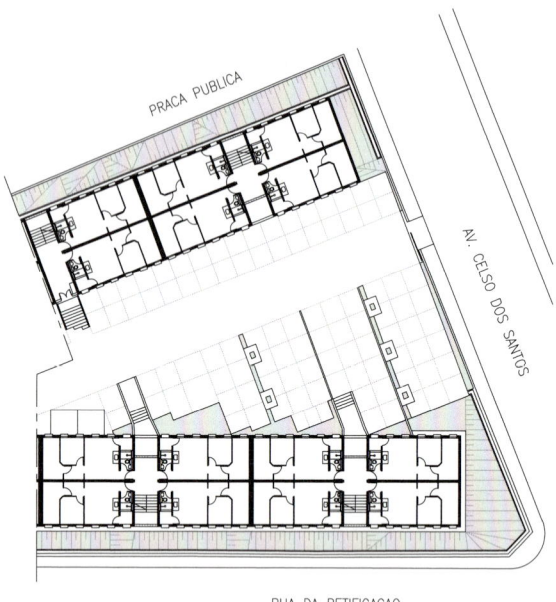

PLANTA NÍVEIS -3

PLANTA NÍVEIS -4

Conjunto Habitacional Celso dos Santos, plantas níveis -3, -4 e paisagismo, cortes e elevações, Guarapiranga, São Paulo SP, 1995, arquitetos Abrahão Sanovicz, Edson Jorge Elito, João Honório de Mello Filho, Marcos José Carriho e Luiz Guimarães Soares, paisagismo Augusto Rittes Garcia

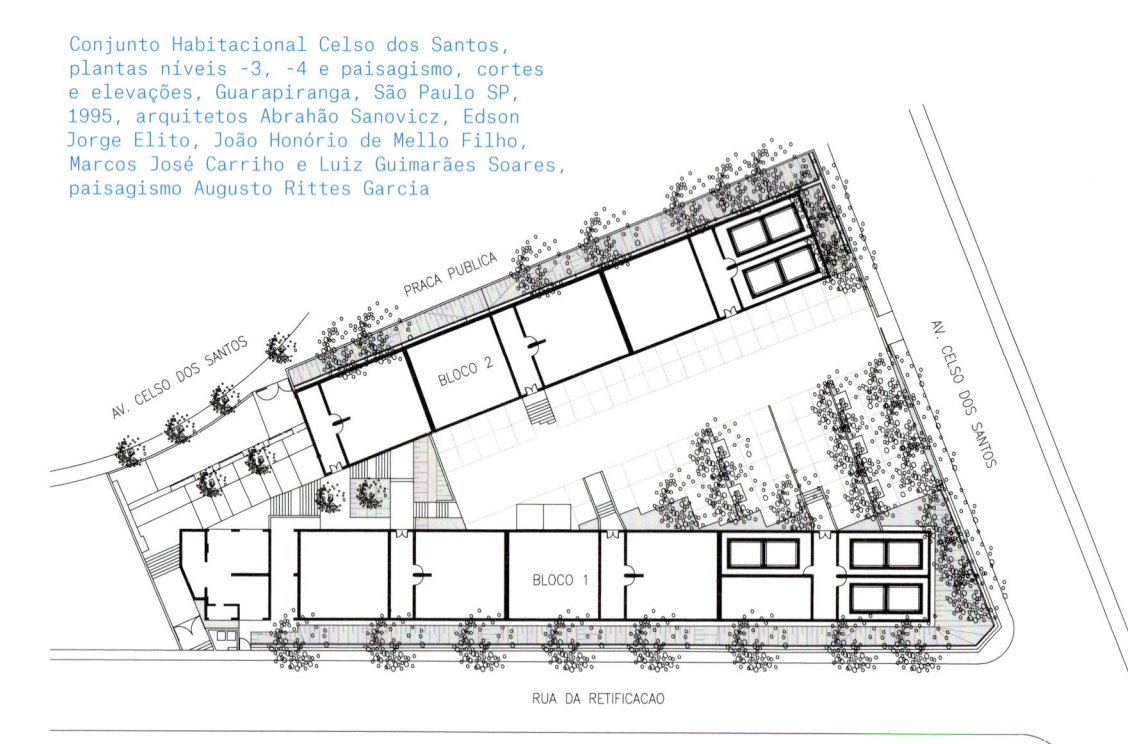

PLANTA DE PAISAGISMO

CORTE LONGITUDINAL BLOCO 1

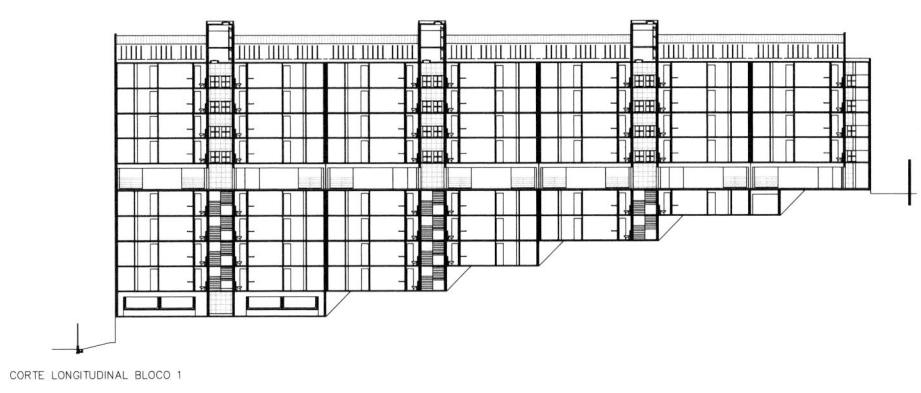

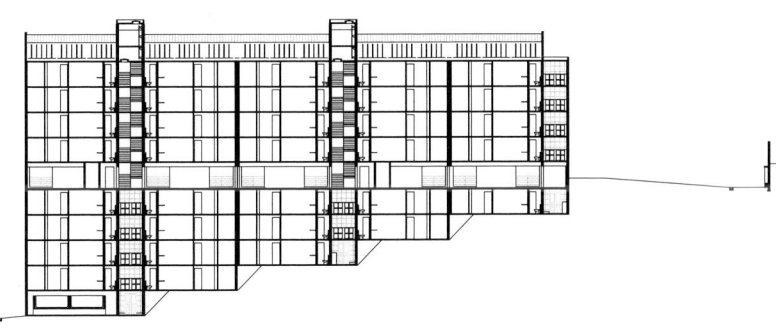

CORTE LONGITUDINAL BLOCO 2

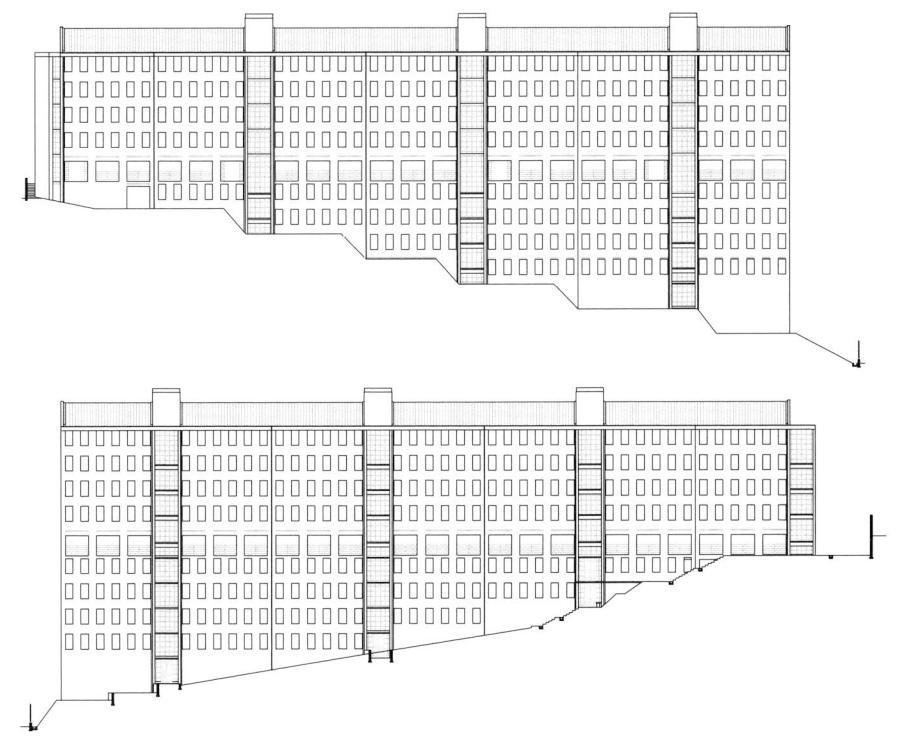

ELEVAÇÕES LONGITUDINAIS BLOCO 1

CONCLUSÃO
Ars longa, vita brevis

[1] "Proverbe qui serait fort triste si le savant, si l'inventeur n'espérait qu'un autre suivra ses traces pour continuer ses travaux". LAROUSSE, Pierre. *Fleurs latines des dames et gens du monde. Ou clef des citations latines que l'on rencontre fréquemment dans les ouvrages des écrivains français*, p. 46.

Um antigo provérbio latino, prenhe de sabedoria, assegura: *Ars longa, vita brevis* – "A arte é longa, a vida é curta".

Sabemos que o conteúdo de sabedoria de um provérbio traz consigo uma verdade que se relaciona com uma reflexão de natureza prática ou moral. Um dos atributos – se é que podemos dar esse rótulo – da verdadeira sabedoria é seu caráter universal, cuja dimensão extrapola o tempo e o espaço e não se submete às rígidas leis dos calendários.

Estes comentários vêm a propósito do personagem em torno do qual foi desenvolvido o presente estudo: Abrahão Sanovicz. Com efeito, se esse provérbio é antigo e tem um caráter universal, a verdade que contém se aplica com incomum perfeição à figura daquele que deixou suas marcas na arquitetura em seu tempo de estudante, em sua carreira profissional e em suas atividades docentes.

Abrahão teve uma vida curta; todavia, foi tempo suficiente para deixar uma herança cujo patrimônio não se limitou aos aspectos culturais e arquitetônicos. Como se pode observar em seus projetos, ele fazia questão de demonstrar que a materialidade arquitetônica pode ser transformada pelo arquiteto em mensagem de humanismo.

Um comentário de Pierre Larousse a respeito do referido provérbio garante: "É um provérbio que será excessivamente triste se o sábio, o inventor, não desejar que outra pessoa siga seus traços para continuar os seus trabalhos".[1]

Tal comentário com certeza não se aplica ao sábio arquiteto Abrahão Sanovicz. Conscientemente, ele deixava clara em suas obras e propostas, a intenção de que outros profissionais seguissem seus traços, não tanto para continuar os seus trabalhos, mas, principalmente, para prolongar seus ideais de conteúdo social e humanístico.

Na explicitação dos processos de projeto, fica evidente a constante procura de expressar seu ideal. E isso ocorreu em toda a trajetória pessoal de Abrahão, a qual teve início já nos primeiros anos de estudante na Faculdade de Arquitetura e Urbanismo, e se estendeu pelo campo de suas atividades profissionais e pelo desempenho da docência na própria Faculdade.

Alguns momentos destacados ao longo desse trabalho são a seguir reiterados devido sua grande importância para a compreensão da trajetória do arquiteto Abrahão Sanovicz.

Abrahão Sanovicz em visita ao terreno do Iate Clube de Londrina, projeto não construído

2. SANOVICZ, Abrahão. *Sistematização crítica da obra de arquitetura para obtenção do título de livre docente* (op.cit), p. 145. **3.** GOMES, Geraldo. Recorrendo à linguagem da história presente [Sede regional Banespa] (op. cit), p. 78.

Como estudante na FAU USP

Viajou para o Rio de Janeiro com um grupo de colegas, para levantar a obra de Lúcio Costa, seus projetos e textos. O objetivo era procurar entender, a partir desses documentos, como se deu o surgimento da arquitetura moderna no Brasil. E justificava: "Acreditávamos que conhecendo melhor seu processo, isso nos ajudaria a caminhar um pouco mais à frente".[2]

No GFAU e no Centro de Estudos Folclóricos atuava na organização e elaboração de publicações sobre arte e arquitetura.

Fez parte da equipe que representou a FAU USP na 4ª Bienal Internacional do Museu de Arte Moderna, em 1957. A equipe deixou consignadas, na publicação que preparam com o registro do projeto para o núcleo residencial da Refinaria Presidente Bernardes, as intenções e reflexões havidas na elaboração do projeto.

Na fase após a graduação em arquitetura

Uma vez formado arquiteto, as questões inicialmente colocadas se ampliaram, ficando cada vez mais forte sua característica de documentar o processo de trabalho, conforme se pode observar nos exemplos descritos a seguir.

No projeto para o Iate Clube de Londrina, tanto no memorial como em manifestações posteriores sobre essa obra, pôs em evidência a conceituação do problema e as intenções e declarou os projetos e soluções formais adotados como referência para a proposta.

Da experiência em Milão, no escritório de Marcello Nizzoli, trouxe farto material sobre os projetos de que participou. Esse material possibilitou percorrer os caminhos trilhados até a conclusão de cada desenho que objetivava realizar.

Os croquis e desenhos finais que recolheu durante esse estágio demonstram questões que mais tarde foram retomadas e aprofundadas na exposição *A linguagem do arquiteto: o croquis*, realizada em 1984 no Museu Lasar Segall, em que Abrahão esteve presente com outros cinco arquitetos: Antônio Luiz Dias de Andrade, Bruno Roberto Padovano, Eurico Prado Lopes, Minoru Naruto e Paulo Mendes da Rocha. O material apresentado na mostra – coleção de croquis elaborados para cada projeto – são elementos que raramente vêm a público. São as primeiras ideias que, lançadas no papel, confirmam e orientam o percurso do projeto. Trazem elementos com os quais o arquiteto dialoga.

Para o Teatro de Santos, além das referências e dos esclarecimentos sobre o processo do projeto, sempre destacou a maneira como se deu a apropriação de novas áreas de conhecimento – mecânica cênica, estruturas protendidas, sofisticado sistema de ar condicionado. Outro importante aspecto ressaltado nos textos sobre o projeto refere-se ao aprendizado na convivência com um profissional mais experiente, o arquiteto Oswaldo Corrêa Gonçalves.

Com o projeto para os equipamentos públicos e sinalização para os jardins de São Paulo, um novo desafio: a elaboração de projetos para quase uma centena de equipamentos que pudessem ser produzidos em escala industrial.

Dos elementos que marcaram esse trabalho destacam-se: a diversidade de abordagem; as considerações pré-estabelecidas pela equipe no que se refere à escolha de materiais e técnicas de simples execução e à facilidade de manutenção, de reposição e estocagem; a importância da realização de um trabalho que consideravam *Design for the Community*; e a experiência de trabalho com Bramante Buffoni.

Nas manifestações sobre os projetos para as duas estações de piscicultura da Cesp, Abrahão discute duas importantes questões: a crítica à especialização em arquitetura; o compromisso do arquiteto com espaço construído e sua responsabilidade por esse espaço.

A residência Abrahão Sanovicz é a síntese de tudo que sempre admirou e procurou cumprir: o espaço fluido, a planta livre, a estrutura independente.

No Fórum de Bragança, a experiência em liderar uma equipe formada por seis arquitetos e as novas experimentações formais são destacadas nos documentos sobre o projeto.

Para a sede do Banespa em Recife, Pernambuco, a afirmação recorrente de Abrahão: "Um projeto é o resultado de projeto ou projetos anteriores".[3]

Nas primeiras propostas de Abrahão para edifícios escolares, percebe-se a influência dos projetos dos ginásios de Itanhaém e de Guarulhos, de João Batista Vilanova Artigas. Em 1976, uma proposta inusitada para a Escola Professor Caetano de Campos, realizada com Paulo Mendes da Rocha, mais tarde retomada no projeto da Escola Estadual Bairro 120.

Nos projetos para os edifícios de apartamentos, identificam-se, seguramente, um processo e uma experimentação, que se iniciam com o Edifício Abaeté, na rua Pará e se encerram com o Teixeira da Silva, compreendendo

Edifício Modular Vega, São Paulo SP, 1970

Tecelagem Grisbi Nordeste, Pirapora MG, 1977

Diretoria Regional Agrícola, Sorocaba SP, 1970

questões como a racionalização e industrialização da construção, e a procura de elementos e componentes padronizados.

Para os conjuntos habitacionais, marcam as soluções encontradas: as referências ao Conjunto Zezinho Magalhães Prado, de Vilanova Artigas e equipe, e as referências às propostas elaboradas por Mies van der Rohe, aliadas às preocupações explicitadas nos projetos para edifícios de apartamentos.

Nas casas binucleares, retoma as propostas adotadas por Marcel Breuer a partir de 1944 na Geller House I, adequando a uma nova realidade e a um outro programa.

No exercício da docência

O professor Abrahão Sanovicz sempre se pautou pelo compromisso em "estabelecer uma integração entre o projeto e a produção – essa produção entendida como produção do projeto propriamente dito, com seus elementos gráficos e escritos, orientadores da obra a ser edificada"[4] e pelo rebatimento de sua atividade de profissional do projeto no ensino e na pesquisa.

Em todos os registros de seus projetos, constantemente buscou esclarecer o trajeto percorrido até a proposta final. De igual modo, procurou identificar aquilo que de um trabalho anterior está presente na obra seguinte, declarando sempre as obras referenciais que ilustraram a solução. Tal atitude não foi pontual. Acompanhou-o durante toda a sua trajetória, caracterizando um comportamento que sempre mereceu admiração.

Essa maneira de trabalhar e de registrar o caminho do projeto, tão característica de Abrahão Sanovicz, nos permite afirmar que para ele, sem dúvida, projeto é pesquisa.

Entretanto, esta postura não é generalizada. Ela pressupõe um método, uma atitude consciente e deliberada anterior ao próprio projeto.

Abrahão construiu, ao longo de seu trabalho como arquiteto e professor de projeto, os mecanismos para registrar o fazer de sua obra de arquitetura, de modo a tornar, tanto sua postura como seus projetos, referências para muitos outros arquitetos.

4. SANOVICZ, Abrahão. *Sistematização crítica da obra de arquitetura para obtenção do título de livre docente* (op.cit), p. 102.

POSFÁCIO
Abrahão Velvu Sanovicz, o China
Edson Elito

Aproximação
Nos primeiros anos da década de 1970, morávamos em uma casa-comunidade, quatro casais, todos estudantes universitários de arquitetura e medicina. Era um oásis de liberdade num período de repressão às ideias, durante a ditadura militar e do estado policial que reinava, o que propiciava um encontro constante com pessoas das mais variadas atividades em todos os campos. Uma das moradoras da comunidade, também colega de turma na Faculdade de Arquitetura da Universidade Mackenzie, a arquiteta Sarah Feldman era prima de Abrahão Sanovicz e combinou de encontrá-lo na casa antes de irem ao Hospital São Paulo visitar o pai dela lá internado. Eu não estava nesse dia, e o Abrahão chegou, sentou-se em um banco que eu havia desenhado para a sala de comer da comunidade e perguntou para a Sarah: "Quem desenhou estes bancos e a mesa?" Ele havia gostado do design despojado, por necessidade de economia, e perguntou onde eu estava trabalhando, ao que a Sarah respondeu: "Em nenhum lugar". "Então diga para ele passar no meu escritório."

Passados vários anos, em 1981, liguei para o Abrahão. "Venha na terça-feira às nove horas para conversarmos", disse. Às nove em ponto, eu toquei a campainha do escritório na rua Oscar Freire. Comecei já no dia seguinte a projetar com ele escolas estaduais para a Conesp, duas casas em Itatiba, o projeto para o concurso de reurbanização do Vale do Anhangabaú e o Fórum de Bragança Paulista, com outros colegas. Tempos depois, ele confidenciou que me incorporou no escritório porque eu tinha sido pontual e chegado na hora marcada no primeiro encontro... Uma das ironias do Abrahão, que me acostumei rapidamente a achar graça.

Rigor profissional e intelectual
A produção dos projetos era sempre pautada pelo rigor construtivo; todos que trabalhávamos com o Abrahão coordenávamos o projeto e o desenhávamos do começo ao fim, sendo que o detalhamento era levado às últimas consequências, sempre com economia do número de pranchas; estas, por sua vez, eram carregadas de desenhos gerais, pormenores, notas, especificações. De tanto nanquim que era empregado, pois ainda não havia computadores disponíveis, brincávamos, em piada interna de

vários escritórios, que os desenhos pesavam muito e que o projeto poderia ser vendido por quilo, e aí sim seríamos bem pagos...

Aprendi com ele um termo que sempre repito para os arquitetos mais jovens com quem compartilho a profissão, incluindo minha filha e sócia Joana: o projeto deve refletir a *verdade construtiva*; e este sempre foi o caráter da arquitetura do mestre, que também repudiava a *arquitetura retórica*, como dizia, e que no fim da vida dava nome aos bois.

O trabalho conjunto foi sempre um misto de exercício profissional com discussão acadêmica. Para o Abrahão, cada projeto era um tema de pesquisa, e todas as referências de obras anteriores presentes nos projetos em desenvolvimento eram atribuídas com sinceridade e sem culpa, pois repetia que todo projeto é continuidade de outro que já fora elaborado antes.

Debatíamos temas da arquitetura, da arte, da política e da vida e aproveitávamos, nós colaboradores e aprendizes, da veia acadêmica do professor que daria aulas por mais de quarenta anos na FAU USP (aliás, ele se referia a ela como "a Escola" e eu para provocá-lo perguntava "Que escola?" e quando respondia "a FAU", eu retrucava: "Mas qual FAU?").

Sua posição sobre a Escola Paulista versus Escola Carioca é conhecida pelos seus textos e entrevistas: afirmava que a arquitetura em São Paulo é uma continuidade da arquitetura produzida pelo movimento moderno no Rio de Janeiro; é uma consequência e não existiria sem ela. Gostava de polemizar e não raro perdia seu ar bonachão numa disputa teórica. Os seus alunos que o digam, presenciando altas discussões entre mestres de peso.

A obra e os projetos significativos

Sua produção, pouco conhecida até agora, tem elementos que caracterizam seu pensamento arquitetônico e, no conjunto, representam um caráter que permeia todos os projetos: o atendimento ao programa de necessidades e à setorização das funções e atividades, a definição dos fluxos internos e externos, o conceito do partido de arquitetura do ponto de vista cultural, o conforto ambiental, a economia de recursos materiais na obra e sua facilidade de execução pela mão de obra existente empregada, a definição do sistema estrutural, considerando sua expressão plástica e o uso de materiais de construção in natura.

Entusiasta do desenho industrial, como mostra seus estudos iniciais em São Paulo e posteriormente em Milão, tratava a obra de arquitetura como

258 Abrahão durante a obra da Residência Abrahão Sanovicz, Butantã, São Paulo SP, 1976

um objeto de design e, mesmo considerando as dificuldades de produção, sempre aventava a possibilidade da produção em série de componentes e elementos construtivos.

Artista, compartilhava no escritório e sempre esperava opinião sobre seus trabalhos em litogravura e seus famosos desenhos com caneta esferográfica em folhas A4 que fazia nas reuniões de departamento da FAU USP ou no IAB.

Frase recorrente do Abrahão: o arquiteto é por excelência um educador, tem que educar o cliente, a administração pública e a sociedade, em um processo contínuo e sem fim.

Por dezoito anos, até sua morte em 1999, com idas e vindas, dividimos experiências e vivências, sempre consultando seu imenso arquivo de projetos elaborados, construídos ou não, para recuperarmos idéias e referências para novos projetos. Aprendíamos cada vez mais a respeitar a obra do Abrahão – mobiliário, marcas, símbolos, edifícios e urbanização de parcelas do território. Dentre os projetos, destaco os que mais me sensibilizam: o Teatro Municipal de Santos, a Usina de Beneficiamento de Algodão de Aguaí, o edifício residencial Abaeté na rua Pará, os edifícios modulares para a Construtora Formaespaço, o edifício residencial da rua Fiandeiras, o Parque Residencial Cecap em Serra Negra, a residência Zélia Deri Twiaschor no Morumbi, a casa da família Sanovicz no Butantã, o Fórum de Bragança Paulista, os conjuntos habitacionais Pascoal Melantonio e Celso dos Santos para o Programa Guarapiranga e o Sesc Araraquara.

Instituto de Arquitetos do Brasil

Participava das batalhas dos arquitetos no IAB e para lá me conduziu em 1989 para participar da elaboração das normas de projeto da ABNT, quando era presidente Pedro Cury. Fui assumindo funções no Instituto e me apaixonando pela atividade militante na profissão, e nunca mais abandonei. Por essa abertura, conheci o que era a profissão, seus expoentes e militantes anônimos, e senti o quanto Abrahão era respeitado por seus pares.

Afirmava em suas palestras e nos debates do IAB que a arquitetura é um fato cultural e que o patrimônio construído é patrimônio da nação, deve ser cuidado e preservado.

259

Referências bibliográficas

ACAYABA, Marlene Milan. *Branco & Preto: uma história de design brasileiro nos anos 50*. São Paulo, Instituto Lina BO e P. M. Bardi, 1994.

ALMEIDA, Eduardo. [Texto sem título]. In *Catálogo da exposição de projetos, desenhos e gravuras de Abrahão Sanovicz*. São Paulo, FAU USP, 1997, s.p.

ALMEIDA, Paulo Mendes de. *De Anita ao Museu*. São Paulo, Perspectiva, 1976.

AMARAL, Aracy. *Arte para quê? A preocupação social na arte brasileira 1930-1970*. São Paulo, Nobel, 1987.

ANDRADE, Mário de. *Curso de filosofia e história da arte – Anteprojeto do Serviço do Patrimônio Histórico e Artístico Nacional*. São Paulo, GFAU, 1955.

ANDRADE, Mário de. Essa paulista família. *Revista do Instituto de Estudos Brasileiros*, n. 10, São Paulo, Universidade de São Paulo, 1971, p. 154-156.

ARTIGAS, João Batista Vilanova. A semana de 22 e a arquitetura. *Módulo*, n. 45, São Paulo, mar./abr. 1977, p. 20-23.

ARTIGAS, João Batista Vilanova. *Caminhos da arquitetura*. São Paulo, FVA/Pini, 1986.

ARTIGAS, João Batista Vilanova. Contribuição para o relatório sobre ensino de arquitetura UIA-Unesco. *Sinopses*, Memória – edição especial, São Paulo, FAU USP, 1993, p. 133-139.

ARTIGAS, João Batista Vilanova. Sobre escolas... *Acrópole*, n. 377, São Paulo, set. 1970, p. 10-13. Republicação: ARTIGAS, João Batista Vilanova. Sobre escolas. In *Caminhos da arquitetura*. São Paulo, FVA/Pini, 1986, p. 110.

ARTIGAS, João Batista Vilanova. O Anhangabaú e a cidade conforme Artigas. *A Construção em São Paulo*, n. 1376, jun. 1974, p. 22-28.

ARTIGAS, João Batista Vilanova; SANOVICZ, Abrahão; YURGEL, Marlene; YAMASHITA, Harue; RODRIGUES, Eduardo J. Projeto de reorganização do Parque do Anhangabaú e sua extensão pela via arterial norte-sul. *Módulo*, n. 42, Rio de Janeiro, mar./mai. 1976, p. 35-41.

Atividades do Museu de Arte Moderna de São Paulo de 1949 a 1954. Documento. São Paulo, Arquivo Histórico Wanda Svevo da Fundação Bienal de São Paulo, s.d.

BANDEIRA, João (org.). *Arte concreta paulista: documentos*. São Paulo, Cosac Naify/Centro Universitário Maria Antônia da USP, 2002.

BARDI, Pietro Maria. *Profile of the New Brazilian Art*. São Paulo, Kosmos, 1970.

BRATKE, Oswaldo Arthur; ZEIN, Ruth Verde; SANOVICZ, Abrahão; OHTAKE, Ruy; AMARAL, Aracy Abreu; GUEDES, Joaquim. Depoimentos sobre arquitetura paulista. *AU – Arquitetura e Urbanismo*, n. 17, São Paulo, abr./mai. 1988, p. 53-60.

BREUER, Marcel. *Buildings and projects: 1921-1961*. Stuttgart, Verlag Gerd Hatje, 1962.

BUCCI, Angelo; GRACIANO, José Roberto; TOSTA, Cristina. Três visões do Anhangabaú. *Viva o Centro*, n. 7, São Paulo, dez. 1993, p. 23-27.

BUZZAR, Miguel Antônio. *João Batista Vilanova Artigas: elementos para a compreensão de um caminho da arquitetura brasileira, 1938-1967*. Orientador Paulo Júlio Valentino Bruna. Dissertação de mestrado. São Paulo, FAU USP, 1996.

CARAM, André; UIEDA, Maurício. EESG Conselheiro Crispiniano. Ensino, arquitetura e educação. São Paulo, *Ponto*, n. 4, 1999 <http://revistaponto.org/4/conselheiro.html>.

CARAMELO. O Concurso Georges Pompidou. Entrevista com o arquiteto Paulo Mendes da Rocha. *Caramelo*, n. 1, São Paulo, dez. 1990, p. 26-35.

CARTUM, Marcos. Entrevista de Abrahão Sanovicz. São Paulo, Divisão de Pesquisas / Centro Cultural São Paulo, 1984. [republicação: SANOVICZ, Abrahão. *Sistematização crítica da obra de arquitetura para obtenção do título de livre docente*. Tese de livre docência. São Paulo, FAU USP, 1997]

COELHO, Isabel Ruas Pereira. *Painéis em mosaico na arquitetura moderna paulista: 1945-1964*. Orientador Paulo Júlio Valentino Bruna. Dissertação de mestrado. São Paulo, FAU USP, 2001.

CORONA, Eduardo; LEMOS, Carlos. Teatro (verbete). In CORONA, Eduardo; LEMOS, Carlos. *Dicionário da arquitetura brasileira*. São Paulo, Edart, p. 443-444.

CORRÊA, Maria Elisabeth Peirão, MELLO, Mirela Geiger de; NEVES, Hélia Maria Vendramini. *Arquitetura escolar paulista: 1890-1920*. São Paulo, FDE, 1991.

COSTA, Lúcio. *Sobre arquitetura*. Porto Alegre, Centro de Estudantes Universitários de Arquitetura, 1962.

D'HORTA, Vera. *MAM – Museu de Arte Moderna de São Paulo*. São Paulo, DBA, 1995.

DAHER, Luiz Carlos. O espaço arquitetônico brasileiro dos últimos 20 anos e a formação profissional do arquiteto. *Sinopses*, Memória – edição especial, São Paulo, FAU USP, 1993, p. 156-164.

DAHER, Luiz Carlos. Sobre o desejo – digo, o desenho – do arquiteto. In ASSOCIAÇÃO MUSEU LASAR SEGALL. *Linguagem do arquiteto: o croquis*. São Paulo, Museu Lasar Segall, 1984.

Depoimento de Abrahão Sanovicz no Centro Cultural São Paulo. *Projeto*, n. 58, São Paulo, dez. 1983, p. 36.

DRILLER, Joachim. *Breuer Houses*. Londres, Phaidon, 2000.

ELITO, Edson Jorge. A arquitetura do Sesc Araraquara. *Projetos*, São Paulo, ano 04, n. 041.05, Vitruvius, mai. 2004 <www.vitruvius.com.br/revistas/read/projetos/04.041/2338>.

ELITO, Edson Jorge; SANOVICZ, Abrahão. Teatro do Colégio Santa Cruz. *Projeto Design*, n. 274, São Paulo, dez. 2002, p. 28-33.

ELITO, Edson Jorge; SERRONI, José Carlos; LANFRANCHI, Gustavo. Teatro do Colégio Santa Cruz [Premiação IAB/SP 2002]. *Projeto Design*, n. 276, São Paulo, fev. 2003, p. 32.

Exposição revê relações do Tietê com a cidade. *Projeto Design*, n. 142, São Paulo, jun. 1991, p. 135.

Faculdade de Arquitetura e Urbanismo da Universidade de São Paulo. Catálogo Geral da IV Bienal do Museu do

Arte Moderna de São Paulo. São Paulo, MAM-SP, 1957, p. 628.

FALBEL, Nachman. *Manasche: sua vida e seu tempo*. São Paulo, Perspectiva, 1996.

FERRAZ, Geraldo. Família Artística Paulista (verbete). In LEITE, José Roberto Teixeira. *500 anos da pintura brasileira: uma enciclopédia interativa*. CD-Rom. São Paulo, Log On Informática, 1999.

GATI, Catharine. Documento: Oswaldo Corrêa Gonçalves. *AU – Arquitetura e Urbanismo*, n. 59, São Paulo, Pini, abr./mai. 1995, p. 79-87.

GATI, Catharine. *DPCA – Documentação sobre produtores culturais de arquitetura em São Paulo*. Série de entrevistas de Abrahão Sanovicz (mimeo). São Paulo, Centro Cultural São Paulo, 1987-1988.

GOMES, Geraldo. Recorrendo à linguagem da história presente [Sede regional Banespa]. *Projeto Design*, n. 126, São Paulo, out. 1989, p. 78-81.

GOMES, José Cláudio. A pesquisa no projeto de arquitetura e urbanismo: sete paradigmas. In *Anais do Seminário Natureza e prioridades de pesquisa em arquitetura e urbanismo*. São Paulo, FAU USP, 1990, p. 29-30.

GONÇALVES, Lisbeth Rebollo. *Sérgio Milliet, crítico de arte*. São Paulo, Perspectiva/Edusp, 1992.

GONÇALVES, Oswaldo Corrêa; KATINSKY, Julio Roberto; SANOVICZ, Abrahão. Arquitetura na VI Bienal do Museu de Arte Moderna de São Paulo. Teatro Municipal e Centro de Arte em Santos. *Acrópole*, n. 277, São Paulo, dez. 1961, p. 11-13.

GONÇALVES, Oswaldo Corrêa; KATINSKY, Julio Roberto; SANOVICZ, Abrahão. *Teatro Municipal – Prefeitura Municipal de Santos SP*. Catálogo Geral da VI Bienal do Museu de Arte Moderna de São Paulo. São Paulo, MAM-SP, 1960, p. 441.

GONÇALVES, Oswaldo Corrêa; KATINSKY, Julio Roberto; SANOVICZ, Abrahão. Teatro Municipal e Centro de Arte em Santos. *Módulo*, n. 28, Rio de Janeiro, jul. 1962, p. 16-20.

GONÇALVES, Oswaldo Corrêa; SANOVICZ, Abrahão; KATINSKY, Julio Roberto. Centro de Cultura [Santos, SP]. *AU – Arquitetura e Urbanismo*, n. 59, São Paulo, abr./mai. 1995, p. 86.

GOODWIN, Philip. *Brazil Builds: architecture new and old, 1652-1942*. Nova York, The Museum of Modern Art, 1943.

GOUVEIA, Anna Paula Silva. Volume II – O desenho e o processo de projeto. In GOUVEIA, Anna Paula Silva. *O croqui do arquiteto e o ensino do desenho*. Orientadora Élide Monzeglio. Tese de doutorado. São Paulo, FAU USP, 1998.

GUERRA, Abilio. Entrevista de Carlos Lemos. São Paulo, 9 jun. 2017.

GRAEFF, Edgar; BARDI, Lina Bo; JULIANO, Miguel; SANOVICZ, Abrahão; TEPERMAN, Sérgio; ZANETTINI, Siegbert; ALMEIDA, José Alberto de; PERRONE, Rafael; MAIA, Éolo. Artista, homem, professor: depoimentos. *Projeto*, n. 66, São Paulo, ago. 1984, p. 92-94.

IMBRONITO, Maria Isabel. *Três edifícios de habitação para a Formaespaço: Modulares, Gemini e Protótipo*. Anais do 5º Seminário Docomomo Brasil. São Carlos, SAP/EESC USP, 2013.

IMBRONITO, Maria Isabel. *Três edifícios de habitação para a Formaespaço: Modulares, Gemini e Protótipo*. Orientador Eduardo de Almeida. Dissertação de mestrado. São Paulo, FAU USP, 2003.

ITAÚ CULTURAL. Osiarte (verbete). *Enciclopédia das artes visuais*. São Paulo, Itaú Cultural, 7 jun. 2017 <www.itaucultural.org.br>.

JOHNSON, Philip. *Mies van der Rohe*. Buenos Aires, Victor Leru, 1960.

KATINSKY, Julio Roberto. Evocação de um Sanovicz, Abrahão. *PÓS – Revista do Programa de Pós-Graduação em Arquitetura e Urbanismo da FAU USP*, n. 8, São Paulo, dez. 2000, p. 258-261.

KATINSKY, Julio Roberto; SANOVICZ, Abrahão. EE Professora Lydia Yvone Gomes Marques. In FERREIRA, Avany de Francisco; MELLO, Mirela Geiger de (Org.). *Arquitetura escolar paulista: anos 1950 e 1960*. São Paulo, FDE/DOS, 2006, p. 283.

KNISPEL, Gerson; SANOVICZ, Abrahão. Álbum de gravuras. *Acrópole*, n. 294, São Paulo, mai. 1963, p. 188-189.

LAMPRECHT, Barbara M. *Richard Neutra: complete works*. Nova York, Taschen, 2000.

LAROUSSE, Pierre. *Fleurs latines des dames et gens du monde. Ou clef des citations latines que l'on rencontre fréquemment dans les ouvrages des écrivains français*. Paris, Larousse et Boyer, s/d.

LIMA, Priscylla Nose de. *Habitação vertical privada e o mercado imobiliário em São Paulo: Dois períodos, dois casos dissidentes – Formaespaço e Idea!Zarvos*. Orientador Francisco Spadoni. Dissertação de mestrado. São Paulo, FAU USP, 2013.

LOURENÇO, Maria Cecília França. *Museus acolhem o moderno*. São Paulo, Edusp, 1999.

MACEDO, Christiane C. F.. *Teatro Municipal de Santos: (re)apropriação do espaço moderno*. Orientador Edgar Dente. Dissertação de mestrado. São Paulo, FAU USP, 2008.

MAGALDI, Sábato. Teatro municipal e centro de arte em Santos SP. *Habitat*, n. 63, São Paulo, mar. 1961, p. 24-29.

MARTINS, Ibiapaba. Menos "whisky" mais trabalho: reage à modorra o "Museu de Arte Moderna de São Paulo". *Última Hora*, São Paulo, 10 set. 1952. [Coleção de recortes de jornal de Lucia Suanê]

MELENDEZ, Adilson; MOURA, Éride; SERAPIÃO, Fernando. Entrevista: João Walter Toscano. *Projeto Design*. São Paulo, n. 277, São Paulo, mar. 2003, p. 6-8.

MELLO, Mirela Geiger de. *Arquitetura escolar pública. Fundo Estadual de Construções Escolares – Fece: 1966-1976*. Orientador Julio Roberto Katinsky. Dissertação de mestrado. São Paulo, FAU USP, 2012.

MELO NETO, João Cabral de. Projeto 15 anos. Fábula de um arquiteto. *Projeto*, n. 102, São Paulo, ago. 1987, p. 75.

MEYER, Hannes. *El arquitecto en la lucha de clases y otros escritos*. Barcelona, Gustavo Gili, 1972.

MILAN, Carlos Barjas. Várias manifestações a propósito da arquitetura. *Tema*, n. 1. São Paulo, GFAU, mai. 1965.

MINDLIN, Henrique E. *Arquitetura moderna no Brasil*. Rio de Janeiro, Aeroplano, 1999.

MONDRIAN, Piet. *O neo-plasticismo: princípio geral da equivalência plástica*. São Paulo, GFAU, 1954.

MOTTA, Flávio. Subsídios para o relatório sobre ensino de Arquitetura UIA-Unesco. *Sinopses,* Memória – edição especial, São Paulo, FAU USP, 1993, p. 138-155.

MOTTA, Flávio. Textos informes: a Família Artística Paulista. *Revista do Instituto de Estudos Brasileiros*, n. 10, São Paulo, USP, 1971, p. 137-154.

MOTTA, Renata Vieira da. *O Masp em exposição: mostras periódicas na 7 de abril*. Orientadora Maria Cecília França Lourenço. Dissertação de mestrado. São Paulo, FAU USP, 2003.

MOURA, Éride. Volumetria homogênea da fachada contrasta com riqueza espacial interna [Sesc Araraquara]. *Projeto Design*, n. 248, São Paulo, out. 2000, p. 71-75.

NASCIMENTO, Ana Paula. *MAM: museu para a metrópole: a participação dos arquitetos na organização inicial do Museu de Arte Moderna de São Paulo*. Orientadora Maria Cecília França Lourenço. Dissertação de mestrado. São Paulo, FAU USP, 2003.

NASCIMENTO, Myrna de Arruda. *Arquiteturas do pensamento*. Orientadora Lucrécia D'Aléssio Ferrara. Tese de doutorado. São Paulo, FAU USP, 2002.

NEUTRA, Richard. *Architecture of social concern in region of mild climate*. São Paulo, Gerth Todtmann, 1948.

NEVES, José Maria da Silva; SANOVICZ, Abrahão; LIMA, Luiz Gastão de Castro. Relatório das atividades do terceiro ano. IN SEQUÊNCIA DE DESENHO INDUSTRIAL. *Desenho Industrial*. Departamento de Projeto, Publicação 8. São Paulo, FAU USP, 1963, p. 1-40. [Documento interno encadernado em volume único, com relatórios das disciplinas numerados individualmente]

NIEMEYER, Oscar. *Niemeyer*. Belmont-sur-Lausane, Alphabet, 1977.

O DIRIGENTE CONSTRUTOR. Projeto de centro cultural no coração de Paris [Centro Cultural para Beaubourg Paris]. *O Dirigente Construtor*, n. 7, São Paulo, mai. 1973, p. 58-64.

PAPACHRISTOU, Tician. *Marcel Breuer: nuevas construcciones y proyectos*. Barcelona, Gustavo Gili, 1970.

PENTEADO, Fábio. Depoimento. In Cumbica (matéria 5). *Desenho*, n. 4, São Paulo, GFAU, mai. 1972, p. 55-88.

PERAZZOLO, Hélio. Morar diferente. *Jornal da Tarde*, São Paulo, 14 jul. 1987.

PINSKY, Carla Bassanezi. *Pássaros da liberdade: jovens, judeus e revolucionários no Brasil*. São Paulo, Contexto, 2000.

PRESTES, Lucinda Ferreira. Entrevista: Abrahão Velvu Sanovicz. In PEREIRA, Miguel Alves; SAWAYA, Sylvio Barros (Org.). *Cadernos de arquitetura: registro do pensamento e da produção dos arquitetos da FAU USP, nos últimos 25 anos*. São Paulo, Pini/Fupam, 2001, p. 77-83.

PROJETO DESIGN. Ópera Prima. Concorrida entrega de prêmios no MAM. *Projeto Design*, n. 142, São Paulo, jun. 1991, p. 137.

REGIONE PIEMONTE. *Shape mission: car design in Turin e Piedmont*. Turim, Margraf, 2004.

REIS, Rinaldo Ruy Rodrigues. Ópera Prima 1991, Menção. Revitalização e reciclagem do antigo Matadouro Municipal de Vila Mariana. Orientador Abrahão Velvu Sanovicz. *Projeto Design*, n. 142, São Paulo, jun. 1991, p. OP46-OP47.

RIBEIRO, Alessandro Castroviejo. Escola. Instantâneo de uma trajetória. *AU – Arquitetura e Urbanismo*, n. 26, São Paulo, nov. 1989, p. 54-59.

ROCHA, Paulo Mendes da. O concurso Georges Pompidou. *Caramelo*, n. 1, São Paulo, dez. 1990, p. 26-29.

SABBAG, Haifa Yazigi. Três gerações debatem arquitetura. *Construção São Paulo*, n. 1872, São Paulo, dez. 1983, p. 20-22.

SANOVICZ, Abrahão. 1ª Exposição de produtos industriais brasileiros de bom desenho [linha de móveis para escritórios Escriba]. *Produto e Linguagem*, n. 1, São Paulo, Associação Brasileira de Desenho Industrial, 1965, p. 15.

SANOVICZ, Abrahão. A pesquisa na área de projeto. In *Anais do Seminário Natureza e Prioridades de Pesquisa em Arquitetura e Urbanismo*. São Paulo, Fupam/Fapesp, 1990, p. 109-111 (texto originalmente elaborado como base para discussão no Grupo de Disciplinas de Projeto de Edificações, 1985).

SANOVICZ, Abrahão. A receita para morar bem [edifícios modulares em São Paulo]. *Projeto e Construção*, n. 9, São Paulo, ago. 1971, p. 36-39.

SANOVICZ, Abrahão. A velha arquitetura, passada a limpo [Escola do Senac Tatuapé, SP]. *Projeto*, n. 109, São Paulo, abr. 1988, p. 41-45.

SANOVICZ, Abrahão. Abaeté (1963/1968). *Monolito*, n. 19, São Paulo, fev./mar. 2014, p. 136-139.

SANOVICZ, Abrahão. Arquitetura e urbanismo, São Paulo. Atas de grupo de trabalho do DOP 1974 – intervenções. Apud KATINSKY, Julio Roberto. Desenho industrial. In ZANINI, Walter (Org.). *História geral da arte no Brasil*. São Paulo, Instituto Walter Moreira Sales/Fundação Djalma Guimarães, 1983, p. 915-951.

SANOVICZ, Abrahão. Banespa em Recife, por Abrahão Sanovicz. *Projeto*, n. 180, São Paulo, nov. 1994, p. 56.

SANOVICZ, Abrahão. Centro Social do Setor Politécnico da Cidade Universitária Armando Sales Oliveira. *Zodiac*, n. 11, São Paulo, 1963, p. 63-66.

SANOVICZ, Abrahão. Conjunto habitacional, Jundiaí, SP. *Projeto*, n. 42, São Paulo, jul. 1982, p. 139.

SANOVICZ, Abrahão. Conjunto habitacional Parque Cecap, Serra Negra, SP. *Projeto*, n. 42, São Paulo, jul. 1982, p. 142.

SANOVICZ, Abrahão. Conjunto residencial (1970). *Construção São Paulo*, n. 1802, São Paulo, ago. 1982, p. 27.

SANOVICZ, Abrahão. Conjunto residencial em Jundiaí. *CJ Arquitetura*, n. 3, Rio de Janeiro, nov./dez. 1973 – jan. 1974, p. 50-51.

SANOVICZ, Abrahão. Conjunto residencial em Jundiaí. *Projeto e Construção*, n. 31, São Paulo, jun. 1973, p. 49.

SANOVICZ, Abrahão. Conjunto residencial em Jundiaí SP. *Arquitetura, Planejamento e Construção*, n. 3, São Paulo, nov. 1973.

SANOVICZ, Abrahão. Crítica arquitetônica. *Projeto*, n. 181, São Paulo, dez. 1994, p. 83.

SANOVICZ, Abrahão. Crítica arquitetônica. Recuperando a dignidade do projeto. *Projeto*, n. 181, São Paulo, dez. 1994, p. 83.

SANOVICZ, Abrahão. Desenho. *Caramelo*, n. 9, São Paulo, jan./dez. 1997, p. 76-77.

SANOVICZ, Abrahão. Edifício Abaeté, São Paulo SP. Categoria Habitação Menção Especial. *Projeto Design*, n. 136, São Paulo, nov. 1990, p. 92.

SANOVICZ, Abrahão. Edifício modular Beta (1970). *Construção São Paulo*, n. 1797, São Paulo, jul. 1982, p. 24.

SANOVICZ, Abrahão. Escola Estadual de Primeiro Grau Carlos Alberto Siqueira [Santana do Parnaíba, SP]. *AU – Arquitetura e Urbanismo*, n. 62, São Paulo, out./nov. 1995, p. 50-51.

SANOVICZ, Abrahão. Estes projetos podem melhorar a qualidade de nossos peixes [Estação de piscicultura de Salto Grande e Promissão]. *Dirigente Municipal SP*, n. 8, São Paulo, dez. 1973, p. 26-30.

SANOVICZ, Abrahão. Estética dos materiais aparentes: Sesc Araraquara. *Finestra Brasil*, v. 6, n. 22, São Paulo, jul./set. 2000, p. 32-35.

SANOVICZ, Abrahão. Texto sem título. In ASSOCIAÇÃO MUSEU LASAR SEGALL. *Linguagem do arquiteto: o croquis*. São Paulo, Museu Lasar Segall, 1984.

SANOVICZ, Abrahão. Homenagem a Vilanova Artigas. *AU – Arquitetura e Urbanismo*, n. 62, São Paulo, out./nov. 1995, p. 29.

SANOVICZ, Abrahão. Limites indefinidos [Senac Tatuapé, São Paulo, SP]. *Design Interiores*, n. 8, São Paulo, mai./jun. 1988, p. 69-73.

SANOVICZ, Abrahão. Mostra de arquitetura. Cinquentenário da FAU USP. *AU – Arquitetura e Urbanismo*, n. 72, São Paulo, jun./jul. 1997, p. 24.

SANOVICZ, Abrahão. Núcleo Residencial para a Refinaria de Presidente Bernardes, Cubatão-SP. *Bem-Estar*, n. 1, fev. 1958, capa, p. 2-13.

SANOVICZ, Abrahão. Núcleo Residencial. *Pilotis*, n. 1, São Paulo, nov. 1957, p. 33-35.

SANOVICZ, Abrahão. Núcleo Residencial. *Vértice I*, n. 1, São Paulo, dez. 1957, p. 3-5.

SANOVICZ, Abrahão. *Núcleo residencial para a Refinaria Presidente Bernardes*. São Paulo, FAU USP, 1958.

SANOVICZ, Abrahão. O estado da profissão. *Palimpesto*, n. 3, São Paulo, 1997, p. 24-25.

SANOVICZ, Abrahão. Painel e outras anotações para o Senac de Jundiaí, SP. *Projeto*, n. 180, São Paulo, nov. 1994, p. 60.

SANOVICZ, Abrahão. Parque Piratininga II, Itaquaquecetuba. In BUSSAB, Sami; OLIVEIRA, Nildo Carlos; NEUBAUER, Rose. *Arquitetura escolar e política educacional. Os programas na atual administração do Estado*. São Paulo, FDE, 1998, p. 71-74.

SANOVICZ, Abrahão. Pesquisa, um problema na cabeça dos arquitetos. *Projeto*, n. 109, São Paulo, abr. 1988, p. 42.

SANOVICZ, Abrahão. Por uma crítica arquitetônica; pela recuperação da dignidade no projeto. *Projeto Design*, n. 215, São Paulo, dez. 1997, p. 92-93.

SANOVICZ, Abrahão. Possuidor de uma experiência profissional invejável. In PEREIRA, Miguel Alves; SAWAYA, Sylvio Barros (Org.). *Cadernos de arquitetura: registro do pensamento e da produção dos arquitetos da FAU USP, nos últimos 25 anos*. São Paulo, Pini/Fupam, 2001, p. 78-83.

SANOVICZ, Abrahão. *Projeto e produção: por uma aproximação metodológica*. Orientador Flávio Motta. Tese de doutorado. São Paulo, FAU USP, 1972.

SANOVICZ, Abrahão. Reciclagem de galpões industriais recebe projetos de sete escritórios de arquitetura [Nova unidade do Sesc no bairro do Tatuapé, São Paulo, SP]. *Projeto Design*, n. 210, São Paulo, jul. 1997, p. 64-67.

SANOVICZ, Abrahão. *Relatório das atividades desenvolvidas durante o período de permanência no Politécnico de Milão mediante bolsa concedida pela Fapesp e suplementada pelo convênio USP-BID-FAU USP*. São Paulo, Departamento de Projetos/Grupo de Disciplinas de Projeto do Edifício, FAU USP, 1990. [republicado em SANOVICZ, Abrahão. *Sistematização crítica da obra de arquitetura para obtenção do título de livre docente*. Tese de livre docência. São Paulo, FAU USP, 1997]

SANOVICZ, Abrahão. Residência André Mehes Filho (1974). *Construção São Paulo*, n. 1841, São Paulo, mai. 1983, p. 14.

SANOVICZ, Abrahão. Residência do arquiteto (1976). *Construção São Paulo*, n. 1855, São Paulo, ago. 1983, p. 26.

SANOVICZ, Abrahão. Residência Zélia Deri Twiaschor (1968). *Construção São Paulo*, n. 1793, São Paulo, jun. 1982, p. 24.

SANOVICZ, Abrahão. Sede regional Banespa, Recife, PE. *Projeto*, n. 126, São Paulo, out. 1989, p. 78-81.

SANOVICZ, Abrahão. *Sistematização crítica da obra de arquitetura para obtenção do título de livre docente*. Tese de livre docência. São Paulo, FAU USP, 1997.

SANOVICZ, Abrahão. Teatro Municipal concentrará atividades culturais em Santos. *A Construção em São Paulo*, n. 1253, São Paulo, 14 fev. 1972, p. 6-8.

SANOVICZ, Abrahão. Teatro Municipal e Centro de Arte em Santos. *Módulo*, n. 7, São Paulo, jun. 1962, p. 16-20.

SANOVICZ, Abrahão. Turismo de massa. Um princípio multiplicável para terminal [Terminal turístico de Bertioga SP]. *Projeto Design*, n. 109, São Paulo, abr. 1988, p. 46-48.

SANOVICZ, Abrahão. Um conselho: casas simples na cidade complicada [casa André Mehes Filho]. *Casa Vogue Brasil*, São Paulo, abr. 1977, p. 97-98.

SANOVICZ, Abrahão. Vilanova Artigas, Carlos Cascaldi. EEPSG Conselheiro Crispiniano, Guarulhos, SP, 1961. In FERREIRA, Avany de Francisco; MELLO, Mirela Geiger de (Org.). *Arquitetura escolar paulista: anos 1950 e 1960*. São Paulo, FDE, 2006, p. 216-217.

SANOVICZ, Abrahão; ELITO, Edson Jorge. Feita à mão: concluída a nova unidade do Sesc em Araraquara-SP, obra que emprega estrutura de concreto moldado in loco e elementos industrializados. *Construção São Paulo*, v. 53, n. 2738, São Paulo, 31 jul. 2000, p. 18-20.

SANOVICZ, Abrahão; ELITO, Edson Jorge; SOARES, Luis. Senac Jundiaí. Escritório Abrahão Sanovicz. *AU – Arquitetura e Urbanismo*, n. 45, São Paulo, dez./jan. 1992/1993, p. 47-49.

SANOVICZ, Abrahão; KATINSKY, Julio Roberto. *Desenho industrial e programação visual para escolas de arquitetura*. Brasília, Abea/MEC, 1977.

SANOVICZ, Abrahão; KATINSKY, Julio Roberto. EE Dona Luiza Macuco. In FERREIRA, Avany de Francisco; MELLO, Mirela Geiger de (Org.). *Arquitetura escolar paulista: anos 1950 e 1960*. São Paulo, FDE/DOS, 2006, p. 191.

SANOVICZ, Abrahão; KATINSKY, Julio Roberto. EE Professor Yukie Takemoto Scafi. In FERREIRA, Avany de Francisco; MELLO, Mirela Geiger de (Org.). *Arquitetura escolar paulista: anos 1950 e 1960*. São Paulo, FDE/DOS, 2006, p. 193.

SANOVICZ, Abrahão; KATINSKY, Julio Roberto. EE Saturnino Antônio Rosa/EMEF Miguel Padula. In FERREIRA, Avany de Francisco; MELLO, Mirela Geiger de (Org.). *Arquitetura escolar paulista: anos 1950 e 1960*. São Paulo, FDE/DOS, 2006, p. 192.

SANOVICZ, Abrahão; KATINSKY, Julio Roberto; BUFFONI, Bramante. Equipamento para jardins públicos. *Acrópole*, n. 357, São Paulo, dez. 1968, p. 34-40.

SANOVICZ, Abrahão; OLZON, José Carlos Caparica; BENATTI, Wagner Abreu. Restauro e anexo da Escola Estadual de Primeiro e Segundo Grau Conselheiro Crispiniano [Guarulhos, SP]. *AU – Arquitetura e Urbanismo*, n. 62, São Paulo, out./nov. 1995, p. 52-54.

SANOVICZ, Abrahão; REIS, Rinaldo Ruy Rodrigues; MOTA, Suzana Carla Matos. Revitalização e reciclagem do antigo Matadouro Municipal de Vila Mariana. *Projeto*, n. 142, São Paulo, jun. 1991, p. 110-111.

SANOVICZ, Abrahão; TOSCANO, João W.; KATINSKY, Julio Roberto. Anteprojeto para o late Clube de Londrina. *Acrópole*, n. 253, São Paulo, nov. 1959, p. 18-20.

SANOVICZ, Abrahão; WILHEIM, Jorge; ZIMBRES, Paulo Melo; SILVA, Miguel Juliano e. Anteprojeto para a Assembleia Legislativa de Minas Gerais. *Acrópole*, n. 283, São Paulo, jun. 1962, p. 226-230.

SANOVICZ, Fernanda. *Abrahão Sanovicz: desenhos e gravuras*. São Paulo, Edições Sesc São Paulo, 2016.

SANTOS, Maria Cecília Loschiavo dos. O traço criador de Abrahão Sanovicz. *Projeto Design*, n. 232, São Paulo, jun. 1999, p. 12.

SANTOS, Maria Cecília Loschiavo dos. Os traços de Abrahão. *Ponto*, n. 4, 1999 <http://revistaponto.org/4/sanovicz.html>.

SEQUÊNCIA DE DESENHO INDUSTRIAL. *Desenho Industrial*. Departamento de Projeto, Publicação 8. São Paulo, FAU USP, 1963. [Documento interno encadernado em volume único, com relatórios das disciplinas]

SILVA, Helena Ayoub. Entrevista de Julio Roberto Katinsky. São Paulo, 19 jan. 2001.

SILVA, Helena Ayoub. Entrevista de Nachman Falbel. São Paulo, 8 jun. 2004.

SILVA, Helena Aparecida Ayoub. *Abrahão Sanovicz: o projeto como pesquisa*. Orientador Eduardo de Almeida. Tese de doutorado. São Paulo, FAU USP, 2004.

SILVA, Quirino da. Visa a formar artífices a Escola de Artesanato. *Diário da Noite*, São Paulo 27 jun. 1952. [Coleção de recortes de jornal de Lucia Suanê]

SIMÕES, Inimá Ferreira. *Salas de cinema em São Paulo*. São Paulo, PW/SMC/SEC, 1990.

TOSCANO, João Walter. *João Walter Toscano*. Organização de Rosa Artigas. São Paulo, Unesp/Instituto Takano, 2002.

TOSCANO, Odiléa. FAU Maranhão: formandos de 1958. In *Catálogo da exposição de projetos, desenhos e gravuras de Abrahão Sanovicz*. São Paulo, FAU USP, 1997, s.p.

WEINTRAUB, Alan; HESS, Alan. *Casa modernista: a history of the Brazil modern house*. Nova York, Rizzoli, 2010.

WILHEIM, Jorge. Plano piloto de Brasilia. *Habitat*, n. 40/41, São Paulo, mar./abr. 1957, p. 19-29.

WILHEIN, Jorge; ZALSZUPIN, Jorge; CARDOZO, Roberto Coelho; KLIASS, Rosa Grena; KLIASS, Wlademir; SANOVICZ, Abrahão. Campinas, Paço Municipal e parque. Terceiro prêmio. *Acrópole*, n. 230, São Paulo, dez. 1957, p. 46-49.

WOLF, José. A epifania de Abrahão: viver pelo desenho. *AU – Arquitetura e Urbanismo*, n. 108, São Paulo, mar. 2003, p. 55-59. [republicação: In SANOVICZ, Fernanda. *Abrahão Sanovicz: desenhos e gravuras*. São Paulo, Edições Sesc São Paulo, 2016, p. 153-163]

WOLF, José. Arquitetura da pedagogia [Escola Estadual de Primeiro Grau Carlos Alberto Siqueira e Restauro e anexo da Escola Estadual de Primeiro e Segundo Grau Conselheiro Crispiniano]. *AU – Arquitetura e Urbanismo*, n. 62, São Paulo, out./nov. 1995, p. 48-54.

WOLF, José. Escola Paulistaa – uma pedra no caminho. *AU – Arquitetura e Urbanismo*, n. 17, São Paulo, abr./mai. 1988, p. 48-60.

WOLF, José. Escolas – arquitetura da pedagogia. *AU – Arquitetura e Urbanismo*, n. 62, São Paulo, out./nov. 1995, p. 48-54.

WOLF, José. Fórum de Bragança Paulista SP. Encontro de caminhos. *AU – Arquitetura e Urbanismo*, n. 43, São Paulo, ago./set. 1992, p. 47-50.

WOLF, José. Um lugar ao sol. Centro de lazer e convivência [Sesc Araraquara]. *AU – Arquitetura e Urbanismo*, n. 92, São Paulo, out./nov. 2000, p. 62-66.

WOLF, José; SABAG, Haifa; SOUSA, Marcos de. Habitação [Conjuntos Habitacionais de Guarapiranga]. *AU – Arquitetura e Urbanismo*, n. 82, São Paulo, fev./mar. 1999, p. 76-83.

XAVIER, Alberto; LEMOS, Carlos; CORONA, Eduardo. *Arquitetura moderna paulistana*. São Paulo, Pini, 1983.

ZANINI, Walter (Org.). *História geral da arte no Brasil*. São Paulo, Instituto Walter Moreira Sales/Fundação Djalma Guimarães, 1983.

Lista geral de projetos
  Bold: construído
  Regular: não construído
  Cinza: sem confirmação

1956
Colônia de férias (com Julio Roberto Katinsky, 1° lugar em concurso patrocinado pela União Estadual de Estudantes e organizado pelo Grêmio da Faculdade de Arquitetura e Urbanismo da Universidade de São Paulo), Campos do Jordão SP.

1957
Residência (trabalho para disciplina de projeto no 3° ano da FAU USP).
Colônia de férias (com João Rodolfo Stroeter, 3° lugar em concurso pelo Grêmio da Faculdade de Arquitetura e Urbanização da Universidade de São Paulo), Ilhabela SP.
Refinaria Presidente Bernardes, núcleo residencial (com Heberto Lira, Hélio Penteado, Israel Sancovski, Jaguanhara de Toledo Ramos, Jerônimo Esteves Bonilha, João Rodolfo Stroeter, José Caetano de Mello Filho, Julio Roberto Katinsky e Lucio Grinover, prêmio "Ex-Aequo", no 3° Concurso Internacional para Escolas de Arquitetura na IV Bienal do Museu de Arte Moderna de São Paulo), Cubatão SP.
Paço Municipal e parque, edifício institucional (com Jorge Wilhein, Jorge Zalszupin, Roberto Coelho Cardozo, Rosa Grena Kliass e Wlademir Kliass, 3° lugar em concurso público nacional), Campinas SP.

1959
Distribuidor de Gasolina AGIP, desenho industrial
Mimeógrafo, desenho industrial.
Máquina de café, desenho industrial.
Interfone, desenho industrial.
(projetos como estagiário sob a orientação do Professor Marcelo Nizzoli, Milão, Itália).
Iate Clube de Londrina (com João Walter Toscano e Julio Roberto Katinsky), 1° lugar no concurso nacional de anteprojetos), avenida Higienópolis 2.135, Londrina PR.
Condomínio Edifício Porto, edifício residencial (com Julio Roberto Katinsky), rua Alexandre Martins 15, Santos SP.
Grupo Escolar Embaúba, Instituto de Previdência do Estado de São Paulo – Ipesp, edifício educacional (com Julio Roberto Katinsky), São Paulo SP

1960
Indústria de Papel Paraíba, reforma, 813,40 m², Itaquera, São Paulo SP.
Reforma de apartamentos, Edifício Prates, 130 m², rua Prates, São Paulo SP.
Lojas IF, edifício comercial com loja e 5 andares de salões, rua Barão de Itapetininga, São Paulo SP.
Sede da ABDI, edifício de escritórios, rua Major Sertório com rua Araújo e avenida Ipiranga, São Paulo SP.
Edifício Bela Cintra, Construtora Ambiente, edifício de apartamentos, 4.800 m², rua Bela Cintra, São Paulo SP.
Edifício Floriano Peixoto, Construtora Ambiente, edifício de apartamentos, 1.439,10 m², rua Floriano Peixoto, São Paulo SP.
Edifício Afonso Pena, edifício de uso misto com loja e 7 apartamentos, 1.280 m², rua Afonso Pena, São Paulo SP.
Edifício Pernambuco, Construtora Ambiente, edifício de apartamentos, 4.032 m², rua Pernambuco, São Paulo SP.
Edifício Neto de Araújo, edifício de apartamentos (com Julio Roberto Katinsky), rua Bartolomeu de Gusmão, São Paulo SP.
Grupo Escolar Atlântida, Instituto de Previdência do Estado de São Paulo – Ipesp, edifício educacional (com Julio Roberto Katinsky), São Paulo SP.
Padaria Westphalia, edifício comercial (com Julio Roberto Katinsky), rua das Margaridas 206, São Paulo SP.
Centro Cultural e Teatro Municipal de Santos, Progresso e Desenvolvimento de Santos SA – Prodesan, edifício cultural (com Julio Roberto Katinsky e Oswaldo Corrêa Gonçalves), avenida Senador Pinheiro Machado com avenida Francisco Manoel, Santos SP.

1961
Edifício Lorena, Construtora Ambiente, edifício de apartamentos, 6.527,87 m², alameda Lorena 968, São Paulo SP.
Linha de Mobiliário, Móveis L´Atelier, desenho industrial (com Julio Roberto Katinsky).
Fórum de Guararapes, Instituto de Previdência do Estado de São Paulo – Ipesp, edifício institucional, Guararapes SP. Escultura de Luis Sacilotto.
Ginásio Estadual em Santos, Instituto de Previdência do Estado de São Paulo – Ipesp, edifício esportivo, rua Aristóteles Menezes 367, Santos SP.

1962
Centro Social do Setor Politécnico, Universidade de São Paulo, edifício de lazer (com Julio Roberto Katinsky e Oswaldo Corrêa Gonçalves), Cidade Universitária "Armando Salles de Oliveira, São Paulo SP.
Linha de Mobiliário, Escriba – Indústria e Comércio de Móveis Ltda., desenho industrial.
Linha de Mobiliário, Móveis Alfa, desenho industrial (com Julio Roberto Katinsky).
Projetor de Slides, desenho industrial.
Linha de Fogões Residenciais, Indústria e Comércio DAKO do Brasil S. A., desenho industrial.
Edifício Veiga Filho, Construtora Ambiente, edifício de apartamentos, 5.440 m², rua Veiga Filho, São Paulo SP.

1963
Residência Luis Jorge.
Residência de veraneio Horácio Salgado, 140 m², Praia da Enseada, Guarujá SP.
Linha de Mobiliário, Companhia Teperman de Estofamentos, desenho industrial.
Residência Roberto Namman, Morumbi, São Paulo SP (colaboração Dario Montesano).

Edifício Abaeté, Construtora Ambiente, edifício de apartamentos, rua Pará, São Paulo SP (colaboração Dario Montesano). Painel de Bramante Buffoni.

1964
Linha de Mobiliário, Play-Arte, desenho industrial.

1965
Edifício José Paulino, edifício comercial, 1.019,30 m², rua José Paulino 340, São Paulo SP.

1966
Edifício Praia – Bel, edifício de apartamentos, avenida Epitácio Pessoa com rua Marechal Rondon, Santos SP.
Sede do Instituto Cultural Israelita Brasileiro – ICIB, edifício cultural, rua Três Rios, São Paulo SP.
Redesenho de Máquina de Escrever, Olivetti do Brasil S.A., desenho industrial (com Julio Roberto Katinsky e Bramante Buffoni).
Cruz e Elementos para Decoração de Natal, desenho industrial.
Componíveis Suporte para Sistema de CV, desenho industrial.
Edifício Bandeirantes, Construtora Ambiente, edifício de apartamentos, rua Bandeirantes, São Paulo SP.

1967
Sistema de Sinalização, Jorge Wilheim Arquitetos Associados e Prodesan, comunicação visual, praça dos Andradas, Santos SP (colaboração Cláudio Farah).
Símbolo para Rio Tietê, Jorge Wilheim Arquitetos Associados, comunicação visual.
Símbolo para Cidade de Guarulhos, Jorge Wilheim Arquitetos Associados, comunicação visual.
Símbolo para Cidade de Joinville, Jorge Wilheim Arquitetos Associados, comunicação visual.
Símbolo para Cidade de Natal, Serete SA Engenharia, comunicação visual.
Símbolo para Cidade de Osasco, Serete SA Engenharia, comunicação visual.
Símbolo para Cidade de São José dos Campos, Jorge Wilheim Arquitetos Associados, comunicação visual.
Símbolo para Banco do Brasil, Jorge Wilheim Arquitetos Associados, comunicação visual.
Decoração da Boate do Clube A Hebraica, arquitetura de interiores (com Jorge Wilheim), rua Hungria 1000, São Paulo SP.
Clube de Praia do Santos Futebol Clube, projeto esportivo e de lazer (com Julio Roberto Katinsky e Oswaldo Corrêa Gonçalves), Jardins do Parque Balneário, Santos SP.
Ventilador de Mesa, Aeromar – Controles Automáticos S.A., desenho industrial (com Julio Roberto Katinsky e Bramante Buffoni).
Equipamentos Públicos e Sinalização para os Jardins de São Paulo, Prefeitura Municipal de São Paulo, desenho industrial (com Julio Roberto Katinsky e Bramante Buffoni).

1968
Residência Deri Twiaschor, rua Oswaldo Leite Ribeiro 276, Morumbi, São Paulo SP.
Residência de Veraneio Abrahão Scazufca, Ponta da Praia, Santos SP.
Residência Nívio Terra, 234,30 m², rua Urbanizadora 11, Sumaré, São Paulo SP.
Conjunto Habitacional São Miguel, Olga Garbin Pinto, 44.492,73 m², São Miguel Paulista, São Paulo SP.
Especificação do mobiliário para a Faculdade de Arquitetura e Urbanização da Universidade de São Paulo, arquitetura de interiores, Cidade Universitária "Armando Salles de Oliveira", São Paulo SP.

1969
Grupo Escolar em Dumont, Fundo Estadual de Construções Escolares – Fece, Ribeirão Preto SP.
Edifício Ubirama, Julio Cossoy Silva e Carmine Felice de Março, edifício de apartamentos, 4.335,47 m², rua Teixeira da Silva 392, São Paulo SP.
Conjunto Jardim Prudência, Formaespaço S. A. Construções, conjunto residencial, rua Bolívia, Jardim Prudência, São Paulo SP.
Residência Franklin Kuperman, rua Faveiro, Jardim do Embaixador, Campos do Jordão SP.
Conjunto Jacatirão, Formaespaço S. A. Construções, conjunto residencial, rua Jacatirão, Chácara Monte Alegre, São Paulo SP.

1970
Centro Comercial – Mercado Municipal do Portão (concurso IAB-PR), rua das Palmeiras com avenida Kennedy, Curitiba PR.
Escritórios Magnum Turismo, arquitetura de interiores.
Mesa de Centro, Alexandre Kalim, desenho industrial.
Diretoria Regional Agrícola Sorocaba, Secretaria da Agricultura do Estado de São Paulo, edifício institucional, Sorocaba SP.
Pavilhão do Brasil na Expo'70 (concurso), Osaka, Japão.
Túmulo Clara Blucher, São Paulo SP.
Equipamentos Comunitários para o Conjunto Habitacional Cohab Bororé (com Miguel Juliano e Mássimo Fiochi), São Paulo SP.
Conjunto Jardim Quatro Marias, Formaespaço S. A. Construções, conjunto residencial, 9.136 m², São Bernardo do Campo SP.
Edifício Olímpia, Formaespaço S. A. Construções, edifício de apartamentos, rua Alferes Bonilha com rua Frei Gaspar, São Bernardo do Campo SP.
Edifício Modular Alfa, Formaespaço S. A. Construções, edifício de apartamentos, rua Graúna 271, Moema, São Paulo SP.
Edifício Modular Beta, Formaespaço S. A. Construções, edifício de apartamentos, avenida Divino Salvador 863, Moema, São Paulo SP.
Sede da Formaespaço, reforma.
Edifício Modular Gama, Formaespaço S. A. Construções, edifício de apartamentos, avenida Jurema 888, Moema, São Paulo SP.
Edifício Modular Delta I e II, Formaespaço S. A. Construções, edifício de apartamentos, rua Lavandisca 52, Moema, São Paulo SP.
Edifício Modular Epsilon, Formaespaço S. A. Construções, edifício de apartamentos, rua Lavandisca 622, Moema, São Paulo SP.

Edifício Modular Dzeta, Formaespaço S. A. Construções, edifício de apartamentos, rua Irerê 976, Planalto Paulista, São Paulo SP.
Edifício Modular Lambda I e II, Formaespaço S. A. Construções, edifício de apartamentos, rua Thomaz Carvalhal 310, Paraíso, São Paulo SP.
Edifício Modular OmicronI, Formaespaço S. A. Construções, edifício de apartamentos, rua Tabapuã 281, Itaim, São Paulo SP.
Edifício Modular Eta, Formaespaço S. A. Construções, edifício de apartamentos, avenida Conselheiro Rodrigues Alves 999, Vila Mariana, São Paulo SP.
Edifício Modular Omega I, II, III e IV, Formaespaço S. A. Construções, edifício de apartamentos, rua Vieira de Moraes 601, Campo Belo, São Paulo SP.
Edifício Modular Sigma I e II, Formaespaço S. A. Construções, edifício de apartamentos, rua Caiubi 321, Perdizes, São Paulo SP.
Edifício Modular Vega, Formaespaço S. A. Construções, edifício de apartamentos, rua Campevas 313, Perdizes, São Paulo SP.
Conjunto Nova Cidade, Formaespaço S. A. Construções, conjunto residencial, Jundiaí SP.
Residência Frank Gunter, via Raposo Tavares km 24, Granja Viana, Cotia SP.

1971
Centro de Artes do Plateau Beaubourg (com Paulo Mendes da Rocha, concurso), Les Halles, Paris, França.
Stand Câmara Brasileira do Livro na Frankfurter Deutsche Messe, arquitetura de interiores, Frankfurt, Alemanha.
Túmulo Jacob Wolfenson, São Paulo SP.
Edifício Granja Julieta, Formaespaço S. A. Construções, edifício de apartamentos, rua Madre Rita Amada de Jesus 79, Granja Julieta, São Paulo SP.

1972
Residência Mário Penteado, rua Gabriel Calfat com rua Afonso Pena Júnior, Jardim Leonor, São Paulo SP.
Estação de Piscicultura de Promissão, Centrais Elétricas de São Paulo S. A. – Cesp (com Carlos Bianco), Barragem de Promissão SP.
Estação de Piscicultura de Salto Grande, Centrais Elétricas de São Paulo S. A. – Cesp (com Carlos Bianco), Barragem de Salto Grande SP.
Edifício Fiandeiras, Construtora Carraresi – Dell'Acqua Ltda., edifício de apartamentos, rua das Fiandeiras 479, São Paulo SP.

1973
Conjunto Vieira de Carvalho, Formaespaço S. A. Construções, edifício de apartamentos (com Eduardo de Almeida), rua Vieira de Carvalho, São Paulo SP.
Residência de Veraneio Família Sanovicz, Praia do Lázaro, condomínio Pedra Verde, Ubatuba SP.
Edifício Astúrias, edifício de apartamentos, 6.000 m², Praia das Astúrias, Guarujá SP.
Residência André Mehes Filho (paisagismo Fernando Chacel), rua Berlioz 440, São Paulo SP.
Sub-regional Agrícola Região de Guaratinguetá, Secretaria da Agricultura do Estado de São Paulo, edifício institucional, Botucatu SP.
Sub-regional Agrícola Região de Catanduva, Secretaria da Agricultura do Estado de São Paulo, edifício institucional, Catanduva SP.
Sub-regional Agrícola Região de Andradina, Secretaria da Agricultura do Estado de São Paulo, edifício institucional, Andradina SP.
Sub-regional Agrícola Região de Santa Fé do Sul, Secretaria da Agricultura do Estado de São Paulo, edifício institucional, Santa Fé do Sul SP.
Usina de Beneficiamento de Algodão, Secretaria da Agricultura do Estado de São Paulo, edifício industrial, Aguaí SP.

1974
Sub-regional Agrícola Região de Campinas, Secretaria da Agricultura do Estado de São Paulo, edifício institucional, Campinas SP.
Residência de Veraneio Wautraut Helene Lay, Praia da Fortaleza, Ubatuba SP.
Play Center, São Paulo SP (colaboração José Carlos Olzon).
Edifício Teixeira da Silva, Luis Israel Febrot e Luis Lustig, edifício de apartamentos, rua Teixeira da Silva 495 e 497, São Paulo SP.
Projeto de Reurbanização do Vale do Anhangabaú, Empresa Municipal de Urbanização – Emurb, São Paulo SP.
Residência Hans Damann, Granja Viana, Cotia SP.
Residência Carola e Roberto Junqueira, Morumbi, São Paulo SP.
Residência Hugo Carraresi, Jardim Virgínia, Guarujá SP.
Túmulo Dora Goldmann, São Paulo SP.
Edifício Editora Edgar Blucher, edifício comercial, Osasco SP.

1975
Residência Geni e José Serber, rua Laborian 161, São Paulo SP.
Loja Marcovan, edifício comercial, Rudge Ramos, São Bernardo do Campo SP.
Parque Habitacional Cecap Serra Negra, Caixa Estadual de Casas para o Povo – Cecap, conjunto habitacional, Serra Negra SP (colaboração José Carlos Olzon).

1976
Residência Gordon, reforma, São Roque SP.
Parque Habitacional Cecap Sumaré, Caixa Estadual de Casas para o Povo – Cecap, conjunto habitacional, Sumaré SP.
Escola Caetano de Campos – Pré-Escola, Primeiro Grau e Escola de Formação de Professores, Companhia de Construções Escolares do Estado de São Paulo – Conesp (com Paulo Mendes da Rocha, concurso IAB-SP), São Paulo SP.
Túmulo Pauline Della Gordon, São Paulo SP.
Logotipo Escola Planalto, comunicação visual.
Logotipo Ameripak, comunicação visual.
Stand Câmara Brasileira do Livro na Frankfurter Deutsche Messe, arquitetura de interiores, Frankfurt, Alemanha.

EEPG Parque Fernanda, Companhia de Construções Escolares do Estado de São Paulo – Conesp, edifício educacional com 20 salas de aula, 2.481,00 m², São Paulo SP.
EEPG Vila Maracanã, Companhia de Construções Escolares do Estado de São Paulo – Conesp, edifício educacional com 12 salas de aula, São Paulo SP.
EEPG Bairro Savoy, Companhia de Construções Escolares do Estado de São Paulo – Conesp, edifício educacional com 8 salas de aula, Itanhaém SP.
EEPG Jardim Beva, Companhia de Construções Escolares do Estado de São Paulo – Conesp, edifício educacional com 7 salas de aula, 791,80 m², Barueri SP.
Urbanização de gleba em São Roque, Planova, estrada de Ibiúna km 48, São Roque SP.
Linha de móveis de escritório, Forene S. A. Móveis do Nordeste, desenho industrial (colaboração José Carlos C. Olzon e consultoria Michel Arnoult).
Loja Forene, reforma.
Residência Abrahão Sanovicz, rua Alexandre Marcondes Machado 33, Butantã, São Paulo SP.

1977
Unidades residenciais no Patrimônio do Carmo, conjunto residencial, lotes 173, 175 e 302, setor B, Patrimônio do Carmo, Ibiúna SP.
EEPG Saco da Ribeira, Companhia de Construções Escolares do Estado de São Paulo – Conesp, edifício educacional com 6 salas de aula, rua Particular, Sítio São Benedito, Ubatuba SP.
EEPG Santa Bárbara, Companhia de Construções Escolares do Estado de São Paulo – Conesp, edifício educacional com 6 salas de aula, rua do Flamengo, com rua Espanha e rua Portugal, Americana SP.
Indústria de Tecelagem e Malharia Grisbi, edifício industrial, Pirapora MG.
Indústria de Tecelagem e Malharia Grisbi, edifício industrial, Camaçari BH.
Logotipo para Indústria de Tecelagem e Malharia Grisbi, comunicação visual.
EEPG Vila Cristina, Companhia de Construções Escolares do Estado de São Paulo – Conesp, edifício educacional com 6 salas de aula, rua Vicente de Paula Lima, Serrana SP.
EEPG Jardim Itamaraty, Companhia de Construções Escolares do Estado de São Paulo – Conesp, edifício educacional com 11 salas de aula, 1.718,56 m², Mogi-Guaçu SP.
Residência Josif e Zélia Deri Twiaschor, 240,37 m², Campos do Jordão SP.

1978
Sede Regional DER 6, edifício institucional, via Dutra, Taubaté SP (colaboração José Carlos Olzon).
Sede da SBPC Sociedade Brasileira para o Progresso da Ciência (concurso IAB-SP), Vila Mariana, São Paulo SP.
Vila Residencial de Porto Primavera, Centrais Elétricas de São Paulo S. A. – Cesp, Porto Primavera, Pontal do Paranapanema SP.

1979
Área de lazer esportivo, campo de futebol e equipamentos, Centrais Elétricas de São Paulo S. A. – Cesp, Porto Primavera, Pontal do Paranapanema SP.
Associação Atlética Porto Primavera, Centrais Elétricas de São Paulo S. A. – Cesp, projeto esportivo e de lazer, Porto Primavera, Pontal do Paranapanema SP.
Residência Signori, 242,96 m², São Paulo SP.
Associação Atlética Rosana, Centrais Elétricas de São Paulo S. A. – Cesp, projeto esportivo e de lazer, Rosana SP.
Túmulo Tudor Dratico, São Paulo SP.
Hotel Porto Primavera, Centrais Elétricas de São Paulo S. A. – Cesp, Porto Primavera, Pontal do Paranapanema SP.
Túmulo José Wassermann, São Paulo SP.
Residência Fernando Gonçalves, alameda Equador 541, Alphaville, Barueri SP (colaboração José Carlos Olzon).

1980
Apartamento Bety e Júlio, reforma, rua Ministro Godoy 627, São Paulo SP.
Logotipo Clube da Gravura, comunicação visual.
Elementos pré-moldados de concreto, Reago Indústria e Comércio S.A., desenho industrial.
Centro de Farmacologia Clínica da Escola Paulista de Medicina, edifício educacional e de saúde, rua Pedro de Toledo, São Paulo SP.
Residência Maia Rosenthal, 314,25 m², Estância Parque Atibaia, Atibaia SP.
Residência Raul Wassermann.

1981
Reurbanização do Anhangabaú (concurso IAB-SP), São Paulo SP.
EEPG Vila Albertina, Companhia de Construções Escolares do Estado de São Paulo – Conesp, edifício educacional com 11 salas de aula, Campos do Jordão SP.
EEPG Cohab IV, Companhia de Construções Escolares do Estado de São Paulo – Conesp, edifício educacional com 26 salas de aula, Carapicuíba SP.
Residência Arnaldo Goldman, loteamento Morada das Fontes, Itatiba SP.
Residência Paulo Sérgio Raschkovsky, loteamento Morada das Fontes, Itatiba SP.
Terminal Rodoviário de Passageiros de Campos do Jordão, Prefeitura Municipal de Campos do Jordão e Departamento de Estradas de Rodagem – D.E.R. (com Edson Jorge Elito), Campos do Jordão SP.
Elaboração de normas de projetos e especificações de Arquitetura e equipamento de interiores para o caderno de edificações do DASP, Escritório Figueiredo Ferraz, Consultoria e Engenharia de Projetos Ltda.

1982
Escola embrião para conjunto habitacional em Bragança Paulista, Companhia de Construções Escolares do Estado de São Paulo – Conesp, edifício educacional, Bragança Paulista SP.
Escola embrião para conjunto habitacional em Ribeirão Preto, Companhia de Construções

Escolares do Estado de São Paulo – Conesp, edifício educacional com 6 salas de aula e previsão de ampliação para 12, Ribeirão Preto SP.
Escola embrião para conjunto habitacional em Barueri, Companhia de Construções Escolares do Estado de São Paulo – Conesp, edifício educacional, Barueri SP.
Escola embrião para conjunto habitacional em Cotia, Companhia de Construções Escolares do Estado de São Paulo – Conesp, edifício educacional, Cotia SP.
Residência Paulo Sérgio Raschkovsky, rua Jesuíno Maciel 1.479, São Paulo SP.
Banco do Estado de São Paulo – Banespa, Agência Lindóia, Lindóia SP.
Residência Cilene e Raphael dAmico, São Paulo SP.
Stand Reagoll Feira Nacional da Habitação, Reago Indústria e Comércio S.A., Parque Anhembi, São Paulo SP.

1983
Sede do Sindicato dos Engenheiros no Estado de São Paulo, Sindicato dos Engenheiros no Estado de São Paulo – SEESP, reforma, rua Genebra, São Paulo SP.
EEPG Conjunto Habitacional dos Metalúrgicos do ABC, Companhia de Construções Escolares do Estado de São Paulo – Conesp, edifício educacional com 14 salas de aula, Ipiranga, São Paulo SP (colaboração Fausto C. de Lima).
Consultório Dr. Jorge Kignel, reforma, rua Oscar Freire, 465, São Paulo SP.
Aeroporto de Belo Horizonte, Escritório Figueiredo Ferraz, Consultoria e Engenharia de Projetos Ltda., reforma e arquitetura de interiores, Confins MG.
Identidade Visual da Minemax Maceió, comunicação visual, Maceió AL.
Restauro de trapiche no Centro Histórico de Maceió para instalação de loja de artesanato Minemax, projeto de restauro e reciclagem, Maceió AL.
Loja de Artesanato Bilboquet, edifício comercial, rua Álvaro Ramos, Brooklin, São Paulo SP.
Identidade visual Bilboquet, comunicação visual.

1984
Terminal para Turismo em massa na praia do Perequê-açu, Fomento de Urbanização e Melhoria das Estâncias – Fumest, Ubatuba SP.
Centro Histórico de Ubatuba, Fomento de Urbanização e Melhoria das Estâncias – Fumest, restauro, Ubatuba SP.
Mercado de Peixes na Ilha dos Pescadores, Fomento de Urbanização e Melhoria das Estâncias – Fumest, restauro, Ubatuba SP.
Loja de doces Sweet Virginia, reforma.
EEPG Jardim Maria Helena, Companhia de Construções Escolares do Estado de São Paulo – Conesp, edifício educacional, Barueri SP.
EEPG Jardim Pombeba, Companhia de Construções Escolares do Estado de São Paulo – Conesp, edifício educacional, Vila Fátima, São Vicente SP.
Conjunto Grande-Hotel, Projeto de Balneário e Centro de Convenções, Fomento de Urbanização e Melhoria das Estâncias – Fumest, reciclagem, Campos do Jordão SP.
Residência Antero Aceiro, rua 4, quadra F, lote 4, loteamento Dom Henrique II, Cotia SP.

Biblioteca Pública do Rio de Janeiro (concurso IAB-RJ), Rio de Janeiro RJ.
Memorial a Getúlio Vargas (concurso IAB-RJ), Rio de Janeiro RJ.
EEPG Jardim Itaquiti, Companhia de Construções Escolares do Estado de São Paulo – Conesp, edifício educacional com 11 salas de aula, Barueri SP.
EEPG Jardim Cabuçu, Companhia de Construções Escolares do Estado de São Paulo – Conesp, edifício educacional, Guarulhos SP.
EEPG Jardim das Rosas, Companhia de Construções Escolares do Estado de São Paulo – Conesp, edifício educacional, Espírito Santo do Pinhal SP.
Escola Técnica Profissionalizante Tatuapé, Serviço Nacional de Aprendizagem Comercial/Administração Regional no Estado de São Paulo – Senac, edifício educacional, Tatuapé, São Paulo SP.

1985
EEPG Jardim Corumbá, Belas Artes, Companhia de Construções Escolares do Estado de São Paulo – Conesp, edifício educacional, Itanhaém SP.
EEPG Caucaia do Alto, Companhia de Construções Escolares do Estado de São Paulo – Conesp, edifício educacional com 8 salas de aula, Cotia SP.
EEPG Conjunto Habitacional Serra Verde Inocoop, Companhia de Construções Escolares do Estado de São Paulo – Conesp, edifício educacional com 8 salas de aula, Taboão da Serra SP.
Fórum de Bragança Paulista, Companhia de Desenvolvimento Habitacional do Estado de São Paulo – CDH (com Edson Jorge Elito, Affonso Risi Junior, Leo Tomchinsky, João Carlos Vasconcellos e José Diaulas Almeida), Bragança Paulista SP.
Unidade Básica de Saúde Vila Califórnia, Companhia de Desenvolvimento Habitacional do Estado de São Paulo – CDH, São Paulo SP.
Terminal para Turismo em massa na praia da Enseada, Projeto de Balneário e Centro de Convenções, Fomento de Urbanização e Melhoria das Estâncias – Fumest paisagismo Fernando Chacel), Jardim Raphael, Bertioga SP.
Residência Edgard Blücher, rua Desembargador Mamede 185, Jardim América, São Paulo SP.

1986
EEPG Jardim São Fernando, Companhia de Construções Escolares do Estado de São Paulo – Conesp, edifício educacional com 10 salas de aula, Ferraz de Vasconcelos SP.
EEPG Distrito Raposo Tavares, Companhia de Construções Escolares do Estado de São Paulo – Conesp, edifício educacional com 6 salas de aula, Vargem Grande Paulista SP.
EEPG Jardim Campos, Companhia de Construções Escolares do Estado de São Paulo – Conesp, edifício educacional, Jardim Bartira. São Miguel Paulista, São Paulo SP.
Estacionamento Cuiabá, Construtora Wysling Gomes Ltda., praça Alencastro, Cuiabá MT.
Unidade Básica de Saúde Vila Paranavaí, Companhia de Desenvolvimento Habitacional do Estado de São Paulo – CDH, Mauá SP.

EEPG Jardim São Nicolau, Companhia de Construções Escolares do Estado de São Paulo – Conesp, edifício educacional com 18 salas de aula, rua Aníbal Falcão, Jardim Aurora, Itaquera, São Paulo SP.
Banco do Estado de São Paulo – Banespa, Agência Recife, 2.371,70 m², rua Conde da Boa Vista com rua do Hospício (com Marilena Fajerstajn), Recife PE.
Restauro de fábrica em Recife para instalação de loja de artesanato Minemax, Recife PE.
Identidade visual da Minemax Recife, comunicação visual.

1988
Residência de Veraneio Oswaldo Ferrero, praia do Guaecá, São Sebastião SP.
EEPG Dona Belinha, Fundação para o Desenvolvimento da Educação – FDE, projeto de ampliação, Jardim Tranquilidade, Guarulhos SP.
EEPG de Ambuitá, Fundação para o Desenvolvimento da Educação – FDE, projeto de ampliação, Itapevi SP.
EEPG Alice A. Sousa, Fundação para o Desenvolvimento da Educação – FDE, projeto de ampliação, Sumaré SP.
EEPG Jardim Iglesias II, Fundação para o Desenvolvimento da Educação – FDE (com Edson Jorge Elito), projeto de ampliação de 2 salas de aula, rua São Caetano com rua Buri, Jandira SP.
Núcleo Habitacional Jardim Calux, Companhia de Desenvolvimento Habitacional do Estado de São Paulo – CDH (com Edson Jorge Elito), São Bernardo do Campo SP (colaboração Luiz Soares).
EEPG Canal 8, Cristo Rei, Departamento de Edifícios e Obras Públicas – DOP, edifício educacional (com Edson Jorge Elito), São José do Rio Preto SP.
EEPG Conjunto Habitacional Solo Sagrado, Departamento de Edifícios e Obras Públicas – DOP, edifício educacional (com Edson Jorge Elito), São José do Rio Preto SP.
EEPG Jardim Saltense, Departamento de Edifícios e Obras Públicas – DOP, edifício educacional com 4 salas de aula (com Edson Jorge Elito), Salto SP.
EEPG Conjunto Habitacional Nosso Teto, Departamento de Edifícios e Obras Públicas – DOP, edifício educacional (com Edson Jorge Elito), Catanduva SP.
EEPG Jardim Novo Horizonte, Departamento de Edifícios e Obras Públicas – DOP, edifício educacional, Sorocaba SP.
EEPG Vila Nova Esperança, Departamento de Edifícios e Obras Públicas – DOP, edifício educacional, Sorocaba SP.
EEPG Jardim Guaíba, Departamento de Edifícios e Obras Públicas – DOP, edifício educacional, Sorocaba SP.
Usina de Beneficiamento de Algodão em Aguaí, Secretaria da Agricultura do Estado de São Paulo, edifício industrial, Aguaí SP.
Residência Elza Marba, 186,58 m², Jardim Europa, Campos do Jordão SP.
EEPG Bairro do Cajurú, Departamento de Edifícios e Obras Públicas – DOP, edifício educacional, Sorocaba SP.

Escola Técnico-Profissionalizante Senac Jundiaí, edifício educacional (com Edson Jorge Elito e Luiz Soares), rua Coleta Ferraz de Castro, Jundiaí SP.
Túmulo Beila Kauffmann Wassermann e José Wassewrmann, São Paulo SP.

1989
Túmulo Clarice Lief Wassermann, São Paulo SP.
EEPG Distrito Nova Aparecida, Fundação para o Desenvolvimento da Educação – FDE, edifício educacional com 15 salas de aula (com Edson Jorge Elito), Campinas SP.
Residência de Veraneio Steinbaum, praia de Fortaleza, Ubatuba SP.

1990
Centro de Formação e Aperfeiçoamento do Magistério – Cefam, Companhia de Desenvolvimento Habitacional do Estado de São Paulo – CDH, edifício educacional, Itapecerica da Serra SP.
Edifício Sede para Fapesp (com Edson Jorge Elito, concurso IAB/SP), rua da Consolação, São Paulo SP.
Túmulo Frajda Ruchlejmer, São Paulo SP.
Túmulo Izrael Ruchlejmer, São Paulo SP.

1991
EEPG Prof. Guines A. Morales, Fundação para o Desenvolvimento da Educação – FDE, edifício educacional com 12 salas de aula (com Edson Jorge Elito), Neves Paulista SP.
Loteamento, Companhia de Desenvolvimento Habitacional do Estado de São Paulo – CDH, projeto de urbanização, Salto SP.
Conjunto Restaurante, Lanchonete, Cozinha e Refeitório, no Edifício Escolar Técnico-Profissionalizante – Senac Moda e Beleza, arquitetura de interiores (com Edson Jorge Elito), avenida Francisco Matarazzo, São Paulo SP.
EEPG Bairro 120, Fundação para o Desenvolvimento da Educação – FDE, edifício educacional com 14 salas de aula (com Edson Jorge Elito), Santana de Parnaíba SP.

1992
EEPG Conjunto Habitacional Ipatinga, Fundação para o Desenvolvimento da Educação – FDE, edifício educacional, Sorocaba SP.
EEPG Conselheiro Crispiniano, Fundação para o Desenvolvimento da Educação – FDE, restauro e ampliação da Escola do arquiteto João Batista Vilanova Artigas, avenida Timóteo Penteado com rua Nossa Senhora Mãe dos Homens, Guarulhos SP.
Sede da Associação dos Fabricantes de Alumínio – Afael, reforma, 1.006,94 m², São Paulo SP.
Centro Operacional e Almoxarifado Regional de Santana, Telecomunicações de São Paulo S.A. – Telesp, edifício institucional, 13.417,04 m², avenida Luiz Dumont Vilares com avenidas Lucas de Freitas Azevedo e General Ataliba Leonel, Vila Gustavo, São Paulo SP.

1994
Centro Social do Sesc Araraquara, edifício esportivo e de lazer (com Edson Jorge Elito, paisagismo Augusto Rittes Garcia), avenida Presidente Vargas com rua Catro Alves, Araraquara SP.
EEPG Jardim Brasília III, Fundação para o Desenvolvimento da Educação – FDE, edifício educacional, Parque Savoy City III, São Paulo SP.

1995
Conjunto Habitacional Pascoal Melantônio, Prefeitura Municipal de São Paulo, Secretaria da Habitação de Desenvolvimento Urbano, Programa de Saneamento Ambiental da Bacia do Guarapiranga (com Edson Jorge Elito, João Honório Mello Filho, Marcos José Carriho e Luiz Guimarães Soares, paisagismo Augusto Rittes Garcia), Guarapiranga SP.
Conjunto Habitacional Celso dos Santos, Prefeitura Municipal de São Paulo, Secretaria da Habitação de Desenvolvimento Urbano, Programa de Saneamento Ambiental da Bacia do Guarapiranga (com Edson Jorge Elito, João Honório Mello Filho, Marcos José Carriho e Luiz Guimarães Soares, paisagismo Augusto Rittes Garcia), Guarapiranga SP.

1996
EEPG Prof. José Quevedo, Bairro do Cajurú, Fundação para o Desenvolvimento da Educação – FDE, edifício educacional, Sorocaba SP.
EEPG Parque Piratininga II, Fundação para o Desenvolvimento da Educação – FDE, edifício educacional com 8 salas de aula, 1.734,84 m² (com Edson Jorge Elito), Itaquaquecetuba SP.
Poupa Tempo Campinas, Companhia de Processamento de Dados do Estado de São Paulo – Prodesp, reforma, 3.581,51 m², (com Edson Jorge Elito), avenida Francisco Glicério, Campinas SP.
1º Centro de Formação Profissional, Promoção Social e Desenvolvimento Rural – Senar (concurso público nacional, com Augusto Rittes, Jorge Zaven Kurkdjian, Luis Guimarães Soares, Paula Freire Santoro, Elísio Yamada, André Pavão, José Antonio Seixas).

Projetos sem registro de data, local ou contratante
Laboratório de Patologia Clínica – Liac, edifício de serviço.
Loteamento, projeto de urbanização, Salto SP.
Loteamento, projeto de urbanização, Tietê SP.
Embalagem dos Biscoitos Capivari, comunicação visual.
Azulejo; CIM – Estruturas Metálicas; Congresso; Concurso Varig; Furest; Lajal – Ventilex; Loja – Na Pesca; Loja Objetos – Novidades 141; Móveis Tepermann; Psicopedagogia Ltda; Construtora Ambiente; Dinâmica; Estúdio 44; Foresa; Foton – Lúmen; Gráfica Furest Lajal; Magnum; Nacional Clube; Novidades 141; Paineiras do Morumbi; Painel Fernando Lemos; Planimpress; Planus S.A.; Suissa; Teatro Cacilda Becker, símbolos e arte final.
Catálogo Escriba e convites; Certificado Fiesp ABDI; Eletrocolor; Foresa (impressos); Planus S.A., comunicação visual.
Identidade visual "Dinâmica", comunicação visual.
Capa de Disco e Folheto "Estelinha Epstein", comunicação visual.
Fernando A. Ramos Engenharia Civil, Assessoria Técnica e Econômica, comunicação visual.
Identidade visual Escritório Abrahão Sanovicz – Portfólio Escritório Abrahão Sanovic, comunicação visual.
Identidade visual Magnum, comunicação visual.

AB ARQUITETURA BRASILEIRA

Série Arquitetura Brasileira
A série de livros "Arquitetura Brasileira" é uma criação conjunta do Instituto Lina Bo e P. M. Bardi e da Romano Guerra Editora, voltada para obras arquitetônicas de alta qualidade e valor histórico produzidas por arquitetos brasileiros e estrangeiros, estes últimos quando atuantes no território nacional.

COORDENAÇÃO GERAL
Abilio Guerra
Renato Anelli
Silvana Romano Santos

INSTITUTO LINA BO E P. M. BARDI
Conselho de administração
Sonia Helena Guarita do Amaral
Presidente
Alberto Mayer
Anna Maria Carboncini Masini
Giuseppe d'Anna
Lucien Bernard Mulder Belmonte
Maria Cattâneo
Nelson Aguilar
Eugênia Gorini Esmeraldo
Renato Anelli
Conselho fiscal
Natalie Alberdi Sequerra
Victor Megido
Diretoria
Waldick Jatobá
　diretor-presidente
Sol Camacho
　diretora técnica cultural
Gestão de projetos
Eloisa Mara

ROMANO GUERRA EDITORA
Abilio Guerra
Silvana Romano Santos

Abrahão Sanovicz, arquiteto
AUTORA
Helena Ayoub Silva
COORDENAÇÃO EDITORIAL
Abilio Guerra
Silvana Romano Santos
ASSISTÊNCIA EDITORIAL
Fernanda Critelli
ENSAIO FOTOGRÁFICO
Nelson Kon
PROJETO GRÁFICO
Marise De Chirico
DIAGRAMAÇÃO
Olivia Bartolomei
PRODUÇÃO GRÁFICA
Nelson Kon
Rafaela Netto
PESQUISA
Helena Ayoub Silva
Abilio Guerra
Fernanda Critelli
Gustavo Madalosso Kerr
Karoline Barros / estagiária

PREPARAÇÃO E REVISÃO DE TEXTO
Juliana Kuperman
Abilio Guerra
DESENHOS CAD
Fernanda Critelli
André Desani Ariza
Fernanda Bianchi Neves Taques Bittencourt
Flávia Falcetta
Christiane Macedo
GRÁFICA
Ipsis
PARCERIA DE FOMENTO
Conselho de Arquitetura e Urbanismo de São Paulo – CAU/SP

AGRADECIMENTOS
Ana Maria Wilheim, André Marques, Angélica Primi, Angelo Silva dos Santos, Beatriz Kara José, Biblioteca FAU Mackenzie (Paola Alessandra R. D'Amato), Biblioteca FAU USP (Gisele Ferreira de Brito, Eliana de Azevedo Marques e Amarílis Corrêa), Biblioteca Masp (Bruno Esteves e Ivani DiGrazia), Carlos Armando de Ávila, Carlos Wilheim, Cati/DSMM (Ricardo Lorenzini Bastos e Sandra Cristão Massa), Centre Pompidou (Valentina Moimas), Cesar Shundi Iwamizu, Christiane Macedo, Cristiano Mascaro, Daniele Pisani, Diva Wassermann Sanovicz, Edições Sesc (Bruno Salerno Rodrigues), Edson Jorge Elito, Eduardo de Almeida, Eduardo Sanovicz, Elisabete Correia Saraiva, Fausto Sombra, Fernanda Sanovicz, Fernando Forte, Gilberto Belleza, Gustavo Berbel, Helene Afanasieff, IAB/SP (Emerson Fioravante), João Rodolfo Stroeter, José Domingos Félix Batista, Julio Roberto Katinsky, Marcelo Sanovicz, Márcia Grosbaum, Maria Beatriz de Camargo Aranha, Maria Cecilia Vasconcelos Pfaltzgraff, Maria Helena Flynn, Paula Santoro, Projeto Artigas (Rosa Artigas), *Projeto Design* (Adilson Melendez), Roberto Sanovicz, Sehab (Nely Celestino e Larissa Cipolla), Senac São Paulo (Alecio Rossi, Liliana Leite da Silveira Penna), Stela Forte, Thomas de Almeida Ho e Victor Aratangy.

A reprodução ou duplicação integral ou parcial desta obra sem autorização expressa do autor e dos editores se configura como apropriação indevida dos direitos intelectuais e patrimoniais do autor.

© Helena Ayoub Silva

Direitos para esta edição
Romano Guerra Editora
Rua General Jardim 645 conj. 31 – Vila Buarque
01223-011 São Paulo SP Brasil
+55 11 3255.9535
rg@romanoguerra.com.br
www.romanoguerra.com.br

Instituto Lina Bo e P. M. Bardi
Rua General Américo de Moura 200
05690-080 São Paulo SP Brasil
+55 11 3744.9902
institutobardi@institutobardi.com.br
www.institutobardi.com.br

Printed in Brazil 2017
Foi feito o depósito legal

CRÉDITOS DE IMAGENS

FOTÓGRAFOS
  Abilio Guerra p. 93
  Cândida Maria Vuolo p. 25 (esquerda), 175 (meio e abaixo)
  Cristiano Mascaro p. 8-9
  Leonardo Finotti p. 228, 230-231, 231, 232, 232-233, 233, 239
  Marcos Piffer p. 189
  Nelson Kon p. 12, 95, 131 (esquerda), 133, 149, 192, 193, 194-195, 195, 196, 201, 202-203, 203, 204, 204-205, 209, 210, 211, 212-213, 214-215, 215, 222, 223, 224, 224-225, 225, 240, 241, 242-243, 243, 244, 244-245, 245, foto capa

ACERVOS
  Acervo Escritório Paulo Mendes da Rocha p. 138, 139
  Acervo Família Sanovicz p. 2-3, 10-11, 16-17, 20, 25 (direita), 26 (3ª e 4ª), 26-27, 28, 31, 32, 46, 46-47, 56, 57, 58, 61, 62-63, 64-65, 68, 71, 72, 75, 77, 78, 79, 90, 175 (acima), 250
  Acervo Helena Ayoub Silva p. 50-51, 66-67
  Acervo IAB-SP p. 6-7, 26 (1ª e 2ª)
  Acervo Instituto John Graz p. 35
  Acervo Instituto Lina Bo e P. M. Bardi p. 4-5, 52
  Acervo João Rodolfo Stroeter p. 103
  Acervo Lucia Suane p. 47
  Acervo *Projeto Design* – p. 255 (direita abaixo)
  Arquivo FAU/USP – Neusa Habe p. 76, 80, 80-81, 85, 86, 87, 88, 89, 99, 101, 102, 115, 117, 119 (abaixo), 120, 121, 122 (meio e abaixo), 123 (meio e abaixo), 124 (acima), 126-127, 127 (acima), 128-129, 129, 135, 140, 143 (direita), 147, 150-151, 155, 156, 157, 158, 159, 160-161, 161, 162, 163, 164-165, 165, 171, 173, 176, 177, 180-181, 182-183, 184, 186, 188, 197, 198, 199, 206, 207, 208, 216, 217, 218, 220-221, 221, 226, 227, 255 (esquerda), 259, 274-275, 276-277, 278-279
  Arquivo Público do Distrito Federal p. 109
  Cati/DSMM – NPSAG p. 119 (acima)
  Centre Pompidou, MNAMCCI/Georges Meguerditchian/Dist. RMN-GP p. 110, 111, 113
  Domínio comum p. 37, 55, 143 (esquerda)
  Escritório Elito Arquitetos p. 122 (acima), 123 (acima), 124 (abaixo), 125, 127 (meio e abaixo), 141, 144, 145, 178-179, 255 (direita acima)
  Projeto Artigas p. 43

PUBLICAÇÕES
  DAHER, Luiz Carlos. Sobre o desejo – digo, o desenho – do arquiteto. In ASSOCIAÇÃO MUSEU LASAR SEGALL. *Linguagem do arquiteto: o croquis*. São Paulo, Museu Lasar Segall, 1984 – p. 82
  Graphis, n. 66, jul./ago. 1956 – p. 97
  NEUTRA, Richard Joseph. *Arquitetura social em países de clima quente* – p. 131 (direita)
  RASM – Revista Anual do Salão de Maio, São Paulo, n. 1, 1939 – p. 39
  SEQUÊNCIA DE DESENHO INDUSTRIAL. *Desenho Industrial*. Departamento de Projeto, Publicação 8 (documento interno). São Paulo, FAU USP, 1963 – p. 83
  SANOVICZ, Abrahão. *Núcleo residencial para a Refinaria Presidente Bernardes* – p. 104, 105, 106, 107
  SOMBRA JUNIOR, Fausto Barreira. *Luís Saia e o restauro do Sítio Santo Antônio: diálogos modernos na conformação arquitetônica paulista*. Dissertação de mestrado. Orientador Abilio Guerra. São Paulo, FAU Mackenzie, 2015 – p. 45

DESENHOS EM CAD
  p. 136, 137, 153, 190, 191, 234, 235, 236, 236-237, 237, 238, 246, 247, 248, 249

ILUSTRAÇÃO
  Fernanda Sanovicz p. 280

Silva, Helena Ayoub
Abrahão Sanovicz, arquiteto/ Helena Ayoub Silva; ensaio fotográfico de Nelson Kon. São Paulo : Romano Guerra/ Instituto Lina Bo e P. M. Bardi, 2017. (Arquitetura Brasileira)
272 p. : il.; 17 x 24 cm.

ISBN: 978-85-88585-67-6

1. Sanovicz, Abrahão Velvu, 1934-1999 2. Arquitetura Moderna – Brasil 3. Mobiliário (Design) 4. Projeto de Arquitetura 5. Desenhos I. Kon, Nelson, fotog. II. Título

CDD 724.981
Leticia de Almeida Sampaio CRB – 8/4032

p. 274-275

Residência Franklin Kuperman, foto da obra, Campos do Jordão SP, 1969

p. 276-277

Terminal para Turismo em massa na praia da Enseada, foto da obra, Jardim Raphael, Bertioga SP, 1985, paisagismo Fernando Chacel

p. 278-279

Centro Cultural e Teatro Municipal de Santos, foto da obra, Santos SP, 1960, arquitetos Abrahão Sanovicz, Julio Katinsky e Oswaldo Corrêa Gonçalves

p. 280

Ilustração de Abrahão Sanovicz, 2017, desenho de Fernanda Sanovicz

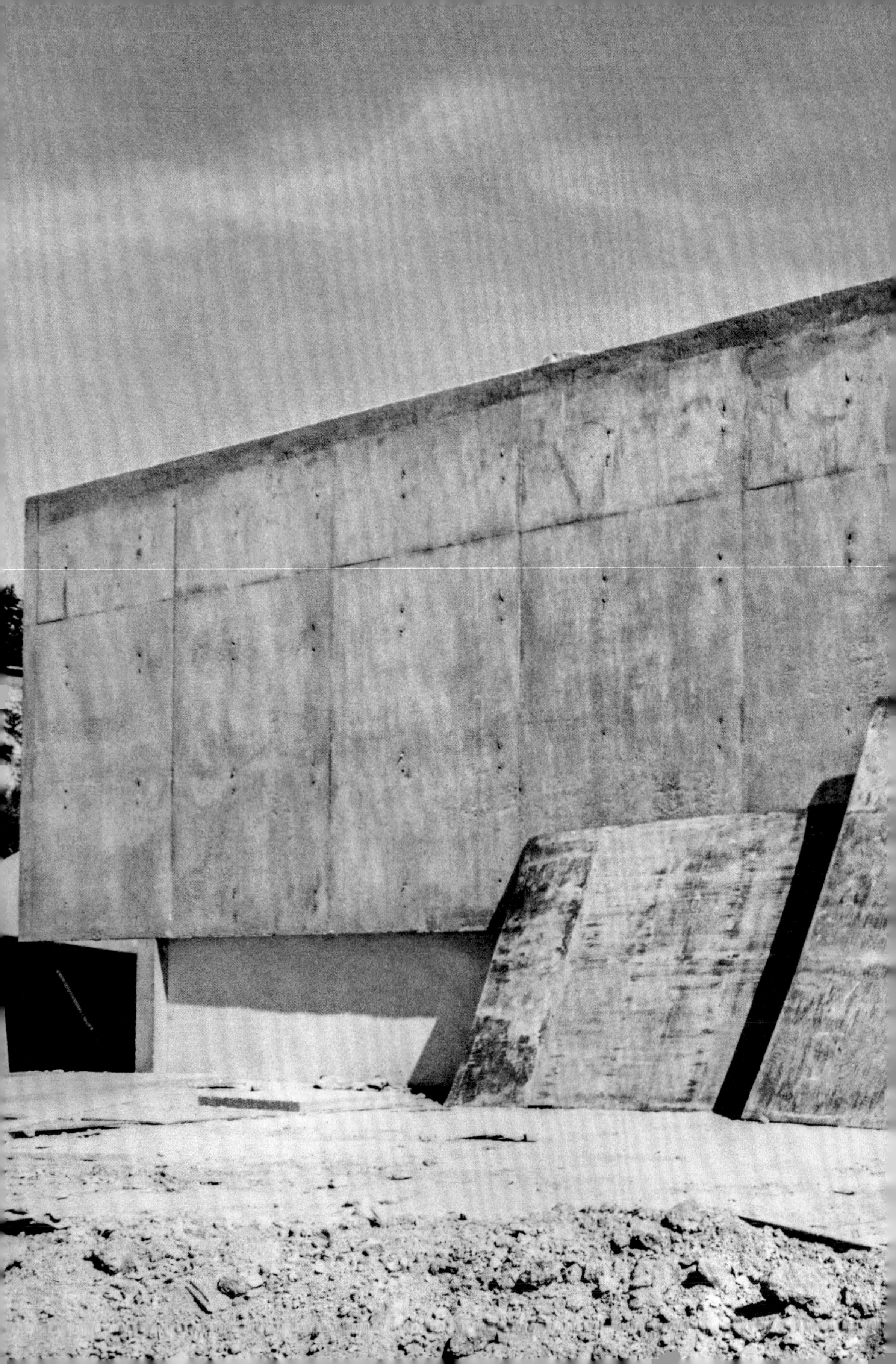

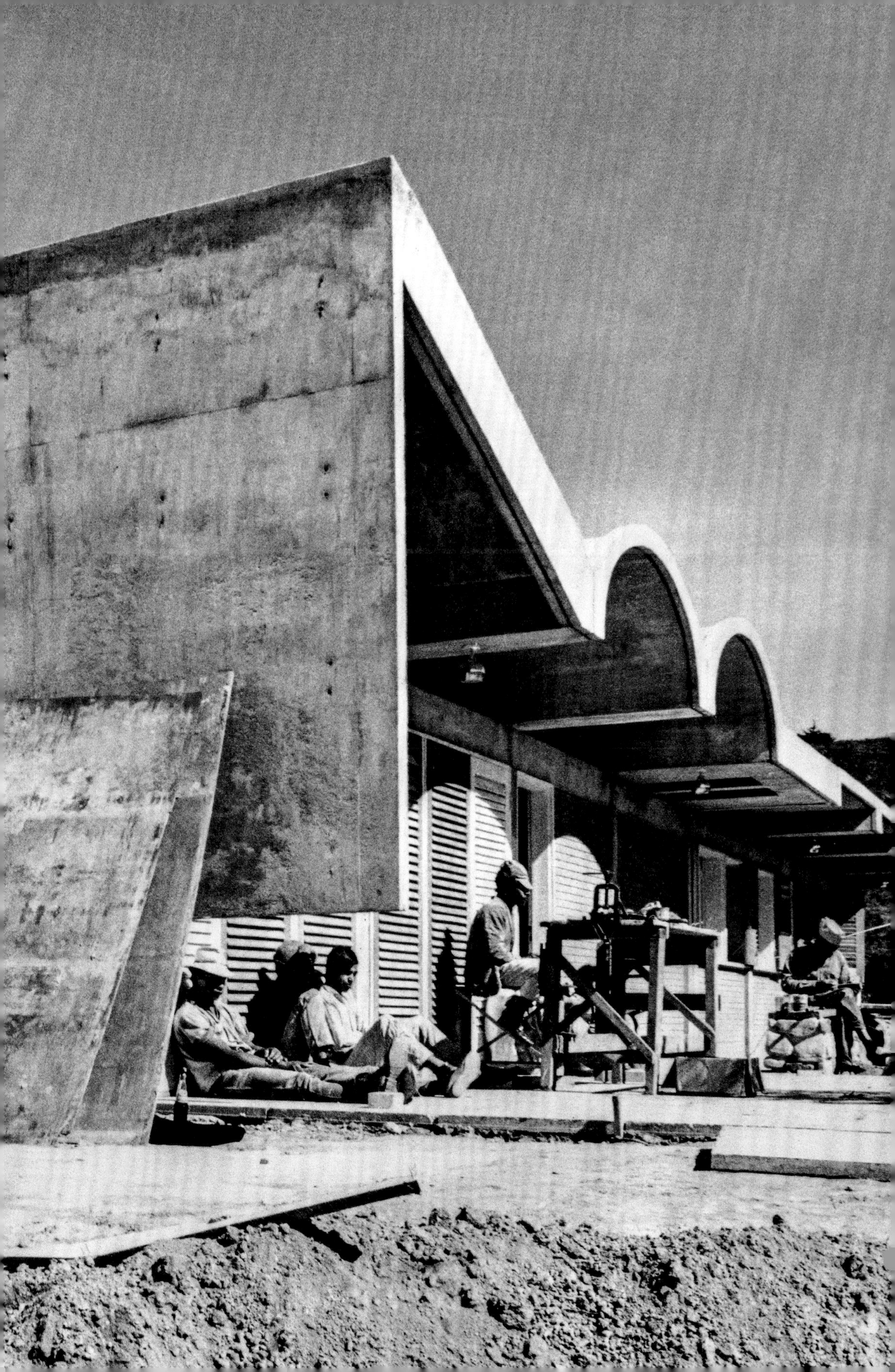

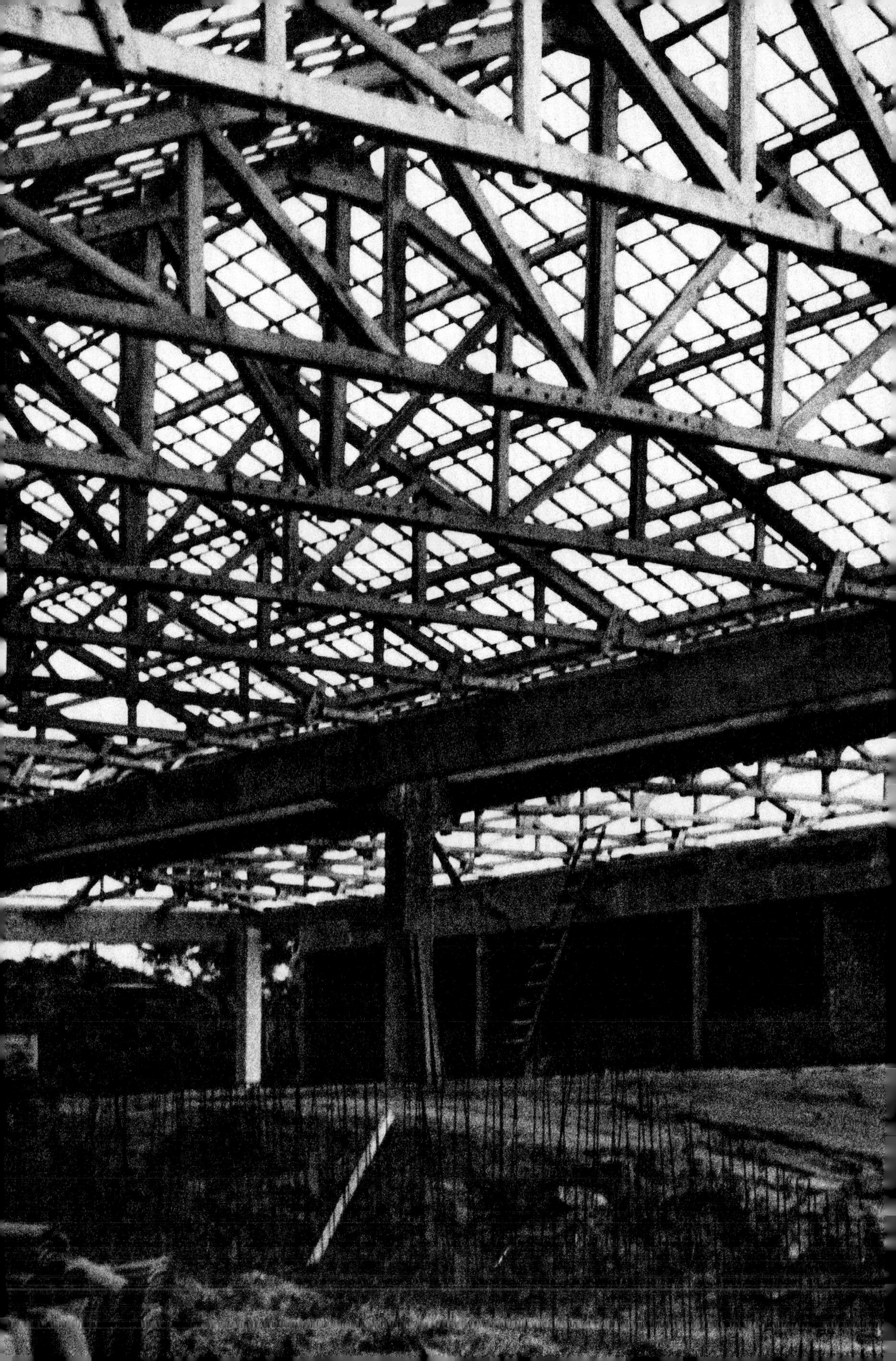

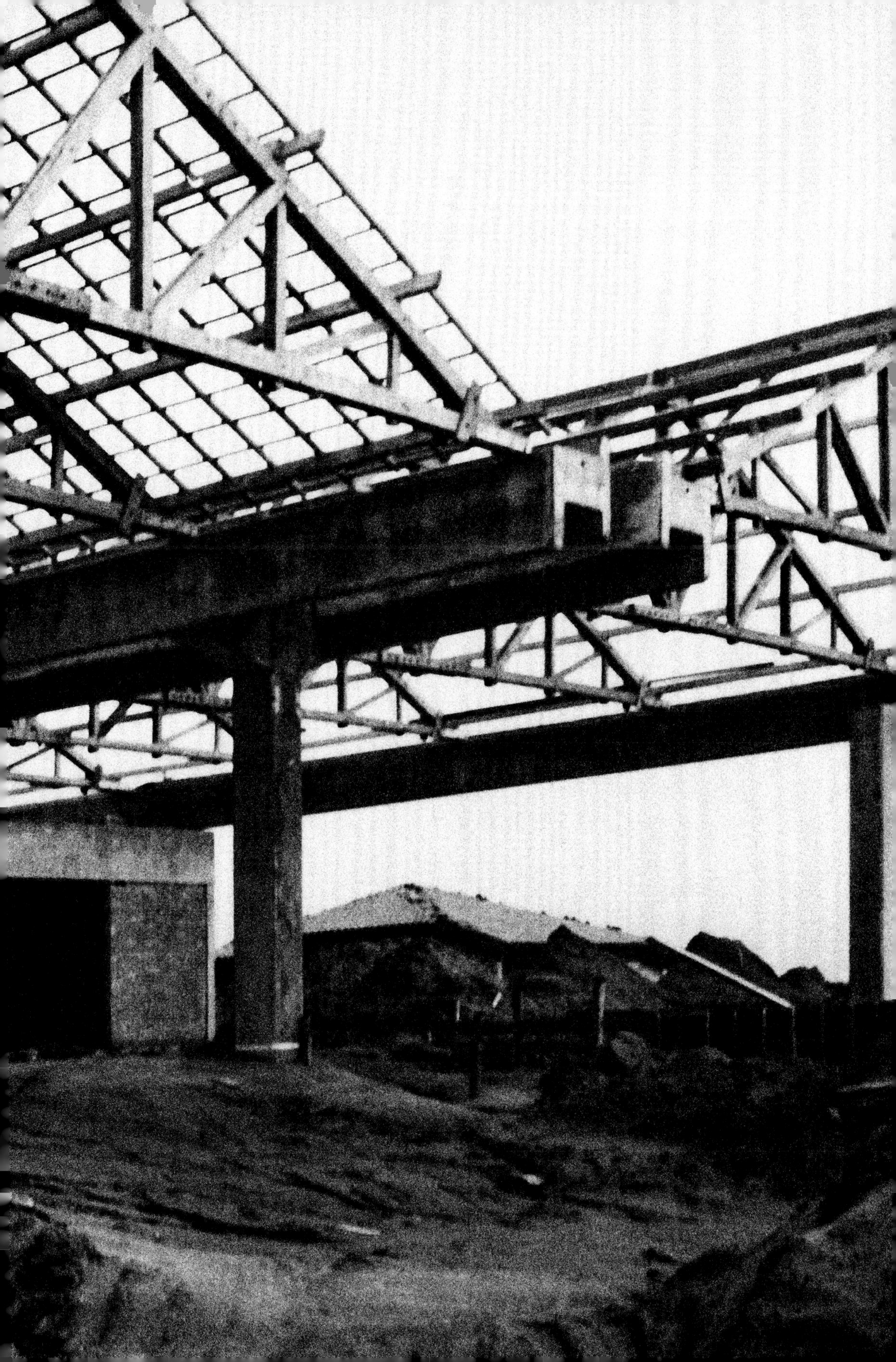

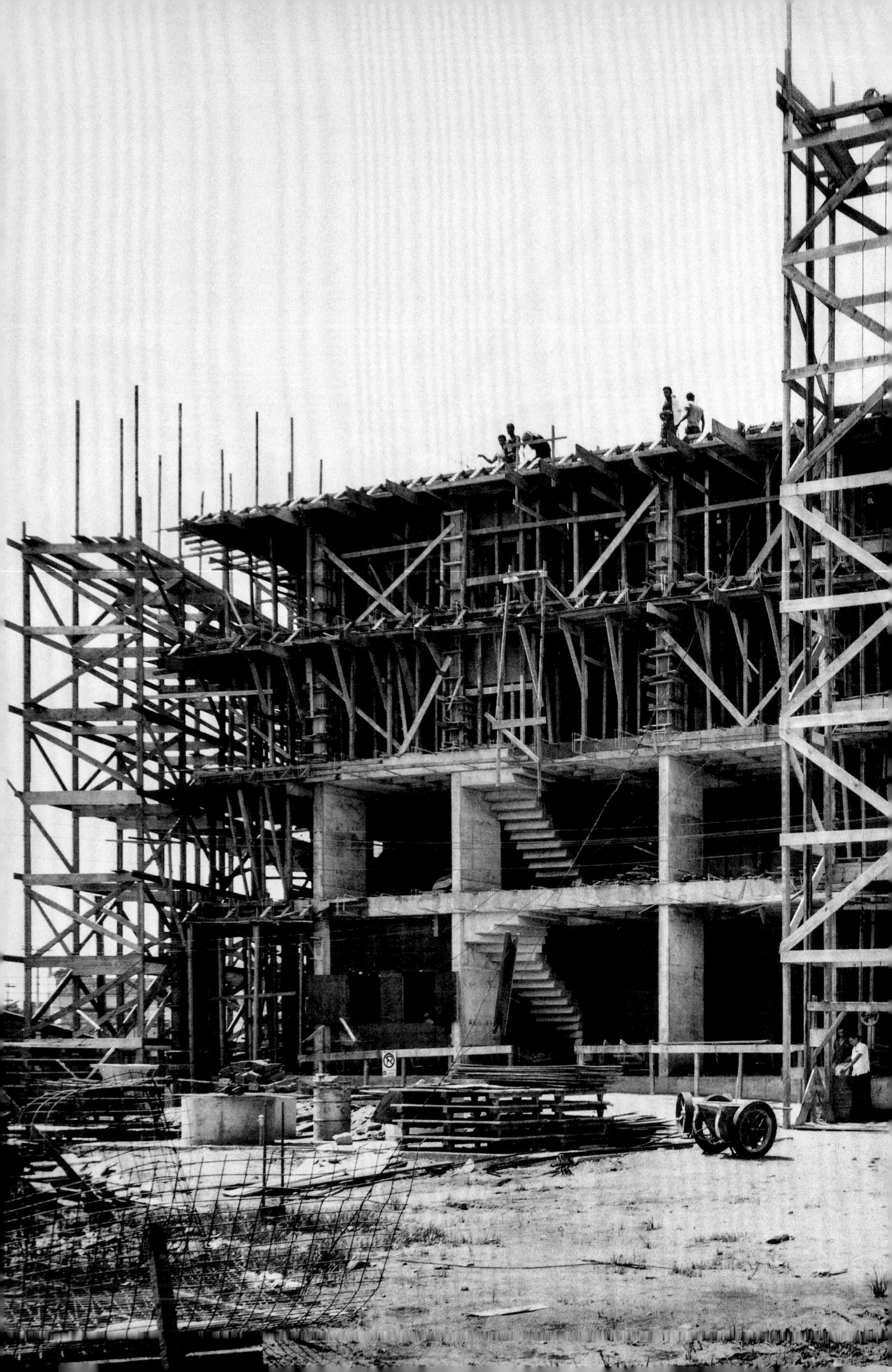

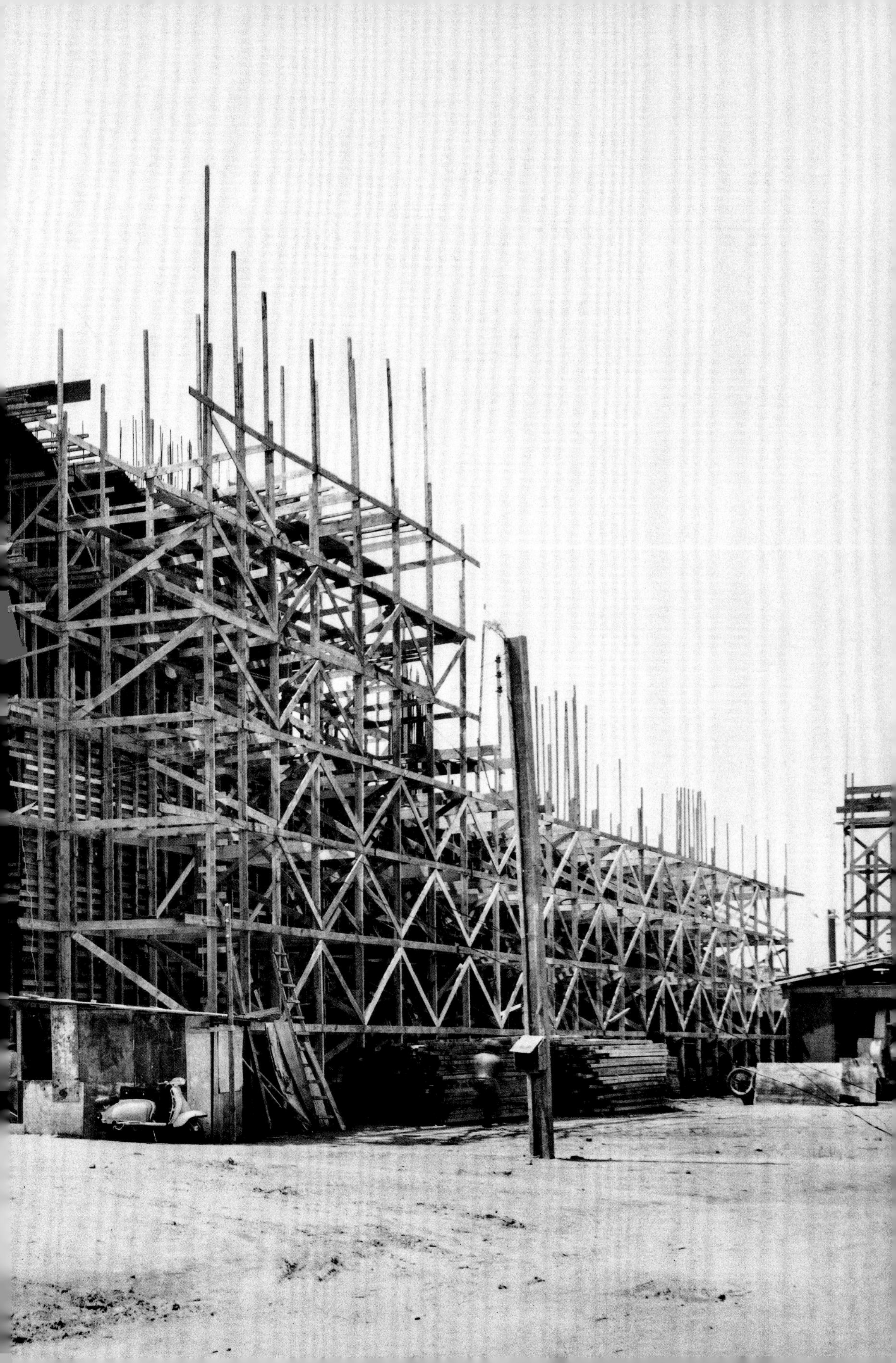

"A ARQUITETURA É UM ATO COLETIVO NECESSÁRIO PARA QUE A GENTE POSSA SE INDIVIDUALIZAR"